경호
경비업
법

경호 경비업법

초판 인쇄 2023년 7월 21일
초판 발행 2023년 7월 28일

지 은 이 김두현 박영만 강구민
펴 낸 이 김재광
펴 낸 곳 솔과학
등   록 제10-140호 1997년 2월 22일
주   소 서울특별시 마포구 독막로 295번지 302호(염리동 삼부골든타워)
전   화 02-714-8655
팩   스 02-711-4656
E-mail solkwahak@hanmail.net

I S B N 979-11-92404-43-1 (93370)

값 27,000원

실제와
가상이 통합되는
인공지능시스템으로
진화하는

경호
경비업
법

저자 김두현 박영만 강구민

Private Security &
Security Business Law

솔과학

요즈음 산들 바람이 부는 봄을 맞이하여 새들 울음소리와 함께 삶의 보람을 만끽하는 기쁨으로 가득 차 있다. 그러나 온 세상은 코로나 19 때문에 위생안전관리와 작년 10월 29일 이태원 압사사고로 159명 사망자가 발생된 것에 대한 경비원과 경비지도사 안전대책의 중요성을 새삼 강조하지 않을 수가 없다.

제20대 대통령에 취임한 윤석열 대통령은 청와대에서 용산 국방부로 집무실을 이전하면서 국민에게 더 가까이 가겠다면서 연일 비공식 행사가 많아지다 보니 경호팀은 대통령의 완전무결한 신변보호와 국민 불편을 최소화해야 하는 즉 두 마리의 토끼를 동시에 잡아야 하기에 더욱 전문성이 요구되고 있다.

과거를 회고해 보면, 1995년 12월 말쯤 민간경비제도의 발전을 위한 경비업법 개정에 있어서도 난관에 처한 일이 있었다. 그 당시 경비원의 지도·감독 및 교육을 전담하는 경비지도사제도 신설과 개인의 신변을 보호하고 위해발생을 방지하는 신변보호업무를 용역경비업의 한 분야로 추가하기 위한 경비업법 개정에 대해 여·야당 국회의원들 모두가 반대했었기 때문이다. 그러나 같은 해 12월 20일 경찰청 실무자와 경비협회 관계자와 함께 본인이 처음으로 발간한 '경호학개론' 책 5권을 보자기에 싸가지고 국회의원 회관을 방문하여 "우루과이 라운드(Uruguay Round)로 경비분야의 시장개방 확대에 따른 사전준비와 각종 범죄증가에 따른 국민의 신변안전을 위해서는 경비업법이 개정되어야 한다. 경호학을 전공하는 안전관리학과가 최초로 한국체육대학교에 신설되었으며, 추가로 용인대와 한서대에도 내년에 개설될 예정이므로 학문적으로나 교육적 측면에서 준비가 되어 있다."며 설득한 결과 동법이 통과되어 12월 30일 개정 공포되었고, 1997년 1월 말에 제1회 경비지도사 시험이 시행되어 오늘에 이르고 있다.

모두 알고 있는 내용이지만 안전관계자 중에서 경비지도사는 ① 경비원의 지도·감독·교육에 관한 계획의 수립·실시 및 그 기록의 유지, ② 경비현장에 배치된 경비원에 대한 순회점검 및 감독, ③ 경찰기관 및 소방기관과의 연락방법에 대한 지도, ④ 집단민원현장에 배치된 경비원에 대한 지도·감독, ⑤ 기계경비업무를 위한 기계장치의 운용·감독, ⑥ 오경보방지 등을 위한 기기관리의 감독 등의 역할을 수행하고 있다. 한마디로 안전관계자는 안전요원의 교육과 감독 그리고 실질적인 회사운영까지도 담당할 수 있는 스마트(SMART)한 리더십이 필요하다고 본다.

그러나 앞으로 4차 산업혁명의 미래사회에서는 상당히 많은 변화가 있을 것이 예상된다. 제4차 산업혁명이란 로봇이나 인공지능 그리고 생명과학이 주도하여 실제와 가상이 통합되는 가상 물리시스템이 구축되는 것이라고 볼 수 있다. 이 시대의 직업은 데이터 분석가와 전문화된 세일즈 부문으로 예측되고 있으며, 구체적인 유망직종으로는 미디어, 엔터테이먼트, 정보산업, 에너지 등이 떠오를 것으로 보인다. 이 여파로 앞으로 10년 후 국내 일자리의 52%가 로봇이나 인공지능으로 대체될 것이라는 연구 결과가 나온바 있다. 따라서 경비 및 경호분야에 있어서도 이를 지속적으로 유지 발전시키기 위해서는 새로운 지식을 받아들이는 자세가 중요하고 여러 사람과 협력하는 능력과 기술발달이 필요하다고 볼 수 있다.

그러기 위해서는 안전관계자는 사회·환경 변화에 적응하고 자질과 능력을 함양하여 경쟁력을 확보할 수 있도록 하기 위해 ① 문화적 감성, ② 과학능력과 정보마인드, ③ 봉사와 협력정신, ④ 모험심과 개척정신, ⑤ 전문적 직업능력, ⑥ 국제적인 감각 등의 4차 산업혁명 시대의 경비 및 경호지도자상을 실현하는 것이 매우 중요하다.

이에 부응하기 위해서는 여러 가지가 있겠지만 안전관계자들은 우선적으로 경비 및 경호법치주의 실현, 범죄 인지능력 배양, 인성교육 강화, 테러 및 안전사고 대비 등이 필요하다.

첫째, 안전관계자는 사전예방경비활동을 위한 경비 및 경호위해 인지능력을 배양해야 한다. 경비 및 경호는 사후조치보다는 사건·사고를 미연에 예방하는 것이 중요하다.

특히 경비업자는 경비업법 제2조 제5항에 따라 100명 이상의 사람이 모이는 국제·문화·예술·체육 행사장 집단민원현장(이태원 할로윈 축제 등)에 경비원과 경비지도사를 배치할 수 있으므로 행사장 안전관리대책에 심혈을 기울려야 한다.

따라서 4차 산업혁명의 접목으로 인지과학의 사고시스템을 통해 경비 및 경호학적 관점이라 할 수 있는 경비 및 경호위해행위에 대한 시각이 재조명되어야 한다. 이는 형법상 범죄행위의 위해행위를 차단하기 위한 과학적·예방적 사회안전대책의 수립을 가능하게 하는 기초가 되며, 인지과학적 관점에 대한 이해가 필요하다.

둘째, 안전관계자는 고객에 대한 신뢰감과 서비스의 질 향상을 위한 안전요원의 인성교육을 강화시켜야 한다.

인성교육은 고객이 더 인간답게 살아갈 수 있도록 하는 내용이어야 한다. 이와 같은 인성교육이 경비원 교육 현장에서 효과를 거두기 위해서는 홍익인간(弘益人間)이라는 명시적 목표를 설정하고 인간성 회복을 위한 자원봉사활동(자원봉사활동 기본법)이나 효행(효행 장려 및 지원에 관한 법률) 등의 구체적인 실천 프로그램이 모색되어야 한다.

셋째, 안전관계자는 단순히 감시하고 센서에 의한 민간경비스템에만 의존할 것이 아니라 테러 및 사건·사고 등에 대비한 감시, 신고, 출동 및 제압 등에 대한 공공안전시스템과의 융합기술로 더 발전시켜야 한다.

테러란 불특정다수가 모이는 장소나 국가 중요시설을 주목표로 하기 때문에 가장 기초적인 감시의 눈길은 안전요원으로부터 라고 볼 수 있기에 경찰, 군, 대통경호처와의 융합경비 및 경호시스템이 개발되어야 한다.

지난번 광화문 촛불집회를 통한 국민의 직접민주주의의 중요성을 타산지석(他山之石)으로 삼아 고객에 대한 친절을 향상시키는데 더욱 노력해야 할 것으로 보인다.

최근에 제·개정된 경비관계법을 보면, '경비업법' 2016년 개정되어 누구든지 경비채용되기 전에도 개인적으로 일반경비원 신임교육을 받을 수 있도록 하고 이 교육을 받은 일반경비원을 신임교육의 대상에서 제외할 수 있도록 하였다.

그리고 '청원경찰법'이 2014년 개정되어 국가기관 및 지방자치단체에 근무하는 청원경찰의 보수단계별 재직기간을 단축하고 보수단계를 한 단계 더 신설하여 보수를 상향조정하였다.

또한 '국민보호와 공공안전을 위한 테러방지법'이 2016년 제정·공포되어 테러방지를 위한 국가 등의 책무와 필요한 사항을 명확히 규정하고 국제사회와 테러대응을 위한 공조체제를 강화하려는 것이다.

이 책은 경비업법과 청원경찰법을 자세하게 설명하고 그동안 시행되어 왔던 경비지도사 시험과목인 경비업법을 총망라하여 국가자격증시험에 대비토록 하였고, 기타경비 및 경호

관계법으로 대통령 등 경호에 관한 법률, 경찰관직무집행법, 테러방지법 등을 개략적으로 기술하여 대학교재와 안전관계자들의 지침서가 되도록 하였다.

　아무쪼록 우리나라 경비 및 경호관계 법규를 총망라한 이 책이 경비 및 경호업무를 집행하는데 보다 합법적이고 합리적인 밑거름이 되어 실질적 법치주의가 구현되기를 바란다.

　끝으로 요즈음 같은 출판업계의 어려운 상황에서도 이 책의 출판을 맡아주신 솔과학출판사 관계자 여러분에게도 감사드린다.

2023년 3월
안성 국민안전연구소에서
저자 씀

•PRIVATE SECURITY & SECURITY BUSINESS LAW•

법과 질서

제 **1** 절 # 법과 생활의 안정

I. 법의 개념

　법이 무엇인가라고 하는 문제는 법에 있어서 가장 기본적인 문제로서 대체로 역사적으로 고찰한다면, 처음에는 법을 신의 의사로, 다음은 군주의 의사, 그 후에는 시민의 의사로 관념하여 왔으며, 마침내는 시민 상호간의 계약이라고 이해하게 되어 법이 타주적 방향에서 자주적 방향으로 변화하여 왔음을 보여주고 있다. 따라서 법의 개념을 한마디로 정의한다는 것은 매우 어려운 일이며 보다 충실하게 이해하기 위해서는 법률학 전체를 이해한 뒤 대체로 그 특성을 파악하여 법의 정의를 내려야 할 것이다. 학자들간에 일반적으로 인정되는 법의 개념을 내린다면, "법은 사회생활을 규율하는 사회규범의 하나로서, 조직화된 국가권력에 의하여 강제되어야 할 사회적·실천적인 행위규범이다."라고 할 수 있을 것이다.

　이와 같은 법의 개념을 세분하여 설명하자면 다음과 같다.

1. 사회규범

　모든 사람이 다른 사람의 존재를 무시하고 자기의 욕망만을 추구한다면 여러 사람이 함께 산다는 것이 어렵게 되어 사회생활을 유지해 나갈 수가 없을 것이다. 따라서 거기에는 자기의 행동이 다른 사람을 해치지 않게 되고, 다른 사람도 자기와 같이 행동할 수 있도록 하여 다같이 살 수 있게 하는 어떤 규율이 있어야 할 것이다. 이와 같은 규율을 규범(Norm)이라고 한다. 규범은 "……해서는 안된다"라든가, "……하지 않으면 안된다"라고 하는 것처럼 인간이 마땅히 해야 할 것을 정하는 당위의 법칙이다.

한편 인간은 자연 속에서 사는 생물이므로 자연법칙의 지배를 받으며 이에 순응하여 생명을 유지하고 있다.

자연법칙이라 함은 "해는 동쪽에서 솟아 서쪽으로 진다", "겨울이 가면 봄이 온다"와 같이 사람의 의사와는 관계없이 객관적으로 인정되는 존재의 법칙으로서 반드시 인과관계가 생긴다.

규범은 당위의 법칙으로서 "사람을 죽여서는 안 된다", "남의 물건을 훔쳐서는 안 된다" 등과 같이 사람이 사람다운 생활을 영위하기 위한 필요에서 사람에 의해서 만들어진 인간의 법칙을 말한다. 사람이 사회생활을 하는 가운데 지켜야 할 이러한 행동의 기준에는 법을 비롯하여 관습·도덕·종교 등과 같은 것이 있다.

2. 행위규범

법이 규율하는 대상은 사람의 행위이다. 일반적으로 행위라 함은 사람의 의사에 의한 신체의 외부적 동정을 말한 것으로 법은 사람의 마음속에 지닌 내부의사를 문제삼는 것이 아니라 외부로 나타난 행위를 문제삼는 것이다. 법은 사회에서 일어난 모든 사실을 평가하여 가치 있는 것과 가치 없는 것과를 구별하고 이를 표준으로 하여 모든 사람들이 일정한 행위를 할 것과 하지 말 것을 결정하여 주는 것이다.

이러한 의미에서 법은 행위규범의 하나이며, 사회생활상 요구되는 행위준칙인 것이다.

3. 실천규범

도덕은 현실의 사실과 거리가 멀다 하더라도 무방하지만, 법이 현실과 너무 거리가 멀 때에는 아무리 강제력을 강하게 가한다 하더라도 지켜지기 어렵다. 아무리 선진국의 좋은 법제도라 할지라도 우리의 것으로 채용할 때에는 우리의 현실에 알맞는 법제도를 만들어야 한다. 법은 종교·도덕·관습 등과 더불어 가치규범인 동시에 사회활동에 있어서 인간의 행위 그 자체를 규율하는 실천규범이므로 대다수의 사람들에게 지켜질 수 없는 무리한 당위를 요구하는 것이어서는 안 된다.

4. 국가적 강제규범

법을 강제규범이라 하는 까닭은 법이 다른 사회규범과 비교할 때 그 강제성이 농후할 뿐만 아니라 국가가 인정하는 규범이라는 점에서이다. 법은 국가권력에 의하여 유지되며 강제되는 규범으로서 그의 위반에 대하여서는 일정한 불이익 내지는 제재가 예정되고 있는 것이다.

독일 법학자 예링(R. von Jhering, 1818~1882)이 「국가의 손으로 실현되는 강제야 말로 법의 절대적 기준이 된다. 강제가 없는 법규는 자기모순이다. "그것은 마치 타지 않는 불이요, 비치지 않는 빛과 같다"」고 한 것은 법의 강제규범성을 말한 것이다.

따라서 법규범이 성문주의를 취하는 까닭은 바로 강제성의 구체적 담보를 위한 것이기 때문이다.[1]

II. 현대사회와 법치주의

1. 법치주의

근대국가에 이르러서 영·미·불의 3대정치혁명[2]을 계기로 구미대륙에서는 전제군주정치를 부정하는 입헌국가를 형성하게 되었다. 전제군주제의 타도는 한편에 있어서 인류역사의 획기적 전환을 의미하였고, 또 한편으로는 만인으로 하여금 인간다운 생활의 보장을 뜻하는 것이었다.

---

1   김두현, 법학개론, 엑스퍼트, 2008, 19-21면.
2   英·美·佛의 3大政治革命이란 1688年의 英國의 名譽革命, 1774~78年의 美國의 獨立革命, 1789年의 프랑스의 大革命을 가리키는데, 이러한 革命들은 모두가 民主化를 위한 革命이다. 英·美·佛을 先進民主國家라 하는 까닭이 바로 여기에 있다.

이와 같은 두 가지 역사적 과업을 실현케 하는 담보가 바로 법치주의였다. 따라서 근대국가와 법치주의는 불가분의 관계로 발달되어 현대국가에까지 계속적으로 유지되고 있다. 법치주의의 부인은 현대국가의 종말을 뜻하며, 현대국가의 붕괴는 법치주의의 소멸을 의미한다.

인간의 생활이 정치를 떠나서 영위될 수 없음은 우리가 직접 경험하고 있다. 그렇다면 어떠한 정치가 인간생활을 행복하게 하고 안정한 것으로 하게 하느냐가 중대한 관심사로 제기되지 않을 수 없다. 현대국가의 통치원리가 법치주의일진대 현대국가에서의 정치는 곧 법의 지배를 의미한다. 법의 정치·법에 의한 정치, 이것이 바로 법치주의다.[3] 바꾸어 말하면 법의 지배란 법의 정치를 말하며, 지배자인 법은 전체 국민의 직접선거에 의해서 선출되는 대표자에 의해서 국민을 위한 법, 즉 국민 전체가 행복한 생활을 영위할 수 있는 목적에 입각하여 제정된다.

이상과 같은 맥락에서 경호행정도 법치주의 범위 내에서 이루어져야 할 것이다.

2. 생활안정장치로서의 법

현대법치국가에 있어서 법은 결과적으로 개인의 사회생활을 안정하게 하는 장치로서 기능하고 있음을 이해할 수 있다. 오늘날과 같은 복잡다단한 인간의 사회생활에 있어서 만일 법이 없다면, 인간의 생활이 어떻게 될 것인가를 상상할 때 법의 가치는 더욱 충분히 인정할 수 있다. 도덕이나 윤리 또는 종교적 교리나 관습이 인간의 사회적 공동생활을 규율하는 질서로서 너무나 무력함을 시인하지 않을 수 없고, 한편 인간의 양심에 의지하기에는 한없이 불안하기에, 여기에 강제력과 구속력을 지니는 법의 등장을 불가피한 것으로 하였다.

법은 만인을 평등한 지위로 보고 차별없이 대우한다. 법이 볼 때 자기에게는 강자도 약자도 없다. 신분·빈부·남녀노소를 불문하고 신상필벌주의를 택한다. 또한 법은 모든 사람, 모든 단체에 대하여 행위의 기준으로서 누구든지 법에 어긋나는 행위는 할 수 없다. 법은

---

3   法治主義의 理論的 근거로서는 멀리 古代희랍時代의 自然法思想으로 거슬러 올라갈 수 있지만, 대체로 英國의 존 로크(John Locke) 「國政二論」, 佛蘭西의 몽테스큐(C.L.S. Montesquieu) 「法의 精神」, 루소(Rosseau)의 「社會契約論」 등을 들 수 있으며 그 가운데서도 가장 法治主義를 주장한 것은 몽테스큐의 理論이라 할 수 있다.

해서는 안 될 것을 명시해 주고, 하여도 좋은 것을 교시하여 주고 있다. 법은 인간이 지니는 악마의 본성을 제압하고, 천사의 본성을 충분히 발휘하게끔 보장하는 것을 그 임무로 한다.

법의 임무가 이러하고 법의 목적이 정의의 실현이라 하거늘 결국 법은 우리들 개개인의 생활의 안정을 보장해 주는 장치라 함에 의문이 없다.[4]

---

4   李圭復, 法學槪論(生活과 法律), 螢雪出版社, 1993, 77面.

제 2 절 질서와 경호

I. 인간생활의 실태와 불안요소

사람의 마음가짐은 천차만별인데다 모든 사람의 마음가짐은 천사와 악마의 두 가지 심성으로 구별되어 있어 경제적 발전에도 불구하고 정신적인 빈약함이 늘어나기도 한다.

인간의 사회가 변천하고 동시에 인간의 지혜가 발달하며, 인구가 증가하여 생존경쟁이 심하게 되고, 각종 문명의 이기의 발명이 더욱 인간의 생활을 복잡화하여 여기에 인간 상호간에 대립·투쟁과 같은 불행한 사건이 자주 발생하기에 이르렀으니, 정도의 차이가 있을 뿐, 고대나 현대에 있어서나 인간생활의 실태는 결코 평화로운 것은 아니고, 오히려 만인에 대한 투쟁의 생활이라 할 수 있다. 거기에는 건강의 강약, 재산소유의 빈부 등 이루 헤아릴 수 없으리만큼 인간사회의 바탕 자체가 불평등·불균형에 기초하고 있다.

현대화 과정은 결코 평탄한 길만은 아니다. 경제가 성장하고 교육이 보급되고 교통통신이 발달하며 평균 국민소득이 증대한다 하더라도 결코 모든 국민이 만족한 생활을 하고 사회적 불안이 없어지는 것은 아니다. 때로는 경제성장이나 현대화가 착수되기 이전보다 더 사회적 불만이 팽대할 수 있고 사회적 갈등이 심화될 수도 있다.

특히 오늘날 우리나라에서 볼 수 있는 경제발전 및 현대화정책은 빈부의 격차와 그 심리적 좌절, 범죄의 흉폭화·다양화 및 지능화, 북한의 대남적화통일야욕 상존 등 여러 가지 불안요소를 내포하고 있다.

여기서는 몇 가지 그러한 요소들을 고찰하고자 한다.

1. 빈부의 격차 및 심리적 좌절

오늘날과 같이 경제가 급속히 성장하는 사회에서는 빈부의 격차가 더 벌어질 가능성이 크다. 전 국민의 소득을 국가적으로 통제하는 사회주의국가는 별도의 문제이지만 오늘날 대부분의 후진국에서 추구하는 경제정책은 경제성장이 빠를수록 부익부 빈익빈의 현상을 수반하기 쉽다.

경제성장은 흔히 기술·생산방식·노동의 성격을 변화시킬 뿐 아니라 주민의 생활양식도 변경시키며 무엇보다도 소득분배에 커다란 변화를 가져온다. 특히 급속한 경제변동은 다수의 신흥부호(noureaux riches)와 다수의 새로운 빈민(noureaux pauvres)을 발생시키기 쉽다.

경제성장이 국민의 평균소득을 증가시키는 것은 사실이지만 평균소득이 올라가면서도 생활이 빈곤해지는 사람들의 수가 증가할 수 있다. 예를 들면 소수의 사람들이 경제성장으로 얻는 소득의 증가분이 다수 대중이 경제성장으로 인하여 당하는 손실액보다 클 때에는 평균소득은 높아지면서도 소득의 중위치(median)는 떨어지는 것이다.

이처럼 급속한 경제성장으로 인하여 발생한 희생자들이 나오더라도 개발도상국가에서는 이들을 보호해 줄 제도들이 제대로 마련되어 있지 못하다.

전통사회에서는 가족이나 친족집단의 생활이 어려운 사람을 보호하는 기능을 담당하였고 근대산업사회에서는 각종 보장제도가 있어서 이들의 고통을 면해 주지만 개발도상국가는 적절한 사회보장제도가 없다.[5]

확대가족이나 친족집단이 그런 사회보장제도로서 구실하기에는 이미 너무나 변질되어 버렸거나 그 기능을 상실해 버렸고, 국가가 사회보장제도를 확립하기에는 경제적 기반이 약하기 때문이다.

이처럼 다수의 대중이 더욱 빈곤해지고 실직을 당하게 되면 이들은 사회적 불안을 조성할 가능성이 크다. 빈곤의 심화가 불만을 더욱 부채질할 수 있기 때문이다. 그러나 빈곤대중만이 불안요소인 것은 아니다. 경제성장으로 갑작스럽게 치부를 한 계층도 역시 사회불안의 요소가 될 수 있다. 이들은 갑작스레 치부를 하였기 때문에 이들이 얻게 된 새로운

---

5 일반적으로 社會保障制度는 크게 社會保險, 公的扶助, 社會福祉 등으로 구분되는데 다시 사회보험은 연금보험, 의료보험, 산재보험, 실업보험, 퇴직보험으로 나누고, 공적부조는 생활보호, 의료보호, 원호사업, 재해구조로 나누며, 사회복지는 아동복지, 한부모복지, 노인복지, 장애자복지, 지역사회사업 등으로 나누어진다. 우리나라는 고용보험법이 1995년 7월 1일부터 시행됨으로써 실직 근로자에게 失業保險이 지급되는 길이 열리게 됨으로써 制度的으로는 거의 갖추어졌다고 볼 수 있다.

경제력과 이들이 지금까지 누려온 정치적·사회적 지위와의 불균형이 생길 수 있다. 따라서 이들은 경제력을 바탕으로 하여 사회체제나 정치체제를 자기들 이익에 맞도록 개편하려는 욕구를 가질 가능성이 크다.

이렇게 보면 급속한 경제성장이 자칫하면 사회적 불안을 조성하는 결과가 될 수 있는 것이다.

뿐만 아니라 이 같은 사회적 불만과 갈등을 더욱 치열하게 만드는 심리적 요인도 있다. 자본주의적인 경제발전은 개인의 경제적 성공과 실패의 차이를 크게 확대시킨다. 전통사회에는 신분이 경제적 생활수준을 결정했고 사회적 이동의 기대도 적었다. 뿐만 아니라 정체된 농업사회에서는 경제적 변동이 적었으므로 경제적 기회도 적었다. 신분이 이미 개인이 평생 처해야 할 경제적 지위를 결정해 버렸기 때문에 일반민중에게는 성공도 실패도 있을 수 없었다.

그러나 현대에 뛰어든 후진사회에서는 새로운 경제적 상승의 기회가 제공되었으며 이 기회를 잘 이용하는 자는 치부하여 상층이 되고 기회를 포착하지 못한 자는 상승기회를 놓치고 더구나 기회이용에서 실패한 자는 파산 등의 하락을 하게 된다. 즉 오늘날 개인의 성공과 실패에서 오는 득과 실간의 차이는 엄청난 것이다. 그리하여 실패자는 심한 좌절을 하게 된다.

더구나 현대교육 및 합리주의적 사고는 실패에서 오는 좌절을 더욱 심화시킨다. 현대교육은 성취가치(achievement value), 즉 사회에 대한 능동성, 일의 성취, 그리고 합리적 정신을 고취한다. 합리적 정신은 일의 성취와 실패에 대한 민감한 의식을 불러일으키므로 합리적 정신이 강할수록 성취에 열성적이고 성취동기가 클수록 실패로 인한 좌절감도 심각히 느낀다.[6] 뿐만 아니라 경제성장 내지 근대화 그 자체가 성취가치를 고취하기도 한다.

실패에서 오는 심한 좌절감은 그것을 둔화시킬 전통적 종교 등의 방법이 없는 한 대사회적 불만으로 변질할 수 있다. 불교나 힌두교처럼 현세를 도외시하거나 삶의 중요성을 오히려 내세 지향적인데 둔다면, 그런 종교는 실패자의 대부분을 위로하고 좌절감을 적어도 대사회적 공격무기로 사용치 못하게 할 수 있을 것이다. 그러나 현대교육을 받은 사람일수록 그 같은 종교를 진정제로 사용키 어려워진다.

그렇다면 교육이 보급될수록 좌절의 원인을 사회에서 찾아보려는 경향이 커질 수 있고

---

6 共産體制보다 資本主義體制에서는 成功과 失敗의 결과간에 차이가 더 크므로 挫折感도 크다고 한다.

또 그런 경향이 강화될수록 실패자의 사회적 관심이 커질 것이다. 또 그들이 자신의 좌절을 사회적 욕구를 통해 해결코자 할 때 그 심리적 상태로 말미암아 그 욕구는 치열한 것이 되어 사회적 갈등도 심화될 것이고[7] 결국에는 경호환경은 열악하게 될 것이다.

2. 범죄의 흉폭화, 다양화, 지능화

인구의 증대와 고도의 경제성장에 따른 생활환경과 기업활동의 활발화는 다양한 교통수요를 가져오게 되고, 자동차 교통수요의 증대는 도로망정비와 기간고속도로의 확장으로 대도시와 지방, 주거지역과 공업지역을 상호연결하여 생활환경의 변화에 따른 전출의 확대와 국제협력의 증진으로 국제화의 경향을 더욱 현저하게 하고 있다. 이에 따라 각종 국제회의, 체육경기, 이민, 관광 등으로 인한 인력과 외래문물의 교류는 가치체계와 문화에 급속한 변질을 가져오게 되며, 날로 발달해 가는 과학문명과 급변하는 국제정세 속에서 신속하고 정확한 정보입수를 위하여 광분하게 됨으로써 사회의 신용유지에 혼탁을 가져오게 된다.

정보전달수단으로서의 TV, 신문, 잡지 등 대중통신매체의 확대는 정보시대의 도래를 앞당기게 되며, 통신망의 국제적 확충과 컴퓨터 시스템(Computer System)의 전국 네트워크(net work)화로 정보의 홍수 속에 살게 된다. 이와 같은 정보화 사회는 국민의 사고형태에 중대한 영향을 주게 되는 것으로, 정보의 대량확산의 경향이 높아질수록 국민의 지식과 감정은 더욱 풍부해지나, 다른 한편 범죄도 증가할 뿐 아니라 더욱 지능화하게 된다.

또한 많은 사람들은 그날그날 대량의 정보에 파묻히게 되는 결과, 정보홍수 속에 그 선택능력이 저하되어 자주적인 판단능력을 잃게 될 우려가 있고, 따라서 무분별하고 획일적인 사고방식에 빠지게 되어 사회질서의 기반을 흔들어 놓을 염려도 없지 않다. 그리고 범죄의 다양화와 증가는 암살과 테러의 국제화를 유발한다.

경제생활의 향상은 폭리범죄, 신용범죄, 특허범죄 등의 경제사범을 증가시키고, 국제교역 및 교류의 증대는 범죄의 국제화를 초래하여 범죄조직의 국제화, 범죄수법의 국제교류뿐만 아니라 관세범죄, 외자범죄, 밀수범죄, 국제밀무역 등의 증가를 가져오게 됨으로써 국제적

---

7   吳甲煥, 社會의 構造와 變動, 博英社, 1984, 321~333面.

경호환경은 더욱 나빠지게 되는 결과를 초래하기도 한다.[8]

3. 북한의 대남적화통일야욕 상존

우리나라는 국제적 지위향상과 더불어 해외에서의 한국인을 대상으로 납치·살해 등 테러위협이 증가되고 있다. 북한의 고립심화와 내부 불안정·적화통일 노선 지속추구 등과 관련된 대남위협증가에도 불구하고 국민들의 대공인식이 해이되었으며 국내불법체류 외국인 증가, 마약관련 범죄 및 정신이상자 증가, 극단적 집단이기주의 만연 등 많은 사회적 불안요소들이 있다.

뿐만 아니라 최근 북한의 경제적 곤경과 정치적 불안정으로 인하여 테러 및 유격전의 유발이 우려되고 있다. 식량과 연료의 부족, 김정일의 정권승계 불안 등과 국제적 신용도의 추락과 정치적 고립으로 심한 경제난을 겪고 있다. 이와 같은 어려운 현실에 직면한 북한은 핵을 빌미로 하여 일본과 미국을 상대로 경제적 협조를 위한 협상을 전개하고 있다. 이러한 위기에 처해 있는 북한은 경제적·정치적 문제를 해결하기 위하여 전략적으로 테러 및 유격전도 서슴치 않을까 우려된다.[9]

II. 질서로서의 법

인간사회의 불안정성은 모든 사람이 원하는 평화, 그리고 누구든지 안심하고 자기의 생명·신체·재산을 지키면서 자기가 원하는 대로 행동할 수 있는 삶을 바라도록 한다. 인간상호간에 의견이 대립되어 분쟁이 일어나기 쉽고, 그럼으로써 항상 자기의 생명·신체·재산의 보존에 위험을 느끼게 되는 것이 인간생활의 실태다. 이와 같은 인간생활의 실태에서 모든 사람의 공존과 안정된 생활을 위해서 필연적으로 요구되는 것이 바로 질서인 것이다.

8 　警察大學, 警察學槪論, 警察大學, 1994, 331~335面.
9 　김두현, 경호학개론, 엑스퍼트, 2008, 21면.

우리는 일반적으로 질서를 자연질서와 사회질서로 나눌 때, 자연질서는 우주가 창조되고 우주의 질서를 의미하는 것으로 인간의 생활과 불가분의 관계에 있지만 그러나 인간이 창조한 것은 아니다. 사회질서는 사회에 앞서서 존재하는 것이 아니다. 사회에 앞서 존재하는 것은 질서가 아니고 무질서였다.

즉 사회에는 우주와 자연계에서와 같이 고정불변의 질서가 성립되고 있었던 것이 아니고, 오히려 무질서라는 상태로 방치되고 있었다. 따라서 사회질서는 인간이 사회에서 생활하는데 있어서 필요하다고 느끼는 바에 따라 그때그때 하나하나의 질서를 만들어간 것이었다.

또한 사회질서는 자연질서와 같이 보편적이고 무가치한 것이 아니고, 주관적이고 가치적인 것이기 때문에 고정불변성이 인정되지 아니하고, 항상 유동변화적인 것이다. 이 점에서 진정한 질서란 자연질서를 뜻하는 것이라 하겠거니와 어차피 인간생활의 실태가 일정한 질서를 불가피한 것으로 할진데, 여기에 사회질서의 존재가 인정되지 않을 수 없다. 사회질서의 최고의 형태로 나타난 것이 바로 법이다. 또한 법은 인간사회에 있어서 사회질서의 기본으로 인정되고 있지만, 그것은 고정불변의 것이 아니고 가변성을 지니고 있음을 주의해야한다. 다만 법이 사회의 질서로서의 구실을 함에 있어서는 정의에 기초한 실효성이 인정되어야 한다는 사실이다.

법은 법인 까닭에 정당하고 구속력이 인정되는 것이 아니다. 법이 정당한 것으로서 가치가 인정되고 그 실효성이 보장되기 위해서는 정의의 실현에 부합되어야 한다. 즉 법이 사회의 질서로서 그 가치가 인정되기 위해서는 선과 정의의 기준에 부합해야 한다. 질서로서 정의에의 지향이 포함되고, 정의실현의 부단한 노력이 계속될 때 비로소 법은 그 기능으로 인간의 평등실현에 봉사하게 되며, 그럼으로써 사회질서로서 충분한 가치를 발휘할 수 있게 된다. 사회의 질서로서의 법이라 할 때 그것은 여러 가지 의미[10]로 해석할 수 있다. 그러나 여기서 말하는 법은 실정법규[11]로서의 질서형태를 지칭한다. 국가의 목적이 질서라고 강조한 "켈젠"이나, 국가의 주권을 법의 주권이라 해석하고, 만인은 사람의 지배에 복종하는 것이 아니고, 규범 하에서 생활하고 있다[12]는 "구랏베"의 주장은 타당한 견해라 할 것이고

---

10 一般的으로 法이라 할 때에는 國會에서 制定한 實定法을 말하는 것이지만, 宗敎에서의 律法 또는 法律은 道德·倫理·慣習·條理 등도 法의 槪念 속에 包含하여 法이라고 부르는 때가 있다. 그러나 이러한 用語使用은 通俗的인 것으로서 學問上의 法의 意味에는 包含되지 아니한다.

11 現代各國에서 사용되는 法이란 法律의 뜻으로서, 즉 國會에서 制定한 法을 말한다.

12 구랏베는 萬人이 規範下에 살고 있다는 人間生活의 實態야말로 現代國家의 理念이라고 주장하고 있다.

동시에 이러한 경우 켈젠의 질서나 구랏베의 규범은 바로 법을 뜻하며, 또한 그 법은 법 내재적 정의를 내용으로 하고 있다.[13]

법과 질서는 어떤 관계에 있는가, 그것은 보는 관점에 따라 다를 수 있다.

법과 질서와의 관계는 그 어느 관점에 기초하든 하나의 추론에 불과하다. 이에 관한 학설로는 동의설[14]과 이의설[15]이 있는데 각기 타당한 일면을 가지고 있다는 것만은 부인할 수가 없다. 실질적 의미에서의 법은 질서와 조금도 다름이 없고, 형식적 의미에서의 법은 질서와는 그 개념을 달리한다고 보아야 한다.

요컨대, 현대사회에 있어서 법은 국회에서 제정되는 법률을 의미하는 까닭에 현대사회의 질서는, 즉 법이라고도 할 수 있으나, 사실상으로는 법 이외의 윤리·도덕·관습 등도 하나의 규범으로써 현대사회의 질서를 이루고 있는 까닭에 결국 법은 현대사회에 있어서의 질서의 대표적 형태로 볼 수밖에 없다.

따라서 이런 관점에서는 이의설이 타당하다고 본다.

III. 질서행정과 경호경비행정

1. 질서행정

질서행정이란 사회공공의 질서를 유지하고 개인의 이익추구를 규제하는 행정작용을 말한다.[16] 이와 같은 질서행정의 개념은 제2차대전 후 독일의 '볼프'교수가 행정작용법을 크게 급부행정(leistende Verwaltung)과 질서행정(ordnende Verwaltung)으로 구분하면서 대두되었다. 이는 전통적인 실질적 의미의 경찰개념과 별도로 정립된 것이며, 그것을 질서행정의 범

---

13 李圭復, 前揭書, 71~73面.

14 同意說에 의하면 法과 秩序는 그 뜻에 있어서 다름이 없다. 이러한 관찰은 사람이 地上에 살게 된 그 때부터 秩序와 法이 동시에 存在했다는 견해에 기초한다.

15 異意說은 秩序와 法을 同義異語라고 볼 수 없다는 고찰이다. 따라서 秩序와 法은 그 개념을 달리함으로써 결국 法은 秩序의 하나로 구체적 形態에 불과하다고 보아야 한다. 秩序는 人間生活과 동시에 존재한 것이라 볼 수 있으나, 法은 人間生活 그 자체와 密接不可分의 관계를 가지는 것이지만, 秩序와 같이 人間生活과 동시에 發生하였다고는 볼 수 없다는 견해이다.

16 金道昶, 一般行政法論(下), 靑雲社, 1989, 312面;Wolff/Bachof, Verwaltungsrecht I, 9. Aufl., Verlag C.H. Beck, M??nchen 1974, S.18f.

위에 포함시켜 설명하고 있다. 따라서 여기서도 질서행정을 실질적 의미의 질서행정과 형식적 의미의 질서행정으로 나누어 설명하고자 한다.

1) 실질적 의미의 질서행정

실질적 의미의 질서행정은 최광의, 광의, 협의 등의 세 가지 측면에서 이해할 수 있다.

첫째, 최광의의 질서행정은 '볼프'교수의 견해이며, 그는 ① 감시행정(경찰행정과 보안행정), ② 공간규제행정(Raumordnungsverwaltung), ③ 경제규제행정을 포함시키고 있다. 그러나 이 견해는 소극적인 질서유지를 목적으로 하는 질서행정과 공간규제나 경제규제를 통한 공공복리증진에 관한 행정을 동일시하게 되는 문제점을 지니고 있다.

둘째, 광의의 질서행정은 질서행정이라는 용어를 쓰면서도 그 내용에 있어 전통적인 실질적 의미의 경찰개념과 동일한 것으로 파악하고 있다. 따라서 광의의 질서행정은 경찰작용 그 자체가 하나의 독립행정부문을 형성하여 직접 사회공공의 안녕과 질서유지를 위한 권력적 명령·강제작용을 뜻하는 '보안경찰'과 다른 행정부문의 부수작용으로서 그 부문의 행정에 따른 질서유지를 위한 권력적 명령·강제작용을 행하는 협의의 행정경찰을 포함한다.[17]

셋째, 협의의 질서행정은 광의의 질서행정 중 협의의 행정경찰을 제외하고 보안경찰에 해당하는 작용만을 의미한다. 따라서 협의의 질서행정은 그 자체가 하나의 독립행정부문을 형성하여 직접 사회공공의 안녕과 질서유지를 위한 권력적 명령·강제작용을 말한다.

이상에서 실질적 경찰개념 내지 광의의 질서행정개념을 채택하는 경우, 제2차대전 전까지의 독일·일본의 경우에서 보듯이 제도적 경찰작용을 담당한 일반경찰기관이 실질적 경찰로 이해된 행정 각 부문에 부수된 질서유지작용을 자기 소관사무로 차츰 잠식하게 되면서 경찰국가화하는 경향이 있었으며, 최근에는 과거에 경찰작용으로 간주되던 작용들이 복리행정부문에 흡수되거나 규제행정 내지 형성행정·계획행정의 시각에서 논의되고 있다.[18] 따라서 종래의 경찰개념만으로는 현대행정작용을 모두 포괄하기 어렵게 되었으며, 새로운 행정기능에 따라 재구성되어야 하는 것이며, 그 결과 경찰개념에 대하여 질서행정이라는

---

17 李尙圭, 新行政法論(下), 法文社, 1989, 251面;朴鈗炘, 行政法講義(下), 國民書館, 1987, 198面.
18 金道昶, 前揭書, 295面, 314面.

시각에서 논의되어야 할 필요성이 대두되었다.

본서에서는 경호개념과 경찰개념을 협의의 질서행정에 해당하는 의미로 파악하기로 한다.[19]

2) 형식적 의미의 질서행정

형식적 의미의 질서행정은 경호를 포함한 제도상의 경찰의 개념을 말하며, 실정제도상 특별경찰기관 및 보통경찰기관의 권한에 속하는 모든 작용을 말하며, 그 작용의 성질 여하를 불문한다.

따라서 형식적 의미의 질서행정에는 위에서 본 협의의 실질적 질서행정(보안경찰)과 실질적 질서행정으로 볼 수 없는 비권력작용(호구조사, 노유·병상자의 보호 등)이 포함된다. 그러므로 실질적 의미의 질서행정작용 중 어디까지를 특별 및 보통경찰기관의 권한으로 할 것인가는 그 나라의 입법정책의 문제로 보여 진다.

2. 경호경비행정

이상과 같은 질서행정중의 한가지로서 경호경비행정이 이루어지고 있는 바, 경호경비행정은 대통령 등 주요 인사를 경호하는 행정작용과 중요시설 등 재산을 경비하는 행정작용으로서 특별행정에 속한다. 경호경비행정의 개념을 도출해내기 위하여 경호경비의 개념과 신변 및 시설안전의 중요성을 먼저 검토한 후 그리고 경호경비행정의 개념을 개략적으로 고찰하고자 한다.

1) 경호경비의 개념

모든 국민은 누구든지 기본권이 보장되며 자기가 원하는바 대로 직업을 가질 수 있으며, 자기의 사유재산은 보호되며, 국가의 권력은 지배가 아니고 국민의 신체·생명·재산의 보호

---

19   前揭書, 314面.

를 위해서 행사할 것이 요구되고 있다.

인간이 인간으로서의 가치를 발휘하고 또 인간이 자기 스스로의 가치를 인정하고 그럼으로써 인간이 만물의 영장이라는 고귀한 지위를 확보할 수 있다는 근거는 인간이 사회라는 테두리 안에서 상부상조의 공동적 사회활동을 영위한다는 데에 있다고 볼 수 있다.

그런데 인간이라 할 때 그것은 동서고금 그리고 남녀노소를 불문하고 인간으로서의 공동적 운명과 활동형태의 공통점을 가지고 있다. 즉 인간은 '천사와 같은 본성'과 또 하나는 '야수와 같은 본성'의 양면성을 갖고 있다.

그러나 인간생활의 모습에 대하여 세계사가 교시하는 바와 같이 시대에 따라 정도의 차이는 있을지라도 인간의 사회활동은 투쟁을 수반한 소위 생존경쟁이라는 표현을 전적으로 부인할 수가 없다.

특히 오늘날과 같이 인구가 조밀하고 문화가 고도로 발달하여 생활이 복잡하고 각 사람의 감정이 서로 대립되어, 서로 안심하고 생활할 수 있는 사회의 질서가 필요하게 된다.

사고, 전쟁, 질병, 무질서, 암살, 테러 등 생명에 대한 위기로부터 해방되려는 안전욕구는 인간의 기본적인 욕구라 볼 수 있다. 이와 같은 인간의 안전적 욕구를 충족시켜 주고 질서를 유지하는 수단 중의 하나가 경호경비이다.

경호경비의 개념을 실질적 의미의 경호경비개념과 형식적 의미의 경호경비개념으로 구분하여 살펴보면 다음과 같다.

(1) 실질적 의미의 경호경비개념

실질적 의미의 경호경비개념은 경호경비의 개념을 그의 본질적·이론적인 입장에서 이해한 것이다. 다시 말하면 학문적 측면에서 고찰된 개념으로 경호경비작용 전체 중에서 가지는 공통적인 특성을 추상한 것으로, 경호경비란 정부요인이나 국내에 체재중인 외국요인 등의 신변에 위해가 미치는 것이 국가치안에 염려가 있는 자, 즉 경호대상자(Very Important Person)와 경비대상물에 대해서 정치적 배경의 돌발적인 폭력·불법행위·교통사고 등 인위적인 위해, 화재·건조물손괴·산사태 등의 자연발생적인 위해 등으로부터 그 신변과 재산을 지키고 안전을 확보하기 위한 작용을 말한다.

(2) 형식적 의미의 경호경비개념

형식적 의미의 경호경비개념은 경호경비의 본질적·이론적인 개념으로서가 아니라, 현실적인 경호경비기관을 기준으로 하여 정립된 개념이다. 그러므로 형식적 의미의 경호경비는 여러 가지의 경호경비기관에 의하여 행하여지는 모든 작용을 말하는 것이 된다. 즉 제도상의 경호경비를 뜻하는 것으로, 이는 실정법상 일반경호경비기관의 권한에 속하는 일체의 경호경비작용을 말하며, 그 작용의 실질적 여하를 불문한다. 그러므로 형식적 의미의 경호경비의 범위를 어디까지로 할 것이냐 하는 것은 오로지 그 나라의 입법정책에 따라 다른 것이다.

우리나라에 있어서는 대통령 등의 경호를 전담하는 대통령실 경호처와 주요 국내외 요인의 경호와 중요시설물 등의 경비를 담당하는 경찰기관의 행정작용은 그 성질여하를 불문하고 모두 형식적 의미의 경호경비에 해당된다.

대통령 등의 경호에 관한 법률 제2조 제1호에서 경호경비를 경호를 규정하고 있다. 즉, '경호대상자의 생명과 재산을 보호하기 위하여 신체에 가하여지는 위해를 방지 또는 제거하고, 특정한 지역을 경계·순찰 및 방비하는 모든 안전활동을 말한다'라고 입법해석하고 있다.

그리고 경비업법 제2조에서는 경비업을 시설경비업무, 호송경비업무, 신변보호업무, 기계경비업무, 특수경비업무로 분류하면서 이중 신변보호업무를 "사람의 생명이나 신체에 대한 위해의 발생을 방지하고 그 신변을 보호하는 업무"로 정의하고 있다.[20]

아무튼 경호경비의 개념을 결론적으로 정의한다면 "경호대상자와 경비대상물의 절대적 신변 및 시설안전을 보호하기 위하여 모든 사용 가능한 수단과 방법을 동원하여 위해요인을 사전에 방지 및 제거하기 위한 제반작용"이라고 할 수 있다.[21]

2) 신변안전의 중요성

일반적으로 경호업무의 주요목표는 납치·혼란·암살 등 신체적 상해로부터 주요 요인의

---

20   김두현·최선화, 현대스포츠법과 안전, 한울출판사, 2009, 697~698면.
21   김두현, 경호학개론, 17~21면.

경호대상자를 보호하는 것이다. 주요 요인을 각종 사건·음모 등 모든 위험과 곤경으로부터 보호를 하고 가해자의 실제적이고 주도면밀한 범행의 성공기회를 최소화하거나 무력화하는 데 있다.

즉 경호의 주요목적은 주요 요인의 생명·신체에 대한 안전을 도모함에 있다. 1980년대 이후 우리는 정치참여의 폭발과 더불어 무리한 욕구의 실현을 위한 집단행위의 확산 등 전환기적인 징후가 도처에서 나타나면서 사회기강과 법질서가 해이해지고 그 때문에 범죄현상에도 큰 변화를 보였다. 특히 '94년 들어 부모를 죽이고 불태운 패륜아 사건 등 청소년 범죄의 흉포화 현상과 살인집단「지존파」의 엽기적 만행은 우리 사회의 반인륜·생명경시 풍조가 거의 돌이킬 수 없는 지경에 이르지 않았나 하는 생각마저 갖게 한다.

앞에서도 언급한 바와 같이 범죄 양상이 갈수록 흉포화·조직화·대형화 추세로 치달아 사회공동체 기반을 위태롭게 한다는 우려마저 낳고 있다. 점점 잔혹화 되고 있는 각종 범죄의 급증은 돌발적인 사건이 아니라 범죄 증가추세를 그대로 반영한 충분히 예고된 사태라는 게 일반적인 지적이다.

특히 국가원수에 대한 경호는 한 개인의 생명과 신체를 보호하는 차원의 문제가 아니라, 국가와 민족을 보위하는 국가 안보적 차원에서 완벽하게 수행되지 않으면 안 된다. 국가의 안전보장이 중대한 위협을 받아 국가보위가 위태로워지고 국가의 기본적인 헌법이 위협을 받게 될 때 대통령은 헌법에 따라 국가보위의 책임을 다하여야 하는 것이다. 따라서 국가는 혼란이 없는 안전의 기반이 굳건해야 하며 파괴와 무질서가 없는 건설과 질서의 바탕이 반석 같아야 할 것이다.

이와 같이 날로 심각해지는 무법 또는 탈법적인 각종 대인범죄의 위험에 대비하기 위해 특정 개인의 안전을 사설경호요원으로 하여금 담당케 하는 일이 늘어나고 있으며, 치안의 일부를 사회공공의 질서유지를 위해 전 경찰이 노력하고 있지만 흉폭한 폭력과 고도화된 계획범죄가 늘어남에 따라 신변의 위험을 느끼고 있는 모든 사람에게 경찰력이 미치지 못하고 있는 실정이다. 따라서 개인 스스로 신변보호 및 피해방지책을 강구해야 한다는 요구가 높아짐에 따라 신변안전의 필요성이 날로 강조되고 있는 것이다.

3) 경호경비행정의 개념

경호경비행정이란 경호경비대상의 신변안전 및 재산을 보호하기 위하여 구성된 경호경비조직에 의하여 행하여지는 신변보호작용 및 시설경비작용 기타 이에 수반되는 제반 지원작용을 의미한다. 즉 경호경비요원이 경호경비대상의 생명과 재산을 보호하고 기타 공공의 안녕질서유지를 수행하기 위하여 집행하는 업무를 말한다.

이와 같은 경호경비행정의 개략적인 내용을 보면 다음과 같다.

첫째, 경호행정의 가장 중추적인 기능이라고 볼 수 있는 것은 신변보호 작용이다.

일반적으로 경호작용을 여러 각도에서 분류하여 보면, 경호작용의 주체가 국가인지 사인인지에 따라 공경호와 사경호로 나눌 수 있다.

그리고 경호작용의 목적에 따라 사전예방경호작용(선발경호)과 근접경호작용(수행경호), 또는 경호작용의 절차에 따라 경호준비작용, 안전대책작용, 경호실시작용, 사후평가 작용 등으로 나눌 수 있을 것이다.

여기서의 신변보호의 개념은 경호대상자의 신체에 대하여 직접적으로 가해지는 위해를 근접에서 방지 또는 제거하는 행위, 즉 사람을 대상으로 호위하는 것으로 보고 사전예방경호작용과 근접경호작용으로 나누어진다.

먼저 사전예방경호란 경호대상자가 도착하기 전에 현장답사를 실시하고 효과적인 경호협조와 경호준비를 하는 것을 말한다. 즉 임시로 편성된 경호단위(Task Forces Team)를 행사지역에 사전 파견하여 제반 취약요소에 대한 안전조치를 강구하고[22] 가용한 전 경호요원을 운용하여 경호대상자의 신변안전을 도모하는 일련의 작용을 의미한다.

그리고 근접경호(The Protecitve Detial)란 행사시 각종 위해요소로부터 경호대상자의 신변을 보호하기 위하여 기동간 및 행사장에서 실시하는 근접호위작용을 한다. 즉 근접경호는 경호대상자를 에워싸는 일련의 방호선으로 이루어지며 그것은 암살자의 공격을 막아내거나 공격의 결과가 참혹하지 않게끔 충격을 흡수하기 위하여 구상된다.

둘째, 신변보호 작용에서 필수적인 기능이지만 주로 시설을 경비하기 위한 시설경비작용이 있다.

---

22 여기에서의 "제반취약요소에 대한 안전조치 강구"라 함은 ①인적, 물적, 지리적 취약요소에 대한 대책, ②현지 경호정보 활동, ③행사장 안전활동 및 검측 등이 포함된다.

일반적으로 경비라 함은 생명 또는 재산을 보호하기 위하여 특정한 지역을 경계, 순찰, 방비하는 행위를 말하고,[23] 시설경비작용이라 함은 좁은 의미(협의)의 시설경비와 넓은 의미(광의)의 시설경비를 포함하는, 즉 사람 및 시설물을 경비하는 작용이라고 볼 수 있을 것이다.

여기서 좁은 의미(협의)의 시설경비란 국가의 재산·인원·문서뿐만 아니라 국가안보 및 국민경제상 중요한 시설·인원까지도 보호대상으로 하여 침해·위험으로부터 이를 안전하게 보호하는 경비작용을 말한다.[24]

경비에 대한 분류를 경비주체가 누구이냐에 따라 공경비(Police Law Enforcement)와 사경비(Private Security)로, 경비목적(형식적 분류)에 따라 행정시설과 산업시설, 경비중요도(실질적 분류)에 따라 가급(국가안전보장 및 국가 기간산업에 고도의 영향을 미치는 행정 및 산업시설)·나급(국가안보상 또는 국제경제 및 사회생활에 중대한 영향을 미치는 행정 및 산업시설)·다급(국가보안상 또는 국가경제 및 사회생활에 중요하다고 인정되는 행정 및 산업시설)·라급(중앙부처의 장 또는 시·도지사가 필요하다고 지정한 행정 및 산업시설)으로 분류된다.[25]

먼저 공경비[26]라 함은 실제로 대통령실 경호처와 경찰의 경비작용 및 범죄예방작용을 의미하는 것으로 이들의 경비대상 및 관할구역 내에서 법집행에 관한 모든 권한을 가지고 개인의 생명 및 재산보호, 공공의 질서유지, 범인의 수색 및 체포, 범죄예방, 교통통제와 같은 공공의 이익을 위한 또는 공공의 안전과 보호의 일반적인 업무를 일반국민들을 위하여 행하는 제작용을 말한다.[27]

그리고 사경비[28]라 함은 공경비에 대칭되는 개념으로, 여러 가지 위해로부터 개인의 이익이나 생명 및 재산을 보호하기 위하여 특정한 의뢰자(Specific Client)인 고객으로부터 받은 보수에 따른 경비를 행하는 개인 및 단체 그리고 영리기업을 말한다.[29]

---

23 舊 大統領警護室法 第2條 第2項.

24 南承吉, 請警. 用役警備實務敎材, 政文出版社, 1992, 30面.

25 前揭書, 30~31面.

26 公警備(Public Law Enforcement)라 함은 國家公權力을 執行하는 國家機關, 즉 警察, 憲法, 消防 등과 같은 모든 기관을 의미하는 것으로 여기에서 말하여지는 公警備는 주로 警察을 의미한다.

27 National Advisory Commisson an Criminal Justice Standard and Goals Report the Police(Washington, D.C·U.C.Government Printing Office, 1973), p. 12.

28 일반적으로 私警備는 대체로 사람에 따라 民間警備, 賃貸警察(rent-a-cops), 私警備(private police) 또는 用役警備 등과 같이 여러 가지 이름으로 불려지고 있다.

29 Private Security Task Force to the National Committee on Criminal Justice Standards and Goals. "American Society for Industrial Survey Result", Report of the Task Force on private Security(Oct.. 1977), p.4.

사경비는 경비형태에 따라 인력경비, 기계경비로 나눌 수 있고 경비의 목적에 따라 시설경비, 호송경비, 혼잡(행사장)경비, 재해경비, 신변보호 등으로 분류할 수 있다.[30]

이러한 사설경비산업이 질서행정에 크게 기여하고 있는 것으로 보여진다.

그러나 한편으로는 공적 법집행기관들이 직면하고 있는 것과 유사한 많은 문제점들이 수반되고 있다. 가장 심각한 것은 종사자들의 질적 수준문제이다. 이들은 대체로 낮은 교육수준에 별다른 훈련조차 받는 일이 없다. 일반적으로 보아 사경비산업은 다른 적절한 직업을 구할 수 없는 사람들이 찾아가는 곳이며, 혹은 별다른 경력이 없는 젊은이가 임시방편으로 찾는 직장인 것으로 인식되어 있다.

따라서 인사의 교체는 무척 심하다. 그 결과 사설경비기관은 그 운영에 있어서 심각한 난점을 지니고 있다.

그 외에 물리적 배경이나, 훈련이 되어 있지 않은데다가, 조금만 감독이 소홀하게 되면 범인체포에 있어 그릇된 판단을 하고, 또 타인의 재산을 마구 수색한다든지, 때로는 육체적 또는 기타의 물리적 폭력을 행사하곤 하는 것이다.

이와 같은 여러 가지 문제점들은 후술한 바와 같이 결국 사설경비기관에 대한 인가제도나 규제제도의 필요성이 더욱 고조되어 사설경호업을 경비업에 흡수하고 경비원의 자질향상을 도모하기 위하여 경비지도사제도를 신설하는 것을 내용으로 하는 경비업법의 개정이 이루어지게 되었다.

셋째, 신변보호 작용과 시설경비작용 등의 지원을 해주는 지원행정작용이 있다.

지원행정작용이란 경호경비 활동의 원만한 수행을 위하여 경호경비운영계획, 법무 및 조직관리, 예산편성 등 기획행정과 인사교육, 시설 및 재산관리, 차량·총포 및 탄약관리, 통신 및 전자장비의 설치 및 운용 등 일반행정을 말한다.

---

30   김두현, 경호학개론, 275~279면.

•PRIVATE SECURITY & SECURITY BUSINESS LAW•

경호경비 관계법

제 1 절 개설

I. 경호경비관계법의 의의와 연혁

1. 경호경비관계법의 의의

경호경비관계법이라 함은 대통령 등 경호경비대상의 신변 및 재산안전을 보호하기 위한 경호경비와 직·간접적으로 관련된 모든 법령규칙을 말한다.

인간생활과 법의 상관관계는 '사회 있는 곳에 법이 있다'(Ubi societas ibi ius)라는 고전적 법언으로 표현되듯이, 법치주의를 기본원리로 하는 현대국가에 있어서 법은 인간의 모든 행위를 규율하는 '사회의 생활조건'이며 국민의 일반의사를 안정적이고 일관성 있게 보장하는 제도적 준거장치라는 중요한 의미를 갖는다.

따라서 경호경비도 헌법을 위시한 각종 법령의 적용을 받고 있다는 점에서 볼 때 경호경비관계법은 경호경비의 조직을 규정하며 경호경비작용을 규율하는 생활조건이며 경호경비의 책임과 의무 등을 일관성 있게 보장하는 잣대의 성격을 갖는다.

우리나라에서의 경호경비관계법은 대통령실 경호처에서 대통령경호를 위한 대통령 등의 경호에 관한 법률과 경찰기관에서 일반 요인경호와 경비를 위한 경찰관직무집행법·청원경찰법·경비업법, 집회 및 시위에 관한 법률, 그리고 경호경비와 관련하여 적용되는 전직대통령예우에 관한 법률, 민영교도소의 설치·운영에 관한 법률, 형법, 형사소송법, 관세법, 특별소비세법, 기타 테러관계법 등이 있다.

2. 경호경비관계법의 연혁

1948년 8월 15일 대한민국정부가 수립된 후 경무대의 경호경비를 담당하는 경무대경찰서가 신설되자 1949년 12월 29일에는 내무부훈령 제25호에 의하여 경호규정이 제정되었다. 이 규정은 전문 26조로 구성되어 ① 경호에 필요한 사항을 본령에 의하여(제1조), ② 경호대상은 대통령, 부통령, 외국의 원수, 국회의장, 대법원장, 국무총리 및 각부 장관 또는 외국의 사절 기타 내무부장관 및 도지사가 필요하다고 인정하는 인사(제2조), ③ 경찰관은 도상·열차 및 선박 기타 필요하다고 인정하는 장소에 소정의 경호원을 배치하여 피경호자의 신변의 안전을 기한다(제3조) 등의 내용이 규정되어 있다.

이와 같은 경찰의 경호규정의 근거를 법률로 정한 경찰관직무집행법이 1953년 12월 14일 법률 제298호로 제정·공포되었다. 그 후 여러 차례 개정되어 오다가 1981년 4월 13일 법률 제3427호로 전문 개정이 이루어진 이래 경찰의 요인경호 및 경비작용의 근거법으로 운용되고 있다.

그러나 1961년 5·16 군사쿠데타 당시 주도자인 박정희 장군의 신변경호를 위하여 소수정예의 군인으로 국가재건최고회의의장 경호대가 임시로 편성되었다.

동년 6월 1일 중앙정보부 창설과 동시에 경호대가 중앙정보부로 예속되고 그해 9월 9일에는 중앙정보부 내훈 제2호로 경호규정이 제정·시행되었다.

그리고 그동안 잠정적으로 편성하여 업무수행을 하여온 경호대가 11월 14일 중앙정보부령 제25호로 경호대설치령이 제정·공포되어 중앙정보부경호대로 발족하게 되었다.

이 경호대는 국가원수, 최고회의의장, 부의장, 내각수반, 국빈의 신변보호, 기타 경호대장이 지명하는 주요인사의 신변보호 등의 임무를 수행하였다.

그 이후 1963년 12월 17일 박정희 장군이 대통령에 취임함으로써 정식 출범한 제3공화국은 동년 12월 14일 법률 제1507호로 대통령경호실법과 동년 12월 16일 각령 제1679호로 대통령경호실법시행령을 각각 제정·공포하여 익일인 12월 17일에 대통령경호실을 창설하였다.

창설당시의 경호실의 임무는 대통령과 그 가족, 대통령으로 당선이 확정된 자 및 경호실장이 특히 필요하다고 인정하는 국내외 요인에 대한 호위와 대통령관저의 경비에 관한 사항을 담당하도록 되어 있었으나 1981년 1월 29일 법률 제3358호로 대통령경호실법이 1차 개정되어 "전직대통령 및 배우자와 자녀의 호위"가 추가되었고, 1999년 12월 31일 법률 제

6087호로 동법이 2차로 개정되어 경호공무원의 신분을 별정직 국가공무원에서 특정직 국가공무원으로 전환되었고, 2005년 3월에는 경호 및 경호구역의 개념, 경호구역의 지정 등에 관한 동법의 3차 개정이 있었다. 대통령경호실법은 2008년 이명박 정부가 출범하면서 2008년 2월 29일 대통령 등의 경호에 관한 법률(법률 제8872호)로 개정되었고, 이에 따라 대통령경호실은 대통령실 하부조직인 경호처로 개편되었다.

그리고 전직대통령의 연금지급, 비서채용 등 예우에 관한 사항을 규정하기 위하여 1969년 1월 22일 법률 제2086호로 전직대통령예우에 관한 법률이 제정·공포되었는데 주지한 바와 같이 제5공화국 헌법개정에 의하여 전직대통령의 신분과 예우에 관한 헌법 제61조의 규정에 의하여 전직대통령을 국가의 원로로 우대하고 전직대통령 및 그 유족에 대한 연금을 상향조정하고 '경호경비'를 할 수 있는 근거규정을 마련하기 위하여 1981년 3월 2일 법률 제3378호로 동법을 개정하였다.

그 이후 전직대통령의 경호기간을 '필요한 기간'으로 하고 사무실 제공 등의 지원을 할 수 있게 하고자 1988년 2월 24일 법률 제4001호로 동 법률 중 일부를 개정하였고, 전직대통령이 금고이상의 형을 받을 경우 등에는 경호·경비를 제외하고는 예우를 하지 아니하도록 하는 동 법률의 개정이 1995년 12월 29일 법률 제5118호로 개정된 이래 오늘에 이르고 있다.

이외에도 청원경찰법, 경비업법, 민영교도소 등의 설치·운영에 관한 법률, 기타 테러관계법 등에 관한 연역이 있지만 후술하기로 하고 여기서는 생략하고자 한다.

II. 경호경비관계법의 특성

1. 서언

경호경비의 조직과 작용에 관한 법인 경호경비관계법은 여러 가지 법으로서 성립되어 있으나 그 전체를 특정 짓는 공통의 지도원리와 타법에 비하여 강하게 나타나는 특성을 엿볼 수 있다. 이러한 경호경비관계법의 특수성은 경호경비법의 전체의 이해와 경호경비법의 해석·적용의 실제에 방향을 제시하여 주는 것이다.

이런 의미에서의 경호경비관계법의 특성으로는 경호경비주체의 권력성, 경호경비업무의 우선성, 경호경비작용의 획일강행성, 경호경비규정의 기술성 등이 있을 수 있다.

2. 경호경비주체의 권력성

경호경비관계법은 권력적 특질을 가지고 있다. 사경호경비기관을 제외하고는 국가 또는 지방자치단체 등은 권력의 주체로서 국민 등의 행정객체를 지배하여 명령·강제한다. 경호경비관계법은 일반행정법과 다를 바가 없지만 대통령, 국무총리, 국회의장, 대법원장 등의 신변안전과 그 중요시설의 안전을 경호경비 하는 임무의 특수성으로 인하여 특히 경호경비주체의 의사에 우월적인 지위를 인정함이 특색으로 나타나고 있다.

대통령 등의 경호에 관한 법률과 경찰관직무집행법 등은 사인(私人) 사이의 법률관계에서와는 달리 경호경비주체가 타인에 대하여 그 의사에 관계없이 일방적으로 명령·강제할 수 있는 힘을 인정하는 것이 보통이다. 그러한 경호경비주체의 권력성은 경호경비주체에 고유한 본연의 것이 아니라 경호경비관계법에 의하여 직접·간접으로 인정되고 있는 것이다.

3. 경호경비업무의 우선성

경호의 대상에 해당하는 대통령은 행정부의 수반으로서, 국가원수로서, 국군통수권자로서의 법적 지위를 가지고 있고 현재와 같은 대통령중심제하에서는 대통령에게 모든 권력이 집중되어 있다고 볼 수 있다.

따라서 앞에서 설명한 바와 같이 대통령에 대한 경호는 한 개인의 신체를 보호하는 차원이 아닌 국가와 민족을 보위하는 공익적 차원임을 감안하여 볼 때 개인의 사익 또는 기타 일반행정의 업무보다 우선성을 갖고 있다 할 것이다.

그리하여 대통령경호관계법에는 경호기관의 장은 직무상 필요하다고 인정할 때에는 국가기관, 지방자치단체, 기타 공공단체의 장에 대한 협조요청을 할 수 있고[1] 협조요청을 받은 각 국가기관 등은 소관업무에 대하여 책임을 지고 최대한의 협조를 하도록 규정하고 있는 것이다.[2]

그러나 이와 같은 경호경비업무의 우선성은 결코 사익을 도외시한다든지 타부서의 업무를 무시하는 것이 아니라 사익·일반행정과의 합리적인 조화를 전제로 하는 것이다.

4. 경호경비작용의 획일강행성

경호경비의 작용은 암살·납치·신체적 침해와 시설의 불안전으로부터 경호경비대상[3]를 보호하는데 주목표를 두고 사전예방경호작용, 근접경호작용, 시설경비작용 등이 행동으로 옮겨진다. 이러한 경호경비작용을 규정하고 있는 경호경비관계법은 사적자치를 원칙으로 하는 사법에 비해 볼 때 질서유지, 교통관리, 검문·검색, 출입통제, 위험물의 탐지 및 안전조치 등은 경호경비권 발동의 행위규범으로서의 성질을 가지고 있으므로 획일강행성의 특성을 가지고 있다.

따라서 경호경비관계법은 법적으로 인정된 경호경비대상에 대한 신변안전 및 재산보호라는 공익을 추구하는 것을 내용으로 하기 때문에, 경호경비주체나 객체의 임의적인 해석·적용을 허용하지 않고, 다수인에 대하여 획일적으로 적용되는 것이 원칙이다. 이러한 경호경비관계법의 강행성은 개인에 대해서 뿐만 아니라, 경찰, 군 등 경호경비유관부서에 대해서도 똑같이 적용된다.

5. 경호경비규정의 기술성

경호경비관계법은 개개인의 피해와 충돌을 최소한도로 줄이기 위하여 보다 합리적이며 공정한 방법으로 경호경비의 목표를 달성하게 하는 규정임이 요청된다. 그러므로 제반 경

---

1   대통령 등의 경호에 관한 법률 제15조.
2   大統領警護安全對策委員會規程 第4條.
3   대통령, 국회의장, 대법원장, 국무총리, 헌법재판소장 기타 국내의 주요요인 등이 있다.

호경비기법을 충족시키기 위해서는 기술적·수단적 성질을 많이 띠게 된다. 이는 경호경비 관계법이 추구하는 경호경비대상의 신변안전 및 재산보호라는 공익과 국민의 편의성 등 사익의 조화를 꾀하면서 열악한 경호경비 환경 현실에 효과적으로 대처하여, 능률적이면서도 합리적으로 경호경비목적을 구현하는데 필요한 사항을 규정하고 있음에 연유한다. 이와 같은 기술법적 특성으로 말미암아 경호경비기관은 정치적 중립성을 가져야 하고, 경호경비 작용의 전문성을 유지하여야 한다. 이를 위해서는 현행 대통령 등의 경호에 관한 법률상의 너무 추상적이고 개괄적인 규정을 탈피하고 보다 합법적인 경호규정 등을 심층 연구하여 법률화하여야 함을 보여주는 면이 많다.

III. 경호경비관계법의 법원

1. 서언

경호경비관계법의 존재형식을 가리켜 경호경비의 법원(Source of Law)이라 한다. 경호경비의 법원도 다른 행정의 법원과 크게 다를 것이 없다. 경호의 법원은 여러 가지이나 다른 법의 분야에 있어서와 같이 성문의 형식으로 된 성문법과 불문의 형식으로 된 불문법으로 크게 나눌 수 있다.

경호경비의 성문법원으로 헌법·법률·조약·명령 등을 들 수 있다. 그리고 불문법원으로는 경호경비관습법·판례법 및 조리법이 있을 수 있으나 여기에서는 성문법원을 중심으로 기술하고자 한다.

2. 헌법

헌법전은 기본적으로는 경호경비의 법원이다. 어느 국가든간에 국가의 근본적인 헌법은 행정조직에 관한 기본적인 사항, 중요한 행정작용 및 행정권과 국민과의 관계에 관한 사항 및 행정구제에 관한 사항 등에 관하여 규정하고 있다. 뿐만 아니라 입법 및 사법조직에 대해서도 규정하고 있다.

각 국가에 있어서의 경호의 주 대상이 되는 대통령의 지위는 각 정부형태에 따라 일정하지가 않으나 우리 헌법 제66조에 의거 대통령은 국가원수로서의 지위와 행정부의 수반으로서의 지위 및 헌법 제74조에 따라 국군통수권자로서의 지위를 갖고 있다. 즉 대통령은 국가의 원수이며 외국에 대하여 국가를 대표한다.[4] 외국에 대하여 국가를 대표하는 지위에서 대통령은 외국에 대하여 선전포고와 강화를 하고, 외국과 조약을 체결·비준하며, 외교사절을 신임·접수 또는 파견한다.[5]

그리고 행정권은 대통령을 수반으로 하는 정부에 속한다.[6]라고 하여 대통령의 행정부수반으로서의 지위를 규정하고 있다. 대통령이 행정부의 수반이라 함은 행정부의 조직·통할에 있어서 최고책임자임을 의미한다. 그 대표적인 것으로 대통령은 헌법과 법률이 정하는 바에 의하여 국군을 통수한다.[7] 대통령의 국군통수권은 국군의 최고사령관으로서 국군을 지휘·통솔하는 것을 말한다.

헌법 제85조에서 전직대통령의 신분과 예우에 관하여는 법률로 정하도록 규정하고 있어 전직대통령 예우에 관한 법률의 근거규정이 되며, 헌법 제86조는 국무총리가 대통령을 보좌하고, 행정에 관하여 대통령의 명을 받아 행정각부를 통할하도록 규정하고 있는 등 입법·행정·사법부의 주요 경호대상의 법적 지위를 규정하고 있는 점에서 그 법원을 찾아볼 수 있다.

또한 국민의 안전에 관한 것으로는 헌법 제10조 기본적 인권의 보장, 제12조 신체의 자유, 제23조 재산권의 보장, 제34조 사회보장 등이 직·간접적으로 경호경비의 헌법적 법원에 해당된다고 볼 수 있을 것이다.

---

4   憲法 第66條 第1項.
5   憲法 第73條.
6   憲法 第66條 第4項.
7   憲法 第74條 第1項.

3. 법률

법률(Law)이란 국회가 헌법상의 입법절차에 따라 제정한 일반적 추상적인 법형식을 말하는데, 경호 및 경비와 관련된 법률로는 대통령 등의 경호에 관한 법률, 전직대통령 예우에 관한 법률, 경찰관직무집행법, 청원경찰법, 경비업법, 항공보안법 등이 있다.

1) 대통령 등의 경호에 관한 법률

최초의 대통령경호실법은 대통령의 경호를 담당하는 대통령경호실을 두기 위하여 1963년 12월 14일 법률 제1507호로 제정되었었다. 동법은 현재 전문 19개조와 부칙으로 구성되어 있다. 그러나 경호대상에 대통령으로 당선이 확정된 자의 가족과 전직대통령 및 그 가족에 대한 호위를 추가하고, 대통령경호실장 및 차장을 현역군인으로 보할 수 있는 법적 근거를 마련하기 위한 1차 개정이 있었고, 대통령경호실 소속 경호공무원의 신분을 별정직에서 특정직으로 전환하기 위하여 1999년 12월 31일 법률 제6087호로 동법이 2차 개정된 바 있고, 2005년 3월 10일 법률 제7388호로 3차 개정되었고, 2008년 이명박 정부가 들어서면서 「대통령경호실법」의 명칭을 「대통령 등의 경호에 관한 법률」로 변경하고, 대통령실장 소속하에 경호처를 설치하는 등 2008년 2월 29일 법률 제8857호와 법률 제8872호로 4·5차로 개정되었다. 그러나 2013년 박근혜 정부가 들어서면서 대통령실장소속하에 경호처를 설치하였던 것을 다시 대통령경호실로 독립기관으로 분리하고 대통령경호실장을 장관급인 정무직으로 바꾸는 개정이 있었다.

또한 다자간 정상회의에 참석하는 외국 국가원수 등의 신변 보호와 행사장의 안전관리 등의 근거를 마련하기 위하여 2012년 2월 2일 법률 제11296호로 개정되었다. 그 당시의 동법 제5조의2에서 대한민국에서 개최되는 다자간 정상회의에 참석하는 외국의 국가원수 또는 행정수반과 국제기구 대표의 신변(身邊)보호 및 행사장의 안전관리 등을 효율적으로 수행하기 위하여 대통령 소속으로 경호·안전 대책기구를 둘 수 있도록 규정하고, 이의 실효성을 위하여 경호·안전 대책기구의 장인 경호처장은 다자간 정상회의의 경호 및 안전관리를 위하여 필요하면 관계기관의 장과 협의하여 「통합방위법」 제2조 제13호에 따른 국가중요시설과 불특정 다수인이 이용하는 시설에 대한 안전관리를 위하여 필요한 인력을 배치하고 장비를 운용할 수 있다.

그리고 2017년 7월 26일에 대통령 경호 시스템을 환경변화에 맞게 조정하는 등 국민들의 요구에 신속하게 반응하는 열린 민주 정부를 구현할 수 있도록 대통령경호실(장관급)을 대통령경호처(차관급)로 정부조직법이 개정되었다.

「대통령 등의 경호에 관한 법률」의 주요 내용을 보면 대통령과 그의 가족, 대통령으로 당선이 확정된 자와 그 가족의 경호, 본인의 의사에 반하지 아니하는 경우에 한하여 퇴임 후 10년 이내의 전직대통령과 그의 배우자 및 가족, 대통령권한대행과 그 배우자, 방한하는 외국의 국가원수 또는 행정수반과 그 배우자, 그 밖에 경호처장이 필요하다고 인정하는 국내외 요인에 대한 경호를 경호실의 임무로 규정하면서, 제15조에서 경호처장은 직무상 필요하다면 국가기관 및 지방자치단체 기타 공공단체의 장에게 그 소속공무원 또는 직원의 파견, 기타 필요한 협조를 요청할 수 있다고 하여 각급 기관의 장에게 협조의무를 부여하고 있다.

또한 동법 제17조에서 대통령경호처장의 제청에 의하여 서울중앙지방검찰청 검사장이 지명한 경호공무원은 경호직무수행 중 인지하는 그 소관에 속하는 범죄에 관하여 직무상 또는 수사상 긴급을 요하는 한도 내에서 사법경찰관리의 직무를 행할 수 있으며, 동법 제19조 제1항에서 경호처장의 명을 받은 소속 공무원은 무기를 휴대할 수 있다고 되어 있다.[8]

그리고 2010년 3월 12일에는 종전에는 전직대통령에 대해 퇴임 후 7년간, 대통령이 임기만료 전에 퇴임한 경우와 재직 중 또는 퇴임 후 사망한 경우의 경호기간은 그로부터 2년간 대통령경호처에서 경호를 제공하여 왔었다. 그러나 전직대통령과 유족에 대한 경호 제공기간은 재임 당시 취득한 국가기밀의 유효기간, 재임 시의 통치행위에 따른 다양한 이해관계자들의 존재, 대통령의 임기, 그리고 전직대통령 예우에 대한 국민적 정서 등을 고려하여 퇴임 후 10년간, 대통령이 임기만료 전에 퇴임한 경우와 재직 중 또는 퇴임 후 사망한 경우에는 그로부터 5년간 경호처 경호를 제공하도록 하고, 한편 전직대통령이 퇴임 후 사망한 경우 유족에 대한 경호는 퇴임일부터 기산하여 2년 동안만 제공하도록 되어 있어 퇴임 후 2년이 임박하거나 경과한 후에 전직대통령이 사망하면 곧바로 경호실처 경호가 중단되는 등 문제가 있고 유족에 대한 예우에도 소홀한 측면이 있으므로, 대통령 퇴임일 후 10년을 넘지 아니하는 범위에서 사망일부터 5년 동안 유족에 대한 경호를 제공하도록 규정하였었

---

8   법제처, 전게 법령집.

다. 그러나 2013년 8월 13일 규정 개정에서는 전직대통령 또는 그 배우자의 요청에 따라 경호처장이 고령 등의 사유로 필요하다고 인정하는 경우에는 5년의 범위에서 상기 기간을 넘어 경호할 수 있도록 규정하고 있어 전직대통령과 그의 배우자에 대한 경호는 사실상 퇴임 후 15년을 경호하게 된 것이다.

2) 전직대통령 예우에 관한 법률

전직대통령 예우에 관한 법률은 제3공화국 헌법상 규정은 없지만 전직대통령의 예우에 관한 사항을 규정하기 위하여 1969년 1월 22일 법률 제2086호로 제정·공포되었다. 동 법률은 전직대통령 또는 그 유족에 대하여 적용하며, 법령 및 기타 예우에 관한 사항 등 전문 9개조와 부칙으로 구성되었다.

1980년 10월 27일 제8차 헌법 개정에 의하여 앞에서 본 바와 같이 전직대통령의 예우에 관한 헌법조항이 처음으로 신설된 것은 전직대통령 예우를 강화하기 위한 것으로 생각된다.

그리고 1987년 10월 29일 제9차 헌법 개정에 의하여 헌법 제90조에서 국정자문회의가 국가원로자문회의로 명칭이 바뀌고, 전직대통령으로서의 품위유지에 필요한 생활여건을 조성하고 그간의 경험과 경륜을 국가사회의 발전에 기여할 수 있도록 퇴임 후의 사회활동을 지원하는 한편, 재임시의 업적에 대한 기념사업의 지원근거를 마련하는 등 전직대통령예우제도의 일부 미비점을 보완한다는 명목으로 1988년 2월 24일 법률 제4001호에 의거 전직대통령 예우에 관한 법률 중 일부를 개정하였다.

그러나 전직대통령의 12.12 및 5.18사건과 비자금사건 등과 관련하여 전직대통령이 전직대통령 예우에 관한 법률의 기본취지에서 위배되는 행위를 한 경우 경호·경비를 제외하고는 예우를 하지 아니하도록 하는 등의 내용으로 1995년 12월 29일 법률 제5118호에 의거 동 법률이 개정되었으며, 이 법률은 2005년 12월 29일 법률 제7796호에 의거 일부 개정되었다.

경호와 관련된 규정으로는 동 법률 제6조 제3항에서 전직대통령과 그 유족에 대하여는 관계법령이 정하는 바에 따라 필요한 기간의 경호·경비를 할 수 있다.

앞으로 전직대통령이 서거한 경우 배우자에 대한 품위유지 및 의전 필요성 등을 고려해 비서관(별정직공무원 1명)과 운전기사(별정직공무원 1명)를 지원할 수 있도록 동법시행령을 개정(2010. 1. 26)하였다.

또한 2010년 2월 4일 법률 제10011호로 현행법상 전직대통령에게 지원되고 있는 운전기사 1명의 법적 근거를 마련하고, 전직대통령 서거 시 유족 중 배우자에 대한 품위 유지 및 의전필요성 등을 고려하여 배우자에게 대통령령으로 정하는 기간 동안 비서관 1명과 운전기사 1명을 지원하도록 하는 내용의 개정이 있었으나 2011년 5월 30일 법률 제10742호로 배우자 사망 시까지 지원할 수 있도록 하고 있다.

끝으로 2017년 3월 21일 법률 제14618호로 전직대통령이 사망하여 국립묘지에 안장되지 아니한 경우에는 묘지관리에 드는 인력은 묘지의 경비 인력 및 관리 인력으로 한다. 이 경우 묘지관리의 효율성 등을 고려하여 해당 인력의 운용비용으로 지급할 수 있으며, 묘지관리에 드는 비용은 묘지의 시설 유지 등 관리 비용으로 한다. 이 비용은 묘지관리를 하는 유족에게 지급하되, 유족의 동의를 얻어 묘지관리를 하는 단체가 있는 경우 해당 단체에 그 비용을 지급할 수 있다. 다만, 묘지관리를 하는 유족이나 단체가 없는 경우에는 행정안전부장관이 묘지관리를 위하여 지원할 필요가 있다고 인정하는 자에게 그 비용을 지급할 수 있다. 이에 따른 구체적인 지원 대상, 규모 및 방법 등은 행정안전부장관이 따로 정한다.

3) 경찰관직무집행법

경찰관직무집행법은 국민의 자유와 권리의 보호 및 사회공공의 질서유지를 위한 경찰관의 직무수행에 필요한 사항을 규정하기 위하여 1953년 12월 24일 법률 제299호로 제정·공포 후 1981년 4월 13일 법률 제3427호로 전부개정, 2014년 5월 20일 법률 제12601호로 개정 등 수차에 걸쳐서 개정된 법으로, 경찰관의 직무범위에서 동법 제2조 2의2 범죄피해자 보호와 제2조 제3호의 경비, 주요 인사(人士) 경호 및 대간첩·대테러 작전 수행을 규정하여, 주요 인사(人士) 경호를 포괄적으로 정하는 등 경찰관의 직무를 확대 규정하고 있다.

헌법 제37조에서 "국민의 모든 자유와 권리는 국가안전보장·질서유지 또는 공공복리를 위하여 필요한 경우에 한하여 법률로써 제한할 수 있으며, 제한하는 경우에도 자유와 권리의 본질적인 내용을 침해 할 수 없다."고 규정하여 국민의 자유와 권리를 제한하는 명령·강제작용인 경찰권의 근거는 원칙적으로 국민의 대표기관인 국회에서 제정하는 법률이어야 함을 명시하고 있어 대개의 경찰관련법이 법률로 규정되어 있다.

동법 이외에도 경찰경비제도와 직접 관련된 법률로는 청원경찰법이 있으며, 기타 경찰작용에 관한 중요 법률로는 집회 및 시위에 관한 법률, 수상에서의 수색·구조 등에 관한 법률, 총포·도검·화약류 등의 안전관리에 관한 법률, 도로교통법, 사격 및 사격장 안전관리에 관한 법률, 소방기본법, 사행행위 등 규제 및 처벌특례법, 유선 및 도선 사업법, 숙박업법, 식품위생법 등이 있다.

4) 청원경찰법

청원경찰법은 국가 중요시설, 국내주재 미국기관, 기타 행정안전부령이 정하는 중요시설, 사업장 등의 장소에 기관의 장이나 경영자가 소요경비를 부담할 것을 조건으로 경찰관의 배치를 신청하는 경우 그 기관시설 또는 사업장의 경비를 위하여 배치하는 청원경찰의 원활한 운영을 위하여 제정된 법이다.

우리나라의 청원경찰제도는 경찰과 사경비와의 과도기적 시기에 형성된 외국에서 그 유래를 찾아 볼 수 없는 경비형태로서 제3공화국 출범 이후 국가경제발전의 급속한 발달로 한정된 경찰인력으로는 갑자기 늘어난 산업시설의 경비작용을 감당할 수 없어 1962년 4월 3일 법률 제1049호로 이 법이 제정되었다가 폐지되고, 1973년 12월 31일에 법률 제2666호로 다시 전문 개정되어 1976년 12월 31일에 법률 제2949호, 1980년 1월 4일 법률 제3228호, 1981년 2월 14일 법률 제3371호, 1983년 12월 30일 법률 제3677호, 1991년 5월 31일 법률 제4369호, 1999년 3월 31일 법률 제5937호, 2001년 4월 7일 법률 제6466호, 2005년 8월 4일 법률 제7662호, 2008년 2월 29일 법률 제8852호, 2010년 2월 4일 법률 제10013호, 2014년 5월 20일 법률 제12600호, 2014년 12월 30일 법률 제12921호, 2018년 9월 18일 법률 제15765호로 개정되는 등 수차에 걸쳐서 개정되었다.

이 개정에서는 국가기관 및 지방자치단체에 근무하는 청원경찰의 보수단계별 재직기간을 단축하고 보수단계를 한 단계 더 신설하여 보수를 상향조정하였다. 즉 재직기간 15년 미만을 순경, 재직기간 15년 이상 23년 미만을 경장, 재직기간 23년 이상 30년 미만을 경사, 재직기간 30년 이상을 경위의 구분에 따라 같은 재직기간에 해당하는 경찰공무원의 보수를 감안하여 정하도록 하는 근거를 마련하였다.

그리고 기관·시설 또는 사업장 등을 청원경찰 배치인원의 변동 사유 없이 단순히 이전하는 경우 청원주가 청원경찰의 배치를 폐지하거나 배치인원을 감축할 수 없도록 하고, 시설의 폐쇄나 축소로 청원경찰의 배치를 폐지하거나 배치인원을 감축하는 경우 그 청원주는 과원이 되는 청원경찰 인원을 그 기관·시설 또는 사업장 내의 유사 업무에 종사하게 하거나 다른 시설·사업장 등에 재배치하는 등 청원경찰의 고용이 보장될 수 있도록 노력하여야 명시적으로 규정하였다. 즉 청원주는 ① 청원경찰을 대체할 목적으로 「경비업법」에 따른 특수경비원을 배치하는 경우, ② 청원경찰이 배치된 기관·시설 또는 사업장 등이 배치인원의 변동사유 없이 다른 곳으로 이전하는 경우의 어느 하나에 해당하는 경우에는 청원경찰의 배치를 폐지하거나 배치인원을 감축할 수 없도록 개정하였다.

5) 경비업법

경비업법은 경비를 필요로 하는 시설 및 장소에서의 도난·화재 그 밖의 혼잡 등으로 인한 위험발생을 방지하는 시설경비업무와 운반 중에 있는 현금·유가증권·귀금속·상품 그 밖의 물건에 대하여 도난·화재 등 위험발생을 방지하는 호송경비업무, 사람의 생명이나 신체에 대한 위해의 발생을 방지하고 그 신변을 보호하는 신변보호업무, 경비대상시설에 설치한 기기에 의하여 감지·송신된 정보를 그 경비대상시설외의 장소에 설치한 관제시설의 기기로 수신하여 도난·화재 등 위험발생을 방지하는 기계경비업무, 항공기를 포함한 공항 등 국가중요시설의 경비 및 도난·화재 그 밖의 위험발생을 방지하는 특수경비업무의 일부 또는 전부를 도급받아 행하는 영업의 실시에 적정을 기하기 위하여 1976년 12월 31일 법률 제2946호로 제정 공포되어 1981년 2월 14일 법률 제3372호, 1983년 12월 30일 법률 제3678호, 1989년 12월 27일 법률 제4148호, 1991년 5월 31일 법률 제4369호, 1995년 12월 30일 법률 제5124호, 1997년 12월 13일 법률 제5453호, 1999년 3월 31일 법률 제 5940호로 여러 차례 개정되어 오다가 2001년 4월 7일 법률 제6467호로 전문 개정 되었고, 2002년 12월 18일 법률 제6787호로 개정, 2005년 8월 4일 법률 제7671호로 개정, 2008년 12월 27일 법률 제9192호로 개정, 2009년 4월 1일 법률 제9579호 개정, 2013년 6월 7일 법률 제11872호로 개정, 2016년 1월 26일 법률 제13814호로 개정되는 등 수차에 걸쳐서 개정되어 왔다. 특히 2013년에 개정된 경비업법에서는 경비업의 허가요건을 강화하고 경비원의 폭력이 문제가 되는 노사분규, 재개발 현장 등 집단민원현장을 법률에 명확히 규정하고, 이 민원현장에 경비원을 배치할 경우 배치 48시간 전까지 관할 경찰관서장의 배치허가를 받도록 하는 등의 대폭적인 개정이 있었다.

그리고 2016년에 개정된 경비업법에서는 현행법에 따르면 경비업자는 경비원으로 하여금 경비원 신임교육을 받게 하도록 하고 있으나, 누구든지 경비원으로 채용되기 전에도 개인적으로 일반경비원 신임교육을 받을 수 있도록 하고, 대통령령으로 정하는 바에 따라 일반경비원을 신임교육의 대상에서 제외할 수 있도록 하려는 것이다. 다만, 경비업자는 대통령령으로 정하는 경력 또는 자격을 갖춘 일반경비원을 신임교육 대상에서 제외할 수 있다. 경비원이 되려는 사람은 대통령령으로 정하는 교육기관에서 미리 일반경비원 신임교육을 받을 수 있도록 하는 개정이 있었다.

또한 2017년 개정된 경비업법에서는 국민의 경비지도사 자격 취득 기회를 최대한 보장하기 위하여 경비지도사 시험은 매년 1회 이상 시행하도록 규정하고, 1년 이내에 경비 도급실적이 없는 경비업자의 경우 매년 폐업 후 다시 허가를 받아야 하는 불편을 해소하기 위하여 경비 도급실적의 산정기간을 1년에서 2년으로 연장하였다. 불법행위에 대하여 법률마다 행정형벌의 편차가 큰 것을 개선하기 위하여 특수경비원이 국가중요시설의 정상적인 운영을 해치는 장해를 일으킨 경우 7년 이하의 징역을 5년 이하의 징역으로 하향 조정하였다.

경비업법에 의하여 경비업은 법인이 아니면 영업을 할 수 없도록 규정하고 있으며 이에 대한 민법상의 사단법인에 준하도록 규정을 하고 있다. 즉 설립에 있어서 주무관청의 허가를 받게 하고 있으며, 법인사무에 관한 검사·감독 등도 주무관청에 의하여 이루어지도록 규정하고 있다. 특히 경비업자는 경비원을 지도·감독하고 교육하기 위하여 경비지도사를 선임하도록 규정하고 있다.

그리고 특수경비원이 국가 중요시설에 배치되며 유사시 무기를 휴대하는 자로서 무기의 적정 사용 및 피탈 방지 등을 위해 일정한 체력이 요구된다는 점을 고려한 것이지만, 한국인의 평균수명이 연장되고 있는 현실에서 특수경비원의 연령 상한을 58세로 한정하는 것은 적절하지 아니하므로 이를 60세로 연장하여 규정하였다.

6) 항공보안법

항공안전 및 보안에 관한 법률은 2002년 8월 26일 법률 제6734호로 전문 개정된 후 2003년 12월 31일 법률 제7050호, 2005년 3월 31일 법률 제7472호, 2005년 11월 8일 법률 제7691호, 2006년 2월 21일 법률 제7849로 타법개정, 2006년 3월 24일 법률 제7926호 일부 개정, 2006년 9월 27일 법률 제7988호로 타법개정, 2006년 12월 28일 법률 제8129호로 일부개정, 2007년 12월 21일 법률 제8787호, 2008년 2월 29일 법률 제8852호 타법개정, 2008년 3월 28일 법률 제9074호, 2009년 6월 9일 법률 제9779호 일부개정과 동 년월일 법률 제978호로 개정되었고, 2013년 4월 5일 법률 제11753호로 법의 제명이 항공보안법으로 변경되었고, 그 이후 2014년 1월 14일 법률 제12257호 개정 등 수차례 개정되어 운영되고 있다.

이 법은 「국제민간항공협약」 등 국제협약에 따라 공항시설, 항행안전시설 및 항공기 내에서의 불법행위를 방지하고 민간항공의 보안을 확보하기 위한 기준·절차 및 의무사항 등을 규정함을 목적으로 하고 있다. 공항운영자가 승객, 휴대물품 및 수하물에 대한 보안검색을 실시하도록 하고, 항공운송업자는 화물에 대하여 보안검색을 실시토록 규정하기 위하여 불법방해행위 등 총칙, 항공보안협의회 등, 공항·항공기 등의 보안, 항공기 내의 보안, 항공보안장비 등, 항공보안 위협에 대한 대응 등으로 구성되어 있다.

그리고 이 법에서는 기내식 및 저장품의 통제절차, 공항운영자 등의 비상계획의 수립, 검색요원의 교육훈련 표준화 등을 국제민간항공기구에서 권고하는 내용 등을 포함하고 있다.

2010년 3월 22일 법률 제10160호로 범죄인 호송업무 등 특정한 직무를 수행하는 경우 항공기 내 무기를 휴대할 수 있도록 하고, 화물터미널운영자에게 화물터미널 출입자에 대한 보안검색 권한을 부여하여 보호구역에서의 보안검색 책임을 명확히 하며, 국제민간항공기구 항공보안평가(ICAO USAP)에 대비하기 위하여 국가항공보안계획 수립의 법적 근거를 마련하였다.

2016년 1월 19일 법률 제13811호로 기장 등은 항공기 내에서 이 법에 따른 죄를 범한 범인을 해당 공항을 관할하는 국가경찰관서에 통보한 후 인도하여야 하고, 이를 위반하는 경우 1천만원 이하의 과태료를 부과하고, 기장 등의 업무를 위계 또는 위력으로 방해한 사람은 벌칙을 상향하여 5년 이하의 징역 또는 5천만원 이하의 벌금에 처하도록 했다.

운항 중인 항공기 내에서 폭언 등 소란행위, 술을 마시거나 약물을 복용하고 다른 사람에게 위해를 주는 행위를 한 사람은 1천만원 이하의 벌금에 처하도록 하고, 운항 중인 항공기 내에서 흡연, 다른 사람에게 성적 수치심을 일으키는 행위, 전자기기를 사용하는 행위를 한 사람은 500만원 이하의 벌금에 처하도록 했다. 또한 계류 중인 항공기 내에서 ① 폭언, 고성방가 등 소란행위, ② 흡연(흡연구역에서의 흡연 제외), ③ 술을 마시거나 약물을 복용하고 다른 사람에게 위해를 주는 행위, ④ 다른 사람에게 성적(性的) 수치심을 일으키는 행위, ⑤ 운항 중인 항공기의 항행 및 통신장비에 대한 전자파 간섭 등의 영향을 방지를 위반하여 전자기기를 사용하는 행위까지에 따른 위반행위를 한 사람은 200만원 이하의 벌금에 처하는 법적 근거를 마련하였다.

또한 항공보안에서 "보안검색"이란 불법방해행위를 하는 데에 사용될 수 있는 무기 또는 폭발물 등 위험성이 있는 물건들을 탐지 및 수색하기 위한 행위를 말하며, "항공보안검색요원"이란 승객, 휴대물품, 위탁수하물, 항공화물 또는 보호구역에 출입하려고 하는 사람 등에 대하여 보안검색을 하는 사람을 말한다(항공보안법 제2조 제9호, 제10호).

항공운송사업자는 승객의 안전 및 항공기의 보안을 위하여 필요한 조치를 하여야 하며, 승객이 탑승한 항공기를 운항하는 경우 항공기내 보안요원을 탑승시켜야 한다.

항공운송사업자는 여객기의 보안강화 등을 위하여 조종실 출입문에 조종실 출입통제 절차를 마련할 것, 객실에서 조종실 출입문을 임의로 열 수 없는 견고한 잠금장치를 설치할 것, 조종실 출입문열쇠 보관방법을 정할 것, 운항 중에는 조종실 출입문을 잠글 것, 국토교통부장관이 항공보안시설을 설치할 것의 보안조치를 하여야 한다.

항공운송사업자는 항공기의 보안을 위하여 매 비행 전에 항공기의 외부 점검, 객실, 좌석, 화장실, 조종실 및 승무원 휴게실 등에 대한 점검, 항공기의 정비 및 서비스 업무 감독, 항공기에 대한 출입 통제, 위탁수하물, 화물 및 물품 등의 선적 감독, 승무원 휴대물품에 대한 보안조치, 특정 직무수행자 및 항공기내 보안요원의 좌석 확인 및 보안조치, 보안 통신신호 절차 및 방법, 유효 탑승권의 확인 및 항공기 탑승까지의 탑승과정에 있는 승객에 대한 감독, 기장의 객실승무원에 대한 통제, 명령 절차 및 확인의 보안점검을 하여야 하며, 항공기에 대한 출입통제를 위하여 탑승계단의 관리, 탑승교 출입통제, 항공기 출입문 보안조치, 경비요원의 배치에 대한 대책을 수립하여야 한다.

항공운송사업자는 매 비행 전에 항공기에 대한 보안점검을 하여야 하며, 이 경우 항공기의 외부 점검, 객실, 좌석, 화장실, 조종실 및 승무원 휴게실 등에 대한 점검, 항공기의 정비 및 서비스 업무 감독, 항공기에 대한 출입 통제, 위탁수하물, 화물 및 물품 등의 선적 감독, 승무 원 휴대물품에 대한 보안조치, 특정 직무수행자 및 항공기내 보안요원의 좌석 확인 및 보안조치, 보안 통신신호 절차 및 방법, 유효 탑승권의 확인 및 항공기 탑승까지의 탑승과정에 있는 승객에 대한 감독, 기장의 객실승무원에 대한 통제, 명령 절차 및 확인내용을 점검해야 한다.

공항운영자 및 항공운송사업자는 액체, 겔(gel)류 등 국토교통부장관이 정하여 고시하는 항공기 내 반입금지 물질이 보안검색이 완료된 구역과 항공기 내에 반입되지 아니하도록 조치하여야 한다.

끝으로 항공운송사업자 또는 항공기 소유자는 항공기의 보안을 위하여 필요한 경우에는 「청원경찰법」에 따른 청원경찰이나 「경비업법」에 따른 특수경비원으로 하여금 항공기의 경비를 담당 하게 할 수 있다(동법 제14조).

항공기에 탑승하는 사람은 신체, 휴대물품 및 위탁수하물에 대한 보안검색을 받아야 한다. 공항운영자는 항공기에 탑승하는 사람, 휴대물품 및 위탁수하물에 대한 보안검색을 하고, 항공운송사업자는 화물에 대한 보안검색을 하여야 한다. 다만, 관할 국가경찰관서의 장은 범죄의 수사 및 공공의 위험예방을 위하여 필요한 경우 보안검색에 대하여 필요한 조치를 요구할 수 있고, 공항운영자나 항공운송사업자는 정당한 사유 없이 그 요구를 거절할 수 없다. 공항운영자 및 항 공운송사업자는 이에 따른 보안검색을 직접 하거나 「경비업법」에 따른 경비업자 중 공항운영자 및 항공운송사업자의 추천을 받아 국토교통부장관이 지정한 업체에 위탁할 수 있다(동법 제15조).

공항운영자는 항공기 탑승 전에 모든 승객 및 휴대물품에 대하여 국토교통부장관이 고시하는 항공보안장비를 사용하여 보안검색을 하여야 한다. 이 경우 승객에 대해서는 문형 금속탐지기 또는 원형검색장비를, 휴대물품에 대해서는 엑스선 검색장비를 사용하여 보안검색을 하여야 하며, 폭발물이나 위해물품이 있다고 의심되는 경우에는 폭발물 탐지장비 등 필요한 검색장비 등을 추가하여 보안검색을 하여야 한다.

공항운영자는 ① 검색장비 등이 정상적으로 작동하지 아니하는 경우, ② 검색장비 등의 경보음이 울리는 경우, ③ 무기류나 위해물품을 휴대하거나 숨기고 있다고 의심되는 경우, ④ 엑스선 검색장비에 의한 검색결과 그 내용물을 판독할 수 없는 경우, ⑤ 엑스선 검색장비로 보안검색을 할 수 없는 크기의 단일 휴대물품인 경우의 어느 하나에 해당하는 경우에는 승객의 동의를 받아 직접 신체에 대한 검색을 하거나 개봉검색을 하여야 한다. 이 경우 ⑤에 해당하는 경우에는 폭발 물 흔적탐지장비 등 필요한 검색장비 등을 추가하여 보안검색을 하여야 한다.

공항운영자는 기내에서 휴대가 금지되는 물품이 항공보안에 위해(危害)가 되지 아니하다고 인정되는 경우에는 위탁수하물로 탑재(搭載)를 하게 할 수 있다(동법시행령 제10조).

항공운송사업자는 탑승권을 소지한 승객의 위탁수하물에 대해서만 공항운영자에게 보안검색을 의뢰하여야 한다. 이 경우 항공운송사업자는 공항운영자에게 보안검색을 의뢰하기 전에 그 위탁수하물이 탑승권을 소지한 승객의 소유인지 및 위해물품인지를 확인하여야 한다.

공항운영자는 위탁수하물에 대하여 항공기 탑재 전에 엑스선 검색장비를 사용하여 보안검색을 하여야 한다.

공항운영자는 ① 엑스선 검색장비가 정상적으로 작동하지 아니한 경우, ② 무기류 또는 위해 물품이 숨겨져 있다고 의심되는 경우, ③ 엑스선 검색장비에 의한 검색결과 그 내용물을 판독할 수 없는 경우, ④ 엑스선 검색장비로 보안검색을 할 수 없는 크기의 단일 위탁수하물인 경우, ⑤ ①부터 ③까지 및 ④에서 규정한 경우 외에 항공보안에 위협이 증가하는 등 특별한 사유가 발생 하는 경우의 어느 하나에 해당하는 경우에는 항공기 탑재 전에 위탁수하물을 개봉하여 그 내용 물을 검색하여야 한다. 이 경우 폭발물이나 위해물품이 있다고 의심되는 경우 또는 ④에 해당하는 경우에는 폭발물 흔적탐지장비 등 필요한 검색장비 등을 추가하여 보안검색을 하여야 한다.

공항운영자는 보안검색이 끝난 위탁수하물이 보안검색이 완료되지 아니한 위탁수하물과 혼재 되지 아니하도록 하여야 한다.

항공운송사업자는 보안검색이 끝난 위탁수하물을 항공기에 탑재하기 전까지 보호조치를 하 여야 하며, 항공기에 탑재된 위탁수하물이 탑승한 승객의 소유인지를 확인하여 그 소유자가 항공기에 탑승하지 아니한 경우에는 그 위탁수하물을 운송해서는 아니 된다. 다만, 그 위탁수하물에 대한 운송처리를 잘못하여 다른 항공기로 운송하여야 할 경우에는 별도의 보안조치를 한 후 에 탑재할 수 있다(동법시행령 제11조).

여객기에 탑재하는 화물에 대한 항공운송사업자의 보안검색에 대해서는 앞의 위탁수하물의 보안검색방법 등을 준용한다.

항공운송사업자는 화물기에 탑재하는 화물에 대해서는 ① 개봉검색, ② 엑스선 검색장비에 의한 검색, ③ 폭발물 탐지장비 또는 폭발물 흔적탐지장비에 의한 검색, ④ 폭발물 탐지견에 의한 검색, ⑤ 압력실을 사용한 검색의 어느 하나에 해당하는 방법으로 보안검색을 하여야 한다(동법시행령 제12조).

공항운영자는 의료보조장치를 착용한 장애인, 임산부 또는 중환자 등 국토교통부장관이 인정하는 사람에 대해서는 보안검색 장소 외의 별도의 장소에서 보안검색을 할 수 있으며, ① 외교 행낭은 외교신서사(外交信書使)의 신분을 증명할 수 있는 공문서 및 외교행낭의 수를 표시한 공문서를 소지한 사람과 함께 운송될 것, ② 외교행낭의 외부에 외교행낭임을 알아볼 수 있는 표지와 국가표시가 있을 것의 요건을 모두 갖춘 외교행낭에 대해서는 개봉검색을 하여서는 아니 된다.

공항운영자 또는 항공운송사업자는 골수·혈액·조혈모세포(造血母細胞) 등 인체조직과 관련된 의료품, 생물학적 제제(製劑), 유전자재조합의약품, 세포배양의약품, 세포치료제, 유전자치료제 및 이와 유사한 바이오 의약품, 유골, 유해, 이식용 장기, 살아있는 동물, 의료용·과학용 필름, 앞에서 규정한 사항 외에 검색장비 등에 의하여 보안검색을 하는 경우 본래의 형질이 손상되거나 변질될 수 있는 것 등으로서 국토교통부장관의 허가를 받은 것의 어느 하나에 해당하는 것에 대해서는 개봉검색을 하거나 증명서류 확인 및 폭발물 흔적탐지장비에 의한 검색 등의 방법으로 보안검색을 할 수 있다(동법시행령 제13조).

아울러 ① 공무로 여행을 하는 대통령(대통령당선인과 대통령권한대행 포함)과 외국의 국가원수 및 그 배우자, ② 국제협약 등에 따라 보안검색을 면제받도록 되어 있는 사람, ③ 국내공항에서 출발하여 다른 국내공항에 도착한 후 국제선 항공기로 환승하려는 경우로서 ⓐ 출발하는 국내공항에서 법 제15조제1항에 따른 보안검색을 완료하고 국내선 항공기에 탑승하였을 것, ⓑ 국제선 항공기로 환승하기 전까지 보안검색이 완료된 구역을 벗어나지 아니할 것의 요건을 모두 갖춘 승객 및 승무원에 해당하는 사람(휴대물품 포함)에 대해서는 보안검색을 면제할 수 있다.

① 앞의 특별 보안검색방법 중 외교행낭 등의 요건을 모두 갖출 것, ② 불법방해행위를 하는 데에 사용할 수 있는 무기 또는 폭발물 등 위험성이 있는 물건들이 없다는 것을 증명하는 해당 국가 공관의 증명서를 국토교통부장관이 인증할 것의 요건을 모두 갖춘 외교행낭에 대해서 는 보안검색을 면제할 수 있다.

① 출발 공항에서 탑재 직전에 적절한 수준으로 보안검색이 이루어질 것, ② 출발 공항에서 탑재된 후에 환승 공항에 도착할 때까지 계속해서 외부의 비인가 접촉으로부터 보호받을 것, ③ 국토교통부장관이 앞의 ① 및 ②의 사항을 확인하기 위하여 출발 공항의 보안통제 실태를 직접 확인하고 해당 국가와 협약을 체결할 것의 요건을 모두 갖춘 위탁수하물을 환적(옮겨 싣기)하는 경우에는 보안검색을 면제할 수 있다.

아울러 항공운송사업자는 외교신서사가 탑승하지 아니한 경우에는 보안검색이 면제된 외교행낭을 운송해서는 아니 된다(동법시행령 제15조).

관할 국가경찰관서의 장은 범죄의 수사 및 공공의 위험예방을 위하여 필요한 경우 공항운영 자 또는 항공운송사업자에게 ① 보안검색대상자에 대한 불심검문, 신체 또는 물품의 수색 등에 대한 협력, ② 앞의 제10조부터 제12조까지의 규정에 따른 보안검색방법 중 필요하다고 인정되는 방법에 의한 보안검색, ③ 보안검색강화를 위한 항공보안검색요원의 증원배치의 필요한 조치를 요구할 수 있다. 다만, 그 이행에 예산이 수반되거나 항공보안검색요원의 증원계획에 관한 사항 은 서면으로 요구하여야 한다(동법시행령 제14조).

항공보안법 제28조에 따라 국토교통부장관은 항공보안에 관한 업무수행자의 교육에 필요한 사항을 정하여야 한다.

보안검색 업무를 감독하거나 수행하는 사람은 국토교통부장관이 지정한 교육기관에서 검색 방법, 검색절차, 검색장비의 운용, 그 밖에 보안검색에 필요한 교육훈련을 이수하여야 한다(동법 제28조).

4. 조약 및 국제법규

조약이란 문서에 의한 국가 사이의 합의를 말하며, 그 형식이 조약·협정·의정서 또는 각서의 어느 것인지를 가리지 아니한다.

우리 헌법 제6조 제1항은 헌법에 의하여 체결·공포된 조약과 일반적으로 승인된 국제법규에 대하여 국내법과 같은 효력을 인정하고 있으므로, 조약이나 국제법규 중에서 국내의 행정에 관한 사항을 포함하고 있는 것은 당연히 경호법의 법원이 된다. 일반적으로 승인된 국제법규란 우리나라가 체약국이 아닌 조약으로서 국제사회에서 일반적으로 그 규범성이 승인되고 있는 것 및 국제관습법을 말한다.

경호와 관련된 조약의 예로서 한국군과 주한미군간의 대통령경호에 대한 합의각서(Memorandum of Agreement between the Republic of Korea Armed Forces and the United States Forces Korea Regarding Presidential Security)를 들 수 있다. 이 합의각서는 한·미간의 SOFA(States of Forces Agreement)협정 제3조 및 제25조를 근거로 대통령경호경비에 관한 협

조절차를 규정하여 1987년 5월 11일에 효력이 발생하였다.

동 조약 제2조에서 한국 및 외국의 국가원수가 주한 미군부대나 한·미 연합군부대, 그리고 그 인근지역 및 부대를 방문시 적용하도록 그의 범위를 정하고, 동 조약 제3조에서는 첫째, 대통령 경호경비에 관한 협조는 한국 대통령경호처 및 한국군 군사안보지원사령부와 주한 미군부대 간에 실시하며, 둘째, 대통령 경호경비 업무를 효과적으로 수행하기 위하여 한·미관계기관회의를 통하여 정보를 상호 교환하고 ① 경호경비 책임사령관 임명, ② 안전조치 문제, ③ 보안조치 문제, ④ 필요에 따라 추가 협의가 요구되는 사항에 관하여 긴밀히 협조하도록 그 협조체제를 규정하고 있다.[9]

5. 명령

명령이란 행정권에 의하여 제정되는 법규를 말한다. 앞에서 설명한 바와 같이 근대법치국가에 있어서의 개인의 권리·의무에 관한 사항의 규율은 형식적 법률로 함을 원칙으로 하고, 법률의 제정권, 즉 입법권은 국회에 전속된다. 다만, 경제구조가 복잡하고 국제관계가 긴밀하여진 현대국가에서는 행정의 능률성이 요청될 뿐만 아니라 행정은 고도의 기술성과 전문성을 요하는 경우가 많기 때문에 일정한 범위 내에서의 행정입법[10]이 인정되고 있다. 행정입법은 행정권의 확대·강화에 따라 각 국에서 다같이 중요성을 더하여 가고 있는 것이 사실인데, 행정법의 법원으로서의 명령의 비중은 날로 높아가고 있다.

명령 중 경호규칙(경호명령)은 경호조직 내부관계를 규율하는데 그치고 법규적 성질을 가지지 않는 것이라는 이유로 그의 경호법의 법원성을 부정하는 견해[11]와 경호규칙도 경호작용의 준칙이 된다는 점에서 경호법의 법원성을 긍정하는 견해[12]가 있다. 여기에서는 법원성 여부를 떠나서 경호의 중요성에 비추어 경호규칙까지 기술하고자 한다.

---

9 국방군사연구소, 국방조약집(제2권), 국방군사연구소, 1993, 174~175면.

10 행정입법에 관한 자세한 내용은 金杜炫, 行政立法論, 法文社, 1991에서 참조.

11 金道昶, 一般行政法論(上), 靑雲社, 1990. 309면;尹世昌, 行政法(上), 博英社, 1981, 161면.

12 朴鈗炘, 行政法講義(上), 國民書館, 1991, 276면;徐元宇, 現代行政法論(上), 博英社, 1993, 350면;李尙圭, 新行政法論(上), 法文社, 1993, 308면.

1) 대통령 등의 경호에 관한 법률 시행령

대통령 등의 경호에 관한 법률 시행령은 동법의 시행에 관하여 필요한 사항을 규정함을 목적으로 한다. 이 시행령을 1963년 12월 16일 각령 제1679호로 전문 14개조와 부칙으로 제정 공포되어 운영되어 오다가 1974년 11월 14일 대통령령 제7394호로 전문개정 되었고, 2006년 6월 30일 대통령령 제19596호로 개정·운영되어 오다가 2008년 2월 29일 대통령령 제20732호로 일부개정, 2009년 3월 18일 대통령령 제21351호로 타법개정, 2012년 2월 2일 대통령령 제23607호, 2017년 7월 26일 대통령령 제28219호 등 현재까지 수차에 걸쳐서 개정되어 왔다.

이 영은 법률에서 위임된 가족의 범위, 전직대통령 등의 경호, 경호등급, 경호구역, 다자간 정상회의 외국 국가원수 등의 경호를 위한 경호·안전 대책기구, 하부조직, 직급, 인사위원회, 경호공무원의 임용, 징계위원회, 직권면직, 보상, 공로퇴직, 복제 기타 동법시행령에 관한 세부적인 사항을 규정하고 있다.

특히 2014년 12월 8일 대통령령 제25816호로 대통령경호실 직원 임용 시의 임용자격 확인 등에 관한 구체적인 절차를 마련하고, 승진대상자의 추천, 심사 및 선발을 위하여 승진선발위원회 및 복수의 승진후보추천위원회를 구성·운영할 수 있도록 함으로써 투명하고 공정한 인사 운영 체계의 확립을 도모하는 한편, 「보훈보상대상자 지원에 관한 법률」의 제정으로 국가유공자와 보훈보상대상자를 구분하여 보상 등을 하도록 보훈보상체계가 개편됨에 따라 관련 규정을 정비하고, 대통령경호처장이 경호업무 등을 수행하기 위하여 불가피한 경우 범죄경력자료, 주민등록번호 등의 개인정보를 처리할 수 있도록 법령상 근거를 마련하는 등의 규정을 개정하였다.

2) 대통령경호처와 그 소속기관 직제

이 영은 대통령경호처와 그 소속기관의 조직과 직무범위, 그 밖에 필요한 사항을 규정함을 목적으로 한다.

대통령경호처에 차장 1명을 두며, 차장은 1급 경호공무원 또는 고위공무원단에 속하는 별정직 국가공무원으로 보하며 경호처장을 보좌하고, 처장이 부득이한 사유로 직무를 수행할 수 없을 때에는 그 직무를 대행한다.

그리고 하부조직으로는 대통령경호처에 기획관리실·경호본부·경비안전본부 및 경호지원단을 둔다. 기획관리실장·경호본부장·경비안전본부장 및 경호지원단장은 이사관으로 보한다. 경호처장 밑에 감사관 1명을 두며 부이사관으로 보한다. 기획관리실 및 각 본부의 하부조직 및 그 분장사무와 감사관의 분장 사무는 경호처장이 정하도록 규정하고 있다. 또한 소속기관으로 경호처장의 관장사무를 지원하기 위하여 그 소속으로 경호안전교육원을 둔다. 이 경호안전교육원은 경호안전관리 관련 학술연구 및 장비개발, 경호처 직원에 대한 교육, 국가 경호안전 관련 분야에 종사하는 공무원에 대한 수탁교육, 경호안전 관련 단체에 종사하는 사람에 대한 수탁교육, 대통령경호안전대책위원회 관련 기관 소속 공무원 및 경호처장이 필요하다고 인정하는 사람에 대한 수탁교육, 그 밖에 국가 주요 행사 안전관리 분야에 관한 연구·조사 및 관련 기관에 대한 지원 사무를 관장한다. 교육원에 원장 1명을 두며 이사관으로 보한다. 원장은 처장의 명을 받아 소관 사무를 총괄하고, 소속 공무원을 지휘·감독한다. 교육원의 하부조직과 그 분장 사무는 경호처장이 정한다.[13]

3) 대통령경호안전대책위원회규정

2005년 3월 10일 법률 제7388호로 개정된 대통령경호실법 제16조에 의거 대통령경호안전대책위원회를 두도록 하고 있다.

경호안전대책과 관련된 규정의 연혁을 보면, 1974년에 대통령 경호·경비대책위원회규정의 제정, 1975년에는 대통령경호·경비안전대책통제단설치에 관한 규정과 안전대책사범처리협의회규정이 제정되어 시행되어 오다가 1979년에 발생한 10.26사건을 계기로 1979년 12월 27일에 모두 폐지되었다.

그러나 1981년 3월 2일 대통령령 제10233호로 전문 6개조와 부칙으로 구성된 대통령경호안전대책위원회규정이 새로이 제정된 후 수차 개정되었다.

동 위원회규정 제1조와 제2조를 보면, 대통령 경호임무 수행에 있어서 관계부서의 책임을 명확히 하고 관계부서별간의 협조를 원활히 함으로써 대통령 경호임무 수행에 만전을

---

13   대통령경호처와 그 소속기관 직제 제2조~제9조.

기하기 위하여 대통령경호안전대책위원회를 대통령경호처에 설치한다.

첫째, 동 위원회는 위원장과 부위원장 각 1명을 포함한 20명 이내의 위원으로 구성한다. 위원장은 경호처장이 되고, 부위원장은 경호차장이 되며, 위원은 다음과 같은 관계기관의 공무원이 된다.

동 위원회의 위원은 국가정보원 테러정보통합센터장,[14] 외교부 의전기획관, 법무부 출입국·외국인정책본부장, 과학기술정보통신부 통신정책관, 국토교통부 항공안전정책관, 식품의약품안전처 식품안전정책국장, 관세청 조사감시국장, 대검찰청 공공수사정책관, 경찰청 경비국장, 소방청 119구조구급국장, 해양경찰청 경비국장, 합동참모본부 작전본부 소속 장성급 장교 중 위원장이 지명하는 1명, 군사안보지원사령부 소속 장성급 장교 또는 2급 이상의 군무원 중 위원장이 지명하는 1명, 수도방위사령부 참모장과 위원장이 임명 또는 위촉하는 자로 정하고 있다.

둘째, 위원회는 대통령의 경호에 필요한 안전대책업무, 경호에 유관한 첩보 및 정보의 상호교환·분석, 기타 경호상 필요하다고 인정되는 제반사항을 관장하도록 한다.

셋째, 대통령경호안전대책작용에 관하여는 위원회 구성원 전원과 그 구성원이 속하는 기관장이 공동으로 책임을 지도록 하고, 각 구성원의 책임사항을 구체적으로 정하고 있다.

넷째, 대통령경호안전대책위원회의 소관사항을 예비 심의하여 위원회로부터 위임받은 사항의 처리를 위하여 위원회에 실무위원회를 둘 수 있다.

4) 경호규정 및 경호규칙

대통령 등의 경호에 관한 법률 시행령 제36조에서는 이 영의 시행에 관하여 필요한 사항은 대통령경호처장이 정하도록 위임하고 있으며, 이에 기하여 경호업무규정 등 수십 개의 경호규정을 제정·시행하고 있다.

그리고 경찰청장이 1991년 7월 31일 훈령 제12호로 경호규칙 등을 제정 시행되고 있다. 이 규칙은 경호차량으로 경호대상자를 호위 안내함으로써 교통의 원활한 소통을 도모함과 동시에 의식행사를 겸한 노상행차의 신변안전을 도모하는 등 경호업무의 세부적인 규정을 정하고 있다. 다만, 그 부칙에서 대통령경호처지침과 경호규칙이 상이할 경우는 대통령경호처지침이 우선한다고 규정하고 있다.

---

14   국민보호와 공공안전을 위한 테러방지법이 법률 제14071호로 2016년 3월 3일 공포되었다.

제 2 절 대통령경호관계법

I. 서설

1. 대통령 등의 경호에 관한 법률 연혁

대통령경호관계법령은 대통령 등의 경호에 관한 법률 및 동법시행령, 대통령경호안전대책위원회규정과 전직대통령 예우에 관한 법률 및 동법시행령 그리고 한국군과주한미군간의대통령경호에대한합의각서의 조약, 기타 수도방위사령부령 등이 있다.

우선 대통령 등의 경호에 관한 법률을 보면 대통령실 경호처의 목적(제1조), 정의(제2조), 대통령경호처장 등(제3조), 경호대상(제4조), 경호구역의 지정 등(제5조), 다자간 정상회의의 경호 및 안전관리(제5조의2), 직원(제6조), 임용권자(제7조), 직원의 임용자격 및 결격사유(제8조), 비밀의 엄수(제9조), 직권면직(제10조), 정년(제11조), 징계(제12조), 보상(제13조), 국가공무원법과의 관계(제14조), 국가기관 등에 대한 협조요청(제15조), 대통령경호안전대책위원회(제16조), 경호공무원의 사법경찰권(제17조), 직권남용금지(제18조), 무기의 휴대 및 사용(제19조), 벌칙(제21조)으로 구성되어 있다.

앞에서 본 바와 같이 동법이 제정된 1963년 12월 14일부터 현재에 이르기까지 헌법은 9차에 걸쳐 개정되어 커다란 변혁이 있어 왔으나 대통령중심제라는 골격은 그대로 유지됨으로써 기존 대통령경호실이 대통령실 경호처로 조직의 변화가 있었음에도 불구하고 임무 수행은 큰 변혁 없이 현재에 이르고 있다.

대통령의 경호를 위한 최초의 대통령경호실법은 1963년 12월 14일 법률 제1507호로 제정되었었다. 동법은 현재 전문 19개조와 부칙으로 구성되어 있다. 그러나 경호대상에 대통령으로 당선이 확정된 자의 가족과 전직대통령 및 그 가족에 대한 호위를 추가하고, 대통령 경호실장 및 차장을 현역군인으로 보할 수 있는 법적 근거를 마련하기 위한 1차 개정이 있었고, 대통령경호실 소속 경호공무원의 신분을 별정직에서 특정직으로 전환하기 위하여 1999년 12월 31일 법률 제6087호로 동법이 2차 개정된바 있고, 2005년 3월 10일 법률 제7388호로 3차 개정되었고, 2008년 이명박 정부가 들어서면서 「대통령경호실법」의 명칭을 「대통령 등의 경호에 관한 법률」로 변경하고, 대통령실장소속하에 경호처를 설치하는 등 2008년 2월 29일 법률 제8857호와 법률 제8872호로 4·5차로 개정되었다.

그러나 2013년 박근혜 정부가 들어서면서 대통령실장소속하에 경호처를 설치하였던 것을 다시 대통령경호실로 독립기관으로 분리하고 대통령경호실장을 장관급인 정무직으로 바꾸는 개정이 있었다.

또한 다자간 정상회의에 참석하는 외국 국가원수 등의 신변 보호와 행사장의 안전관리 등의 근거를 마련하기 위하여 2012년 2월 2일 법률 제11296호로 개정되었다. 그 당시의 동법 제5조의2에서 대한민국에서 개최되는 다자간 정상회의에 참석하는 외국의 국가원수 또는 행정수반과 국제기구 대표의 신변(身邊)보호 및 행사장의 안전관리 등을 효율적으로 수행하기 위하여 대통령 소속으로 경호·안전 대책기구를 둘 수 있도록 규정하고, 이의 실효성을 위하여 경호·안전 대책기구의 장인 경호처장은 다자간 정상회의의 경호 및 안전관리를 위하여 필요하면 관계기관의 장과 협의하여「통합방위법」제2조제13호에 따른 국가중요시설과 불특정 다수인이 이용하는 시설에 대한 안전관리를 위하여 필요한 인력을 배치하고 장비를 운용할 수 있다.

그리고 2017년 7월 26일에 대통령 경호 시스템을 환경변화에 맞게 조정하는 등 국민들의 요구에 신속하게 반응하는 열린 민주 정부를 구현할 수 있도록 대통령경호실(장관급)을 대통령경호처(차관급)로 정부조직법이 개정되었다.

2. 전직대통령 예우에 관한 법률 연혁

전직대통령 예우에 관한 법률은 제3공화국 헌법상 규정은 없지만 전직대통령의 예우에 관한 사항을 규정하기 위하여 1969년 1월 22일 법률 제2086호로 제정·공포되었다. 동 법률은 전직대통령 또는 그 유족에 대하여 적용하며, 법령 및 기타 예우에 관한 사항 등 전문 9개조와 부칙으로 구성되었다.

현행 전직대통령 예우에 관한 법률은 법의 목적(제1조), 용어의 정의(제2조), 법의 적용 범위(제3조), 연금(제4조), 유족에 대한 연금(제5조), 기념사업의 지원(제5조의2), 기타예우(제6조) 등으로 구성되어 있는데 동법은 행정안전부에서 주관하여 운영되는 법이다.

1980년 10월 27일 제8차 헌법 개정에 의하여 앞에서 본 바와 같이 전직대통령의 예우에 관한 헌법조항이 처음으로 신설된 것은 전직대통령 예우를 강화하기 위한 것으로 생각된다. 그리고 1987년 10월 29일 제9차 헌법 개정에 의하여 헌법 제90조에서 국정자문회의가 국가원로자문회의로 명칭이 바뀌고, 전직대통령으로서의 품위유지에 필요한 생활여건을 조성하고 그간의 경험과 경륜을 국가사회의 발전에 기여할 수 있도록 퇴임 후의 사회활동을 지원하는 한편, 재임시의 업적에 대한 기념사업의 지원근거를 마련하는 등 전직대통령예우제도의 일부 미비점을 보완한다는 명목으로 1988년 2월 24일 법률 제4001호에 의거 전직대통령 예우에 관한 법률 중 일부를 개정하였다.

그러나 전직대통령의 12.12 및 5.18사건과 비자금사건 등과 관련하여 전직대통령이 전직대통령 예우에 관한 법률의 기본취지에서 위배되는 행위를 한 경우 경호·경비를 제외하고는 예우를 하지 아니하도록 하는 등의 내용으로 1995년 12월 29일 법률 제5118호에 의거 동 법률이 개정되었으며, 이 법률은 2005년 12월 29일 법률 제7796호에 의거 일부 개정되었다.

경호와 관련된 규정으로는 동 법률 제6조 제3항에서 전직대통령과 그 유족에 대하여는 관계법령이 정하는 바에 따라 필요한 기간의 경호·경비를 할 수 있다.

앞으로 전직대통령이 서거한 경우 배우자에 대한 품위유지 및 의전 필요성 등을 고려해 비서관(별정직공무원 1명)과 운전기사(별정직공무원 1명)를 지원할 수 있도록 동법시행령을 개정(2010. 1. 26)하였다.

또한 2010년 2월 4일 법률 제10011호로 현행법상 전직대통령에게 지원되고 있는 운전기사 1명의 법적 근거를 마련하고, 전직대통령 서거 시 유족 중 배우자에 대한 품위 유지 및 의전필요성 등을 고려하여 배우자에게 대통령령으로 정하는 기간 동안 비서관 1명과 운전기사 1명을 지원하도록 하는 내용의 개정이 있었으나 2011년 5월 30일 법률 제10742호로 배우자 사망 시까지 지원할 수 있도록 하고 있다.

끝으로 2017년 3월 21일 법률 제14618호로 전직대통령이 사망하여 국립묘지에 안장되지 아니한 경우에는 묘지관리에 드는 인력은 묘지의 경비 인력 및 관리 인력으로 한다. 이 경우 묘지관리의 효율성 등을 고려하여 해당 인력의 운용비용으로 지급할 수 있으며, 묘지관리에 드는 비용은 묘지의 시설 유지 등 관리 비용으로 한다. 이 비용은 묘지관리를 하는 유족에게 지급하되, 유족의 동의를 얻어 묘지관리를 하는 단체가 있는 경우 해당 단체에 그 비용을 지급할 수 있다. 다만, 묘지관리를 하는 유족이나 단체가 없는 경우에는 행정안전부장관이 묘지관리를 위하여 지원할 필요가 있다고 인정하는 자에게 그 비용을 지급할 수 있다. 이에 따른 구체적인 지원 대상, 규모 및 방법 등은 행정안전부장관이 따로 정한다.

II. 대통령 등의 경호에 관한 법률

1. 대통령실 경호처의 법적지위 및 특성

정부조직법 제15조는 대통령 등의 경호를 담당하기 위하여 대통령실에 전담기구를 두도록 규정하고 대통령 등의 경호에 관한 법률 제3조는 대통령 등의 경호에 관한 사무를 분장하기 위하여 대통령실장 소속으로 경호처를 둔다고 규정하고 있는바 이에 대한 법적지위와 그 조직의 특성을 보면 다음과 같다.

1) 법적지위

대통령실 경호처는 대통령직속기관인 대통령실의 하부조직으로서 대통령직속기관으로는 국가안전보장회의, 민주평화 통일자문회의, 국가원로자문회의, 국민경제자문회의, 감사원, 국가정보원 등이 해당된다.

그리고 대통령실 경호처는 정부조직법 제15조의 규정에 따라 대통령의 경호를 담당하기 위하여 설치된 전담기구로서 이의 조직 및 직무범위에 대해서는 법률로서 정하도록 규정되어 실질적으로는 대통령직속 중앙행정기관으로 볼 수 있으며, 대통령의 신변안전을 보호한다는 측면에서 대통령의 보좌집행기관으로도 볼 수 있다.

2) 조직의 특성

대통령경호조직은 일반조직과 비교하여 보았을 때 유사한 것도 있지만 상이한 점도 발견할 수가 있다. 경호조직은 기동성, 계층성, 폐쇄성, 전문성, 대규모성 등과 같은 특성을 가지고 있다.

(1) 기동성

현대사회의 도시는 많은 자동차의 보유 및 인구집중 현상으로 고도의 유동성을 띠게 되어 그에 대응한 대통령 경호조직도 높은 기동성을 띤 조직으로 변해가고 있다.

전 세계가 WTO, 환경보호 등 중요한 이슈를 가지고 세계 공동체를 향한 외교활동 증대에 따른 경호작용의 테크네트로닉(technetroinc)시대에 들어서고 있다고 볼 수 있다. 지상, 해상, 공중경호를 위한 기동장비 확보, 테러장비의 고도화에 따른 안전대책 등 경호장비의 과학화와 이를 지원하기 위한 행정업무의 자동화, 컴퓨터화 등 과학기술의 도움으로 기동성을 갖게 된 경호조직으로 요구하고 있고, 또 변화되어 가고 있다.

(2) 통합성과 계층성

어떤 조직이든 간에 조직의 목적달성을 추구하기 위해서는 그 구성요소가 분화되어 있어야 한다. 경호조직도 기구단위, 권한과 책임 등이 경호업무의 목적달성에 잘 기여할 수 있도록 분화되어야 한다.

그러나 조직 안에 있는 세력중추는 권한의 계층을 통하여 분화된 노력을 조정, 통제함으로써 경호의 만전을 기할 수 있도록 통합활동을 하여야 한다. 따라서 경호수요에 대응하기 위해서 경호조직은 전체구조가 통일적인 피라미드형을 구성하면서 그 속에 서로 상하의 계층을 이루고 지휘·감독 등의 방법에 의하여 경호목적을 통일적으로 실현하고 있다. 특히 경호행사를 직접 담당하는 대통령실 경호처의 조직은 다른 부서에 비해 계층성이 더욱 강조되어지는 것이다.

(3) 폐쇄성

손자병법에 「知彼知己, 百戰不殆」, 즉 적을 알고 나를 알면 백 번 싸워 위태하지 않다. 라는 말[15]이 의미하듯이 국가원수의 경호를 완전무결하게 수행하기 위해서는 암살 및 테러자들에게 잘 알려지지 않도록 경호조직의 비공개와 경호기법의 비노출 등 폐쇄성의 특성을 갖지 않을 수가 없다. 희생을 각오한 테러기도자의 확고한 의지와 치밀한 계획을 막아낸다는 것은 사실상 대단히 어려운 것이다.

모든 경호는 예방경호에 중점을 두는 것이므로 가급적 경호규모를 비공개하기도 하며 조직기만과 같은 방법으로 암살기도자로 하여금 경호목적 달성에 영향을 미치지 않는 방향으로 유도하기도 한다.

일반적으로 정부조직은 법령주의와 공개주의 원칙에 따르지만 예외적으로 경호조직은 상부조직을 제외한 구체적인 하부조직은 비밀문서로 관리하거나 배포의 일부제한으로 비공개주의를 택하기도 한다.[16]

(4) 전문성

현대사회의 기능적 분화와 세계 각국의 국민의식이 자기중심적 사고성향으로 바뀌어 가고 있어 경호 위해요소의 사전배제의 어려운 점이 있고 또한 국제적 테러행위는 과학기술의 발달에 따라 그 수법이 지능화, 고도화되어가고 있어 경호조직에 있어서도 기능이 전문화 내지 분화현상이 광범하게 나타나고 있다. 이러한 현상은 경호조직 업무의 전문화와 과학적 관리를 필요로 하며, 경호조직 관리상 전문가의 채용 또는 양성을 필요로 한다.

특히 자본주의의 발전과 정치민주화에 수반하는 복잡한 문제는 경호의 전문적 지식을 요구하며, 이제 경호적 권위를 권력보다도 오히려 전문성에 그 기초를 두어 직업공무원화를 추구한다. 다만 전문화에 비례하여 조직의 효과적인 목표달성을 위해서 경호조직을 어떻게 잘 통합시키고 조정할 것인가도 고려되어야 할 것이다.

(5) 대규모성

경호조직은 과거와 비교해 볼 때 그 기구 및 인원면에서 점차 대규모화되고 있는 것이

---

15   노병천, 도해손자병법, 가나문화사, 1991, 91면.
16   대통령 등의 경호에 관한 법률 시행령 제5조 제3항.

큰 특징이다.

대통령의 경호기관은 국가원수의 경호가 그 임무라는 점에서 정치체제의 변화와 그 동안 경호기관들이 겪어왔던 역사적 사건들은 기구 및 기능의 대규모화를 유발하는 직접적인 계기가 되었고 과학기술의 발달, 인간의 자기 생활수준 향상을 위한 욕구, 커뮤니케이션 발달 등의 원인에 따라 거대정부의 양상변화에서 오는 간접적 대규모화를 유발하게 되었다.[17]

2. 대통령실 경호처의 기능

대통령실 경호처는 대통령의 경호를 담당하기 위하여 설치된 전담기구이므로, 그 주 임무는 대통령 및 주요요인에 대한 경호이다.

대통령 등의 경호에 관한 법률 제2조 제1호를 보면, 경호라 함은 경호대상자의 생명과 재산을 보호하기 위하여 신체에 가하여지는 위해를 방지 또는 제거하고, 특정한 지역을 정계·순찰 및 방비하는 등의 모든 안전활동을 말한다.[18]

개정 전의 규정을 경호를 호위와 경비로 구별하여 규정한 입법 의도는 2005년 3월 이전 대통령경호실법 제3조에서 나타나고 있다. 즉 현직대통령에 대하여는 본인 및 그 가족에 대한 호위 및 대통령관저에 대한 경비까지 하여야 하는데 반하여 대통령당선자, 전직대통령 및 기타 국내외요인에 대하여는 호위만을 하도록 규정함으로써 경호대상에 따라 임무를 구별하고 있었다.

그러나 경호의 개념을 호위와 경비로 구별하는 것은 사실상 무의미하지 않은가 생각되어 경호로 통합되었다. 왜냐하면, 경호대상자에 대한 직·간접의 위해를 방지 또는 제거함이 대통령경호실의 임무일진데, 호위와 경비를 따로 구별할 필요가 없기 때문이다. 즉 경호대상자에 대한 위해를 방지하기 위하여서는 그 경호대상자가 머물고 있는 주거에 대한 경비가 필수적으로 요청 된다 아니할 수 없다. 그러한 경비가 경호대상자에 대한 완벽한 호위의 개념 속에 포함된다고 한다면 결국 입법의도와는 달리 현직대통령 이외의 국내요인에

---

17   김두현, 경호학개론, 156~158면.
18   同法 同條 제1호.

대하여도 경호를 하여야 하는 결과가 된다.

물론 종전의 규정대로라면 현직대통령 이외의 국내외요인에 대한 상설적인 경비를 하여야 하는 법적인 근거는 없다고 할 것이지만, 국내외요인에 대한 완벽한 호위를 하기 위하여서는 경비행위까지 포함하여야 하지 않을까 생각된다. 호위가 필요한 국내외요인에 대하여 그 숙소에 대한 경비를 하지 않고서 완벽한 호위를 하였다고는 할 수 없다고 보기 때문이다.

그러므로 경호를 종전의 법처럼 호위와 경비로 구별한 다음 그 대상에 따라 호위 및 경비냐 또는 호위만이냐 하는 것은 상당한 문제점을 내포하고 있었다.

1) 대통령의 경호

대통령 등의 경호에 관한 법률 제4조에서는 경호의 대상을 현직대통령, 대통령 당선 확정된 자, 전직대통령, 대통령권한대행자, 외국 국가원수 또는 행정수반, 경호처장이 경호가 필요하다고 인정하는 국내외 요인 등 6분류로 나누고 있다.

(1) 현직대통령과 그 가족

첫째, 대통령실 경호처의 가장 중요한 경호대상은 두말할 나위도 없이 현직대통령이다.

대통령은 국민의 보통·평등·직접·비밀선거에 의하여 선출되며[19] 그 임기는 5년이다.[20] 이러한 대통령의 헌법적 지위를 보면 국민대표기관으로서의 지위, 국가원수로서의 지위, 집행부수반으로서의 지위 등이 있다.

즉 헌법에는 대통령을 대내적인 국민대표로 규정한 조항이 없으나, 대통령의 국민대표기관으로서의 지위를 시사하는 규정은 적지 아니하다. 대통령은 국민에 의하여 직접 선출 된다[21]는 헌법 제67조 직선제 조항 등이 그 일례이다. 그러므로 현행 헌법에서도 국가원수인 동시에 집행부 수반인 대통령은 국회와 더불어 대내적인 국민대표(대의기관)를 의미한다. 다만 이 경우 국회가 다원적 집단이익의 대표를 의미한다면 대통령은 통일적 국가이익의 대표를 의미한다.

---

19 憲法 第67條.
20 同法 第70條.
21 大統領 選擧는 공직선거법 제34조 제1항에 의거 任期滿了로 인한 대통령 선거는 임기만료 전 70일 이후 첫 번째 목요일에 실시한다. 그리고 同法 제35조 제1항에 의거 대통령의 闕位로 인한 선거 또는 재선거는 그 선거의 실시사유가 확정된 때부터 60일 이내에 실시하되 선거일은 늦어도 선거일 전 50일까지 대통령 또는 대통령권한대행자가 공고한다.

그리고 국가의 원수(Head of State)라 함은 대외적으로는 국가를 대표하고, 대내적으로 국가의 통일성과 전체성을 대표할 자격을 가진 국가기관을 말한다.

국가원수로서의 지위는 다시 ① 대외적으로 국가를 대표할 지위, ② 국헌수호자로서의 지위, ③ 국정의 통합·조정자로서의 지위, ④ 헌법기관구성권자로서의 지위 등으로 세분된다. 현행헌법상 국가원수로서의 대통령의 지위는 입법부와 사법부에 대하여 우월한 지위로서, 그것은 21세기적 대통령제의 성격을 보여주는 것이다.

또한 헌법 제66조 제4항은 "행정권은 대통령을 수반으로 하는 정부에 속 한다"라고 하여 집행부수반으로서 대통령의 지위를 구성하고 있다. 집행부수반이라 함은 집행부를 조직하고 통할하는 집행에 관한 최고책임자를 의미한다. 그런 까닭에 집행에 관한한 그것은 대통령의 결단과 책임하에 행하여지지 않으면 아니 된다. 대통령의 집행부수반으로서의 지위는 다시 ① 집행에 관한 최고지휘권자·최고책임자로서의 지위, ② 집행부조직권자로서의 지위, ③ 국무회의의장으로서의 지위 등으로 분류될 수 있다. 아무튼 국가원수로서의 대통령의 지위는 입법부와 사법부에 우월하는 지위인데 반하여 집행부수반으로서의 지위는 입법부와 사법부와 동열에 위치하는 수평적 지위에 불과하다.[22]

둘째, 대통령실 경호처의 현직대통령과 관련한 경호대상은 그 가족이다.

여기서의 "가족"이라 함은 대통령의 배우자와 직계존비속을 말한다.[23] 경호대상인 대통령의 가족은 대통령과 동거함을 요하지 아니한다.

따라서 대통령관저에 동거하지 아니하는 대통령의 직계존속 및 직계비속에 대하여도 경호를 하지 않으면 안 된다. 민법 제768조에 의거 직계존속이란 부모, 조부모와 같이 본인을 출산토록 한 친족을 말하며, 직계비속이란 자·손과 같이 본인으로부터 나온 친족을 말한다. 그러므로 결혼한 자녀, 친손자, 친손녀는 경호대상에 해당되나 며느리, 사위, 외손자, 외손녀 등은 동법상의 가족의 범위에 해당되지 않는다.

그러나 대통령 등의 경호에 관한 법률 제4조 제1항 제6호의 경호처장이 특히 경호가 필요하다고 인정하는 국내외 요인에 대한 경호의 확대적용으로 경호를 실시하는 것도 무방하다 할 것이다.

---

22 權寧星, 憲法學原論, 法文社, 1994, 275~277面;김두현, 경호학개론, 195~197면.
23 대통령 등의 경호에 관한 법률 시행령 제2조 제1항.

(2) 대통령당선 확정된 자와 그 가족

대통령 당선 확정된 자에 대한 경호는 대통령선거가 공직선거 및 선거부정방지법 제34조 제1항에 의거 임기만료 전 70일 이후 첫 번째 목요일에 실시하게 되어 있으므로 대통령으로 당선이 확정된 이후부터 대통령에 취임하기 전까지의 신변안전을 위한 조치라고 볼 수 있다.

따라서 "대통령으로 당선이 확정된 자"라 함은 대통령선거결과 중앙선거관리위원회의 당선인 결정 후 당선인 공고를 한 때라고 볼 것이므로 대통령실 경호처는 그 때부터 지체 없이 당선확정 자와 그 가족을 경호하여야 한다. 여기서 "가족"은 대통령당선확정 자의 배우자와 직계존속 및 직계비속을 말하며, 대통령당선확정 자와 동거함을 요하지 아니한다.

(3) 전직대통령과 그 가족

대통령 등의 경호에 관한 법률 제3조 제1항 제3호의 규정에 따라 본인의 의사에 반하지 아니하는 경우에 한하여 7년 이내의 전직대통령의 경호는 대통령실 경호처가, 그 이후의 전직대통령은 경찰관직무집행법 제2조 제2호에 따라 경찰청장이 필요하다고 인정될 때 경찰이 경호를 실시한다.

헌법 제90조에 의하여 직전대통령은 국가원로자문회의의 의장이 되고 그 밖의 전직대통령은 그 위원이 되게 되어 있으나, 이 기구는 현재 기능이 정지되어 있는 실정이다.[24]

또한 대통령실 경호처는 본인의 의사에 반하지 아니하는 경우에 한하여 퇴임 후 7년 이내의 전직대통령의 배우자 및 자녀를 경호하여야 한다.

현직대통령 및 대통령당선자의 가족과 달리 전직대통령의 가족 중 직계존속은 경호대상에서 제외된다. 또한 전직대통령과 동거하지 아니하는 자(다만, 전직대통령이 사망한 경우에는 그 배우자, 배우자가 사망한 경우에는 사실상의 세대주와 동거하지 아니하는 자), 혼인한 자녀, 군에 복무중인 자, 외국에 체류중인 자도 역시 경호대상에서 제외된다.[25]

1984년 2월 7일에 신설된 종전의 동법 시행령 제2조의2규정에서는 전직대통령과 그 가족의 호위에 다음 조치를 포함하는 것으로 확대규정하고 있었다. 즉 ① 경호안전상 별도 주거지 제공(단, 별도주거지는 본인이 마련할 수 있다), ② 현 거주지 및 별도 주거지에 호

---

24 1995년 前職大統領禮遇에 관한 法律의 개정에서 전직대통령이 국가원로자문회의 의장 또는 위원이 되도록 한 규정이 삭제되었다.
25 동법 시행령 제2조

위를 위한 인원을 배치, 필요한 호위와 경비의 담당, ③ 요청이 있는 경우 대통령전용기 및 헬리콥터의 지원, ④ 기타 대통령경호실장이 관계기관과 협의하여 정한 사항도 구법 제3조 제1항 제3호의 "호위"의 개념에 포함된다는 것이다.

그러나 이 규정은 호위의 개념을 너무 확대하는 규정이었다. 즉 동법 제2조에서 "호위"라 함은 신체에 대하여 직접적으로 가해진 위해를 근접에서 방지 또는 제거하는 행위를 말한다고 정의하고 있는 바, 동법 시행령에서 호위의 개념을 별도주거지 제공 또는 주거지 경비 및 대통령전용기 등의 지원까지 확대 해석함은 논란의 소지가 있었던 것이다.

그리고 현행법상 전직대통령과 동거하는 자녀는 연령에 관계없이 경호하도록 되어있다. 미국의 비밀경호국(Secret Service)에서는 16세미만의 전직대통령의 자녀를 호위하도록 되어 있어 연령제한을 하고 있다. 이와 관련하여 우리의 경우도 전직대통령 자녀 중 미성년자에 대하여만 경호하도록 하자는 논의가 있으나, 이는 전직대통령 예우와 관련이 있는 정책적인 사항이므로 전직대통령 및 그 가족의 신변의 위협정도를 참작하여 개정 검토가 되어야 할 사항이라 생각된다.

또한 전직대통령과 그의 배우자 및 자녀는 퇴임 후 7년 동안 경호하도록 규정하고 있으며, 다만 대통령이 임기만료 전에 퇴임한 경우와 퇴임 후 사망한 때에는 그로부터 2년 동안 경호하도록 하고 있다. 현행법상 7년간의 호위기간은 제5공화국 헌법상의 대통령 임기7년과 관련되어 현직대통령 퇴임과 동시에 전직대통령의 경호기간이 만료되도록 하기 위한 입법조치라 생각된다. 그러나 제6공화국 헌법상 대통령의 임기는 5년(헌법 제70조)이므로 위와 같은 당초의 입법취지와는 거리가 있다.

따라서 현직대통령이 임기만료로 퇴임하게 되면 경호하여야 할 전직대통령은 2년의 경호기간이 남은 전 전직대통령과 7년의 경호기간인 전직대통령 등 2명이 될 것으로 판단된다.

그러므로 이 경호기간을 조정할 필요성이 있다고 생각되지만 이 또한 위에서 본 바와 같이 전직대통령의 예우에 관한 정책적 사항이라 할 것이어서 전직대통령의 신변의 위협정도 등 여러 사항을 고려하여 개정 검토되어야 할 것이다.

다만 현행법상으로도 전직대통령 본인이 경호가 필요 없다는 의사표시를 하게 되면 위의 경호기간에 구속되지 아니하므로 운영의 묘를 살리면 큰 문제점은 발생되지 아니할 것으로 생각된다. 즉 경찰관직무집행법 제2조 제2호에서 경찰관은 "경비·요인경호의 직무"를 수행하도록 되어 있으므로 전직대통령에 대하여 5년간 대통령실 경호처에서 경호한 다음 전직대통령 본인의 의사에 의하여 경호 주무부서를 대통령실 경호처가 아닌 경찰로 대체할 수 있을 것이다.

(4) 대통령권한 대행과 그 배우자

2004년 3월 12일 국회에서 대통령에 대한 탄핵소추안이 통과되어 헌법재판소가 동법 5월 14일 탄핵안이 기각되기까지 대통령의 권한이 정지된 기간동안 당시 고건 국무총리가 헌법 제71조에 의거 대통령의 권한을 대행하게 되었다.

당시 대통령경호실(現 대통령실 경호처)은 대통령의 탄핵소추라는 역사적인 사건상황에서 경호실장(現 경호처장)이 필요하다고 인정하는 국내외 요인의 범주에 포함되어 운영하였던 대통령권한대행에 대한 경호를 성공적으로 수행한 결과, 이에 대한 구체적인 경호대상자의 법적 근거를 2005년 3월 10일 대통령경호실법을 개정하여 동법 제3조 제1항 제4호에 신설하였다.

국무총리의 대통령권한대행자로서의 지위는 1979년 10.26사태로 대통령 유고가 발생한 직후 최규하 국무총리의 경우에서도 엿볼 수 있었다. 아울러 대통령권한대행의 배우자도 경호를 실시한다.

(5) 방한하는 외국의 국가원수 또는 행정수반과 그 배우자

국가원수라 함은 대외적으로는 국가를 대표하고, 대내적으로 국가의 통일성과 전체성을 대표할 자격을 가진 대통령, 국왕 등의 국가기관을 말한다. 그리고 행정수반이라 함은 입법부 및 사법부와 동렬에 위치하는 수평적 지위로서 행정부를 조직하고 통합하는 행정에 관한 최고책임자를 의미한다.

이와 같은 외국의 국가원수 또는 행정수반이 우리나라를 방문할 경우 대통령 등의 경호에 관한 법률 제4조 제1항 제5호에 의거 대통령실 경호처에서 경호를 실시한다.

동법의 개정전에는 경호실장(現 경호처장)이 필요하다고 인정하는 국내외 요인의 범주에 포함되어 운영하였던 외국의 국가원수 및 행정수반을 구체적인 경호대상자로 2005년 3월 동법의 개정으로 추가하였다.

(6) 경호처장이 경호가 필요하다고 인정하는 국내외 요인

대통령실 경호처는 경호처장이 특히 경호가 필요하다고 인정하는 국내외 요인에 대하여 경호할 임무가 있다.

여기서 '그밖에 경호처장이 경호가 필요하다고 인정하는 국내외요인'의 범위를 어떻게 볼 것인가에 관하여는 광·협의의 2가지 견해로 나뉜다.

즉 이의 범위를 넓게 보려는 광의설에서는 경호처장이 경호의 필요성을 인정하기만 하면 누구든지 경호의 대상이 된다고 한다.

반면에 이의 범위를 좁게 보려는 협의설에서는 대통령 등의 경호에 관한 법률 제4조 제1항 제1호 내지 제5호의 유추해석상 여기서의 '국내외요인'은 대통령 또는 그와 유사한 정도의 신변의 보호가 필요한 자를 의미하는 것으로 보아야 한다는 것이다.

생각건대, 법문언상 '국내외 요인'으로 규정되어 있으므로 경호처장이 특히 경호의 필요성을 인정하기만 하면 누구든지 대통령실 경호처의 경호대상이 된다고 볼 수는 없다 할 것이다. 왜냐하면 만약 위와 같은 광의설을 따르게 되면 대통령실 경호처의 경호대상의 한계가 모호해질 우려가 있을 뿐 아니라 그 임무범위가 무한정 확대될 위험이 있기 때문이다.

따라서 이와 같은 논란을 없애기 위하여 동법시행령 제3조의2 경호등급규정에서 방한하는 외국의 원수 또는 행정수반과 그 배우자, 경호처장이 경호가 필요하다고 인정하는 국내외요인의 경호대상자 범위를 정함에 있어서 "경호처장은 해당 경호대상자의 지위와 경호위해요소, 해당국가의 정치상황, 국제적 상징성, 상호주의 측면, 적대국가 유무 등 국제적 관계를 고려하여 경호등급을 구분하여 운영할 수 있다. 경호등급을 구분하여 운영하는 경우에는 외교통상부장관, 국가정보원장 및 경찰청장과 미리 협의하여야 한다"라고 정하고 있다.

또한 경찰관직무집행법 제2조 제2호에서 경찰관의 직무로도 '경비 및 요인경호'가 규정되어 있으므로, 대통령실 경호처는 대통령 또는 대통령후보자 등 그와 유사한 정도의 특별한 신변보호가 필요한 국내외 요인[26]에 대한 경호임무를 수행하고 기타 경호가 필요한 국내외요인은 경찰이 경호임무를 수행함이 타당하다고 본다.

한편 여기서의 '국내외 요인'에 동조 제1항 제3호상의 경호기간이 만료된 전직대통령도 포함되느냐가 문제된다. 다시 말하면 전직대통령에 대한 의무적 경호기간이 끝난 전직대통

---

26 外賓의 경우에 있어서도 大統領 또는 이와 같은 정도의 地位를 가진 要人을 의미한다고 볼 것이다.

령도 경호처장이 특히 호위가 필요하다고 인정하면 그 필요성이 있는 한 계속 대통령실 경호처에서 경호를 하여야 하느냐가 문제된다.

생각건대, 만약 동법 제4조 제1항 제3호의 경호기간이 만료된 전직대통령도 경호처장이 경호의 필요성을 인정하는 한 계속 경호를 하여야 한다고 하면 위 제3호가 유명무실해 질 우려가 있을 뿐만 아니라 입법취지에도 반한다고 할 것이므로 이를 엄격하게 해석하여 의무적 경호기간이 만료된 전직대통령은 본 호의 이른바 '국내외 요인'의 범위에 포함시킬 수 없다고 함이 타당할 것이다.[27]

2) 대통령 등의 숙소경호

일반적으로 대통령관저 등의 공관 및 숙소경호란 대통령·전직대통령 외국 국가원수 등 경호대상자가 관저·공관·임시로 숙박하는 장소에서의 경호근무를 말한다.

경호대상자의 경호구역이라 함은 대통령실 경호처 소속 공무원이 경호활동을 하는 구역을 말한다(동법 제2조 제2호).

경호처장은 경호업무를 효율적으로 수행하기 위하여 필요한 경우 경호구역을 지정할 수 있다. 이 경우 경호구역의 지정은 경호목적 달성을 위한 최소한의 범위로 한정되어야 한다(동법 제5조).

전술한 바와 같이 2005년 3월 개정전 대통령경호실법에서는 원래 현직대통령의 관저에 대해서만 경비를 하도록 되어 있었으나 동법시행령의 확대규정으로 전직대통령의 사저까지 포함되어 우리나라 국가원수의 경비대상은 대통령관저, 전직대통령의 현 거주지 및 별도 거주지이다. 그 경비구역은 별도의 부도를 정하여 내곽구역과 외곽구역으로 나누어져 있었다.[28]

한편 집회 및 시위에 관한 법률 제11조 규정에 의거 대통령관저의 경계지점으로부터 100m 이내의 장소에서는 옥외집회 또는 시위를 할 수 없다.[29]

여기서 "대통령관저의 경계지점"에 관하여는 ① 대통령 등의 경호에 관한 법률 시행령 제

---

27 이와 같이 입법취지를 살려서 전두환 전대통령의 경호주체가 7년의 경호기간이 만료되는 1995년 2월 25일을 기하여 경찰로 이관된 것은 당연한 조치로 보여 진다.

28 구법 大統領警護室法 第3條 第1項 第1號 ; 同法 施行令 第2條의2, 第3條.

29 이를 위반하여 집회 또는 시위를 한 자는 集會및示威에관한法律 第20條의 규정에 따라 1년 이하의 징역 또는 100만원 이하의 벌금형 등에 처하도록 규정되어 있다.

4조의 내곽구역으로 보아야 한다는 견해, ② 외곽구역으로 보아야 한다는 견해, ③ 진입로의 경비초소를 의미한다는 견해 등이 있을 수 있으나, 동법 시행령 제4조상의 외곽구역으로 보는 견해가 타당하다고 생각한다. 왜냐하면 대통령관저라 함은 집무실, 숙소를 비롯하여 상용의 마당 등 공간을 포함한 일정하게 구획된 지역으로 해석될 뿐 아니라, 집회 및 시위에 관한 법률은 처벌규정이 있기에 법규정의 엄격한 해석이 요구되므로 일반인이 대통령관저로 인식할 수 있는 경계지점을 기준으로 100미터의 거리를 산정함이 타당하다고 보기 때문이다.

그리고 지방유숙 행사시는 경호대상자의 숙소가 지방으로 이전하였다는 개념으로서 숙소주위의 유동경계와 출입구에 대한 고정근무로 불심검문과 도난, 화재 기타 사고를 방지하는 대책을 강구한다.

3. 대통령실 경호처의 경호조직

경호조직은 인위적인 범죄나 자연적인 재해사태를 예방하고 진압함으로써 경호대상자의 신변을 보호하는 작용이다. 따라서 이러한 중차대한 임무는 반드시 잘 정비된 조직과 그 구성원이 각자의 소임을 다할 때 비로소 성공적으로 수행될 수 있는 것이다. 더구나 사회가 점점 산업화되어가고 국민들의 욕망이 많아지고 사회 각 부분별로 욕구가 증가됨에 따라 경호경비수요가 늘어나고 있는 추세인 바, 경호의 조직이 활성화되고 발전해야 함은 당연한 일인 것이다.

이와 같이 경호의 조직은 경호관계의 당사자인 경호주체(경호기관) 및 경호객체(경호대상)로 구분할 수 있다.

일반적으로 경호주체라 함은 경호목적을 달성하기 위하여 적극적으로 일정한 경호작용을 주도적으로 실시하는 당사자를 가리킨다. 즉 경호를 직접 담당하는 경호기관을 말한다.

그러므로 경호주체는 경호작용을 할 수 있는 권한을 가지는 자가 되는 것이다. 본래적인 경호주체로는 국가(경호실, 국가경찰) 및 공공단체(지방경찰)를 들 수 있으나, 사인 또는 사법인(사설경호기관)에게도 법률이 정하는 바에 따라 경호권이 위임되는 경우가 있으며, 그 범위 내에서 사인도 경호주체가 된다.

공공단체가 가지는 경호권의 근거에 대하여는 여러 가지의 논의가 있으나, 공공단체의 경호주체로서의 지위는 국가로부터 전래된 것이라는 데에 그 특색이 있다.

사인이 경호주체가 되는 것은 특히 법률이 인정하는 범위 내에서 예외적인 일이다. 즉 국가 또는 공공단체의 인·허가 또는 특별법에 의거 민간인 경호를 대상으로 사인도 경호주체가 될 수 있다. 다만 법령에 따라 경호작용의 여러 가지 제한이 있을 수 있다.[30]

경호객체에 해당하는 것은 앞의 대통령실 경호처의 기능에서 기술하였으므로 여기서는 우리나라 대통령실 경호처의 경호주체를 경호기구와 직원으로 구분하여 설명하고자 한다.

1) 경호기구

대통령 등의 경호에 관한 법률 제1조는 대통령 등에 대한 경호를 효율적으로 수행하기 위하여 경호의 조직·직무범위와 그 밖에 필요한 사항을 규정함을 목적으로 하고 동법 제3조는 처장은 경호에 관한 사무를 통할하고 소속 공무원을 지휘·감독한다는 규정과 동법 제20조는 동법 시행에 필요한 사항은 대통령령으로 정한다는 위임규정에 따라 동법시행령에서 그 하부조직을 정하고 있다.

(1) 경호처장

경호처장은 대통령이 임명하며 그 신분은 정무직공무원으로 되어 있다.[31] 2005년 3월 10일 대통령경호실법의 개정에 의해 장관급 장교의 현역군인으로 보할 수 있었던 규정이 삭제되어 제도적으로 진정한 문민화 대통령경호시대가 열리게 된 반면에 2009년 2월 대통령경호실법을 대통령 등의 경호에 관한 법률로 개정하면서 경호처장은 정무직공무원으로서만 규정하고 장관급 또는 차관급으로 한다는 내용은 삭제된바 있다.

경호처장은 실업무관장으로 지휘감독권, 경호협조요청권 등의 권한을 가지고 있다.

첫째, 경호처장은 대통령실 경호처의 전반적인 업무를 관장하며 소속공무원을 지휘·감독하는 권한을 가진다(동법 제3조 제3항). 대통령실장은 이 권한에 부수하여 5급 이상 경호공무원 및 5급상당 이상 별정직국가공무원 임용제청권, 6급 이하 경호공무원 및 6급상

---

30   김두현, 경호학개론, 210면.
31   대통령 등의 경호에 관한 법률 제2조 제2항.

당 이하 별정직국가공무원 및 기능직 임용권, 직원의 전보·휴직 및 복직권, 승진시험 실시권, 처규정제정권 등의 권한을 가지고 있다.

이에 관한 세부적인 규정을 보면, 경호처장은 대통령실장에게 4급 및 5급 이상의 임용제청권, 6급 이하 및 기능직공무원을 임용할 수 있으며, 아울러 3급 이하 5급 이상의 전보권을 가진다(동법 제7조 제3항, 동법시행령 제9조의2). 이는 대통령실장이 대통령령으로 정하는 바에 따라 동법 제7조 제1항 및 제2항의 임용권을 경호처장에게 위임할 수 있다는 규정에 의한 것이다(동법 제7조 제3항).

경호공무원 및 기능직공무원의 승진은 근무성적 및 경력평정 기타 능력의 실증에 의하여 행하며, 승진소요최저연수는 경호공무원 중 3급–2년 이상, 4급–4년 이상, 5급–5년 이상, 6급–4년 이상, 7급 및 8급–3년 이상, 9급–2년 이상이며, 기능직공무원중 기능7급 및 기능8급–2년 이상, 기능9급 및 기능10급–1년 6월 이상 기간동안 당해 계급에 재직하여야 한다.

또한 동법시행령 제36조에서는 이 영의 시행에 관하여 필요한 사항은 대통령실장이 정하도록 위임하고 있으며, 이에 기하여 경호원복무규정 등 여러 가지의 처규정을 제정할 수 있다.

둘째, 동법은 제15조에서 "경호처장은 직무상 필요하다고 인정할 때에는 국가기관, 지방자치단체 기타 공공단체의 장에게 그 공무원 또는 직원의 파견 기타 필요한 협조를 요청할 수 있다. 다만 경호처장은 경호목적상 필요하다고 인정되는 상당한 이유가 있을 때에는 먼저 국가기관 등에 대해 필요한 협조요청을 한 후 이를 대통령실장에게 보고할 수 있다"라고 규정하여 경호처장에게 국가기관 등에 대한 협조요청권을 부여하고 있다.

이것은 경호대상자에 대한 신변위협이 날로 증대되고 있는 국내외 상황에 비추어 볼 때 대통령 등 국내외 요인에 대한 경호에 있어 관계기관의 협조 없이 대통령실 경호처 단독으로 완벽한 임무수행을 한다는 것은 쉽지 아니하므로 경호대상자 경호에 있어서 군·경찰 등 유관기관과의 원활한 협조체제가 필수적이기 때문이다.

따라서 경호처장은 국가기관, 지방자치단체 기타 공공단체의 장에게 그 공무원 또는 직원의 파견을 요청할 수 있다. 그러나 경호처장의 공무원 및 직원 파견요청을 받은 국가 각 기관, 지방자치단체 기타 공공단체의 장은 반드시 공무원 또는 직원을 파견하여야 할 의무가 있는가가 문제된다.

동법 제15조는 경호처장이 직무상 필요하다고 인정할 때 대통령실장의 명을 받아 국가기관, 지방자치단체 기타 공공단체의 장에게 그 공무원 또는 직원의 파견 기타 필요한 협조를 요청할 수 있다 라고만 규정되어 있을 뿐, 그러한 요청을 받은 국가기관, 지방자치단체 기타 공공단체의 장이 반드시 협조하여야 하는가에 관하여 명백한 규정이 없기 때문에 법해석상 위와 같은 문제가 발생한다고 할 것이다.

생각건대, 경호처장과 타 국가기관 및 지방자치단체 기타 공공단체는 상하관계라고는 볼 수 없을 뿐 아니라 공무원 또는 직원의 파견도 어디까지나 필요한 협조의 일례이므로 공무원 또는 직원의 파견요청을 받는 국가기관, 지방자치단체 기타 공공단체의 장이 반드시 요청받은 공무원 또는 직원을 파견하여야 할 의무가 있다고 보기는 어렵다고 할 것이다.

그러나 대통령경호안전상 위와 같은 공무원 또는 직원의 파견요청을 받은 국가기관, 지방자치단체 기타 공공단체는 정당한 이유 없이 이를 거절할 수는 없다고 하여야 할 것이다.

또한 경호처장은 국가기관, 지방자치단체 기타 공공단체의 장에게 위에서 본 공무원 또는 직원의 파견뿐만 아니라 기타 필요한 협조를 요청할 수 있다. 여기서 "필요한 협조"라 함은 위에서 살펴본 공무원 또는 직원의 파견을 포함하는 넓은 의미로 해석되므로, 필요한 인원과 장비 및 기타 경호임무 수행상 필요한 제반협조를 의미한다고 볼 것이다.

경호처장의 이와 같은 협조요청권에 기하여 군·경찰과 유기적인 협조체제를 유지하고 있다.

한편 대통령경호안전대책위원회의 위원장인 경호처장은 대통령경호안전대책활동에 관한 전반적인 업무를 통괄하여 필요한 안전대책활동지침을 수립하여 관계부서에 부여한다. 대통령경호안전대책위원회의 각 구성원은 위원회의 결정 기타 안전대책활동을 위하여 부여된 임무에 관하여 상호간 최대한의 협조를 하여야 한다고 규정[32]되어 있으므로 대통령경호안전대책위원회의 구성원인 국가기관은 경호처장의 협조요청을 이행하여야 할 의무가 있다고도 볼 수 있다.

그러나 대통령경호안전대책위원회의 구성원이 아닌 기타 국가기관 등에 대하여는 이와 같은 의무가 있다고 보기는 어렵다 할 것이다.

---

32   大統領警護安全對策委員會規程 第4條 참조.

(2) 경호처 차장

대통령실 경호처에 차장 1인을 두되, 차장은 1급의 경호공무원 또는 고위공무원단에 속하는 별정직국가공무원으로 보한다(동법 제3조 제4항).

그리고 차장은 처장을 보좌하며, 처장이 부득이한 사유로 직무를 수행할 수 없을 때에는 그 직무를 대행한다(동법 제5조 제5항).

(3) 대통령경호안전대책위원회

대통령 경호임무 수행에 있어서 관계부서의 책임을 명확히 하고 관계부서간의 협조를 원활히 함으로써 대통령 경호임무 수행에 만전을 기하기 위하여 대통령경호안전대책위원회규정에 따라 대통령실 경호처장 소속하에 대통령경호안전대책위원회를 두고 있다.

동 위원회의 위원장은 경호처장이 되며, 부위원장은 경호처 차장이 된다. 위원은 국가정보원 테러정보통합센터장, 외교부 의전기획관, 법무부 출입국·외국인정책본부장, 과학기술정보통신부 통신정책관, 국토교통부 항공안전정책관, 식품의약품안전처 식품안전정책국장, 관세청 조사감시국장, 대검찰청 공공수사정책관, 경찰청 경비국장, 소방청 119구조구급국장, 해양경찰청 경비국장, 합동참모본부 작전본부 소속 장성급 장교 중 위원장이 지명하는 1명, 국군방첩사령부 소속 장성급 장교 또는 2급 이상의 군무원 중 위원장이 지명하는 1명, 수도방위사령부 참모장과 위원장이 임명 또는 위촉하는 자로 구성한다.

그리고 대통령경호안전대책활동에 관하여 위원회 구성원 전원과 구성원이 속하는 기관의 장이 공동으로 책임을 지며, 각 구성원은 위원회의 결정사항, 기타 안전대책활동을 위하여 부여된 임무에 관하여 상호간 최대한의 협조를 하여야 하는데 각 구성원의 분장책임은 다음과 같다.

① 대통령실 경호처장은 안전대책활동에 관한 전반적인 업무를 총괄하며 필요한 안전대책활동지침을 수립하여 관계부서에 부여하며, ② 국가정보원 테러정보통합센터장은 입수된 경호 관련 첩보 및 정보의 신속한 전파·보고, 위해요인의 제거, 정보 및 보안대상기관에 대한 조정, 행사참관 해외동포 입국자에 대한 동향파악 및 보안조치, 그 밖에 국내·외 경호행사의 지원을, ③ 외교부 의전기획관은 입수된 경호 관련 첩보 및 정보의 신속한 전파·보고, 사증발급지원, 그 밖에 국내·외 경호행사의 지원을, ④ 출입국·외국인정책본부장은 입수된 경호 관련 첩보 및 정보의 신속한 전파·보고, 위해용의자에 대한 출입국 및 체류관

련 동향의 즉각적인 전파·보고, 그 밖에 국내·외 경호행사의 지원을, ⑤ 과학기술정보통신부 통신정책관은 입수된 경호 관련 첩보 및 정보의 신속한 전파·보고, 경호임무 수행을 위한 정보통신업무의 지원, 정보통신망을 이용한 경호관련 위해사항의 확인, 그 밖에 국내·외 경호행사의 지원을, ⑥ 국토교통부 항공안전정책관은 입수된 경호 관련 첩보 및 정보의 신속한 전파·보고, 민간항공기의 행사장 상공비행 관련 업무 지원 및 협조, 육로 및 철로와 공중기동수단 관련 업무 지원 및 협조, 그 밖에 국내·외 경호행사의 지원을, ⑦ 식품의약품안전처 식품안전정책국장은 식품의약품 안전 관련 입수된 첩보 및 정보의 신속한 전파·보고, 경호임무에 필요한 식음료 위생 및 안전관리 지원, 식음료 관련 영업장 종사자에 대한 위생교육, 식품의약품 안전검사 및 그 밖에 필요한 자료의 지원, 그 밖에 국내외 경호행사의 지원을, ⑧ 관세청 조사감시국장은 입수된 경호 관련 첩보 및 정보의 신속한 전파·보고, 출입국자에 대한 검색 및 검사, 휴대품·소포·화물에 대한 검색, 그 밖에 국내·외 경호행사의 지원을, ⑨ 대검찰청 공공수사정책관은 입수된 경호 관련 첩보 및 정보의 신속한 전파·보고, 위해음모 발견시 수사지휘 총괄, 위해가능인물의 관리 및 자료수집, 국제테러범죄 조직과 연계된 위해사범의 방해책동 사전차단, 그 밖에 국내·외 경호행사의 지원을, ⑩ 경찰청 경비국장은 입수된 경호 관련 첩보 및 정보의 신속한 전파·보고, 위해가능인물에 대한 동향파악, 행사참석자 및 종사자의 신원조사, 입국체류자중 위해가능인물에 대한 동향 파악, 행사장·기동로 주변 집회 및 시위관련 정보제공과 비상상황 방지대책의 수립, 우범지대 및 취약지역에 대한 검문·검색, 행사장 및 행차로 주변에 산재한 물적 취약요소에 대한 안전조치, 행차로 요충지 등에 정보센터 설치·운영, 총포·화약류의 영치관리와 봉인 등 안전관리, 불법무기류의 색출 및 분실무기의 수사, 그 밖에 국내·외 경호행사의 지원을, ⑪ 해양경찰청 경비국장은 입수된 경호 관련 첩보 및 정보의 신속한 전파·보고, 해상에서의 경호·테러예방 및 안전조치, 그 밖에 국내·외 경호행사의 지원을, ⑫ 소방방재청 119구조구급국장은 입수된 경호 관련 첩보 및 정보의 신속한 전파·보고, 경호임무 수행을 위한 소방방재업무 지원, 그 밖에 국내외 경호행사의 지원을, ⑬ 합동참모본부 작전본부 소속 장성급 장교 또는 2급 이상의 군무원 중 위원장이 지명하는 1명은 입수된 경호 관련 첩보 및 정보의 신속한 전파·보고, 안전대책활동에 대한 육·해·공군업무의 총괄 및 협조, 그 밖에 국내·외 경호행사의 지원을, ⑭ 국군방첩사령부 소속 장성급 장교 또는 2급 이상의 군무원 중 위원장이 지명하는 1인은 입수된 경호 관련 첩보 및 정보의 신속한 전파·

보고, 군내 행사장에 대한 안전활동, 군내 위해가능인물에 대한 안전조치, 행사참석자 및 종사자의 신원조사, 경호구역 인근 군부대의 특이사항 확인·전파 및 보고, 이동로 주변 군 시설물에 대한 안전조치, 취약지에 대한 안전조치, 경호유관시설에 대한 보안지원 활동, 그 밖에 국내·외 경호행사의 지원을, ⑮ 수도방위사령부 참모장은 입수된 경호 관련 첩보 및 정보의 신속한 전파·보고, 수도방위사령부 관할지역 내 진입로 및 취약지에 대한 안전조치, 수도방위사령부 관할지역의 경호구역 및 그 외곽지역 수색·경계 등 경호활동 지원, 그 밖에 국내·외 경호행사의 지원을 각각 담당한다.

2) 직원

대통령실 경호처 소속의 직원으로는 대통령 등의 경호에 관한 법률 제6조 규정에 따라 특정직국가공무원인 1급 내지 9급의 경호공무원과 기능직국가공무원이 있으며, 필요하다고 인정할 때에는 경호공무원의 정직원중 일부를 일반직 국가공무원 또는 별정직 국가공무원으로 보할 수 있다.

1981년 국가보위입법회의에 의해 개정 추가되었던 경호공무원 정원에 현역군인을 배치할 수 있도록 한 규정을 삭제하고 그 대신 일반직공무원을 보할 수 있도록 하여 인사운영에 탄력성을 도모하도록 동법이 2005년 3월 10일에 개정되었다.

그리고 경호공무원의 임용·승진 등 신분에 관한 사항은 대통령 등의 경호에 관한 법률 제7조 내지 제13조와 대통령령으로 정하게 되어 있으며 동법 시행령 제36조 재위임규정에 의하여 그 중 일부는 대통령실장이 경호처 규정으로 다시 정할 수 있도록 하고 있다.

아무튼 현행 법령상에서 인정되는 경호공무원의 계급, 임용, 승진, 권리 및 의무, 징계, 신분보장 등을 개략적으로 설명하고자 한다.

(1) 경호공무원의 계급

대통령실 경호처에는 특정직국가공무원인 1급 내지 9급의 경호공무원과 기능직국가공무원을 둔다. 다만, 필요하다고 인정할 때에는 경호공무원의 정원중 일부를 일반직국가공무원 또는 별정직국가공무원으로 보할 수 있다.[33]

---

33 대통령 등의 경호에 관한 법률 제6조 제1항.

(2) 경호공무원의 임용

경호공무원의 임용은 학력, 자격, 경력을 기초로 하며 시험성적·근무성적 기타 능력의 실증에 의하여 행한다.[34]

그리고 5급이상 경호공무원 및 5급상당이상 별정직국가공무원은 경호처장의 추천을 받아 대통령실장의 제청으로 대통령이 임용한다. 다만, 전보·휴직·겸임·파견·직위해제·정직 및 복직에 관하여는 대통령실장이 이를 행한다.[35]

또한 경호공무원이 되려면 ① 대한민국 국적을 가지지 아니한 자, ② 금치산자 또는 한정치산자,[36] ③ 파산자로서 복권되지 아니한 자,[37] ④ 금고이상의 형을 받고 그 집행이 종료되거나 집행을 받지 아니하고 확정된 후 5년을 경과하지 아니한 자, ⑤ 금고이상의 형을 받고 그 집행유예의 기간이 완료된 날로부터 2년을 경과하지 아니한 자,[38] ⑥ 금고이상의 형의 선고유예를 받은 경우에 그 선고유예 기간중에 있는 자, ⑦ 법원의 판결 또는 다른 법률에 의하여 자격이 상실 또는 정지된 자,[39] ⑧ 징계에 의하여 파면의 처분을 받은 때로부터 5년을 경과하지 아니한 자,[40] ⑨ 징계에 의하여 해임의 처분을 받은 때로부터 3년을 경과하지 아니한 자 등의 임용 결격사유에 해당되지 않아야 하며, 국가관이 투철하고 사명감이 있으며 건강한 체력 등을 갖추고 있어야 한다.

(3) 경호공무원의 승진

경호공무원의 승진은 시험성적, 근무성적 기타 능력의 실증에 의하며, 6급 경호공무원

---

34 동법 시행령 제9조.

35 동법 제7조 제1항.

36 禁治産者라 함은 心神喪失의 狀態에 있는 자에 대하여 法院이 本人, 배우자, 4촌 이내의 친족, 후견인 또는 檢事의 청구에 의하여 禁治産宣告를 한 者를 말하며, 限定治産者라 함은 心神이 박약하거나 재산의 낭비로 자기나 가족의 생활을 窮迫하게 할 염려가 있는 者에 대하여 위와 같은 請求人에 의한 청구에 의하여 法院이 限定治産宣告를 한 者를 말한다(민법 제9조, 제12조 참조).

37 破産者라 함은 債務者로서 그 債務의 支給을 할 수 없는 때 채권자 또는 채무자의 신청에 의하여 法院의 決定으로 破産宣告가 된 者를 말한다(파산법 제116조 참조).

38 우리 刑法上 刑의 種類를 重한 것에서 輕한 순으로 나열하면, ①死刑, ②懲役, ③禁錮 ④資格喪失, ⑤資格停止, ⑥罰金, ⑦拘留, ⑧科料, ⑨沒收가 된다(형법 제41조). 따라서 "資格停止 以上"이라고 함은 ①의 死刑내지 ⑤의 資格停止의 刑을 宣告받는 것을 의미하며, 벌금이나 구류 등은 이에 해당되지 아니한다. "刑의 宣告를 받은 事實"이라고 규정하였으므로 實刑宣告뿐 아니라 刑의 執行猶豫의 宣告까지 포함된다.

39 "禁錮以上의 刑"이라 함은 死刑, 懲役 및 禁錮를 의미한다. "宣告猶豫"라고 함은 1년 이하의 징역이나 금고, 또는 벌금형을 선고할 경우에 정상을 참작하여 改悛의 情이 현저할 때 刑의 선고를 유예하는 것을 말하며(형법 제59조 제1항), 刑의 宣告猶豫를 받으면 그로부터 2년을 경과한 때에는 免訴된 것으로 간주된다(형법 제60조). 따라서 여기서는 "……선고유예 기간중에 있는 자"라고 함은 법원으로부터 형의 선고유예 판결을 받은 날로부터 2년이 경과되지 아니한 者를 의미하는 것이다.

40 "罷免"은 국가공무원법상의 징계중 가장 무거운 징계처분으로서 公務員의 身分을 박탈하는 排除懲戒處分이라 할 수 있다. 국가공무원법상으로는 파면의 처분을 받은 때로부터 5년을 경과하지 아니한 者는 公務員缺格事由에 해당하는 데 반하여(국가공무원법 제33조 제1항 제7호), 종전의 대통령경호실법상으로는 과거에 한 번이라도 파면처분을 받은 사실이 있는 者는 警護員이 될 수 없도록 규정되어 있어 그 任用要件을 한층 강화한 적이 있었다.

을 5급 경호공무원으로 승진·임용하고자 하는 때에는 승진시험을 병행할 수 있고, 경호공무원 및 기능직공무원이 ① 경호위해요소를 사전에 발견·제거하여 경호안전에 특별한 공을 세운 자, ② 경호위급사태발생시 경호대상자의 생명을 구하는데 공이 현저한 자, ③ 헌신적인 직무수행으로 업무발전에 기여한 공이 현저하여 모든 직원의 귀감이 되는 자, ④ 재직중 공적이 특히 현저한 자가 제26조(공로퇴직)의 규정에 의하여 공로퇴직하는 때, ⑤ 재직중 공적이 특히 현저한 자가 공무로 인하여 사망한 때 등의 어느 하나에 해당하는 때에는 특별승진 임용할 수 있다. 다만 상기 ①내지 ③의 경우는 3급 이하 경호공무원 및 기능직공무원에게만 적용한다.

그리고 경호공무원이 승진함에 있어서 필요한 승진소요연수는 3급−2년 이상, 4급−4년 이상, 5급−5년 이상, 6급−4년 이상, 7급 및 8급−3년 이상, 9급−2년 이상을 재직한 기간이다.[41]

또한 휴직기간, 직위해제기간 및 징계처분기간을 포함하지 아니하며, 상기와 같이 특별승진·임용하는 경우에는 승진소요최저연수를 1년 단축할 수 있다. 다만 상기 ④의 경우에는 공로퇴직일 전일까지 당해 계급에서 1년이상 재직하여야 하며, ⑤의 경우에는 승진소요최저연수의 적용을 받지 아니한다.

(4) 경호공무원의 권리와 의무

먼저 신분상의 권리로서 경호공무원은 특정직국가공무원으로서 직무집행시 대통령 등의 경호에 관한 법률과 형법상의 공무집행방해죄 등으로 보호받고 있으며, 재산상의 권리로서 경호공무원은 국가에 대하여 각종의 재산상의 권리를 가진다. 즉 봉급, 수당, 보상, 실비변상 등의 보수를 받을 권리가 그것이다. 경호공무원이 직무수행중 부상하였거나 사망하였을 때에는 국가유공자 등 예우 및 지원에 관한 법률상의 여러 가지 급여를 받을 수 있다.[42]

종전에는 경호공무원은 국가유공자 등 예우 및 지원에 관한 법률의 보상대상이 아니므로 상당한 문제점을 노정하고 있었다. 즉 군·경찰·소방 등 유관기관과의 합동경호임무수

---

41 일반직 공무원의 승진소요년수는 공무원임용령 제3조에 의하여 ①일반직 3급 이상−3년 이상, ②일반직 4급 및 5급−5년 이상, ③일반직 6급, 기능직 5등급이상−4년 이상, ④일반직 7급, 8급−3년 이상, ⑤일반직 9급, 기능직 7등급 및 8등급−2년 이상, ⑥기능직 9급 및 10급−2년 6월 이상으로 정하고 있다.
42 대통령 등의 경호에 관한 법률 제13조, 동법시행령 제32조.

행중 부상 또는 사망한 경우 군·경찰·소방은 국가유공자 예우의 대상이 되는데 반하여 근접경호를 담당한 경호공무원만이 그 대상이 되지 아니한다는 것은 형평상 문제가 있었으나 1999년 대통령경호실법의 개정으로 해결되었다.

그리고 대통령 경호공무원은 타부처 소속 공무원과 마찬가지로 다음과 같은 의무를 부과하고 있다.

첫째, 경호공무원은 성실의무, 복종의무, 친절공정의무, 비밀엄수의무, 청렴의무, 품위유지의무 등 6대의무가 있다.

① 경호공무원은 성실히 직무를 수행하여야 한다.[43]

불성실한 직무수행은 징계의 대상이 될 뿐 아니라, 나아가 고의적으로 직무수행을 유기한 때에는 형법상 직무유기죄(형법 제122조)가 성립될 수도 있음을 유의하여야 한다. 아울러 그 직무를 수행함에 있어 법령을 준수하여야 한다. 법령위반은 위법행위 또는 불법행위로서 손해배상, 처벌, 징계 등 원인이 될 수도 있다. 적법한 경호공무원의 직무수행은 법적으로 보호를 받게 되므로, 직무를 집행하는 경호공무원에 대하여 폭행 또는 협박하는 자 및 그 직무상의 행위를 강요 또는 저지하거나 그 직을 사퇴하게 할 목적으로 폭행 또는 협박한 자는 공무집행방해죄가 성립되어 5년 이하의 징역형에 처하도록 규정하고 있다(형법 제136조).

자세한 내용은 다시 뒤에서 설명하기로 한다.

② 경호공무원은 직무를 수행함에 있어서 소속상관의 직무상의 명령에 복종하여야 한다.[44]

직무상의 명령은 그 내용이 법령 또는 공익에 적합하여야 하는 바, 상관의 직무명령을 받은 경호공무원이 무조건 복종하여야 하는가에 관하여는 논란이 있어 왔다. 생각건대, 상관의 직무명령에 복종함이 범죄를 구성하거나, 기타 중대하고 명백한 법규위반으로 절대무효라고 판단될 경우에는 복종을 거부할 수 있으므로 만일 이에 복종하면 그 결과에 대한 책임을 스스로 지지 않으면 안 되는 것이다.[45]

그러나 단순히 법령해석상의 견해차에 불과하다든가 또는 상관의 명령이 부당하다고 인

---

43 國家公務員法 第56條.

44 同法 第57條.

45 우리 大法院도 上官의 不法한 殺害命令에는 복종할 의무가 없다고 判示(1955. 4. 15선고 4288형상9판결)하였으며, 지휘관이 직무상 보관중인 군수물자를 不法으로 賣却處分하라고 한 指示에 대하여는 부하는 복종할 의무가 없으며, 이러한 위법한 상관의 명령에 복종하였다는 사실만으로는 免責될 수 없다고 判示(1966. 1. 25. 선고 65도 997판결)한 바 있다.

정되는데 불과한 경우에는 직무명령은 적법추정을 받고 하급경호공무원은 이에 복종하여야 한다.

③ 경호공무원은 국민전체의 봉사자로서 친절·공정히 집무하여야 한다.[46]

공사를 분별하고 인권을 존중하며 친절·공정한 그리고 신속·정확하게 업무를 처리하여야 한다.

④ 경호공무원은 재직중은 물론 퇴직 후에도 직무상 지득한 비밀을 엄수하여야 한다.[47]

대통령 등 주요요인을 경호하고 있는 경호공무원으로서 보안은 특히 유의하여야 한다. 경호공무원(퇴직한 자 및 원소속기관에 복귀한 자를 포함)은 직무상 알게 된 비밀을 누설하여서는 아니되고 소속공무원이 경호처의 직무와 관련된 사항을 발간 기타의 방법으로 公表하고자 하는 때에는 미리 경호처장의 허가를 받아야 하며 이를 위반한 자는 5년 이하의 징역이나 금고 또는 1천만원 이하의 벌금에 처한다(대통령 등의 경호에 관한 법률 제9조 및 제21조). 요컨대, 비밀엄수 내지 보안은 대통령 등 주요요인의 완벽한 경호의 시작이요 끝이라고 하여도 과언이 아닐 것이다.

⑤ 경호공무원은 직무와 관련하여 직접 또는 간접을 불문하고 사례·증여 또는 향응을 수수할 수 없으며, 직무상의 관계 여하를 불문하고 그 소속상관에게 증여하거나 소속경호공무원으로부터 증여를 받아서는 아니 된다.[48]

⑥ 경호공무원은 직무의 내외를 불문하고 그 품위를 손상하는 행위를 하여서는 아니 된다.[49]

품위유지의무는 공직의 체면·위신·신용에 직접적인 영향이 있는 경우를 제외하고는 사생활에까지 미치지는 아니한다고 할 것이다.

둘째, 대통령경호공무원은 직장이탈금지, 영리 및 겸직금지, 정치운동금지, 집단행동금지, 직권남용금지 등 5대금지가 있다.

① 경호공무원은 소속상관의 허가 또는 정당한 사유 없이 직장을 이탈하지 못한다.[50]

이는 직무를 수행하여야 할 의무가 있는 경호공무원이 위와 같은 상관의 허가 또는 정당한 이유 없이 무단으로 직장을 이탈하면 징계의 대상이 될 뿐 아니라 형법상의 직무유기

---

46 同法 第59條.
47 대통령 등의 경호에 관한 법률 제9조.
48 國家公務員法 第60條.
49 同法 第63條.
50 同法 第58條.

죄가 성립할 가능성이 크다고 할 수 있다.

② 경호공무원은 공무이외의 영리를 목적으로 하는 업무[51]에 종사하지 못하며 소속기관장의 허가 없이 다른 직무를 겸할 수 없다.[52]

③ 우리 헌법상 공무원은 법률이 정하는 바에 의하여 정치적 중립이 보장된다(헌법 제7조). 이에 따라 국가공무원법 제65조 및 공무원복무규정 제27조에서 공무원의 정치적 중립을 규정하고 있다.

따라서 경호공무원은 정치적 목적을 가진 행위를 하지 못하며 이에 대한 위반은 다른 법률에 특별히 규정된 경우를 제외하고는 1년 이하의 징역 또는 300만원 이하의 벌금형의 처벌대상이 된다.[53]

④ 헌법상 공무원은 법률이 정하는 자에 한하여 단결권·단체교섭권·단체행동권을 가진다고 규정하여(헌법 제33조) 공무원의 노동운동을 제한하고 있다.

이에 기하여 국가공무원법 제66조에서는 "공무원은 노동운동 기타 공무이외의 일을 위한 집단적 행위를 하여서는 아니 된다"라고 규정하고 이를 위반한 자는 1년 이하의 징역 또는 300만원 이하의 벌금형에 처하도록 규정하고 있다.

여기서 금지되는 집단행위라 함은 어떤 단체의 구성이나 단체적 행동이 그 목적과 내용에 비추어 공무원의 복무에 관한 질서유지에 유해하거나, 공무원의 품위손상 등 공익을 해하는 집단행위를 의미하는 것이며, 동창회, 친목회, 토론회 등의 회합을 통한 집단적 행위 전반을 그 목적과 내용에 관계없이 전부 포함하는 것은 아니라고 할 것이다.

⑤ 경호공무원은 직권을 남용하여서는 아니 되며,[54] 이에 위반한 자는 5년 이하의 징역이나 금고 또는 1천만원 이하의 벌금에 처하도록 되어 있다.[55]

그런데 대통령 등의 경호에 관한 법률에서는 "직권을 남용하여서는 아니 된다"라고 추상적으로만 규정하고서 이에 대한 벌칙조항을 두고 있기 때문에, 과연 그 처벌한계가 무엇인

---

51 여기서 "영리를 목적으로 하는 업무"또는 "영리사업"에 관하여 公務員服務規程 第25條에서 다음과 같이 규정하고 있다.
    ① 공무원이 상업·공업·금융업 기타 영리적인 업무를 스스로 경영하여 영리를 추구함이 현저한 업무
    ② 공무원이 상업·공업·금융업 기타 영리를 목적으로 하는 사기업체의 이사·감사·업무를 집행하는 무한책임사원·지배인·발기인 기타의 임원이 되는 것
    ③ 그의 직무와 관련이 있는 타인의 기업에 투자하는 행위
    ④ 기타 계속적으로 재산상의 이득을 목적으로 하는 업무를 행하는 것
52 同法 第64條.
53 同法 第84條.
54 대통령 등의 경호에 관한 법률 제18조.
55 동법 제21조.

가에 관하여 논란의 소지가 있다. 형법상으로는 "공무원이 직권을 남용하여 사람으로 하여금 의무 없는 일을 행하게 하거나 사람의 권리행사를 방해한 때"(형법 제123조)[56]라고 규정하고 있어 구체적인 행위, 즉 "사람으로 하여금 의무 없는 일을 행하게 하거나 사람의 권리행사를 방해하는 행위"라고 규정하고 있음에 반하여 대통령 등의 경호에 관한 법률에서는 단순히 "직권을 남용하여서는 아니 된다"라고만 규정하여 너무 추상적이라는 비판을 면하기 어려운 실정이다.[57]

(5) 경호공무원의 징계

일반적으로 징계란 공무원의 의무위반에 대하여 국가가 특별행정법관계로서의 공무원관계의 질서를 유지하기 위하여 과하는 제재로서의 처벌(징계벌)을 말한다.[58]

대통령실 경호처 직원도 공무원인 만큼 국가공무원법상의 의무를 위반한다든가 또는 직무를 태만이 한 경우 등에는 징계책임을 지게 된다.[59]

징계는 형벌과는 그 대상·목적 등을 달리하는 까닭에 동일한 행위에 대하여 양자를 병과할 수 있으며, 병과하더라도 일사부재리원칙에 저촉되지 아니한다.

일반직공무원의 징계에 관하여는 국가공무원법 제10장의 징계에 관한 규정과 공무원징계령[60] 그리고 공무원징계양정등에관한규칙[61] 등이 있다.

특정직국가공무원인 대통령실 경호처 직원의 징계에 관하여는 대통령 등의 경호에 관한 법률 제12조, 동법시행령 제28조 내지 제29조의 규정에 의하고 직원의 징계에 관하여 특별한 규정이 있는 경우를 제외하고는 공무원징계령 제9조 내지 제15조, 제17조 내지 제25조를 준용한다.

---

56 동법 제18조의 직권남용금지를 형법상의 직권남용(제123조)을 유추하여 해석하면 다음과 같다.
　　① "직권을 남용하여"라고 함은 일반적 직무권한에 속하는 사항에 관하여 그 정당한 한도를 넘어 부당하게 직권을 행사하는 것을 말한다.
　　② "의무 없는 일을 행하게 함"이라고 함은 법령상 전혀 의무가 없는 경우뿐만 아니라 의무가 있는 자라도 그 의무의 態樣을 변경하여 행하게 하는 경우도 이에 포함된다고 할 것이다.
　　③ "권리행사 방해"라고 함은 법령상 행사할 수 있는 권리의 정당한 행사를 방해하는 것을 말한다.
57 김두현, 경호학개론, 226~230면.
58 石琮顯, 一般行政法(下), 三英社, 1993, 258面.
59 대통령실 경호처는 대통령 등 경호에 관한 법률에서 규정한 바와 같이 대통령의 절대 안전에 목표를 두고 있다. 이를 실천하기 위해서는 신명성, 의로움성, 정직성, 단결성, 보안성, 명예성, 품위유지성 등을 갖춘 대통령 경호원이어야 하고, 이를 실천에 옮기기 위하여'경호원의 다짐'과 '경호공무원 인재상'을 정하고 있다. '경호원의 신조'의 역사는 1961년 11월 18일 발족된 중앙정보부 경호대에 의해서 '경호관 수칙'이라는 이름으로 처음으로 규정되었고, 1980년 2월에 '경호원 신조'로, 2001년 7월 14일 '경호원의 다짐'으로 각각 개정되어 오늘에 이르고 있다.
60 이 영은 1970. 6. 15 대통령령으로 제5046호이다.
61 이 규칙은 1971. 7. 14 총리령 제251호이다.

경호공무원의 징계사유는 국가공무원법 제78조 제1항, 즉 ①국가공무원법 및 동법에 의한 명령을 위반하였을 때, ②직무상의 의무에 위반하거나 직무를 태만히 한 때, ③직무의 내외를 불문하고 직원으로서의 품위나 위신을 손상하는 행위를 한 때이다.

여기에서는 징계의 종류와 징계기관에 대해서만 설명하기로 한다.

첫째, 징계의 종류로서는 중징계인 파면, 해임, 정직과 경징계인 감봉 및 견책이 있다.

여기서 파면이라 함은 공무원관계를 해제하는 배제징계처분으로서 가장 무거운 징계벌이다. 파면처분을 받은 공무원에 대하여는 공무원연금법 제64조 및 동법 시행령 제55조에 의하여 재직기간이 5년 미만인 자는 퇴직급여액의 4분의 1을, 5년 이상인 자에 대하여는 퇴직급여액의 2분의 1을 각각 감하여 지급하게 되는 경제적 불이익도 수반하게 된다.

해임은 공무원관계를 해제하는 징계면직처분임에는 파면과 같으나, 해임의 경우에는 퇴직급여액의 감액이 없는 점에서 파면과는 다르다. 그러나 징계에 의하여 해임의 처분을 받은 자는 그때부터 3년을 경과하지 아니하면 공무원에 임용될 수 없음을 유의하여야 한다(국가공무원법 제33조 제1항 제8호).

그리고 정직은 1월 이상 3월 이하의 기간으로 하고 정직처분을 받은 자는 그 기간중 공무원의 신분은 보유하나 직무에 종사하지 못하며 보수의 3분의 2를 감한다(국가공무원법 제80조 제1항).

또한 감봉은 1월 이상 3월 이하의 기간 동안 보수의 3분의 1을 감하는 징계처분이다(동법 제80조 제2항).

끝으로 견책이라 함은 전과에 대하여 훈계하고 회개하게 하는 징계처분으로서, 징계처분중 가장 가벼운 처분이다(동법 제80조 제4항).

둘째, 징계기관은 고등징계위원회와 보통징계위원회로 구분되는데 고등징계위원회위원장은 경호처장이 되고 위원은 3급 이상의 직원중에서 대통령실장이 임명하며, 보통징계위원회위원장은 경호처 차장이 되고, 위원은 4급 이상의 직원중에서 경호처장이 임명한다. 고등징계위원회는 1급 내지 5급 직원에 대한 징계사건 및 6급 이하 및 기능직직원에 대한 중징계 사건을 심사·의결하며, 보통징계위원회는 6급 이하 및 기능직직원에 대한 경징계 사건을 심사·의결한다. 징계위원회의 관할이 다른 상하직위자가 관련된 징계사건은 고등징계위원회에서 심사·의결하나 하위직위자에 대한 징계를 분리하여 심사·의결하는 것이 타당하다고 인정되는 때에는 고등징계위원회의 의결로써 하위직위자에 대한 징계사건을 보통

징계위원회에 이송할 수 있다.[62]

(6) 경호공무원의 신분보장

대통령 경호공무원은 특정직국가공무원인 관계로 신분보장이 된다. 왜냐하면, 특정직 공무원은 일반직공무원 등과 같이 경력직공무원에 해당되어 그 신분이 보장되어 평생토록 공무원으로 근무할 것이 예정되어 있는 공무원이기 때문이다.[63] 즉, 일반직공무원 등의 경력직공무원(단, 1급공무원은 제외)은 국가공무원법 제68조에서 형의 선고, 징계처분 또는 국가공무원법이 정하는 직권면직 등의 사유에 의하지 아니하고는 그 의사에 반하여 휴직·강임 또는 면직을 당하지 아니한다고 규정되어 있다.

다만, 대통령 등의 경호에 관한 법률 제10조는 경호공무원이 ① 신체, 정신상의 이상으로 인하여 6월 이상 직무를 감당하지 못할만한 지장이 있을 때, ② 직무수행능력이 현저하게 부족하거나 근무태도가 극히 불량하여 직원으로서 부적합하다고 인정되는 때, ③ 직제와 정원의 개폐 또는 예산의 감소 등에 의하여 폐직 또는 과원이 되었을 때, ④ 휴직기간의 만료 또는 휴직사유가 소멸된 후에도 정당한 이유 없이 직무에 복귀하지 아니하거나 직무를 감당할 수 없을 때, ⑤ 직무수행능력이 부족하거나 근무성적이 극히 불량하여 대기명령을 받은 자가 그 기간중 능력의 향상을 기대하기 어렵다고 인정된 때, ⑥ 당해 직급에서 직무를 수행하는데 필요한 자격증의 효력이 상실되거나 면허가 취소되어 담당직무를 수행할 수 없게 된 때의 어느 하나의 사유에 해당하는 때에 임용권자가 직권면직을 할 수 있도록 규정하고 있다. 그러나 직권면직시킬 경우에는 징계위원회의 동의를 얻도록 하고 있다.[64]

그러나 대통령실 경호처 직원중 별정직국가공무원은 당초부터 직업공무원의 신분보장을 예정 받지 아니한 채 임용되는 바, 위와 같은 대통령 등의 경호에 관한 법률상의 직권면직사유 이외에 징계사유 발생시에도 직권면직을 할 수 있다고 할 것이다.[65]

그러므로 징계사유를 원인으로 하여 별정직공무원을 임용권자가 직권면직함에 있어서는 국가공무원법 제70조 제2항의 반대해석상 징계위원회의 동의를 요하지 아니한다고 해석된다.

---

62 대통령 등의 경호에 관한 법률시행령 제29조 및 제30조.
63 國家公務員法 第2條 참조.
64 대통령 등의 경호에 관한 법률 제10조.
65 공무원징계령 제22조 참조.

대법원 판례도 이와 견해[66]를 같이 하고 있다.

그러나 비록 별정직공무원에 대한 직권면직은 일반직공무원에 비하여 임용권자에게 광범한 재량권이 부여되어 있다 하더라도 임명권자가 아무런 사실상 근거나 기준 없이 면직처분을 할 권능을 갖는다고는 할 수 없고 어디까지나 객관적이고도 합리적인 근거를 갖추어야 할 것이라 생각된다.

우리 대법원도 일반직공무원이 담당할 고유의 사무인데 단지 인사수급의 원활을 기하기 위하여 별정직공무원으로 보하였을 경우에는 위와 같은 합리적인 근거 없이 행한 별정직공무원에 대한 직권면직처분은 위법하므로 행정소송의 대상이 된다는 취지로 판시하고 있다.[67] 이 대법원 판결을 검토하여 보면, 일반직공무원의 고유사무를 담당하고 있는 별정직공무원에 대한 직권면직처분에 있어서는 조리상 제한을 가하고 있다는 것을 알 수 있다. 즉 별정직공무원제도의 본질을 침해하지 아니하는 한도 내에서 그 직권면직에 있어 조리상 제한을 가함으로써 임용권자의 자의적·독단적인 직권면직처분을 제한하려 하는 대법원의 태도를 엿볼 수 있는 것이다.

뿐만 아니라 그 이후 1984년 12월 15일 법률 제3754호로 전문이 개정되어, 1985년 10월 1일부터 시행된 행정소송법 제27조(재량처분의 취소) "행정부의 재량에 속하는 처분이라도 재량권의 한계를 넘거나 그 남용이 있는 때에는 법원은 이를 취소할 수 있다"라는 입법의 취지로 보아 임용권자의 자의적인 직권면직처분은 위법하다고 본다.

4. 대통령실 경호처의 경호작용

경호주체가 그의 경호목적을 달성하기 위하여 행하는 사실적 작용에서는 경호주체의 조직 및 이들 상호간의 경호관계를 대상으로 하는 경호조직과 구별된다.

경호주체가 어떠한 내용의 경호작용을 어떠한 형식으로 수행하는지는 시대에 따라 한결

---

66 大判 1983. 6. 14 82年 494 "지방공무원 징계 및 소청 규정 제13조 제1항은 地方公務員法 第2條 第3項 第2號에 규정된 별정직공무원에게 동법 제68조 제1항 각호의 징계사유가 있는 때에는 직권으로 면직하거나 이 영의 규정에 의하여 징계처분할 수 있다고 규정하고 있어 이 사건과 같은 직권면직의 경우에는 징계혐의자에게 충분한 진술을 할 기회를 부여하는 등의 징계절차에 관한 위 영의 규정은 그 적용이 없다고 할 것이므로 피고가 별정직공무원인 원고를 직권면직함에 있어 원고의 의견을 들어보지 아니하였다 하여 위법하다고 할 수 없다 할 것이다."

67 大判 1981. 7. 28. 81누 17.

같지 않음은 물론, 그 국가의 정치체제라든지 경호대상자가 누구냐에 따라 혹은 경호주체의 장이 누구냐에 따라 그리고 경호환경에 따라 많은 차이를 가진다.

일반적으로 경호작용을 여러 각도에서 분류하여 보면 경호작용의 대상에 따라 신변보호작용(호위학)과 시설경비작용(경비학)으로 나눌 수 있고, 그리고 경호작용의 목적에 따라 사전예방경호작용(선발경호)과 근접경호작용(수행경호), 또는 경호작용의 절차에 따라 경호준비작용, 안전대책작용, 경호실시작용, 사후평가작용 등으로 나눌 수 있을 것이다.

여기에서 신변보호작용이란 각종 위해요소로부터 경호대상자의 신변을 보호하기 위하여 실시하는 근접호위작용을 말하며, 시설경비작용이란 국가의 재산·인원·문서 등을 간첩·태업·비인가자(비밀취급 인가를 받지 않는 자) 등의 침해로부터 보호하는 경비작용을 말한다.

그러나 이와 같은 광범위한 경호작용에도 불구하고 대통령 등의 경호에 관한 법률에서 경호작용에 관한 규정으로는 경호와 경호구역의 정의(제2조), 경호구역의 지정 등(제5조), 국가기관 등에 대한 협조요청(제15조), 경호공무원의 사법경찰권(제17조), 무기의 휴대 및 사용(제19조) 등 이 있다.

아무튼 경호의 개념과 국가기관 등에 대한 협조요청에 관한 것은 앞에서 기술된 바 있으므로 생략하고 경호공무원의 사법경찰권과 무기사용권 등에 관하여 설명하고자 한다.

1) 경호공무원의 위해방지 안전활동권

경호처장은 대통령 등 경호대상자에 대한 경호업무를 효율적으로 수행하기 위하여 필요한 경우 경호구역을 지정할 수 있다. 다만 이 경우 경호구역의 지정을 경호목적달성을 위한 최소한의 범위로 한정되어야 한다. 왜냐하면 대통령 경호라는 공익상의 명분으로 국민의 자유와 재산을 지나치게 침해할 우려가 있기 때문이다.

그리고 대통령실 경호처의 직원과 경호처에 파견된 자 등 대통령실 경호처 소속공무원은 경호목적상 불가피하다고 인정되는 상당한 이유가 있는 경우에 한하여 경호구역 안에서 질서유지, 교통관리, 검문·검색, 출입통제, 위험물의 탐지 및 안전조치 등 위해방지에 필요한 안전활동을 할 수 있다(동법 제5조).

여기서 질서유지란 옥내·외 경호행사시 많은 인원이 모여 있을 때 경호구역에 대한 질서를 확립하고 인원 및 시설에 대한 안전대책을 강구하여 혼잡사태가 발생될 것에 대비해 사전에 예방책을 세우는 경호활동을 말한다.

그리고 교통관리란 경호대상자의 숙소, 경호행사장 등의 주변에 대해 교통체증으로 인하여 극심한 혼잡과 차량위해가 예상되므로 경호대상자가 이용한 교통차선을 확보하고 진행시에는 무리 없이 자연스럽게 경호차량을 통과시키고 또한 예상되는 차량대수를 수용할수 있는 주차공간의 준비·통제 등 즉, 경호대상자가 탑승한 차량의 안전을 도모하고 정지하지 않는 상태에서 원활한 소통이 될 수 있도록 하며 경호구역에서 차량에 의한 혼잡을 방지하기 위한 안전활동을 말한다.

또한, 검문·검색이란 대통령실 경호처 소속공무원이 거동이 수상하다고 인정되는 자를 그 장소에서 정지시켜 질문을 하는 것으로서 소속공무원이 경호위해방지를 위한 경호임무 수행의 기본적인 안전활동을 말한다.

검문·검색을 경호구역의 주요한 지점에 고정검문소를 설치하거나 중요지역에 대하여 움직이면서 실시할 수 있는 유동검문소를 설치하여 경호구역 부근 일대에 왕래하는 사람 및 차량에 대하여 경호위해용의자(인적 위해요소)나 폭발물 등 위해물건(물적 위해요소)을 색출하는 탐색활동이다.

출입통제란 경호구역을 출입하는 인원과 차량의 통제를 위하여 출입구에서 통제를 실시함으로써 경호위해자의 출입을 금지하고, 경호시설 보안을 유지하기 위하여 실시하는 안전활동을 말한다.

통상 경호구역시설 내에는 시설의 중요도에 따라 제한지역, 제한구역, 통제구역으로 보호구역을 설정하여 운영한다.

경호구역의 면회실과 외래주차장은 울타리 외곽에 설치하여 방문자는 면회실로 유도하고, 방문목적과 방문자 신분을 철저히 확인하는 제도적 장치가 마련되어야 하며 특히 차량 폭발물 진입통제를 위한 바리케이트 등의 시설을 완벽하게 갖추어야 한다.

그리고 위험물의 탐지 및 안전조치란 경호구역 주변에 위치하면서 경호대상자에 직접 위해를 가할 수 있는 제반 위험물이나 경호대상자에 대한 위해의 원인을 제공할 수 있는 물건을 색출하고자 안전조치, 안전검측, 검색활동 등의 안전활동을 말한다.

통상 경호구역을 중심으로 외부, 내부, 공중지역, 연도안전검측으로 구분하여 실시한다.

그 밖에 경호목적상 불가피하다고 인정되는 상당한 이유가 있는 경우에도 위해방지에 필요한 안전활동을 할 수 있다.

2) 경호공무원의 사법경찰권

탈법적인 범죄 및 테러가 날로 심각해지는 추세를 보이고 있어 경호임무 수행중 경호대상자에 대한 위해를 기도하는 자에 대하여는 경호공무원으로 하여금 그를 체포하게 하여 긴급히 수사할 필요성도 증가하고 있다.

이러한 시대적 요청에 의거, 대통령 등의 경호에 관한 법률 제17조에서는 일정한 경우 경호공무원에게 사법경찰권을 부여하고 있다.

즉 경호처장의 제청에 의하여 서울지방검찰청 검사장이 지명한 경호공무원은 경호직무 수행중 인지하는 그 소관에 속하는 범죄에 관하여 직무상 또는 수사상 긴급을 요하는 한도 내에서 사법경찰관리의 직무[68]를 행할 수 있으며, 이 경우 7급 이상 경호공무원은 사법경찰관, 8급 이하 경호공무원은 사법경찰리의 직무를 행한다.[69]

이와 같은 사법경찰관리는 일반사법경찰관리와 특별사법경찰관리로 나누어진다.

일반사법경찰관리에서는 수사관(검찰청법 제30조의3), 경무관·총경·경정·경감·경위를 사법경찰관으로, 경사·경장·순경은 사법경찰리로 분류된다. 사법경찰관은 검사의 지휘를 받아 수사를 하고,[70] 사법경찰리는 검사 또는 사법경찰관의 지휘를 받아 수사의 보조를 해야 한다.

특별사법경찰관리는 삼림·세무·군수사기관 기타 특별한 사항에 관하여 사법경찰관리의 직무를 행하는 자를 말한다. 검찰서기·검찰서기보·교도소장·마약감시원·세관공무원이 이에 속한다.

일반사법경찰관리의 직무권한이 일반적이고 포괄적인데 비해 그 권한의 범위가 일정사항에 제한되어 있다는 차이가 있을 뿐이며 형사소송법상 권한에 있어서는 아무런 차이가 없다(사법경찰관리의 직무를 행할 자와 그 직무범위에 관한 법률).

---

68 여기서 "司法警察官吏의 職務"라고 함은 警察官職務執行法 第2條에 규정된 ①犯罪의 豫防·鎭壓 및 搜査, ②警備·要人警護 및 對間諜作戰遂行, ③治安情報의 募集·作成 및 配布, ④交通의 團束과 危害의 방지, ⑤기타 公共의 安寧과 秩序維持 職務를 말한다. 또한 이와 같은 직무를 행하기 위하여 불심검문(同法 第3條), 保護措置(同法 第4條), 危險發生의 방지(同法 第5條)등을 하는 행위도 포함된다.

69 대통령 등의 경호에 관한 법률 제17조.

70 刑事訴訟法 第196條.

그리고 대통령실 경호처 직원중 경호처장의 제청에 의하여 서울지방검찰청 검사장이 지명한 경호공무원만이 위와 같은 사법경찰권을 가지지만 그 이외의 경호공무원도 그 직무 수행상 경호대상자를 위해하려는 현행범은 영장 없이도 체포할 수 있는 것이다.[71]

즉 범죄의 실행중이거나 실행의 직후인 자는 현행범인[72]으로 간주하여 누구든지 체포할 수 있는 것이다.

그러나 사법경찰권이 없는 경호공무원이 현행범인을 체포하였을 경우에는 즉시 검사 또는 사법경찰관리에게 인도하여야 한다.

다만, 여기에서 문제가 되는 것은 사법경찰권이 없는 경호공무원에게 경찰관직무집행법상 경찰관에게 인정되는 불심검문, 위험발생의 방지, 범죄의 예방과 방지 등 경찰권작용과 같은 경호작용이 가능한 가이다.

대통령경호의 중요성과 경호행정에 대한 합목적론적 해석에 의하여 경찰관직무집행법과 같은 경호작용이 사실상 집행되고 있지만 이는 국민에 대한 즉시강제적인 작용에 해당되므로 명백하게 법률상의 규정이 필요하여 대통령 등의 경호에 관한 법률 제5조 제3항에 위해방지에 필요한 안전활동 근거를 마련한 것이다.

3) 경호공무원의 무기사용

경호공무원 임무의 특성상 무기를 휴대, 사용하는 것은 필수적인 것으로 생각되나, 무기의 무분별한 사용 역시 큰 문제점을 발생시킬 소지가 있으므로 대통령 등의 경호에 관한 법률에서는 경호공무원의 무기사용 및 한계에 관하여 상세하게 규정하고 있다.[73] 동법 제19조 제1항에 의하면 경호처장의 명을 받은 경호처 소속공무원은 무기를 휴대할 수 있다고 되어 있다.[74]

---

71 同法 第211條 내지 第213條.

72 現行犯人이란 ①犯人으로 呼唱되어 追跡되고 있는 者, ②臟物이나 犯罪에 使用되었다고 認定함에 充分한 凶器 其他의 물건을 所持하고 있는 者, ③身體 또는 衣服類에 顯著한 證跡이 있는 者, ④누구임을 물음에 대하여 逃亡하려 하는 者를 말한다.

73 武器의 携帶 및 使用을 規定한 他立法例를 보면, ①警察官의 武器携帶 및 使用을 規定하고 있는 警察官職務執行法 第10條의2, ②國家情報院 職員의 武器使用 및 携帶를 規定한 國家情報院法 第17條, ③軍人의 武器携帶를 規定한 國軍組織法 第3條, 憲兵武器使用令 등이 있다.

74 종전의 大統領警護室法上에는 "銃器"만을 휴대, 사용할 수 있다고 되어 있을 뿐 기타 武器를 사용할 수 있다는 明文이 없다. 즉 警察官職務執行法이나 憲兵武器使用令 등 他法令에서는 "武器"라고 規定하였음에도, 대통령경호실법에서만 "銃器"라고 제한한 것이었으나 1999년 동법 개정에 의하여 시정되었다.

첫째, 무기를 휴대하는 경호공무원은 경호업무를 수행함에 있어서 필요하다[75]고 인정하는 상당한 이유가 그 사태에 응하여 부득이 하다고 판단되는 한도 내에서 무기를 사용할 수 있다.[76]

따라서 무기를 사용하지 아니하고서도 충분히 위해를 기도하는 자를 제압할 수 있는 경우에는 무기를 사용해서는 아니 되며, 이러한 경우 무기를 사용하게 되면 무기사용의 남용이라는 책임을 부담하여야 할 우려가 있는 것이다.

둘째, 무기를 소지한 경호공무원이 그 임무 수행상 무기를 사용하여야 할 부득이한 경우에 있어서도 ① 정당방위[77] 및 긴급피난[78](형법 제21조, 제22조), ② 직무수행 중 인지하

---

75 여기서 武器를 사용하여야 할 "必要性"이라 함은 무기를 사용하지 아니하고는 다른 수단이 없다고 인정되는 것을 말한다.

76 대통령 등의 경호에 관한 법률 제19조 제2항.

77 正當防衛라 함은 自己 또는 他人의 法益에 대한 現在의 부당한 침해를 防衛하기 위한 행위를 말하는데 朴大統領 弑害事件에서 문제된 正當防衛를 보면 다음과 같다. 살피건대, 앞에서 누누이 설시한 바와 같이 피고인 김○○의 본건 소위는 대통령 등을 살해하고 내란으로 정권을 장악하려 한 내란목적살인 및 내란수괴미수죄의 성립에 아무런 장애사유가 없음에도 불구하고 동 피고인은 본건 범행일시를 기준으로 하여 수일 내에 박대통령은 스스로 민중에 대한 발포명령을 하였을 것이기 때문에 자기가 그 예상되는 희생될 민중의 생명, 신체, 재산 등을 구하려고, 즉 국민 내지 국가의 법익에 대한 현재의 부당한 침해를 방위하려고 본건 거사에 이르렀다고 변소하고 있다. 그런데 기록에 의하면 1979. 10. 17. 18일에 일어난 소위 부산, 마산사태의 진상을 같은 달 19일에 당시 중앙정보부장으로서 현지답사하고 돌아왔던 동 피고인은 제1심공판에서「부마사태로 죽은 자가 있나요」라는 물음에 대하여「없는 것으로 압니다(공판 227면)라고 대답하고 있다. 그렇다면, 설사 소위 부마사태의 확산이 예상된다 하더라도 신체의 상해, 재산의 손괴 정도는 모르되 반드시 많은 국민의 생명의 희생까지 예상된다고는 할 수 없을 이치이고 또 소론 부마사태의 확산이나, 소론 대통령의 발포명령 운운도 동 피고인 혼자만의 주장일 뿐 이를 객관적으로 뒷받침할 자료도 없는 이 건에서는 결국 이런 변소는 동 피고인의 조작된 거짓말이거나 아니면 장래의 불확실한 사태를 환상적으로 추리한 결과를 진술한데 지나지 아니한다 할 것이므로 형법 제21조 제1항 소정의 정당방위의 성립요건을 충족시킬 사실을 인정할 증거자료가 없다 할 것이니 원심이 이점을 간과했다는 논지는 이유 없고 또 이점에 관하여 심리를 더한들 이를 인정할 자료의 출현가능성이 희박하다고 인정되는 본건에서는 이점에서 관한 심리미진의 위법이 있다고도 할 수 없고 또 이미 원심에 위와 같은 위법이 없다고 인정되는 이상 설사 원심판결에서 이점에 관한 판단을 유탈하였다 하더라도 판결에 영향을 미친 위법이 될 수 없어 위 논지들은 모두 그 이유 없다 할 것이다(80. 5. 20. 80도 306).

78 緊急避難이라 함은 자기 또는 他人의 法益에 대한 현재의 危難을 피하기 위한 행위를 말하는데 朴大統領 弑害事件에서 문제된 緊急避難의 경우를 보면 다음과 같다.
살피건대, 앞에서 정당방위의 항에서 이미 설시한 이유와 동양의 이유에서 이 점의 논지도 이유 없이 명백하다 할 것이다. 살피건대, 피고인 김○○의 소론 행위(보안유지, 청와대 병력출동금지, 계엄선포건의 등)가 이 건 내란중요임무종사 미수죄를 성립시켰다고 판단한 원심 조치가 정당하다고 당원은 앞서의 다른 항에서 설시한 바 있거니와 이 논지는 설사 소론행위 등이 원판시의 내란중요임무종사죄에 해당하는 행위가 된다 하더라도 위 소론과 같이 그는 아군 상호간의 총격전으로 인한 유혈사태발생과 북괴남침도발의 기회를 줌으로써 일어날 많은 국민과 군경의 생명에 대한 "현재의 위난"을 피하기 위한 행위이기 때문에 위법성조각사유에 해당한다고 주장하는 취지이다. 그러므로 피고인 김○○에게 당시 과연 그와 같은 위난을 피하려는 의사, 즉 "피고인의 의사"가 있었는가 여부를 따져 본다.
일건 기록을 살펴보면, 첫째, 동 피고인이 진정히 소론 위난을 피하려는 의사가 있었다면 최소한 당시의 국무총리(대통령 권한대행이 될 사람)에 대해서만은 직시 김○○가 고의로 대통령을 살해한 사실을 알리고 선후책을 의논하였어야 할 터인데, 그러지 아니하고 김○○의 오발탄에 대통령이 죽은 것으로 거짓 보고한 점은 위난을 피하려는 의사보다는 김○○의 내란에 가담하려는 의사가 앞서 있었다고 인정되고, 둘째, 동 피고인이 진정히 소론 위난을 피하려는 의사가 있었다면 당시 막강한 수도경비군단을 장악하고 있었던 동 군단장 겸 대통령경호실 차장과 상의해서 소규모 작전으로 넉넉히 김○○를 체포 또는 사살할 수 있었을 터인데 이에 이르지 아니한 점은 위난을 피하려는 의사보다는 김○○의 내란에 가담하려는 의사가 앞서 있었다고 인정되고, 셋째, 동 피고인의 본건 범행당일 오후 7시 43분경 김○○가 총격을 마치고 나오면서 자기에게 보안유지 등 후사를 부탁하고 육군방카로 향발한 직후 상 피고 이○○가 가지고 있던 권총을 빼앗아 가지고 이를 소지한 채 군병원, 청와대, 육군본부 방카, 국방부 등을 출입하였으니 만큼 동 피고인이 진정히 소론 위난을 피하려는 의사가 있었다면 육본 방카 또는 국방부 사무실에서 김 ○○를 만나서 고담할 때 얼마든지 이를 사살할 수 있는 기회가 있었음에도 불구하고 이에 이르지 아니한 점은 위난을 피하려는 의사보다는 김○○의 내란에 가담하려는 의사가 앞서 있었다고 인정된다. 그렇다면, 설사 그 당시의 사태가 소론 현재의 위난이 존재하는 상태이었다고 가정하더라도 소위 피난의사가 있었다고 인정할 수 없고, 따라서 원심에 이 점에 대한 법리오해 있다는 논지는 이유 없고, 또 설사 이 점 변소에 대한 원심판단이 없다 하더라도 판결에 영향을 미친 위법이라고 할 수 없으니 판단유탈 이유 불비 등의 논지 또는 이유 없다(80. 5. 20. 80도 306).

는 소관에 속하는 범죄에 관하여 사형, 무기 또는 장기 3년 이상의 징역 또는 금고에 해당하는 죄를 범하고 또는 범하였다고 의심할만한 충분한 이유가 있는 자가 경호공무원의 직무수행에 대하여 항거하거나 도피하려고 할 때 또는 제3자가 그를 도피시키려고 경호공무원에게 항거할 때에 이를 방지 또는 체포하기 위하여 무기를 사용하지 아니하고는 다른 수단이 없다고 인정되는 상당한 이유가 있을 때, ③ 야간이나 또는 집단을 이루거나 흉기 기타 위험한 물건을 휴대하여 경호업무를 방해하기 위하여 경호공무원에게 항거할 때 이를 방지 또는 체포하기 위하여 무기를 사용하지 아니하고는 다른 수단이 없다고 인정되는 상당한 이유가 있을 때 이외는 사람에게 위해를 가하여서는 아니 된다.[79]

4) 경호작용법의 보완

오늘날 헌법의 이념적 바탕을 이루고 있는 법치주의는 곧 실질적 법치주의인 것이다. 실질적 법치주의는 개인의 존엄과 가치보장을 이념으로 하여 국민의 실질적·경제적 평등의 보장을 법의 실질적 내용에 있어서 이를 적극적으로 반영하는 것을 말한 것으로 주된 내용은 법률의 법규창조력, 법률의 우위 및 법률의 유보로 요약될 수 있다.

이중에서 법률의 유보영역이 시대의 변천에 따라 일반적으로 현대행정이 확대의 경향을 보이고 있으므로 경호작용도 법률의 수권확대가 절실히 요구되고 있는 것이다.[80]

따라서 종전의 대통령 등의 경호에 관한 법률상의 너무 추상적이고 개괄적인 규정을 탈피하기 위해서는 합법적인 경호제도 등을 심층 연구하여 법률화 하는 방안이 강구되어야 한다고 졸저가 지적한바 있다.

즉 경호법의 발전방안으로는 두 가지 방법을 강구하여 볼 수 있는데 첫째, 현행 대통령 등의 경호에 관한 법률에 부분적인 경호작용법을 보완하는 개정방안을 고려할 수 있겠다. 예를 들면 경호작용상 필요한 범위 내에 한하여 경찰관직무집행법에 의한 경찰관의 직무를 행할 수 있도록 규정을 신설하면 바람직한 방법이 될 것이다.[81]

둘째, 현행 대통령 등의 경호에 관한 법률은 경호조직에 관한 규정으로 국한하고 경호

---

79 여기서 "……死刑, 無期 또는 ……罪를 犯하고 또는 犯하였다고 의심할만한 充分한 理由가 있는 자"라고 함은 前述한 現行犯 및 準現行犯을 의미한다고 할 것이다.

80 李尙圭, 新行政法論(上), 法文社, 1989, 111~114面;김두현, 행정법, 서울소방학교, 1995, 14~15면.

81 이와 같이 警察官職務執行法을 적용하도록 規定한 예로 請願警察法 第3條(請願警察의 職務)에서도 볼 수 있다(김두현, 경호학개론, 361~362면).

작용에 관한 규정은 경찰관직무집행법과 같이 별도로 대통령경호법 또는 대통령경호직무집행법을 제정하는 방안을 제시한 바 있다.

2005년 3월 대통령경호실법을 대폭 개정하여 경호 및 경호구역의 개념, 경호실의 임무, 경호구역의 지정 및 위해방지에 필요한 안전활동을 할 수 있는 법적 근거를 마련하였다.[82]

5) 비밀엄수규정의 개정 문제

(1) 헌법상 학문, 표현(언론, 출판)의 자유본질과 위헌성 판단기준

경호비밀엄수의 관련규정을 살펴보면, 동법 제9조 제1항에서 "소속공무원(퇴직한 자 및 원소속기관에 복귀한 자를 포함한다. 이하 이 조에서 같다)은 직무상 알게 된 비밀을 누설을 하여서는 아니 된다"라고 규정하고, 동조항 제2항에서는 "소속공무원이 경호실의 직무와 관련된 사항을 발간 기타의 방법으로 공표하고자 하는 때에는 미리 경호처장의 허가를 받아야 한다."라고 규정하고 있다.

그리고 동법 제21조 제1항에서 동법 제9조 제1항을 위반한 자는 5년 이하의 징역이나 금고 또는 1천만원 이하의 벌금에 처하고, 또한 동조 제2항에 위반한 자는 2년 이하의 징역·금고 또는 500만원 이하의 벌금에 처한다고 규정하여 형법 제127조에서 "공무원 또는 공무원이었던 자가 법령에 의한 직무상 비밀을 누설할 때에는 2년 이하의 징역이나 금고 또는 5년 이하의 자격정지에 처한다."는 형벌보다는 무거운 특례조항을 규정하고 있다.

학문의 자유는 진리탐구 및 그 결과발표 등을 통하여 인격의 실현과 문화적 생활의 기초를 형성하는 기본권이다. 즉, 진리탐구의 자유에 그치지 않고 탐구한 결과에 대한 발표의 자유 내지 가르치는 자유 등을 포함하는 권리이다.

우리 헌법은 "모든 국민은 학문의 자유를 가진다"(헌법 제22조 제1항), "교육의 자주성·전문성·정치적 중립성 및 대학의 자율성은 법률이 정하는 바에 의하여 보장 된다"(헌법 제31조 제4항)하여 이를 인정하고 있다.

이와 같은 학문의 자유는 국민의 진리 탐구가 방해받지 않을 수 있는 자유의 보장을 국가에 대하여 요구할 수 있는 주관적 공권임은 물론 학문 활동을 자율적 생활로서 보호하는 기반으로서의 문화국가를 형성하는 객관적 가치질서로서의 2중적 성격을 지닌다.

---

82   김두현, 조선왕조시대의 경호법원 및 제도에 관한 연구, 한국공안행정학회보 제4호, 1995, 305면.

학문의 자유 중 학문연구결과발표의 자유는 진리탐구 등으로써 얻은 연구성과를 외부에 전달하는 자유다. 학문연구성과의 전달은 기본적으로 연구기관인 대학 등에서 교수의 자유를 포함하지만 이 외에 동학자들의 모임인 학회에서 발표나 학술지에의 게재 등의 형태로 발표하는 경우가 있는데, 이들은 비록 정도의 차이는 있지만 학문연구의 자유와 밀접한 관계가 있다. 그러므로 학문연구결과 발표의 자유는 헌법 제21조 표현의 자유에 비하여 특별히 보호되는 특별법 규정으로서의 헌법 제22조에 의하여 보장되므로 내재적 한계 외에는 제한할 수 없는 절대적 자유이다.

그러나 학문의 자유 중 교수의 자유나 학문연구결과발표의 자유 등은 본질적 내용의 침해가 아닌 한 헌법직접적 제한이나(헌법 제21조 제4항) 일반적 법률유보(헌법 제37조 제2항)의 대상이 된다.

일반적으로 법률유보를 적용함에 있어서는 '필요한 경우'에 따라야 하므로, 학문의 자유에 대한 제한 역시 과잉금지의 원칙에 합치되어야 하며 그 제한은 공공의 안녕질서에 중대한 위해를 끼칠 명백하고 현존하는 위험이 있을 때에 이루어져야 한다.

그리고 언론의 자유는 내면적 정신 및 정보의 자유로운 표현과 전파를 통한 개인의 인격가치 등의 실현을 방해받지 아니하도록 하는 주관적 공권인 동시에, 민주주의를 구성하는 객관적 가치질서다. 주관적 공권으로서의 언론의 자유는 '정신 표현적'기본권이므로 인격권, 사생활의 비밀과 자유 등과 조화를 이루어야 하는 기본권으로서의 성격을 지닌다.

우리 헌법은 모든 국민은 언론·출판의 자유를 가지며(헌법 제21조 제1항), 언론에 대한 허가나 검열은 인정되지 않는다(헌법 제21조 제2항)라고 선언하고 있다.

언론에 대한 허가나 검열은 언론의 자유의 사전제한에 해당되므로 금지된다. 이는 국가기관이 표현하고자 하는 내용을 미리 심사·선별하는 것이어서 그 결과 일정 범위 내에서 표현의 발표를 저지하는 효과를 가져와 표현주체의 자유로운 의사발현을 원천적으로 저지·왜곡하는 등으로 개인의 인격을 훼손하기 때문이다.

언론에 대한 허가제는 전면적 금지의 대상이 될 수 없는 자연적 자유를 일단 전면적으로 금지하는 것이라는 점에서도 부당할 뿐만 아니라, 특정의 경우에 한하여 당국이 선별적으로 금지를 해제하여 주는 것이라는 점에서 부당하다.

결국 언론·출판의 자유에 대하여서는 검열을 수단으로 한 제한만은 법률로써도 허용되지 아니한다. 표현의 자유에 대한 검열을 수단으로 한 제한은 법률로써도 허용될 수 없는 것이기 때문에 검열의 의미는 제한적으로 해석하여야 한다.

헌법 제21조 제2항이 금지하는 검열은 사전검열만을 의미하므로 개인이 정보와 사상을 발표하기 이전에 국가기관이 미리 그 내용을 심사·선별하여 일정한 범위 내에서 발표를 저지하는 것만을 의미하고, 헌법상 보호되지 않는 의사표현에 대하여 공개한 뒤에 국가기관이 간섭하는 것을 금지하는 것은 어니다. 즉, 심의기관에서 허가절차를 통하여 영화의 상영 여부를 종국적으로 결정할 수 있도록 하는 것은 검열에 해당한다.

학문의 자유와 언론·출판의 자유를 규제하는 입법이 헌법 제37조 제2항의 기본권제한에 관한 일반적 법률유보에 위배되며 위헌입법이 된다. 특히 언론·출판의 자유 등 정신적 자유권은 경제적 기본권에 비하여 우월성을 가지므로, 그 제한과 규제에 관해서는 경제적 기본권의 규제입법에 관한 합헌성판단의 기준인「합리성」보다 엄격한 기준에 따르지 않으면 아니 된다. 이와 같은 이중기준의 이론 등에 따라 학문의 자유와 언론·출판의 자유를 규제하는 입법의 합헌성판단기준을 명확성의 이론, 과잉금지의 원칙, 법익형량이론, 명백·현존위험의 원칙 등을 헌법학자들이 제시하고 있다.

동법 제19조와 관련하여 입법의 합헌성여부를 판단하는 잣대로는 명확성의 이론과 과잉금지의 원칙 등이 중요한 기준이 되리라고 본다.

우선 학문의 자유와 표현의 자유를 규제하는 법령의 규정은 명확해야 한다. 불확정 개념이나 막연한 용어를 사용하여 그 의미를 추정할 수밖에 없는 경우에는 위헌이 된다. 1989년 12월 22일 88헌가13 헌법재판소의 결정에 의하면 법률규정의 구속 요건 중 내용에 따라 국민이 자신의 행동을 결정지을 수 있도록 명확할 것을 의미하는 것이라고 한다.

그리고 위법한 학문행위와 표현행위를 규제하기에 충분한, 보다 완곡한 제재방법이 따로 있음에도 불구하고 과중한 제재를 과하는 입법은 자유로운 학문 및 표현을 질식시키는 사회적 효과를 가져오기 때문에 위헌이다. 이것은 자유의 제한은 필요최소한의 것 이어야 한다는 과잉금지의 원칙을 학문 및 표현의 자유에 적용한 것이다.

1999년 4월 29일 98헌바66 헌법재판소는 과잉금지의 원칙을 학문 및 표현의 자유에 대한 본질적 제한 여부 판단에 적용하고 있다.

(2) 과잉금지원칙 위배여부 검토

가. 위헌설

언론·출판의 자유에 관련된 원칙들은 대개 법이나 법원의 판례에 의해서 규정되는 것이 상례이다. 법의 경우는 일반적으로 한나라의 기본법인 헌법이 기초가 되고, 판례의 경우는 대법원의 개별적인 판단이 중심이 되고 있다.

우선 대한민국 헌법은 언론·출판의 자유와 통제를 동시에 규정하고 있는데, 먼저 헌법 제10조, 제17조는 모두 간접적인 언론·출판의 자유와 학문의 자유를 보장하고 있는 것이며, 제21조와 제22조는 직접적인 언론·출판의 자유와 학문의 자유를 보장하고 있는 것이다.

헌법 제37조 제2항의 국민의 자유와 권리를 제한하는 법률의 제정은 국가안전보장, 질서유지, 공공복리를 위하여 필요한 경우에 한한다고 명시하고 있는 일종의 유보조항은 특히 언론·출판 자유의 신장이라는 차원에서 문제를 야기 시킬 가능성이 늘 존재하는 것으로 해석되고 있다. 왜냐하면 유보조항을 법률로 제정할 때 법원의 최종 판결에 의하지 아니하고 집권자의 자의에 의해 제정하는 경우가 많기 때문이다.

일반적으로 선진국가인 미국이나 영국, 프랑스, 일본 등의 경우는 언론·출판의 자유를 제한하는 유보조항을 헌법에 반영하지 않고 있으며, 설령 유보조항을 둔다 해도 어디까지나 유보조건은 책임을 환기시키는 선에 머물고 있으며, 한국과 같이 광범한 분야를 포괄적으로 규정하지는 않고 있다.

예컨데, 미국의 연방헌법 제1수정안은 "미국연방의회는 언론 또는 출판의 자유를 제한하는 어떠한 법률도 제정할 수 없다"고 못 박고 있으며, 일본헌법 제12조는 "집회·결사 및 언론·출판 기타의 모든 표현의 자유는 이를 보장한다. 검열은 이를 행하여서는 아니 되며, 통신의 비밀은 이를 침해해서는 아니 된다"라고 규정하고 있다.

다만, 프랑스의 경우 1789년에 제정된 인간과 시민의 권리선언 제11조는 "사상과 의사의 자유로운 교통은 인간의 가장 귀중한 권리의 하나다. 따라서 모든 시민은 자유로이 발언하고, 기술하고, 인쇄할 수 있다. 다만, 법에 의해 규정된 경우에 있어서의 그 자유의 남용에 대해서는 책임을 져야 한다."고 규정, 자유와 통제를 동시에 포함하고 있다.

그리고 판례의 원칙을 살펴보면, 언론·출판의 자유가 가장 잘 보장되어 있는 미국의 경우 자유에 대한 규제는 법원이 판례로써 개별적으로 그 한계를 규정하고 있다.

언론·출판의 자유를 인정하는 대표적인 판례 가운데는 「명백하고도 현존하는 위험의 원칙(Clear and Present Danager Test)」, 「절대주의 원칙(Absolt Test」, 「이익교량의 원칙(Ad Hoc Balancing Test)」 등이 있다. 이들 원칙은 언론·출판 자유의 영역을 확대시킨 역사적인 원칙들로서 일면 언론의 자유를 완벽하게 인정하지 못했다는 비판을 받고 있기는 하지만 아직까지도 언론·출판의 자유를 인정하는 원칙으로써 그 영향을 미치고 있다.

기본적인 헌법의 정신이나 외국의 판례가 보여주고 있는 언론·출판의 자유를 신장해야 한다는 명제로 보아 앞서 제시된 동법 제9조(비밀의 엄수)는 유보조항은 너무 포괄적으로 적용한 것이어서 보다 구체적인 범위를 밝혀야 할 것으로 주장하고 있다.

그러기 위해서는 집권자가 언론·출판의 자유는 곧 「국민의 알권리」에 토대를 두고 있다는 인식을 새롭게 해야 할 것이다. 즉 국가이익이 무엇이든 「일반적인 공표」는 「일반적인 기밀보호」보다 사회적 이익이 더 클 수 있다는 인식으로의 전환이 시급한 것이다.

「정보의 공표」와 「기밀의 보호」라는 문제에서의 갈등은 흔히 두 가지 차원, 즉 이념적인 차원과 기술적이고 실제적인 차원에서 야기된다. 전자의 경우 정부는 기밀보호가 국가정책 수행상 필요하다고 인식하는데 반해, 국민은 기밀의 공개야말로 민주주의 대전제가 된다는 입장이다. 정부는 「국민의 알 필요」를 강조하지만, 국민은 「국민의 알 권리」를 주장한다.

후자의 경우, 정부는 무한정한 언론·출판의 자유가 주어질 때 국가안보에 관한 문제는 성공적으로 수행할 수 없다고 주장하고, 국민들은 국민이 알지 않고 어떻게 민주주의를 성공적으로 실천할 수 있는가라고 반문한다.

관료의 본능적인 기밀은폐주의는 민주주의 최대의 적이 아닐 수 없다고 보고 있다.

다시 말해 헌법학자나 경호경비관련학과 교수들은 민주국가의 주인은 국민이고 정부는 공복이므로 주인인 국민은 공복의 하는 일에 관해 최대한으로 알 권리가 있다는 입장이므로 제시된 법률 조항은 위헌성이 높다고 볼 수 있으며, 따라서 이를 보완하기 위해선 먼저 헌법의 정신과 판례의 원칙들을 고려하여 대통령 등의 경호에 관한 법률 제9조의 내용을 언론·출판의 자유와 학문의 자유를 어느 정도 인정하는 방향으로 개정할 필요가 있다고 주장한다. 이와 함께 기본법인 헌법에서도 언론·출판자유에 관한 조항에서의 유보조건을 보다 구체적으로 제시하는 헌법 개정 작업도 필요하다고 본다.

따라서 헌법 제37조 제2항의 국가안전보장을 위해 법률로 기본권을 유보함에 있어서 대통령실 경호처의 직무와 관련된 사항을 발간 기타의 방법으로 공표하고자 하는 때에는 미리 경호처장의 허가를 받아야 한다는 대통령경호실법 제9조 제2항은 헌법 제21조 제2항 '언론·출판에 대한 사전허가나 검열은 인정되지 아니 한다'는 것에 위배의 소지가 있다고 보는 것이다.

여기에서 동법상 소속공무원이라 함은 대통령실 경호처 직원(경호공무원, 기능직공무원, 별정직공무원)과 국가기관, 지방자치단체 공무원 또는 기타 공공단체로부터 대통령실 경호처에 파견된 자도 포함되며 또한 동 법률규정의 규제대상이 퇴직한 자 및 원소속기관에 복귀한 자도 포함되어 있는바, 만약 여기에 속하지 않는 일반인들이 경호직무와 관련된 사항을 발간 기타의 방법으로 공표할 때에는 아무런 제한이 없으므로 이는 헌법 제11조가 규정하고 있는 평등의 원칙에도 위반된다고 보고 있다.

그리고 동법 제19조 제2항은 국가원수의 경호라는 국가안전보장차원에서 너무 막연하고 추상적이며 포괄적인 규정으로서 헌법상 과잉금지의 원칙에 위배되어 경호학의 학문의 자유와 표현(언론·출판)의 자유를 제한하고 있어 위헌적인 소지가 있다는 것이다.

그러므로 동 법률조항은 헌법불일치에 해당된다는 보는 것이다.

나. 합헌설

동법의 제9조 제2항이 직무와 관련된 사항을 표현함에 경호처장의 허가를 받게 한 것은 명문상 헌법 제21조 제2항의 사전허가 금지에 해당한다. 그러나 이 조항으로 인해 경호공무원 또는 전직 경호공무원이 직무상 관련된 비밀을 합법적으로 표현할 수 있게 하는 기능도 부여하고 있다고 보고 있다.

또한, 이 사전허가 조항이 표현의 자유에 대한 사전허가 금지의 취지를 일탈했다고 볼 수 없다고 보고 있다.

왜냐하면, 언론에 대한 허가제는 전면적 금지의 대상이 될 수 없는 자연적 자유를 일단 전면적으로 금지하는 것이라는 점에서 부당할 뿐 아니라 특정의 경우(어용 언론 등)에 한하여 당국이 선별적으로 금지를 해제하여 주는 것이라는 점에서 부당하지만, 동법에 의한 허가제는 대통령실 경호처 직원의 표현의 자유를 전면적으로 금지하는 것이 아니라 직무상 관련된 사항에 한하여 공표를 허가 사항으로 하고 있고, 특정인에 대하여 금지를 해제하는 것이 아니라 특정사항에 대하여 금지를 해제하는 것이므로 타당하다고 보는 설이다.

그리고 국가공무원법에서도 공무원의 의무를 비밀유지의무를 규정하고 있고, 이 의무를 위반한 경우에는 재직중에는 행정상, 형사상처벌을 받도록 되어 있고, 퇴직 후에는 형사상의 처벌을 받을 수 있음을 규정하고 있고, 국회의 증언감정에 관한 법에서도 국가안전보장 등을 위해서는 증언을 거부할 수 있거나 소속기관장의 허가를 받아 증언감정을 할 수 있는 점 등을 감안해 볼 때 대통령 등의 경호에 관한 법률상 특수한 업무를 수행한 자에게 비밀유지 의무를 지우고, 특히 국가의 안위와 관련된 사항에 관하여 비밀유지 의무를 지우고 있는 것은 기본권의 충돌에 있어서의 비교형량의 문제로써 헌법위반이라고 보기 어려울 것으로 보고 있는 것이다.

다. 과잉금지원칙의 위배여부 판단

① 목적의 정당성

현직 혹은 퇴직의 경호공무원(기타 직원 및 파견자 포함)이 대통령실 경호처에 직무와 관련된 사항을 발간 기타 방법으로 공표하는 것에 대해 미리 경호처장의 허가를 받아야 할 때에는 학문의 자유와 표현의 자유를 제한하는 법률은 그 목적이 헌법상 허용되는 것 뿐만 아니라 중대한 것이어야 하고 그를 넘어서 제한을 정당화하는 공익이나 대처하여할 위험이 어느 정도 명백하게 현실적으로 존재해야만 비로소 헌법에 위반되지 아니한다고 할 것이다.

대통령실 경호처는 대통령의 경호를 수행하는 것을 그 주요한 직무로 하고 있는 대통령실 산하조직이며(동법 제1조), 동 법률 조항은 대통령실 경호처에 경호업무활동과 관련된 경호비밀의 유지를 충분히 보장하여 대통령실 경호처의 대통령경호활동에 지장을 받지 아니하게 함으로써 국가원수의 신변안전이라는 국가이익을 도모함을 목적으로 한다.

② 피해의 최소성

동 법률조항의 기본권 제한수단으로서의 적합성이 인정된다 하더라도, 최소침해성 관점에서 볼 때 동 조항이 반드시 위 입법 목적을 달성하면서 기본권에 대한 침해를 최소하고 있는 것인지의 여부는 별도로 살펴보아야 한다.

헌법 제37조 제2항에 내재된 과잉금지원칙의 적용을 받아 관계된 현직 또는 퇴직의 경호공무원의 기본권 제한이 최소화되는 정도로 그 제한의 수준이 결정되지 않으면 안 된다.

경호처장이 현직 또는 퇴직의 경호공무원의 발간 기타 방법으로 공표하는 것에 대한 허가여부를 결정함에 있어서 공익상 필요성 여부 등에 관한 아무런 제한 요건을 정하고 있지 아니함으로 인하여 경호처장의 재량으로 동 허가에 대한 판단을 할 수 있도록 한 것은 대통령경호의 비밀보호라는 공익유지에 편중하여 동 허가의 대상자인 현직 또는 퇴직 경호공무원들의 학문과 표현의 자유를 지나치게 광범위하게 제한하는 것이라고 할 것이다.

결국 동 법률조항은 현직 또는 퇴직 경호공무원이 학문과 표현의 자유를 하고자 하는 경우에 경호처장이 준수하여야 할 허가요건을 명확하게 정하여야 하고 나아가 그 요건은 중대한 경호비밀사항의 불가피한 침해의 경우에만 현직 또는 퇴직 경호공무원의 학문 및 표현의 제한이 가능하도록 하는 등의 내용을 가지게 함으로써 현직 또는 퇴직 경호공무원들의 기본권 침해를 최소화하는 배려를 하여야함에도 불구하고 그렇게 규정하지 아니하고 있다.

③ 법익의 균형성

기본권 제한의 입법은 그 입법에 의하여 보호하는 공익과 침해되는 사익을 비교형량할 때 보호되는 공익이 더 커야 한다.

동 법률조항에 의하여 보호되는 공익은 대통령실 경호처의 경호업무와 관련된 경호비밀의 보호라고 할 것이고, 이에 대립되는 사익은 현직 또는 퇴직 경호공무원들이 학회활동, 경호학 강의 등 학문의 자유와 표현의 자유를 실현하고자 하는 개인적인 이익이라고 할 것이다.

그런데 동 법률조항의 내용만으로는 문제되는 대통령경호업무에 대한 중대성 여부를 전혀 고려할 수 없고 아무리 사소한 경호와 관련된 직무라고 하더라도 경호처장의 재량적 판단에 의하여 사익의 비중에 관계없이 동 사익에 우선할 수 있게 되어 있다.

그렇다면 국가이익에 대한 중요도와 비공개의 불가피성 여부를 기준으로 한 엄격한 비교형량의 판단을 도외시 한 채 경호정보가치가 희박한 경호직무사항까지 경호처장의 판단에 의하여 현직 또는 퇴직 경호공무원의 사익의 가치와 중요도에 관계없이 동 사익에 우선할 수 있게 허용하는 것은 공익과 사익간의 합리적인 비례관계를 형성하지 못하고 있는 것이라고 할 것이다.

따라서 이런 불균형한 결과를 최소화하기 위해서라도 경호처장의 허가에 대하여는 국가원수 경호라는 국가이익에 대한 중요도와 비공개의 불가피성 여부를 기준으로 한 엄격한 요건이 설정되어야 하며, 이 요건을 준수하였는지 여부에 대한 사법적 통제가 이루어질 수 있도록 하여야 할 것이다.

경호처장의 위 허가 권한에 대한 이와 같은 통제가 이루어질 수 있는 경우에만 비로소 대통령경호업무의 보호와 현직 또는 퇴직 경호공무원의 학문의 자유와 표현의 자유라는 사익간의 합리적인 법익교량이 이루어졌다고 할 수 있는 것이다.

결국 이 법률조항은 이와 같은 요건을 전혀 설정하지 아니한 채 경호처장의 재량에 의하여 위 허가 혹은 불허가 처분을 하도록 규정하고 있으므로 과잉금지원칙에 위배되어 현직 또는 퇴직 경호공무원의 학문의 자유와 표현의 자유를 침해한다고 할 것이다.

④ 소결

동법 제9조 제2항은 평등의 원칙과 과잉금지의 원칙에 저촉되어 헌법 불합치결정에 해당하는 규정이라고 보여 진다. 즉, 본 법률조항과 관련하여 재판의 전제가 되지만, 헌법 불합치결정은 헌법의 최고의 규범성을 보장하기 위하여 동법 조항에 대해 원칙적으로 위헌으로 선언되어야 하나 특별한 사우가 있어 예외적으로 법률의 위헌성만을 확인하여 입법자에게 그 위헌성을 제거할 의무를 지우게 하는 것이다.

그러나 사실상 동법 조항을 통해 경호비밀을 통제하는 국익보다도 동법 제8조 대통령실 경호처 직원의 임용결격사유를 과거에는 경찰공무원에 준하던 것을 일반직공무원에 준하도록 하여 전과자의 임용이 가능하도록 개정된 점이 오히려 국익의 손실이 크다고 보여진다.

(3) 제언

이상에서 본바와 같이 경호관련학과의 급증과 한국경호경비학회 및 한국비서학회의 발전 그리고 민간군사기업(PMC), 공인민간조사 등 사경호의 발전이 경호경비산업화로 발전 추세에 있다.

국민의 기본권을 보장하는 법은 기본적으로 긍정적인 면과 부정적인 면이 있다. 먼저 국민의 알권리를 보장하는 측면에서는 긍정적이나, 부정적으로는 경호업무의 중요성에서 보면 경호보안요소가 매우 취약하게 된다.

또한 경호비밀이나 보안의 유출은 내부적인 문제이고, 경호보안이 언론이나 기타 매체로 공개시 구체적으로 대처할 방법이 강구되어 있지 못한다.

경호업무수행에 법치주의적 입장에서 보면 이러한 긍정적인 면과 부정적인 면을 잘 고려하여야 하나, 대통령 등의 경호에 관한 법률 제9조는 헌법에 보장되어 있는 언론·출판의 자유의 기본권에 대하여 위헌성의 논란을 항상 내제하고 있다.

동 법 제9조(비밀의 엄수)의 법률은 대통령의 헌법상 법적지위를 고려하면 대통령의 국가안전보장상 매우 중요한 규정이다.

동 법의 규정에 대한 시정을 위해서는 헌법 제111조 제1항 및 헌법재판소법 제2조에 의해 법원의 제청에 의한 법률의 위헌여부 심판, 법률이 정하는 헌법소원의 심판에 의해 가능할 것이다.

위헌법률심판은 구체적 사건에 있어서 법률의 위헌여부가 재판의 전제가 되는 경우에 이루어지는 사후적·구체적인 규범통제를 내용으로 하고 있고, 헌법소원심판은 공권력의 행사 또는 불행사로 인하여 헌법상 보장된 기본권을 침해받은 자가 제기하는 것을 내용으로 하고 있다.

그러나 동법을 위반하여 법원의 재판을 전제로 한다거나 대통령 경호처의 직무관련사항의 발간 기타의 방법으로 공표하고자 하는 것에 대한 불허가처분에 의해 헌법상 보장된 기본권을 침해받은 현직 또는 퇴직 경호공무원의 헌법소원제기 이전에 잘못된 관련규정을 개정하는 것이 보다 바람직하다고 보여진다.

따라서 최근에 사회적 인식과 대법원이 공무원의 직무상 비밀을 국민의 알 권리로 보장하는 측면에서 범위를 좁히고 있으나 동법 제9조 제1항 퇴직자를 포함한 경호공무원의 비·밀엄수 의무는 경호보안의 중요성을 고려할 때 꼭 필요한 조항이다.

그러나 현행 동법 제9조 제2항은 헌법재판소 판례, 현행법률 조항의 문제점을 고려하여 다음과 같이 개선해야 한다고 생각한다.

동 법률조항은 유사법률(국가정보원직원법 제17조 제2항)의 위헌 결정을 고려하고, 자칫 자의적 해석과 판단에 따라 이를 위반할 경우 2년 이하의 징역, 금고 또는 500만원 이하의 벌금에 해당하는 형사처벌을 가할 수 있다는 점에서 이를 삭제하거나 비밀의 범위, 비밀의 공개, 제공 및 설명 등에 관한 구체적인 방법과 범위를 동법시행령에 포함하여 자의적인 해석이라는 논란의 소지를 제거해야 한다.

결론적으로 동법 제9조 제2항은 경호의 법치주의적 입장에서 위헌성의 논란소지가 내제하고 있으므로 경호학 학문의 자유와 표현의 자유라는 국민의 기본권 보장과 국가안전보장이라는 법익차원에서의 조화를 이룰 수 있는 방향으로 개정되어야 할 것이다.[83]

---

83 김두현, 경호학 학문의 자유를 제한하는 대통령경호실법규정 위헌성에 관한 연구, 한국공법학회, 공법연구 제32집 제4호, 2004, 347~358면.

III. 경호경비관련법규

1. 서언

대통령 등의 경호에 관한 법령 이외의 경호관련법령으로는 전직대통령 예우에 관한 법률, 한국군과주한미군간의대통령경호에대한합의각서, 수도방위사령부령, 국군지휘통신사령부령, 기타 경호행정 및 협조와 관련된 법령으로 관세법, 특별소비세법, 자동차관리법 등여러 가지가 있다. 주요 법령을 중심으로 간단히 기술하고자 한다.

2. 전직대통령 예우에 관한 법률

미국의 전직대통령은 평생 동안 경호의 대상이 되며[84] 앞에서 본바와 같이 우리나라에 있어서도 본인의 의사에 반하지 아니하는 경우에 한하여 7년 이내의 전직대통령의 경호는 대통령실 경호처가[85] 그 이후의 전직대통령은 경찰청장이 필요하다고 인정될 때[86] 경찰이 경호를 실시한다.

헌법 제85조는 "전직대통령의 신분과 예우에 관하여는 법률로 정한다"라고 하여 전직대통령에 대해서도 그에 상응하는 신분보장과 예우를 하도록 하는 규정에 따라 전직대통령 예우에 관한 법률이 제정·공포되어 시행되고 있다.

전직대통령의 법적 지위와 그 예우규정을 보면 다음과 같다.

1) 전직대통령의 법적지위

헌법 제90조는 국정의 중요한 사항에 관한 대통령의 자문에 응하기 위하여 국가원로로

84　美國의 전직대통령의 예우법이 제정된 배경은 1958년 트루먼대통령이 퇴임 후 생계가 너무 어려워 생활보조를 위한 것으로 재임중의 부패방지, 노고에 대한 치하, 국민의 존경심 등 전직대통령에 대한 예우차원이었다고 한다.

85　대통령 등의 경호에 관한 법률 제4조 제1항 제3호.

86　警察綜合學校, 警備警察·警護警備·通信警察·戰術學(警察敎科書④), 警察綜合學校, 1987, 203面.

구성되는 국가원로자문회의를 둘 수 있도록 되어있는바, 국가원로자문회의의 의장은 직전 전직대통령이 되도록 되어 있고 동 자문회의의 조직·직무범위 기타 필요한 사항은 법률로 정하도록 규정하고 있다.

이와 같은 규정에 의하여 1988년 2월 24일 법률 제4002호로 국가원로자문회의법이 제정·공포되었으나 동법이 국가원로자문회의에 지나치게 방대한 기구를 설치하고 동회의의 소극적·수동적 성격을 무시한 채 적극적·능동적인 건의사항심의권과 건의사항국정반영까지 규정함으로써 위헌법률이라는 비판을 받게 되자, 1989년 3월 29일 폐지하였다.[87]

따라서 같은 해 동일한 날짜에 개정된 전직대통령 예우에 관한 법률 제3조의2의 전직대통령의 신분을 보면, 제1항에서 직전 전직대통령은 국가원로자문회의의 의장이 되고, 그 외의 전직대통령은 대통령이 위촉하는 경우 동 자문회의의 원로위원이 된다고 규정하고 있으며, 제2항에서 전직대통령은 국가의 원로로서 그에 상응한 예우를 받는다고 규정하였었다.

그러나 상기에서 본바와 같이 국가원로자문회의법이 폐지되었고 전두환, 노태우 두 전직대통령을 군형법상 반란수괴, 특가법상 뇌물수수혐의 등으로 구속됨으로써 전직대통령에 대한 권위는 실추되었으며, 전직대통령이 국가원로자문회의의 의장 또는 위원이 되도록 한 규정을 삭제하고 전직대통령이 재직중 탄핵결정을 받아 퇴임한 경우나 금고이상의 형이 확정된 경우 등에는 예우를 하지 아니하도록 전직대통령 예우에 관한 법률이 1995년 12월 29일 개정되었다.

2) 전직대통령의 예우

전직대통령은 연금·기념사업의 지원, 경호·경비 등에 관한 예우를 받고 있다.

(1) 연금

전직대통령은 지급당시의 대통령보수연액[88]의 100분의 95상당액에 해당하는 연금을 지급받는다. 다만 전직대통령이 사망하고 없는 경우에는 전직대통령의 유족 중 배우자에 대

---

87   權寧星, 前揭書, 1058面.

88   "지급당시의 대통령 보수연액"이라 함은 연금의 지급일이 속하는 월의 대통령봉급월액의 12배에 상당하는 금액과 기말수당 및 정근수당의 연간급여액의 합계액을 말한다(前職大統領 禮遇에 관한 法律 施行令 第2條 第1項).

하여 유족연금을 지급하되 그 연금액은 지급당시의 대통령보수연액의 100분의 70상당액으로 한다.

전직대통령의 유족 중 배우자가 없거나 유족연금을 받던 배우자가 사망한 경우에는 그 연금을 전직대통령의 30세 미만의 유자녀와 30세 이상의 유자녀로서 생계능력이 없는 자[89]에게 지급하되, 지급대상자가 수인인 경우에는 그 연금을 균분하여 지급한다(동 법률 제4조).

연금은 그 사유가 발생한 날이 속하는 월의 익월부터 그 사유가 소멸된 날이 속하는 월까지 지급하며, 지급일은 매월 20일에 지급한다(동법시행령 제4조).

(2) 기념사업의 지원

전직대통령을 위한 기념사업을 민간단체 등이 추진하는 경우에는 관계법령이 정하는 바에 따라 문서·도화 등 전시물의 대여, 사업경비의 일부 보조 등 필요한 지원을 할 수 있다. 이때 그 지원의 대상과 규모는 국무회의심의를 거쳐 결정하도록 하였다(동 법률 제5조의2 및 동법시행령 제6조의2).

(3) 묘지관리의 지원[90]

전직대통령이 사망하여 국립묘지에 안장되지 아니한 경우에는 관계법령이 정하는 바에 따라 묘지관리에 드는 인력 및 비용을 지원할 수 있다(동 법률 제5조의3 및 동법시행령 제6조의3).

(4) 경호·경비 등 예우

전직대통령 또는 그 유족에 대하여는 관계법령이 정하는 바에 따라 필요한 기간의 경호·경비, 교통·통신 및 사무실의 제공 등의 지원, 본인 및 그 가족에 대한 가료(加療), 기타 전직대통령으로서의 필요한 예우를 할 수 있고 비서관 3명과 운전기사 1명을 둘 수 있

---

89 "30세 이상의 유자녀로서 생계능력이 없는 자"라 함은 유자녀와 그 가족의 소득·재산 및 부양가족 등을 고려하여 사회통념상 전직대통령의 유자녀로서의 품위를 유지하기 어렵다고 인정되는 자를 말한다(同法 施行令 同條 第2項).

90 전직대통령이 사망하여 국립묘지 이외의 지역에 안장될 경우 「국립묘지의 설치 및 운영에 관한 법률」에 따른 지원을 받을 수 없는 바, 고인의 업적과 정신을 기리고 선양하는 국민적 추모 공간이라는 전직대통령 묘역의 성격 및 전직대통령 간 예우의 형평성을 고려하여 국립묘지 이외의 지역에 안장되는 전직대통령의 묘지에도 그 관리에 필요한 인력 및 비용을 지원할 수 있도록 하려는 것임(2017. 3. 21. 개정 법률 제14618호).

다. 다만 전직대통령이 서거한 경우에는 비서관 1명과 운전기사 1명을 둘 수 있다. 이 때 비서관과 운전기사의 임용기간은 전직대통령이 서거한 다음 날부터 3년으로 한다. 다만 임용기간 만료 전에 전직대통령의 배우자가 사망한 경우에는 사망한 날부터 30일 까지로 한다. 비서관은 전직대통령이 추천하는 자중에서 임명하되, 고위공무원단에 속하는 별정직공무원으로 한다(동 법 제6조 및 동법시행령 제7조이하 참조). 이와 같이 동 법령이 2010년 2월 4일 개정된 배경은 노무현 전대통령의 자진서거로 인한 것이다.

여기서 필요한 기간의 경호·경비란 대통령 등의 경호에 관한 법률 제4조 제1항 제3호의 규정에 따라 전직대통령 본인이 반대하지 않는 한 7년 동안 대통령실 경호처에 의하여 경호가 실시되며, 그 이후에는 경찰관직무집행법 제2조 제2호의 규정과 경찰청장의 훈령에 의하여 경찰에 따라 필요한 기간동안 경호가 이루어지는 것을 말한다.

그러나 전직대통령이 ① 재직중 탄핵결정을 받아 퇴임한 경우, ② 금고이상의 형이 확정된 경우, ③ 형사처분을 회피할 목적으로 외국정부에 대하여 도피처 또는 보호를 요청한 경우, ④ 대한민국의 국적을 상실한 경우 등 어느 하나에 해당될 경우에는 관계법령이 정하는 바에 따라 필요한 기간의 경호·경비를 제외하고는 연금, 기념사업의 지원, 교통·통신 및 사무실의 제공 등의 지원, 본인 및 그 가족에 대한 가료, 기타 전직대통령으로서의 예우를 하지 아니한다.[91]

3. 한국군과 주한미군간의 대통령경호에 대한 합의각서

한국군과 주한미군간의 대통령경호에 대한 합의각서는 한·미간의 SOFA협정 제3조 및 제25조를 근거로 하여 대통령 경호경비에 관한 협조절차를 규정한 것으로 한국국방부와 주한미군사령부의 관계승인관 서명과 동시에, 즉 1987년 5월 11일부터 효력을 발생하며, 상호합의에 의해 폐기되지 않는 한 미합중국 군대가 한국 내 주둔시 계속 유효하고, 본 각서의 수정은 양측의 상호합의에 의한다.

이에 대한 적용범위와 협조체제의 내용을 보면 다음과 같다.[92]

---

91   前職大統領 禮遇에 관한 法律 第7條 第2項.

92   國防軍史研究所, 前揭書, 174~175面.

1) 적용범위

본 합의각서는 한국 및 외국의 국가원수가 주한미군부대나 한·미 연합군부대 그리고 그 인근지역 및 부대를 방문시 적용한다(동 합의각서 제2조).

2) 협조체제

첫째, 대통령 경호경비에 관한 협조는 한국 대통령실 경호처 및 한국군 기무부대와 주한미군 부대간에 실시한다.

둘째, 대통령 경호경비 업무를 효과적으로 수행하기 위하여 한·미 관계기관회의를 통하여, 정보를 상호 교환하고 ① 경호경비 책임사령관 임명, ② 안전조치 문제(총기, 탄약 화약류에 대한 안전조치, 대공화기 및 비행통제 조치, 인원·장비 및 시설에 관한 안전조치), ③ 보안조치 문제, ④ 필요에 따라 추가 협의가 요구되는 세부적인 사항에 관하여 긴밀히 협조한다.

4. 경호경비지원기관설치령

대통령경호에 관한 지원기관으로서는 대통령경호안전대책위원회의 구성에서 본 바와 같이 여러 기관이 있으나 특히 부대설치의 주목적을 대통령경호를 위한 특정경비임무 및 통신지원업무 등의 기능을 띠고 있는 부대로는 수도방위사령부령(1990. 9. 29 대통령령 제13123호 전문개정)에 의해 설치된 수도방위사령부와 국군통신사령부령(1990. 9. 29 대통령령 제13115호 제정)에 의해 설치된 국군통신사령부의 경우를 들 수 있다.

이와 같은 조직은 국군조직법 제9조 제3항 "합동참모의장의 임무수행을 위하여 각 군 작전부대 및 합동부대의 범위·감독권의 범위는 대통령령으로 정한다"는 규정에 따라 만들어진 것이다.

1) 수도방위사령부령

수도를 방위하고 특정경비구역(국가원수가 위치하는 지역으로서 경호를 위하여 필요한 상당한 범위안의 지역)을 경비하기 위하여 육군에 수도방위사령부를 두며(동령 제1조), 사령부의 임무는 수도방위, 특정경비구역의 경비, 천재·지변 기타 재해의 경우에 인명 또는 재산을 보호하기 위하여 필요한 지원, 기타 안전질서의 유지를 위하여 필요한 조치를 한다(동령 제2조).

그러나 수도방위사령관은 특정경비구역과 관련된 작전활동을 할 때에는 대통령실장과 사전에 협의하도록 하였다(동령 제5조 제2항).

2) 국군지휘통신사령부령

국방부, 합동참모본부, 대통령 직무관련 통신지원을 위하여 국방부장관 소속하에 국군지휘통신사령부를 설치하되(동령 제1조), 대통령의 직무수행에 관련된 통신지원업무에 대하여서는 대통령실 경호처장에게 위탁할 수 있도록 규정하고 있다(동령 제7조).

5. 기타 경호경비행정지원법

경호경비행정작용을 원활히 할 수 있도록 하기 위하여 자동차관리법, 관세법, 특별소비세법 등에서 경호경비장비의 구매 및 운용에 관한 규정을 두고 있다.

모든 자동차는 자동차관리법 제29조 내지 제35조에 의거 차의 구조·장치·형식 등에 의해 국토해양부장관의 승인 등 통제를 받아야 하나 대통령 경호차량은 자동차관리법 제70조(자동차관리 특례 제6호), 자동차관리의 특례에 관한 규칙 제3조·제9조에 의거 국가안보 및 치안유지를 위하여 특히 필요하다고 인정하여 국토해양부령이 정하는 "경호·경비등의 목적에 사용되는 자동차", "경호용등의 자동차"에 해당되므로 자동차의 자기인증(동법 30조), 자동차의 검사(동법 43조)를 각각 면제받도록 되어 있어 경호목적상 선팅 등 차량구조변경에 대하여 합법적으로 이루어지도록 되어 있다.

그리고 국방장비 등의 외자구매와 같이 경호경비장비의 특수성과 고도의 기술성으로 인하여 중요장비에 대한 외국산 수입이 불가피하므로 경호장비구매의 신속한 절차와 예산집행의 효율성을 기하기 위하여 다음과 같은 특례규정을 두고 있다.

즉 조달사업에 관한 법률 제9조 및 동법시행령 제14조·제15조에서 국방목적수행과 관련이 있거나 국가기관의 행위를 비밀히 하여야 할 경우로서 필요한 물자를 구매하는 경우나 공사계약 등을 하고자 할 때에는 수요기관이 직접 할 수 있다. 그리고 관세법 제92조 정부용품 등의 면세규정에 따라 국가원수의 경호용으로 사용하는 물품이 수입되는 때에는 그 관세를 면제할 수 있다. 또한 개별소비세법 제19조 제16호 무조건면세 규정에 의거 국가원수의 경호용으로 사용할 물품에 대해서는 조달청 구매에 의하지 않고 직접 구매할 수 있으며 관세와 개별소비세 등이 면제되도록 되어 있다.

제**3**절 경찰관계법

I. 서설

1. 경찰법의 개념

경찰법이라 함은 경찰[93]에 관한 법을 의미 한다 볼 수 있는데, 이를 크게 나누면 형식적 의미의 경찰법과 실질적 의미의 경찰법으로 나눌 수 있다.

형식적 의미의 경찰법은 '경찰법[94]이라는 단일의 법형식(법전)으로 존재하면서, 사회공공의 안녕질서를 유지하기 위해 경찰권을 어떻게 발동하며 구체적으로 어떤 수단을 어떻게 행사할 것인가 하는 기본통칙에 대해 정하고 있는 법이다.

그리고 실질적 의미의 경찰법이란 법의 성질상 경찰권의 발동이나 수단 또는 그 행사 등 경찰에 관해 정하고 있는 법 모두를 말한다. 경찰에 관하여 정하고 있는 법으로서는 여러 가지가 있으나, 이 중 중요한 것은 경찰법, 경찰관직무집행법, 경찰직무응원법, 국가공무원법, 경찰공무원법, 도로교통법, 총포·도검·화약류 등 단속법, 집회 및 시위에 관한 법률, 사행행위 등 규제 및 처벌특례법, 풍속영업의 규제에 관한 법률 등이다.

이상과 같이 경찰법이라고 할 때에는 경찰조직에 관한 법과 경찰작용에 관한 법을 총칭

---

93   警察의 槪念에 관하여는 통상 制度的 意味의 警察과 學問的 意味의 警察로 구분되어 설명되고 있는바, 제도적 의미의 경찰은 現行 法上 普通警察行政機關인 警察廳長에 의하여 관장되는 일체의 경찰작용을 말한다. 즉 경찰청, 해양경찰청, 지방경찰청, 경찰서, 지·파출소에서 경찰공무원에 의해 이루어지는 모든 警察作用이 그것이다. 그러나 학문적 의미의 경찰은 위의 제도적 의미의 警察과는 달리, 그 작용이 어느 기관에 속해 있느냐를 가리지 않고 警察作用이 가지는 성질상의 특수성에 착안하는 경우의 경찰의 개념이다. 즉 직접적으로 사회공공의 안녕질서를 유지하기 위하여, 一般統治權에 의거하여 국민에게 命令·强制하여 그 自然的 自由를 제한하는 작용이다 라고 정의할 수 있다(警察大學, 警察學槪論, 18~22面).
94   警察組織에 관한 일반법으로서 警察法(1991. 5. 31, 法律 第4369號)이 제정 시행되고 있으나 警察組織과 警察作用까지를 포함한 基本通則에 관한 法은 제정되지 않았다.

하는 것이라고 볼 수 있을 것이다.

2. 경찰조직법

경찰조직법은 경찰권의 주체인 국가가 경찰목적을 실현하기 위하여 경찰행정기관의 설치·구성 및 권한 등에 관하여 규정한 제법을 총칭한다.

즉 경찰주체가 경찰목적을 실현하기 위해서는 경찰임무를 수행하는 경찰기구와 그 기구를 구성하는 경찰공무원, 그리고 물적 요소인 공물(청사 등)이라는 3가지 요소를 필요로 하는데, 기본법인 경찰법과 경찰공무원법, 그리고 청사의 유지에 관한 공물법 등 3가지가 경찰조직법의 범주에 속한다.

우리나라 경찰은 국립경찰로 출범한 이래 1991년 경찰법이 법률 제4369호로 공포되어 46년만에 당시 내무부장관의 보조기관에서 내무부소속의 외청으로 독립하여 경찰행정의 책임성과 독자성을 행사할 수 있는 체제를 갖추게 되었고, 최근 정부조직개편에 따라 행정안전부 소속으로 변경되었다.

경찰법은 경찰의 민주적인 관리·운영과 효율적인 임무수행을 위하여 경찰의 기본조직 및 직무범위를 정하고 있으며, 분단국가로서의 안보상황과 치안여건에 효율적으로 대처하기 위해 중앙집권적인 국가경찰체제를 고수하고 있는 것이 특징이다.

경찰조직법의 법원으로는 정부조직법, 경찰법, 전투경찰대설치법, 경찰대학설치법, 청원경찰법, 경찰청과 그 소속기관 등 직제 등이 있는데, 경찰법에 의한 경찰행정기관과 경찰의 결기관 및 협의기관을 보면 다음과 같다.

1) 경찰행정기관

(1) 경찰청·해양경찰청

치안에 관한 사무를 관장토록 하기 위해 행정안전부장관 소속하에 경찰청을 두도록 되어 있었으나(舊 경찰법 제2조 제1항), 최근에는 진정한 지방자치를 위해 경찰권한의 분권화와 함께 지역특성에 적합한 치안서비스 제공이 필요하다는 점에서 경찰사무를 국가경찰사무와 자치경찰사무로 나누었다.[95] 자치경찰제가 도입되더라도 경찰청은 경찰사무를 총괄하는 중앙경찰기관으로서 종전의 행안부장관 보조기관에서 탈피하여 독립된 최고 중앙경찰기관이 되었다.

경찰청장은 경찰에 관한 사무를 통할하고 청무를 관장하며 소속공무원 및 각급경찰기관의 장을 지휘·감독하는 권한을 갖는 중앙경찰기관장으로서(동법 제14조 제3항), 경찰에 관한 직무·인사·예산 등의 독자적인 권한을 갖는다.

또한 해양에서의 경찰 및 오염방제에 관한 사무를 관장하게 하기 위하여 해양수산부장관 소속하에 해양경찰청을 두도록 되어 있다(정부조직법 제43조 제2항).

(2) 지방경찰청·지방해양경찰청

경찰의 사무를 지역적으로 분담하여 수행하게 하기 위하여 경찰청장은 특별시·광역시·특별자치시·도·특별자치도에 시·도경찰청을 두고 있으며(동법 제13조), 해양경찰청장 역시 관장사무를 분장하기 위하여 해양경찰청장 소속으로 지방해양경찰청을 두고 있다(해양경찰청과 그 소속기관 직제 제2조 제2항).

(3) 경찰서·해양경찰서

지방경찰청 소속하에 경찰서를 두도록 되어 있으며(동법 제13조), 경찰서장 소속하에 지·파출소를 두되 필요한 경우에는 출장소를 둘 수 있도록 규정하고 있다(동법 제17조 제3항).

또한 지방해양경찰청장 소속하에 해양경찰서를 설치하도록 규정되어 있으며((해양경찰청과 그 소속기관 직제 제30조) 해양경찰서장 소속으로 파출소를 둘 수 있다(해양경찰청과 그 소속기관 직제 제31조). 지방해양경찰청장은 필요시 해양경찰서장 소속으로 출장소를 둘 수 있으며 파출소 및 출장소의 명칭·위치와 관할구역, 그 밖에 필요한 사항은 지방해양경찰청장이 정한다(해양경찰청과 그 소속기관 직제 제31조 제2항 및 제3항).

---

95 2020. 12. 22. 법률 제17689호 제정·개정이유에서 참조.

2) 경찰의결기관 및 협의기관

(1) 국가경찰위원회

경찰의 정치적 중립과 민주적 운영을 위하여 행정안전부에 합의제의결기관인 국가경찰위원회를 둔다.

위원회는 위원장 1인을 포함한 7인의 위원으로 구성하되 위원장 및 5인의 위원은 비상임, 1인의 위원은 상임으로 한다(동법 제7조).

위원은 행정안전부장관의 제청으로 국무총리를 거쳐 대통령이 임명한다. 행정안전부장관은 위원을 제청함에 있어서 경찰의 정치적 중립이 보장되도록 하여야 하고 위원 중 2인은 법관의 자격이 있는 자이어야 한다.

따라서 다음에 해당하는 자는 위원이 될 수 없다. ① 당적이탈 후 3년 미만인 자, ② 선거에 의하여 취임하는 공직에서 퇴직한 날로부터 3년 미만인 자, ③ 경찰·검찰·국가정보원 직원 또는 군인의 직에서 퇴직한 날로부터 3년 미만인 자, ④ 국가공무원법 제33조 각호의 1에 해당하는 자[96]이다(동법 제8조).

위원의 임기는 3년이며 연임할 수 없다. 이 경우 보궐위원의 임기는 전임자의 잔임기간으로 한다. 위원은 중대한 심신상의 장애로 직무를 수행할 수 없게 된 경우를 제외하고는 그 의사에 반하여 면직할 수 없도록 그 신분을 보장하고 있다.

위원회는 경찰청장의 임명동의권을 가지며 다음 사항을 심의·의결한다(동법 제10조).

① 국가경찰사무에 관한 인사, 예산, 장비, 통신 등에 관한 주요정책 및 경찰 업무 발전에 관한 사항, ② 국가경찰사무에 관한 인권보호와 관련되는 경찰의 운영·개선에 관한 사항, ③ 국가경찰사무 담당 공무원의 부패 방지와 청렴도 향상에 관한 주요 정책사항, ④ 국가경찰사무 외에 다른 국가기관으로부터의 업무협조 요청에 관한 사항, ⑤ 제주특별자치도의 자치경찰에 대한 경찰의 지원·협조 및 협약체결의 조정 등에 관한 주요 정책사항, ⑥ 시·도

---

96 국가공무원법 제33조 각호의 1은 다음과 같다.
    1. 금치산자 또는 한정치산 자
    2. 파산자로서 복권되지 아니한 자
    3. 금고이상의 형을 받고 그 집행이 종료되거나 집행을 받지 아니하기로 확정된 후 5년을 경과하지 아니한 자
    4. 금고이상의 형을 받고 그 집행유예의 기간이 완료된 날로부터 2년을 경과하지 아니한 자
    5. 금고이상의 형의 선고유예를 받은 경우에 그 선고유예기간중에 있는 자
    6. 법원의 판결 또는 다른 법률에 의하여 자격이 상실 또는 정지된 자
    7. 징계에 의하여 파면의 처분을 받은 때로부터 5년을 경과하지 아니한 자
    8. 징계에 의하여 해임의 처분을 받은 때로부터 3년을 경과하지 아니한 자

자치경찰위원회 위원 추천, 자치경찰사무에 대한 주요 법령·정책 등에 관한 사항 및 시·도 자치경찰위원회 의결에 대한 재의 요구에 관한 사항, ⑦ 국가와 지방자치단체의 책무에 따른 시책 수립에 관한 사항, ⑨ 비상사태 등 전국적 치안유지를 위한 경찰청장의 지휘·명령에 관한 사항, ⑩ 그 밖에 행정안전부장관 및 경찰청장이 중요하다고 인정하여 국가경찰위원회의 회의에 부친 사항 등이다.

경찰위원회는 외국의 공안위원회와 같이 독립된 합의제경찰기관으로서 경찰행정에 관한 독자적인 정책을 결정하거나 경찰규칙 등을 제정할 수 있는 권한이 있는 것은 아니다. 행정안전부장관은 위원회가 심의·의결된 내용이 부적당하다고 판단될 때에는 재의를 요구할 수 있도록 했는데 이는 사실상 거부를 의미하는 것으로 해석될 수 있다.

따라서 경찰위원회에서 심의·의결된 사항이 경찰행정에 반영될 수 있도록 운영의 묘를 살려야 할 것이다.[97]

(2) 시·도자치경찰위원회

시·도지사는 자치경찰사무를 관장하게 하기 위하여 시·도지사 소속하에 시·도자치경찰위원회를 둔다(동법 제18조). 우리나라 경찰은 경찰청장을 정점으로 하는 중앙집권적 국가경찰제도를 채택하고 있으므로 지방자치가 실시되고 있는 현재의 상황에서 지방행정기관과의 유기적인 업무협조가 필요하기 때문에 이와 같은 협의기구를 둔 것이다.[98]

3. 경찰공무원법

경찰공무원은 국가공무원법 및 경찰공무원법의 적용을 받은 특정직공무원이다.

즉 경찰공무원이라 함은 경찰관직무집행법이 정하고 있는바와 같이 국민의 자유와 권리의 보호 및 사회공공의 질서유지를 위해 범죄의 예방과 진압 및 수사, 경비·요인경호 및 대간첩작전 수행, 치안정보의 수집·작성 및 배포, 교통의 단속과 위해의 방지, 기타 공공의

---

97 경찰위원인 한건우 교수는 경찰 인사와 관련한 경찰위원회의 역할과 관련한 제언에서 심의·의결기관으로서의 경찰위원회를 설립한 취지는 지휘관의 고유권한 내지 재량권으로만 이해하던 인사권을 원칙에서 통제하는 것으로 법령이 경찰위원회에 부여한 '경찰 인사에 관계되는 운영기준'에 관한 심의 의결을 충실히 수행한다면 정부의 국정과제인 법치주의를 한발 앞당기고 나아가 인사의 폐해 또는 난맥상을 방지함으로써 강한 경찰을 만들어 가는 데 큰 역할을 할 것이라고 주장한바 있다(동아일보, 2009.12.29字 A33면).

98 李璜雨, 警察行政學, 法文社, 1994, 86~87面.

안녕과 질서유지 등 공안유지를 그 직무로 하는 특정직공무원을 말한다.

경찰공무원법의 법원으로는, 그 일반법인 국가공무원법·특별법인 경찰공무원법과 전투경찰대설치법이 있고 행정입법으로 경찰공무원임용령, 경찰공무원징계령, 경찰공무원승진임용규정, 공무원보수규정, 공무원수당규정, 경찰공무원교육훈련규정 등이 있다.

1) 경찰공무원의 계급

경찰공무원은 그 임무의 특수성에 의해 치안총감·치안정감·치안감·경무관·총경·경정·경감·경위·경사·경장·순경 등의 계급을 가진다.

2) 경찰공무원의 임용

(1) 경찰공무원의 임용요건

경찰공무원법 등은 신체 및 사상이 건전하고 품행이 방정한 자, 결격사유가 없는 자 중에서 고등학교를 졸업하였거나 이와 동등이상의 학력을 가진 자를 경찰공무원으로 채용하도록 경찰공무원으로서 임용될 수 있는 자의 기본요건을 규정하고 있다.

즉 신체 및 사상이 건전하고 품행이 방정한 자라 함은 우선 연령조건으로 공개경쟁 채용의 경우는 경정 이상은 25세 이상~40세 이하, 간부후보생은 21세 이상~30세 이하, 순경은 18세 이상~30세 이하이고, 특별채용의 경우는 경정 이상은 27세 이상~40세 이하, 경감·경위는 23세 이상~40세 이하(통신 및 항공분야는 23세 이상~45세 이하), 경사·경장·순경은 20세 이상~40세 이하(함정요원은 18세 이상~40세 이하, 전투경찰순경으로 임용되어 소정의 복무를 마친 것을 요건으로 특별채용하는 경우에는 21세 이상 30세 이하)이다.[99]

그리고 신체조건으로 체격은 국·공립병원 또는 종합병원에서 실시한 경찰공무원 채용신체검사 및 약물검사 결과 건강상태가 양호하고 사지가 완전하며 가슴·배·입·구강·내장의 질환이 없어야 한다. 시력(교정시력을 포함)은 양쪽 눈이 각각 0.8 이상이어야 하며, 색신은 색신이상(약도 색신이상을 제외한다)이 아니어야 한다. 색신은 청력이 정상이어야 하며, 혈압은 고혈압(수축기혈압이 145mmHg을 초과하거나 확장기혈압이 90mmHg을 초과하는

---

99   경찰공무원임용령 제39조.

경우를 말함) 또는 저혈압(수축기혈압이 90mmHg 미만이거나 확장기혈압이 60mmHg 미만인 경우를 말함)이 아니어야 한다.

또한 결격사유가없는 자라 함은 ① 대한민국의 국적을 가지지 아니한 자, ② 금치산자 또는 한정치산자, ③ 파산자로서 복권되지 아니한 자, ④ 자격정지 이상의 형의 선고를 받은 자, ⑤ 자격정지 이상의 형의 선고유예를 받고 그 선고유예기간 중에 있는 자, ⑥ 징계에 의하여 파면 또는 해임의 처분을 받은 자의 어느 하나에도 해당되지 않는 자라야만 한다.[100]

(2) 경찰공무원의 임용권자

경찰공무원의 임용권자는 대통령과 경찰청장 또는 해양경찰청장이다. 다만, 임용권의 일부는 하부기관에 위임되고 있다.

(3) 경찰공무원의 신규채용

경찰공무원의 신규채용은 공개경쟁시험에 의한 채용과 특별채용의 2가지가 있으나 원칙적으로 공개경쟁채용시험에 의한다. 다만, ① 퇴직한 경찰공무원을 퇴직한 날로부터 2년 이내에 퇴직시에 재직한 계급의 경찰공무원으로 재임용하는 경우, ② 공개경쟁시험에 의하여 임용하는 것이 부적당한 경우에 임용예정직무에 관련된 자격증소지자를 임용하는 경우, ③ 임용예정직에 상응한 근무실적 또는 연구실적이 있거나 전문지식을 가진 자를 임용하는 경우, ④ 「국가공무원법」에 의한 5급 공무원의 공개경쟁채용시험이나 「사법시험법」에 의한 사법시험에 합격한 자를 경정 이하의 경찰공무원으로 임용하는 경우, ⑤ 「국가공무원법」 제85조의 규정에 의하여 재학중 장학금을 받고 졸업한 자를 임용하는 경우, ⑥ 도서·벽지등 특수지역에 근무할 자를 임용하는 경우, ⑦ 외국어에 능통한 자를 임용하는 경우, ⑧ 제주특별자치도의 자치경찰공무원을 그 계급에 상응하는 경찰공무원으로 임용하는 경우에 특별채용하는 경우가 있다.[101]

경정 및 순경의 채용은 공개경쟁채용시험에 의하여 합격한 자를 채용하고, 경위의 신규채용은 경찰대학 4년의 전과정을 이수한 자로[102]하거나 대통령령이 정하는 자격을 갖추고

100　警察公務員法 第7條 第2項.

101　동법 제8조 제3항.

102　경찰대학설치법(1979년 12월 28일 제정)에 의거, 4년제 경찰대학을 졸업한 사람은 경위로 임명되며, 6년간 의무적으로 경찰에 복무하게 된다.

공개경쟁시험에 의하여 선발된 자로서 경찰간부후보생으로 1년간의 교육을 마친 후 졸업시험에 합격한 자중에서 채용한다.

경정공개채용시험은 경찰청장이 실시하며, 그 임용은 경찰청장의 제청으로 대통령이 한다.

경위 및 순경의 공개경쟁채용시험은 경찰청장의 위임에 의하여 소속기관장이 실시하고 임용한다.

4. 경찰작용법

경찰작용법이란 국가 등의 경찰행정주체가 사회공공의 안녕질서 유지라는 경찰목적 달성을 위하여 행하는 일체의 법적작용과 사실작용에 관한 법을 말한 것으로 학문적 개념으로서의 법이다.

즉 경찰작용법은 단일의 법전으로 이루어진 실정법이 아니고, 각종 경찰법규에 흩어져 있는 법규들의 공통적인 특질을 종합하여 이론화한 체계이다. 이들 이론은 사회공공의 안녕질서 유지를 실현하는 작용에 관한 것으로, 경찰의 수단이라고도 한다.

경찰작용은 사회공공의 안녕질서를 유지하기 위하여 일반통치권에 의하여 국민에게 명령하고 강제하는 작용이다. 이러한 경찰의 목적을 실현하는 경찰작용에는 일정한 법적 한계와 조리상의 한계가 따르며, 경찰작용을 크게 경찰하명, 경찰허가, 경찰강제로 구분된다.

1) 경찰권의 근거와 한계

⑴ 경찰권의 근거

우리나라 헌법 제37조 제2항에서 "국민의 모든 자유와 권리는 국가안전보장·질서유지 또는 공공복리를 위하여 필요한 경우에 한하여 법률로써 제한할 수 있으며, 제한하는 경우에도 자유와 권리의 본질적인 내용을 침해할 수 없다"고 규정하여 국민의 자유와 권리를 제한하는 명령·강제작용인 경찰권의 근거는 원칙적으로 국민의 대표기관인 국회에서 제정하는 법률이어야 함을 명시하고 있다.

이것은 근대법치국가에서는 법률에 의한 행정 내지 법의 지배의 요청에 따라 국민의 자유와 권리를 최대한으로 보장하려는데 있는 것으로, 그 법률의 제정 한계도 자유와 권리의 본질적인 내용을 침해할 수 없도록 밝힘으로써 권한의 남용을 방지하고자 한 것이다.[103]

경찰작용에 관한 일반법으로 경찰관직무집행법이 있고, 그 외의 단행법규로서 경비업법, 청원경찰법, 총포·도검·화약류 등 단속법, 사행행위 등 규제 및 처벌특례법, 도로교통법, 풍속영업의 규제에 관한 법률, 수난구호법, 식품위생법, 옥외광고물 등 관리법, 유선 및 도선사업법, 소방기본법, 출입국관리법, 관세법, 공연법, 공중위생관리법, 성매매방지 및 피해자보호 등에 관한 법률, 성매매알선 등 행위의 처벌에 관한 법률, 아동·청소년의 성보호에 관한 법률 등이 있다.

그러나 예외적으로 헌법 제76조에 의한 대통령의 긴급명령이나 헌법 제75조, 제95조에 의한 법규명령, 그리고 관습법, 판례법, 조리법 등이 있다.

(2) 경찰권의 한계

경찰작용은 권력적인 명령·강제작용으로, 국민의 권리와 자유를 침해하는 가장 전형적인 권력작용인 까닭에 그 발동은 원칙적으로 법률에 근거해야 한다 함은 이미 고찰한 바이다.

그러나 경찰집행대상의 다양성과 돌발성 때문에 많은 재량을 인정하지 않을 수 없으며 이로 인하여 권력행사의 방법이나 정도를 넘어 국민의 자유와 권리를 부당하게 침해할 여지는 얼마든지 있는 것이다. 여기에 사회공공의 안녕과 질서유지라는 경찰목적을 달성하면서 국민의 자유와 권리를 최대한으로 보장하여야 할 양면적 국가이익을 동시에 실현치 않으면 안 되는 것이다. 이러한 사회질서유지목적을 경찰권발동과 국민의 자유·권리보장의 요청을 어떻게 조화 조정할 것인가 하는 것이 경찰권의 한계이론이다.

첫째, 경찰권의 발동은 반드시 법규의 근거가 있을 때에만 발동될 수 있고, 법규에 의하여 허용된 한계 안에서만 발동되어야 한다. 경찰법규는 경찰권의 근거인 동시에 또한 한계인 것이다.

103 　中央警察學校, 法學槪論·憲法·民法·警察法, 中央警察學校, 1992, 321面.

경찰법규는 원칙적으로 법률이어야 하고, 예외적으로 법규명령이 포함된다.

법률이 경찰권에 위임하는 재량은 자유재량이 아니고, 법규의 한도 안에서 행하여지는 기속재량이어야 하고, 법률에 의한 경찰권의 위임은 포괄적 수권이 아니라, 구체적 범위를 정한 개별적 수권이어야 한다. 법규상의 한계는 경찰권발동의 제1단계적 제약이다.

둘째, 경찰권 발동의 제1단계적 제약인 법률상의 한계 만으로서는 공공의 질서유지라는 국가의 목적과 국민의 권리·자유보장을 조정하는데 미흡한 점이 많아서 제2단계적 제약인 조리상의 한계가 필요하게 된다.

경찰법규에 경찰상 위해요소들을 모두 예견하여 입법화한다는 것은 불가능하기 때문에 법규는 "주위의 사정을 합리적으로 판단하여" 또는 "범죄사실을 안다고 인정되는 자", "필요하다고 인정할 때에는 필요한 조치를 취할 수 있다"라는 정도로 추상적인 규정을 하고 "주위의 사정", "필요한 정도" 등은 경찰권의 판단에 맡기는 광범위한 재량권을 부여치 않을 수 없는 것이다. 이러한 재량에 준거할 불문의 법칙을 조리상의 한계라고 한다.

이와 같은 조리상의 한계에는 다음과 같은 것들이 있다.

가. 경찰소극목적의 원칙

경찰권은 '사회공공의 안녕질서 유지'라는 소극목적을 위해서만 발동되어야지, 적극적으로 복리증진을 위해서 경찰권이 발동되어서는 안 된다는 원칙이다.

그러므로 법령에 명시된 규정이 없는 한 이러한 소극적 목적을 넘어 사회공공의 복리를 증진한다든지, 사회경제질서를 일정한 방향으로 유도하려는 작용은 경찰작용이 아니며, 이러한 목적을 위해 경찰권을 발동하는 것은 그 한계를 일탈한 위법한 작용이 된다는 것이다.

예를 들면 영업단속에 관한 경찰법규를 집행함에 있어 업자 상호간의 과당경쟁을 참작하는 등의 법집행은 소극목적의 범위를 일탈한 것이다.

나. 경찰공공의 원칙

경찰권은 사회의 질서유지를 목적으로 하는 작용이므로, 사회질서에 직접적으로 관계가 없는 개인의 생활활동에 대해서는 원칙적으로 관계할 수 없고, 다만 그것이 사회공공의 안녕질서 유지에 영향을 미치는 경우에는 그 범위 안에서만 발동될 수 있다는 원칙을 경찰공공의 원칙이라고 한다. 만일 이 한계를 넘어서 경찰권을 발동하면 그 발동 자체가 공공질서의 문란으로서 위법이 된다.

이 원칙에는 다시 사생활불가침의 원칙, 사주소불가침의 원칙, 사경제자유의 원칙, 민사관계불간섭의 원칙 등이 포함된다.

사생활불가침의 원칙이란 사회공공의 안녕질서와 직접 관계없는 개인의 생활이나 행동에는 간섭하여서는 안 된다는 원칙이다. 이 원칙에 위반하여 경찰권이 함부로 사인의 사생활에 간섭하여 개인의 프라이버시를 침범하면 위법이 된다.

그러나 아무리 사적인 생활활동이라고 하더라도, 미성년자의 음주·끽연행위, 주취로 인하여 자기 또는 타인의 생명·신체에 위해를 미칠 우려가 있는 자의 행위(보호조치의 대상)처럼 사회질서에 영향을 주는 행위, 즉 사회질서를 문란 시키는 행위는 경찰권발동의 대상이 된다.

그리고 사주소불가침의 원칙이란 직접 공중과 접촉하지 않는 사주소 내에서의 행동은, 그것이 사회질서에 직접 영향을 미치지 않는 한 경찰권이 이에 관여할 수 없다는 원칙이다. 공개된 장소에서 행하여진다면 당연히 금지되어야 할 행동이라도 사주소 내에서 행하여지면 사회공공의 안녕질서 유지에는 영향을 미치지 아니하므로 원칙적으로 경찰권발동의 대상이 되지 않는다는 취지이다.

사주소 내에서 나체가 되는 행위는 경찰권발동의 대상이 되지 않으나, 공개된 장소에서는 규제대상이 되는 것이다. 즉 극장·다방·여관·음식점 등과 같이 일정한 조건 아래 불특정다수인의 이용에 공개된 장소는 사주소에 속하지 않는다. 사주소 내의 행위라 하더라도 그것이 직접 사회공공의 안녕질서에 영향을 미쳐 경찰상 장해를 가져오는 경우에는, 그 한도 내에서 경찰권이 발동된다. 예를 들면 사주소 내에서의 소음이 인근 주민들의 안면을 방해한다거나, 매연 같은 것은 경찰권발동의 대상이 된다.

또한 사경제자유의 원칙이란 사유재산제도와 계약자유의 원칙을 인정하고 있는 한 사경제적 거래에는 원칙적으로 경찰권이 관여해서는 안 되며, 사적경제거래가 직접 사회공공의 안녕질서유지에 위해를 초래할 때에만 그 한도 내에서 경찰권을 발동할 수 있다는 원칙이다. 이것은 사경제상의 거래를 각자의 자유영역에 두려는 취지이다.

끝으로 민사관계불간섭의 원칙이란 단순한 민사상의 법률관계에 의해 발생되는 행위, 예를 들면 개인의 재산권 행사, 민사상 계약, 친권의 행사 등은 일반적으로 그 당사자끼리의 이해관계에만 관계되고, 직접 사회공공의 질서에 영향을 미치는 것이 아니므로 경찰권이 이에 관여해서는 안 된다는 원칙이다.

이익에만 관계되는 것이 아니고 사회공공의 질서에 영향을 미치는 경우에는 그 한도 안에서 경찰권발동의 대상이 됨은 물론이다. 총포·도검·화약류등단속법에 의거 총포·도검·화약류의 양도·양수 등 거래행위를 제한하거나 임시영치하는 것이 그 예이다.

다. 경찰비례의 원칙

경찰권은 사회질서유지를 위하여 묵과할 수 없는 장해로서, 현재 그 장해가 발생되고 있거나 발생이 확실하게 예측되는 경우에만, 그리고 그 제거를 위하여 최소한도로만 발동되어야 하는 것이다.

경찰권발동의 조건과 정도 및 태양은 질서유지의 필요의 정도와 비교하여, 그 사이에는 사회통념상 적당하다고 인정되는 일정한 비례가 유지되어야 하는데, 이를 경찰비례의 원칙이라고 한다. 경찰비례의 원칙은 개인의 권리·자유가 사회적 장해를 발생하지 않는 한 최대한도로 보장되어야 한다는 법치국가의 원리를 바탕으로 한 것이다. 경찰비례의 원칙은 경찰권발동의 조건과 정도로 나누어 고찰된다.

먼저 경찰권발동의 조건을 보면, 진압조치의 경우는 사회질서유지상 '묵과할 수 없는 장해'를 제거하기 위하여서만 발동되어야 한다. '묵과할 수 없는 장해'라 함은 사회에 대하여 주는 이익과 해악과를 비교하여 사회질서유지상 해악이 큰 경우를 말한다. 예방조치의 경우는 '장해의 발생이 확실하게 예측될 때'에 경찰권은 발동할 수 있다. 이 경우 위험발생의 확실성은 사회통념에 따라 성실한 재량으로 판단해야 할 것이다.

그리고 경찰권발동의 정도를 보면, 경찰권 발동의 조건이 충족되었더라도 경찰권은 개인의 권리와 자유를 제한하는 것이므로 그 제한의 정도는 제거하려는 장해의 정도에 대해 적당한 비례가 유지되어야 한다. 즉 경찰상 장해를 제거하기 위한 경찰권발동은 필요한 최소한도에 그쳐야 하는 것이다. 경미한 사회장해를 제거하기 위해서는 그에 비례해서 경미한 제한만이 허용되는 것이다.

라. 경찰책임의 원칙

사회공공의 안녕질서 유지를 위해 경찰상 장해가 발생하거나 발생할 우려가 있을 때에는 경찰권이 발동될 수 있는데, 그 발동은 이러한 상태의 발생에 대하여 직접 책임이 있는 자에게만 발동될 수 있고, 제3자에게 발동할 수 없다는 원칙을 말한다.

경찰책임은 형사책임과 달라서 고의·과실을 요건으로 하지 않고, 과실이 없어도 「자기의 생활범위 안」에서 발생한 경우는 그 장해의 방지·제거의 책임이 있으며 경찰상 필요한 명령이나 강제에 복종하여야 한다.

경찰위반의 상태는 사람의 행위 및 물건의 상태를 그 원인으로 하는 까닭에 행위책임과 상태책임으로 나눌 수가 있고, 그밖에 경찰책임의 특수한 형태로서 다수자의 책임 등으로 나눌 수 있다.

여기서 행위책임이라 함은 자기 또는 자기의 지배에 속하는 사람의 행위로 경찰위반의 상태가 발생한 경우에 지는 책임을 말하며, 상태책임이란 물건의 소유자·점유자 기타 물건을 사실상 관리하고 있는 자가, 그 관리의 범위 안에서 그 물건으로부터 경찰위반의 상태가 발생했을 경우에 지는 책임을 말하고, 다수자책임이란 경찰위반의 상태가 다수인의 행위로 이루어지든가 다수인이 지배하는 물건의 상태에 기인하여 경찰위반이 발생하는 경우, 또는 행위책임과 상태책임의 중복에 의해 경찰위반이 발생하는 경우이다.

이와 같이 경찰권은 질서위반사실이 있는 직접 책임자에 대하여서만 발동하는 것이 원칙이나 예외적으로 긴급한 필요가 있는 경우에는 경찰위반 책임이 없는 제3자에 대해서도 발동하는 수가 있다. 이를 경찰긴급권이라고 한다.

마. 경찰평등의 원칙

경찰권은 모든 국민에 대하여 성별·종교·사회적 신분·인종 등을 이유로 자의적 또는 불합리한 조건에 의하여 차별적으로 발동되어서는 안 된다는 원칙이다. 평등의 원칙도 종래 경찰권의 조리이상의 한계로 들지 아니하였으나, 비례의 원칙과 함께 헌법원칙으로서 중요한 의미를 가진다.

2) 경찰작용

(1) 경찰하명

경찰하명이란 일반통치권에 의거하여 경찰상의 목적을 달성하기 위하여 국민에 대하여 특정한 행위·부작위·수인·급부의 의무를 명하는 행위를 말한다.

경찰목적을 수행하는 데는 경찰강제의 수단으로 달성할 수 있으나, 이는 하명에 비하여 인권보장의 요구에 반할 우려가 많으므로, 경찰작용은 하명에 의함을 원칙으로 한다.

여기에서는 경찰하명의 형식, 종류, 효과를 중심으로 기술하고자 한다.

첫째, 경찰하명은 법규하명과 경찰처분의 형식으로 구분되는데, 법규하명이란 국민에 대한 의무부과가 법규에 의하여 직접 하명하는 형식을 취하는 경우를 말한다. 즉 경찰기관의 별도의 행정처분을 기다리지 않고, 경찰법규가 직접 경찰의무를 발생케 하는 경찰하명을 말한다(예: 도로교통법상 보행자의 좌측통행의무, 총포·도검·화약류등단속법에 의한 무허가총포소지금지 등).

법규하명은 새로운 의무를 과할 수 있고, 일반성·추상성을 특징으로 한다.

그리고 경찰처분이란 법규에 의거한 행정행위에 의하여 하명하는 형식을 취하는 경우를 경찰처분이라고 한다. 즉 보통 경찰법규는 경찰처분의 근거를 정함에 그치고, 이에 의거한 구체적 처분을 기다려서 비로소 현실적으로 경찰의무가 발생되는 것이다.

경찰처분은 법규하명과는 달라서 새로운 의무를 부과할 수 없고, 개별적 구체성을 특징으로 한다. 앞에 설명한 일반처분도 있으나, 이는 새로운 의무를 부과한 것이 아니다.

경찰처분의 형식적 요건은 별다른 규정이 없는 한, 의무자가 보통사정 아래서 알 수 있다고 인정되는 방법으로 고지함으로써 효력을 발생한다. 고지의 방법은 구술로써도 할 수 있지만, 법규에서 서면·게시·관보·신문에 의한 공고·신호 등의 형식을 요구할 때에는 그 형식을 갖추어야 한다(예컨데, 도로교통법에 의한 교통안전표지의 설치 등과 같은 특별한 형식의 요구).

둘째, 경찰하명의 종류는 그 내용에 따라 작위하명, 부작위하명, 수인하명, 급부하명으로 구분할 수 있고, 그 대상에 따라 대인적 하명, 대물적 하명, 혼합적 하명으로도 구분된다. 여기서는 내용에 따라 분류하여 설명하고자 한다.

작위하명이라 함은 적극적으로 어떠한 행위를 하도록 의무를 명하는 경우이다.

일반인에게 부과되는 작위하명은 급박하게 필요한 경우나, 경미한 부담에 한하고(예: 유숙·집회·기타 경찰감독을 위한 신고제), 특정인에 대한 하명, 특히 행정감독의 철저를 위한 영업자 등에 대한 작위하명(예: 신고, 장부비치 등)은 그 예가 많다.

그리고 부작위하명(경찰금지)이라 함은 소극적으로 어떠한 행위를 하지 아니할 의무를 명하는 경우이다.

부작위하명은 경찰하명 중에서 가장 중요한 것으로 경찰목적이 사회질서유지를 위한 위해제거이므로, 위해발생의 우려가 있는 행위를 금지시키는 가장 보편적인 경찰하명이다.

부작위하명은 ① 특정한 경우에 해제를 유보할 것인지 여부에 따라 절대적 금지와 상대적 금지로 나누어진다. 절대적 금지라 함은 아편흡식금지·부녀매매금지·부패식품판매금지·미성년자끽연·음주금지와 같이 어떠한 경우에도 해제해 줄 수 없는 금지를 말하고, 상대적 금지란 허가권을 유보한 경찰금지로, 수렵행위 등 특정한 경우에 해제될 수 있는 금지를 말한다.

② 인적 적용범위를 기준으로 하여 일반금지와 개별금지로 나누어진다. 일반금지는 통행인의 우측통행금지, 무면허운전금지 등과 같이 불특정다수인에게 부작위의무를 과하는 것이고, 개별금지는 일정한 영업에 종사하는 자, 특정한 지위에 있는 자 등 특정의무자에게 과하는 금지를 말한다.

③ 시간·장소적 적용범위, 특수한 상황의 존재를 기준으로 하여 시간, 장소, 상황, 여하를 불문하고 적용되는 금지(예: 전국 일원에서 보호조수 수렵금지)와 특수한 사정에서 시간, 장소를 국한하여 적용되는 금지(예: 수렵구에서 금지, 정당한 이유 없을 때 금지 등)로 분류할 수 있다.

또한, 수인하명이라 함은 경찰권발동에 의한 자기의 신체·재산·가택에 대한 사실상의 침해를 감수하고, 이에 저항하지 않을 의무를 과하는 행위를 말한다. 이는 경찰강제의 부수적 효과로서 경찰관직무집행법에 의거 영업장소에 출입하거나 장부를 검사할 때 영업주가 출입을 허용하고 검사에 응하는 것 등이 그 예이다.

끝으로 급부하명이란 금전 또는 물품의 납부의무를 명하는 것을 말한다. 경찰작용이 특정인에게 이익을 주거나, 특정인을 위하여 필요한 경우에 그 비용을 징수하는 것으로서 대집행의 비용징수, 운전면허수수료, 실험상 필요한 물품수거 등이 그 예이다.

셋째, 경찰하명의 효과는 그 하명을 받은 특정인 또는 불특정인이 그 하명의 내용을 이행할 공법상의 의무를 지게 된다. 경찰하명의 효과로서 발생되는 의무를 경찰의무라고 한다. 이와 같은 경찰의무는 하명의 종류에 따라 작위·부작위·수인·급부의 의무로 나누어지는데, 이 의무를 불이행 또는 위반할 때에는 강제집행 또는 경찰벌의 원인이 된다.

경찰의무부과의 직접적인 효과는 국민의 자연적 자유를 제한함에 있다. 그러므로 법률상의 능력이나 법률행위의 효력을 좌우함을 목적으로 하지 않는다. 따라서 의무위반행위는 처벌의 대상은 되지만, 그것만으로서 사법상의 효과가 당연히 무효가 되는 것은 아니다.

경찰의무의 간접적 효과로서, 공법상 또는 사법상의 능력 또는 법률행위의 효력에 영향을 주는 경우가 있다. 부녀자매매금지를 위반한 계약은 경찰금지의 위반을 이유로 무효가 되는 것이 아니라 선량한 풍속, 기타 반사회질서의 법률행위로서 당연히 무효가 되고, 전염병환자의 수용으로 인하여 공법상의 특별권력관계가 성립하고, 전염병에 감염된 선거권자의 환자가 격리되므로 인하여 선거권행사가 불가능하게 하고, 금제품에 대한 영업금지상의 결과로 법인이 해산되고, 특정인의 경찰의무이행으로 재산상 특별한 손실을 미쳤을 때 손실보상청구권이 발생하는 경우 등이 있다. 그러나 이와 같은 효과는 어디까지나 경찰하명의 간접적인 효과이다.

그리고 경찰하명 효과의 대인적 범위를 보면, 법규하명은 법규에 일반적, 추상적으로 규정하였기 때문에 하명의 효과는 불특정다수인(일반인)에게 미친다.

경찰처분의 대인적 하명에 대한 효과는 특정인의 주관적 사정을 이유로 한 하명(예: 예방접종·운전면허정지·취소)이기 때문에 엄격히 그 특정인에게만 하명의 효과가 국한되며, 상대방 이외에게는 이전 또는 승계되지 않는다.

대물적 하명의 경우는 특정인의 주관적 사정과는 관계없이 외계적, 물적 사정을 이유로 그 소유자 영업주 등에 행하는 하명인 까닭에 그 효과는 그 물건 영업 등에 부착한 것으로 그 물건의 양도가 있을 때에는 양수인에 대하여도 하명의 효과가 미친다(예: 정비불량차량의 운행정지).

혼합적 하명효과의 이전성의 유무는 법령의 합리적 해석에 의하여 구체적으로 결정할 것이나, 대체로 이전성이 제한된다.

또한 경찰하명은 원칙적으로 그 하명을 발한 관할청의 관할구역 안에 그 효과가 국한된다. 그러나 법령에 규정이 있을 때나, 성질상 1지역에만 국한될 수 없는 경우에는 지방경찰청의 하명이라도 효과가 당연히 관할구역 밖에까지 미친다(예, 자동차사용정지처분 등).

(2) 경찰허가

경찰허가라 함은 경찰상의 목적을 위한 일반적 금지 또는 상대적 금지를 특정한 경우에 해제하여 적법하게 특정행위를 할 수 있게 하는 경찰처분을 말한다.

허가가 있기 위하여서는 그 전제가 되는 경찰금지가 있어야 한다. 허가의 전제가 되는 금지는 그 자체가 반드시 사회적 장해가 되어 금지로 된 것이 아니라, 다만 행위자, 장소, 설비, 방법, 시기 등의 여하에 따라 사회적 장해를 발생할 우려가 있기 때문에 금지하는 것으로, 허가가 유보된 금지, 즉 상대적 금지를 말한다. 그러므로 절대적 금지에는 허가가 허용되지 아니한다.

경찰허가의 요건, 형식 및 그 효과를 보면 다음과 같다.

첫째, 경찰허가의 요건도 행정행위의 절차적, 형식적 요건을 구비하여야 하는데 우선 절차적 요건으로 신청, 수수료·조세 등 납부, 기타 확인행위 등을 거쳐야 한다.

허가 자체는 당사자의 이익을 위한 것이 보통이므로 특별한 규정이 없는 한 당사자의 신청을 필요로 하는 쌍방적 행정행위이다. 그러므로 신청 없이 한 허가는 무효이다. 단, 예외적으로 신청 없이 직권으로 불특정 다수인에게 하는 일반적 허가도 있다.

법령에 의하여 수수료·조세의 납부가 허가의 요건으로 되어 있을 때에는 이를 납부하여야 한다. 경찰허가에 있어서 수수료를 징수하는 경우는 운전면허증의 교부 등이 있다.

일정한 시험을 거쳐 그에 합격한 자에 대하여 허가를 하는 경우(예: 자동차운전면허)에는 시험합격자 결정 등 확인행위를 거쳐야 한다.

그리고 형식적 요건으로 경찰허가를 받은 자와 받지 않은 자를 구별하기 위하여 법령의 규정에 의한 공적 증명을 허가의 효력발생요건으로 할 때가 있다(예: 자동차운전면허증교부 등).

둘째, 경찰허가는 언제나 경찰처분의 형식으로 행하여진다.

경찰법규가 일반적 금지규정을 두는 동시에 경찰관청에서 금지해제권을 부여하는 규정을 두어 경찰관청이 구체적인 경우에 그 법규에 의거하여 금지를 해제하는 것이기 때문이다. 이 점에 있어서 경찰하명과 경찰처분의 형식으로 행하여지는 것과 다르다.

셋째, 경찰허가의 효과는 경찰상의 목적을 위한 일반적 금지를 해제하여 자연의 자유를 회복시켜 주는데 있으며, 그로 인하여 권리·능력·기타 힘을 설정하는 일은 없다.

그러므로 법률행위로서의 효력발생여부는 직접적 관계가 없다. 즉 허가를 받아야 할 행위를 허가받지 않고 하면 위법으로서 강제집행이나 경찰벌의 대상은 되지만 법률행위로서는 유효하다.

그러나 다른 목적을 위하여 존재하는 법률상 제한까지를 해제하는 것은 아니다.

이를 다시 경찰허가의 효과가 인적, 지역적으로 미치는 범위를 보면 대인적 허가는 특정인의 기능, 지지, 적성 등 주관적 사정을 심사의 대상으로 하는 허가이다. 그러므로 그 허가의 효과는 엄격히 그 특정인에 전속되어 이전성이 없다(예: 자동차운전면허).

그리고 대물적 허가는 물적, 객관적 사정을 대상으로 하는 허가이므로 물적 설비, 영업의 양도 등에 의하여 양수인, 상속인에게도 승계된다(예: 자동차검사합격).

또한 혼합적 허가의 경우는 특정인의 주관적 사정과 객관적 사정을 동시에 심사대상으로 하는 경찰허가이므로 시설 또는 영업의 양도나 상속으로 허가의 효과가 이전될 수 없고, 양수인 또는 상속인의 주관적 사정만을 심사하여 새로운 허가를 받게 해야 할 것이다.

끝으로 경찰허가효과의 지역적 범위는 원칙적으로 중앙관청의 허가는 전국에 효력이 미치고, 지방관청의 허가는 당해지방관청의 관할구역에 국한한다. 또한 일정한 장소에 관계가 있는 한 지역적인 성격에 있을 때에는 특정장소에 국한된다. 그러나 법령에 규정되어 있거나 성질상 특정지역에 국한되어서는 안 될 때에는 허가의 효과는 관할구역 밖에까지 미친다(예: 차량검사합격, 자동차운전면허 등).

(3) 경찰강제

경찰강제란 경찰행정상의 목적을 위하여 개인의 신체, 재산 또는 가택에 실력을 가함으로써 질서행정상 필요한 상태를 실현하는 질서행정기관의 사실상의 작용을 말한다. 경찰강제는 실력행사에 의한 사실작용이며, 이 점에서 경찰처분·경찰허가 등 법률행위적 작용과 구별된다.[104]

앞에서도 설명한 바와 같이 경찰강제는 경찰작용중 가장 전형적인 권력작용인 까닭에, 법치국가에서 엄격한 근거를 요한다. 그 뿐만 아니라 강제의 발동은 경찰하명으로서는 도저히 목적을 달할 수 없는 부득이한 필요가 있는 경우에만 국한되어야 한다.

경찰강제에 관한 실정법으로는 강제집행의 일반법으로 행정대집행법과 국세징수법이 있으며, 즉시강제에 관한 일반법으로 경찰관직무집행법이 있고 기타 단행법들이 있다.

이와 같은 경찰강제에는 경찰상의 강제집행과 경찰상의 즉시강제 및 집행법이 있다.

첫째, 경찰상강제집행은 경찰의무자가 의무(법규하명 또는 경찰처분에 의한 의무)를 이행하지 않은 경우에 의무자의 신체나 재산 등에 실력을 가하여 의무를 이행시키거나 이행된 것과 같은 상태를 실현하는 작용을 말한다. 경찰상강제집행의 수단은 크게 대집행, 집

---

104 石琮顯, 前揭書, 337面.

행벌, 직접강제, 강제징수로 구분할 수 있다.

먼저, 대집행이란 경찰상의 대체적 행위의무를 진자가 그 의무를 이행하지 아니하는 경우에 경찰기관이 스스로 그 의무자에 갈음하여 의무내용을 실현하거나, 제삼자로 하여금 그것을 대행케 하여, 그 비용을 의무자로부터 징수하는 강제집행을 말한다.

대집행권자는 당초에 의무를 명한 처분청이며 그 대집행의 절차는 대집행의 계고(상당한 기한을 정하여 그때까지 이행하지 아니할 때에는 대집행을 한다는 뜻을 문서로 고지하는 것), 대집행영장에 의한 통지(기한까지 불이행시 대집행의 시기, 비용계산액 등을 통지하는 것), 대집행의 실행(대집행영장에 기재된 시기에 실행), 비용징수(금액과 납부기일)을 문서로써 고지하고 납부치 않을 때에는 국세체납처분의 예에 따라 강제징수한다의 순으로 이루어진다.

그리고 집행벌이란 부작위의무 또는 비대체적 작위의무(예: 예방접종)의 불이행에 대하여 이행을 간접적으로 강제하기 위하여 일정한 기간 내에 이행하지 아니할 때에는 과태료를 과한다는 뜻을 미리 계고함으로써, 심리적 압박을 가하는 강제집행의 수단인데, 일반적으로 인정되지 않고 있다.

또한, 직접강제란 경찰의무자가 의무를 이행하지 않을 경우에 경찰권이 직접 의무자의 신체 또는 재산에 실력을 가하여 필요한 상태를 실현하는 작용을 말하며, 강제징수라 함은 금전급부의 의무를 이행하지 아니하는 경우에 국세징수법에 의한 체납처분과 단행법규가 정하는 바에 의하여 의무가 이행된 것과 같은 상태를 실현하는 작용을 말한다.

둘째, 경찰상 즉시강제라 함은 목전의 급박한 경찰상 장해를 제거하여야 할 필요가 있고 의무를 명할 여유가 없는 때, 또한 성질상 의무를 명하여서는 목적을 달성하기 어려운 때에, 직접 국민의 신체·재산에 실력을 가하여 경찰상 필요한 상태를 실현하는 경찰작용이다.

의무불이행을 전제로 하지 않는 점에서 강제집행과 다르며, 법치국가에서는 예외적 작용으로 명백한 법적 근거가 있고 경찰목적을 위하여 불가피한 경우에 발동할 수 있다. 또한 목적달성을 위하여 필요한 최소한도에서만 적법하다.

따라서 경찰상 즉시강제권을 발동함에 있어서 형사소송법과의 관계, 헌법 제12조 제3항·동 제15조에 규정한 영장이 필요한가가 문제되어 영장불요설, 영장필요설, 절충설로 학설이 나누어져 있으나, 즉시강제의 특수성에 비추어 볼 때 불가피한 경우에는 영장에 의하

지 아니할 수도 있다는 절충설이 타당하다고 보여 진다.[105]

이와 같은 경찰상 즉시강제의 수단을 대인적 강제, 대물적 강제, 대가택강제로 구분하여 설명하면 다음과 같다.

먼저 대인적 강제란 사람의 신체에 실력을 가하여 자유를 침해함으로써 경찰상 필요한 상태를 실현하는 작용으로서 경찰관직무집행법상의 그 예로는 불심검문(제3조), 보호조치(제4조), 위험발생방지조치(제5조), 범죄의 제지조치(제6조), 장비사용(제10조), 경찰장구사용(제10조의2), 무기사용(제10조의4)이 있으며, 특별법상의 예로는 강제격리·강제수용·교통차단(전염병예방법 제29조, 마약법 제50조), 강제건강진단(전염병예방법 제9조), 총기의 사용(관세법 제177조), 신원확인의 요구(주민등록법 제17조), 수난구호를 위한 징용·징발(수난구호법 제8조), 소화명령(소방기본법 제24조) 등이 있다.

그리고 대물적 강제란 물건의 소유자 또는 점유자의 의사에 반하여 물건에 대하여 실력을 가하여 재산권을 침해함으로써 경찰상 필요한 상태를 실현시키는 작용으로서, 경찰관직무집행법상의 예로는 임시영치(제4조), 위험발생방지조치(제5조)가 있으며 특별법상예로는 검역, 전염병오염물·부패식품 등의 폐기(식품위생법 제28조, 검역법 제11조), 수거(식품위생법 제16조), 사용제한(총포·도검·화약류등단속법 제28조), 가영치(총포·도검·화약류등단속법 제45조) 등이 있다.

끝으로 대가택강제란 거주자 또는 소유자의 의사에 반하여 주거, 창고, 영업소 등에 출입 또는 수색하는 작용으로서, 경찰관직무집행법상의 예로는 위험방지를 위한 토지·건물·선차(船車)내 출입(제7조 제1항), 경찰상 공개된 장소에 출입(제7조 제2항), 대간첩작전지역 내에서 다수인 출입 장소의 검색(제7조 제3항) 등이 있으며, 특별법상 대가택강제로는 검역과 수색을 위한 선박·항공기출입(검역법 제31조), 음식물검사를 위한 출입(식품위생법 제16조), 제조소·저장소 임검(총포·도검·화약류등단속법 제25조) 등이 있다.

셋째, 경찰벌이라 함은 경찰법상의 의무위반에 대한 제재로서 일반통치권에 의하여 과하는 벌을 말한다.

---

105 이 세 가지의 學說의 내용을 보면 다음과 같다.
　　① 令狀不要說: 憲法의 規定은 刑事司法權의 發動에 대한 制限規定이라는 意味에서, 行政權의 發動인 警察上 卽時强制에는 法律에 特別한 規定이 없는 限 不必要하다는 說이다.
　　② 令狀必要說: 令狀制度가 刑事作用에만 適用된다는 明文의 規定이 없는 限 憲法上의 令狀規定은 警察上 卽時强制에도 適用되어야 한다는 說이다.
　　③ 折衷說: 憲法規定은 司法權뿐만 아니라 行政强制權에도 適用되어야 하나, 卽時强制의 特殊性에 비추어 不可避한 경우에는 令狀에 依하지 아니할 수도 있다는 說이다.

경찰벌이 과하여지는 비행을 경찰범이라고 한다.

경찰법규는 경찰목적의 현실을 위하여 국민에게 각종의 경찰 의무를 과하는 동시에 그 의무를 위반한 때에는 제재를 과하는 것을 규정하고 경찰법규의 실효성의 확보를 꾀하고 있다.

경찰벌도 죄형법정주의가 적용되므로 반드시 법률의 근거가 있어야 한다.

이와 같은 경찰벌은 크게 나누어 경찰형벌과 경찰질서벌로 나누어진다.

경찰형벌이란 경찰법규위반에 대한 제재로서 사형, 징역, 금고, 자격상실, 자격정지, 벌금, 구류, 과료 및 몰수와 같이 형법 제41조에 규정된 형을 과하는 경찰벌을 말한다.

그리고 경찰형벌은 원칙적으로 형사소송법에 의한 절차에 따르되 예외적으로 즉결심판절차 또는 통고처분절차에 의해서 과하여지는 경우도 있다. 경찰형벌에 대하여 총칙적 규정이 없으므로 형법 제8조에 의거 형법총칙을 적용할 수밖에 없는데 경찰범의 특수성을 고려하여 형법총칙의 적용에 일정한 조리상의 한계를 인정해야 할 것이다.

경찰질서벌이란 경찰법상 경찰위반에 대한 제재로서 형법상의 형명이 없는 벌, 즉 과태료를 과하는 경찰벌을 말한다. 경찰질서벌은 신고·보고·등록서류비치·장부기재의무 등의 위반과 같이 직접으로 경찰목적을 침해하는 것이 아니라 간접적으로 질서유지에 장애를 줄 위험이 있는 경우에 과하는 제재이며, 일종의 금전벌이다.

과태료는 형벌이 아니므로 형법총칙의 적용이 없으며, 그 과벌절차는 특별한 규정이 없는 한 비송사건절차법이 정하는 바에 의한다.

II. 경찰관직무집행법

1. 개설

1) 경찰관직무집행법의 목적 및 개정경과

경찰관직무집행법은 국민의 자유와 권리의 보호 및 사회공공의 질서유지를 위한 경찰관의 직무수행에 필요한 사항을 규정 경찰상 즉시강제에 관한 일반법인 동시에 모든 경찰 직무수행에 대한 근거법이 된다.

또한 동법 제1조 제2항에서 경찰관의 직권은 직무수행에 필요한 최소한도에서 행사되어야 하며 이를 남용하여서는 아니 된다고 규정하고 제2조에서 직무범위를 규정하고 있다.[106]

동법은 1953년 12월 14일 법률 제298호로 제정·공포된 이래 1981년 4월 13일 전문개정될 때까지는 주로 경찰상 즉시강제수단에 대해서만 규정하고 있다가 개정으로 즉시강제 외에 경찰관의 직무수행에 필요한 일반적 사항까지 규정하였었다.

그러나 1988년 12월 31일 법률 제4048호로 개정·공포된 법률에서 민주화의 시대적 요구에 부응하여 국민의 인권침해를 방지하기 위하여 경찰권의 남용으로 인한 기본권침해의 소지가 있는 사항에 관하여 경찰권행사의 요건과 한계를 엄격하게 규정하고 있는데 큰 의미가 있다.

최근 2022. 2. 3. 법률 제18807호로 개정된 법률안에서는 그동안 경찰공무원의 직무수행 과정에서 경과실로 인해 발생한 사고에 대하여 형을 감면할 수 있는 근거가 미비하여 경찰관이 직무 집행에 소극적으로 임하고 있다는 지적이 제기되자, 살인 또는 상해·폭행의 죄, 아동학대범죄 등으로 타인의 생명·신체에 대한 위해 발생의 우려가 명백하고 긴급한 상황에서 경찰관이 그 위해를 예방·진압하는 등의 과정에서 타인에게 피해가 발생한 경우, 그 경찰관의 직무수행이 불가피하고 필요한 최소한의 범위에서 이루어졌으며 고의 또는 중대한 과실이 없는 경우에는 그 정상을 참작하여 형을 감경하거나 면제할 수 있도록 개정하였다.

2) 경찰관직무집행법의 성격 및 적용범위

경찰관직무집행법은 즉시강제에 관한 일반법이면서, 직무수행을 위한 임의적 사실행위도 포함되어 있다.

---

106 同法 제2조에는 警察의 職務範圍를 다음과 같이 규정하고 있다.
　　① 犯罪의 豫防·鎭壓 및 搜査
　　② 警備·要人警護 및 對間諜作戰遂行
　　③ 治安情報의 蒐集·作成 및 配布
　　④ 交通의 團束과 危害의 防止
　　⑤ 其他 公共의 안녕과 秩序維持

즉 동법은 경찰직무수행에 관한 필요한 사항을 규정한 경찰작용의 근거법이면서 즉시강제의 수단인 불심검문(제3조), 보호조치(제4조), 범죄의 예방과 제지(제6조), 위험방지를 위한 출입(제7조), 경찰장비의 사용(제10조), 경찰장구 및 무기사용(제10조의2 내지 제10조의4) 등에 관하여 규정하고 있다.

그리고 동법은 경찰상 즉시강제수단 뿐만 아니라 강제를 수반하지 않는 임의적 사실행위에 대하여서도 규정하고 있다. 즉 동법 제4조 제1항 긴급구호의 요청행위, 동법 제8조 직무수행을 위한 사실 확인 및 출석요구 등이 그 예이다.

또한 동법은 경찰공무원법상의 경찰관과 의무경찰법상의 의무경찰대원에게 적용되고 청원경찰은 그 경비구역내의 경비목적을 필요한 범위에서만 적용된다. 다만, 의무경찰대원들은 치안업무를 보조하는 지위에서 경찰관의 통제와 지휘를 받으면서 이 법상의 직무를 수행하게 된다.

동법은 국민의 기본권보장과 경찰상의 목적달성이라는 두 가지 측면에서 조화되도록 운영되어야 하는 것인데, 다음에서 그 구체적인 내용을 검토하고자 한다.

2. 불심검문

1) 불심검문의 의의와 법적지위

불심검문이란 동법 제3조에 의거 경찰관이 범죄의 예방 및 범인검거의 목적으로 거동이 수상한 자를 정지시켜 질문하고 조사하는 것을 말한다.

즉 경찰관은 수상한 거동 기타 주위의 사정을 합리적으로 판단하여 어떤 죄를 범하였거나 또는 범하려 하고 있다고 의심할 만한 상당한 이유가 있는 자, 또는 이미 행하여진 범죄 혹은 행하여지려고 하는 범죄에 관하여 그 사실을 안다고 인정되는 자를 정지시켜 질문할 수 있다.

불심검문의 내용은 ① 질문권, ② 동행요구권, ③ 강제의 금지, ④ 흉기의 조사, ⑤ 증표의 제시 등으로 되어 있다. 이것은 대인적 즉시강제수단의 하나로서 보안경찰에 속하는 활동, 특히 순찰경찰관이 행하는 중요한 법집행활동중의 하나로써 전통적으로 그 필요성이 인식되고 중시되어 왔을 뿐만 아니라 오늘날에도 수사의 단서로서 실무상 극히 중요한 지위를 점하고 있다.

그러므로 헌법상 보장되고 있는 '법의 적정절차(due process of law)의 보장' 원리를 지도 원리로 하여 불심검문을 형사소송법학의 문제로 인식하고 그 의미와 중요성은 높아가고 있다.[107]

2) 질문의 대상자

질문의 대상자는 ① 어떤 죄를 범하였거나 또는 범하려 하고 있다고 의심할 만한 상당한 이유가 있는 자(거동이 수상한 자)와, ② 이미 행하여진 범죄나 행하여지려고 하는 범죄 행위에 관하여 그 사실을 안다고 인정되는 자(거동이 수상한 자 이외의 제3자)이다.

전자는 이미 범죄를 완료했거나 범죄에 착수할 것이 예상되는 자를 의미하며, 객관적으로 범죄구성요건에 해당하는 행위이면 족한 것으로서 유책 여부는 따지지 않으며, 의심할 만한 상당한 이유란 경찰관 개인의 주관이나 짐작만으로는 불충분하고 보통 일반인이면 어느 누구나 판단하더라도 의심스럽다고 긍정할 정도의 그러한 이유를 가리킨다.

후자는 직접 죄를 범했거나 범하려는 자가 아니라 완성된 범죄사실 또는 예상되는 범죄 사실을 알고 있다고 인정되는 자를 의미한다.

3) 질문대상의 판단기준

경찰관의 질문의 대상에 해당되는지의 여부에 관한 판단기준으로 ① 수상한 거동, ② 기타 주위의 사정, ③ 합리적인 판단의 세 가지를 들 수 있다.

먼저 수상한 거동이라 함은 비정상적인 자연스럽지 못한 것을 의미하며 거동이란 용어, 태도, 복장, 휴대품 등을 말한다.

그리고 기타 주위의 사정이란 시간적 상황이란 말로 바꾸어 표현할 수도 있는데 이는 앞의 수상한 거동과 합쳐 무엇인가 심상치 않은 상황임을 가리키는 것으로 풀이된다.

또한 합리적 판단이란 직무를 수행하는 경찰관이 주관적, 독단적인 판단이 아니라 보통

---

107 不審檢問의 法的性格에 관한 자세한 내용은 姜東旭, 不審檢問(理論과 實務), 考試院, 1994, 25~36面 참조.

사람이면 누구나 그와 같이 판단하게 될 객관성이 있어야 한다.

4) 질문의 방법

경찰관은 거동수상자 등을 정지시켜 불심(不審)한 점 또는 그 자가 안다고 생각되는 점을 질문할 수가 있는데, 이 질문권을 인정하는 규정은 범죄의 예방 또는 피의자의 발견에 그 목적이 있을 뿐더러 관계자가 답변을 거절할 경우에 처벌할 수는 없다.

그 절차는 정지, 질문, 임의동행, 흉기의 조사 등이 이루어진다.

(1) 정지 및 질문

경찰관은 질문의 상대방을 정지시켜 질문할 수 있다. 여기서 정지라 함은 움직이고 있는 사람을 멈추게 하여 질문할 수 있는 상태에 둠을 말한다. 따라서 경찰관은 질문하기 위하여 보행자를 정지시킬 수 있고, 관계자가 차내에 있을 경우에는 차를 정지시킬 수 있다. 정지명령에 따르지 않는 자를 처벌하려면 특별한 규정이 있어야 하지만 신체의 구속에 이르지 않는 정도로 실력으로써 정지케 하는 것은 공무집행의 범위에 속하기 때문에 대항할 수 없다고 해석된다.

질문이라 함은 범죄수사 또는 범죄예방·제지조치의 전제로서, 특정한 사람에 대하여 무엇을 물어봄으로써 경찰관이 그에 대한 의심을 해소하거나 혹은 경찰목적상 필요한 사실을 청취하는 것을 말한다.

이 질문은 상대방을 피의자로서 조사하는 것은 아니므로 미리 진술을 거부할 수 있음을 고지할 필요는 없다.[108]

(2) 임의동행

경찰관이 직무집행을 함에 있어서 그 장소에서 질문을 하는 것이 당해인에게 불리하거나 또는 교통의 피해가 된다고 인정되는 때에는 질문하기 위하여 그 자에게 부근의 경찰서, 지구대·파출소 또는 출장소에 동행을 요구할 수 있다.

---

108 질문시 주의할 사항으로는 ① 취지를 설명하고 양해를 구함, ② 치밀·침착·과감·기민해야 함, ③ 호신용 장구의 준비, ④ 수배자 여부를 관찰함, ⑤증거인멸·도주방지, ⑥ 모순 또는 수상한 점을 발견·추궁토록 노력함 등이 있다.

여기서 동행은 질문을 하기 위한 동행이므로 상대방의 동의를 얻어 행하여야 할 것이며, 억압적이나 강제적이어서는 아니 된다는 것이다.

또 부근의 경찰서, 지구대·파출소 또는 출장소는 예시적인 것으로서, 본인의 동의가 있게 되면 그 밖의 범죄현장이나 인근가옥 등에 동행할 것을 요구할 수 있다고 할 것이다. 그리고 동행할 것을 요구할 수 있다고 함은 경찰서 등에 같이 갈 것을 요구할 수 있다는 것으로서, 임의수단을 말하는 것이며 이 경우 당해인은 경찰관의 동행요구를 거절할 수 있다.

경찰관이 이상과 같이 질문하거나 동행을 요구하는 경우에는 신분의 증표를 제시하면서 소속과 성명을 밝혀야 하고, 그 목적과 이유를 설명하고 동행의 경우에는 동행 장소를 알리고 조역을 받을 기회를 부여하여야 한다.

또한 동행의 경우에 경찰관은 당해인을 6시간을 초과하여 경찰관서에 머물게 할 수 없다.

(3) 흉기의 조사

경찰관은 질문을 함에 있어서 피질문자에 대하여 흉기의 소지여부를 조사할 수 있다. 이러한 흉기조사는 증거보존 등을 위한 신체검사에 관하여 정한 것이 아니고 경찰관의 위험방지, 상대방의 자해방지, 범죄용구 소지금지 등의 목적을 위하여 필요한 한도 내에서만 사용되지 않으면 안 된다.

3. 보호조치

1) 보호조치의 의의

보호조치라 함은 동법 제4조에 따른 응급구호의 수단으로서 경찰관이 긴급구호를 요하는 자를 발견, 관계기관에 긴급구호를 요청하거나 경찰관서에 일시적으로 보호하여 구호의 방법을 강구하는 조치를 말한다. 즉 경찰관이 정신착란자·미아·주취자·자살기도자 또는 부상자로서 응급의 구호를 요한다고 믿을만한 상당한 이유가 있는 자를 발견하여 보건의료기관 또는 공공구호기관에 긴급구호를 요청하거나 경찰관서에 보호하는 등 적당한 조치를 취하는 것을 말한다.

2) 보호조치의 대상자와 판단

(1) 보호조치의 대상자
보호조치 대상자는 정신착란자 또는 주취자로서 자기 또는 타인의 생명·신체·재산에 위해를 미칠 우려가 있는 자와 자살기도자 또는 미아·병자·부상자 등으로서 적당한 보호자가 없으며 응급의 구호를 요한다고 인정되는 자이다. 다만, 당해인이 이를 거절하는 경우에는 예외로 한다.

(2) 보호조치의 판단
위에 열거한 자가 모두 보호조치의 대상자가 되는 것은 아니고 긴급구호를 요한다고 믿을만한 상당한 이유가 있는 자에 한한다.

상당한 이유의 판단은 경찰관 재량적 판단으로서, 객관적으로 방치해 두면 자기 또는 타인의 생명, 신체, 재산에 위해를 미칠 우려가 있거나 긴급히 구호하지 않으면 생명이 위태로운 경우 등이 이에 해당한다.

3) 보호조치의 방법

(1) 긴급구호의 요청
경찰관이 긴급구호를 요하는 자를 발견했을 때에는 보건의료기관이나 또는 공공구호기관에 긴급구호를 요청할 수 있으며 구호요청을 받은 관계기관은 정당한 이유 없이 이를 거절할 수 없다.

(2) 경찰관서에서의 보호
피구호자를 보호자나 관계기관에 인계할 때까지 경찰관서에 일시 보호하는 것으로 24시간을 초과할 수 없다.

4) 사후조치

(1) 보고 및 조치

피구호자를 공중보건의료기관 또는 공공구호기관에 인계한 때에는 즉시 그 사실을 소속경찰서장 또는 해양경찰서장에게 보고하여야 하며, 보고를 받은 경찰관서의 장은 대통령령이 정하는 바에 의하여 피구호자를 인계한 사실을 지체 없이 당해 공중보건의료기관의 장, 공공구호기관의 장 및 그 감독청에 통보하여야 한다.

(2) 무기·흉기 등의 임시영치

경찰관이 피구호자를 보호조치한 경우에는 피구호자가 휴대하고 있는 무기·흉기 등 위험을 야기할 수 있는 것으로 인정되는 물건을 경찰관서에 임시로 영치할 수 있다. 그 기간은 10일을 초과할 수 없다.

4. 위험발생의 방지조치

1) 위험발생방지의 의의

위험발생의 방지란 동법 제5조에 근거하여 경찰관이 인명, 신체에 위해를 미치거나 또는 재산에 중대한 손해를 끼칠 위험한 사태가 발생한 경우에 취하는 경찰상의 즉시강제조치를 말한다. 이러한 조치에는 위험발생방지를 위한 경고, 억류, 피난 등의 조치와 통행의 제한·금지 조치가 있다.

2) 위험발생방지의 요건

(1) 위험사태의 존재

인명, 신체에 위해를 미치거나 재산에 중대한 손해를 끼칠 우려가 있는 위험한 사태가 있어야 한다. 예컨대, 천재·사변, 공작물의 손괴, 교통사고, 위험물의 폭발, 광견·분마류 등의 출현, 극단한 혼잡, 기타 위험한 사태가 발생한 때이다.

(2) 위험사태의 절박성

이상의 위험사태가 현실적으로 발생하였거나 위험가능성이 절박한 경우에 한하여 경찰권이 행사되어야 한다.

3) 위험발생방지의 태양(態樣)

(1) 경고조치

경찰관이 위험사태가 발생현장에 집합한 자, 사물의 관리자와 기타 관계자에게 필요한 경고를 말하는 것을 말한다. 경고를 받은 상대방은 이에 따를 의무를 지며, 만일 이에 불응하면 강제수단에 의할 수 있음은 물론, 경범죄처벌법 제1조 제36호에 따른 공무원 원조 불응에 따라 처벌된다.

(2) 억류 또는 피난조치

특히 긴급을 요할 때에 위해를 받을 우려가 있는 자에 대하여 필요한 한도에서 이를 억류시키거나 피난시키는 것을 말한다.

(3) 위험방지조치

위해방지상 필요하다고 인정되는 조치를 취하거나 스스로 그 조치를 취하는 것을 말한다.

(4) 통행의 제한·금지조치

경찰관서의 장은 대간첩작전수행 또는 소요사태의 진압을 위하여 필요하다고 인정되는 상당한 이유가 있을 때에는 통행을 제한하거나 금지할 수 있다.

4) 위험발생방지조치후의 보고 등

위험발생의 방지조치를 취했을 때에는 소속 경찰관서의 장에게 보고하여야 하며, 보고를 받은 경찰관서의 장은 관계기관의 협조를 구하는 등 적당한 조치를 취하여야 한다.

그리고 경찰관서의 장이 대간첩작전지역 등에 대한 접근 등의 금지·제한조치를 한 때에는 보안상 부득이한 경우를 제외하고는 지체 없이 그 기간·장소 기타 필요한 사항을 방송·벽보·경고판·전단살포 등 적당한 방법으로 일반인에게 널리 알려야 한다.

5. 범죄예방과 제지조치

1) 범죄예방과 제지의 의의

범죄의 예방과 제지란 동법 제6조의 규정에 따라 경찰관이 범죄가 목전에 행하여지려고 하고 있다고 인정될 때 이를 예방하기 위하여 관계자에게 필요한 경고를 발하고 또 그 행위로 인하여 생명·신체에 위해를 미치거나 재산에 중대한 손해를 끼칠 우려가 있어 긴급을 요하는 경우에는 그 행위를 제지하는 것을 말한다.

2) 범죄예방과 제지의 요건

먼저 범죄행위가 목전에 행하여지려고 하는 것을 인정하였을 때이고 또 그것을 예방하기 위한 경우로 여기서 범죄행위란 형법에 규정된 범죄는 물론 모든 형벌법령에 저촉하는 행위까지 포함하며 그것이 구성요건에 해당하면 유책여부는 가리지 않는다.

그리고 목전에 행하여지려고 하는 범죄행위로 인하여 생명·신체에 위해를 미치거나 재산에 중대한 손해를 끼칠 우려가 있고 또한 긴급을 요하는 경우이어야 한다.

3) 범죄예방과 제지의 방법

(1) 경고

경찰관은 범죄의 예방을 위하여 관계자에게 필요한 경고를 발할 수 있는데 경고라 함은 범죄의 예방을 위하여 주의를 환기시키는 것으로서 경고에 따르지 않으면 제지하겠다는 뜻이 내포되어 있다.

(2) 제지

목전에 행하여지려고 하는 범죄행위로 인하여 생명·신체에 위해를 미치거나, 재산에 중대한 손해를 끼칠 우려가 있어 긴급을 요하는 경우에 강제력을 사용하여 이를 중지시키는 것을 말한다.

4) 범죄예방과 제지조치후의 보고

경찰관이 범죄를 예방, 제지하였을 때에는 지체 없이 범죄의 예방과 제지보고서를 작성하여 소속 경찰관서의 장에게 보고하여야 한다.

6. 위험방지를 위한 출입

1) 위험방지를 위한 출입의 의의

위험방지를 위한 출입이란 동법 제7조의 규정에 의하여 경찰관이 위험사태가 발생하여 긴급한 조치를 취하여야 하는 경우에 관계자의 승낙 없이 타인의 토지, 건물 또는 선차 내에 출입하거나(긴급출입), 흥행장, 여관, 음식점, 역 기타 다수인이 출입하는 장소에 범죄예방과 위해예방을 목적으로 공개시간 중에 출입하거나(예방출입), 대간첩작전수행을 위해 작전지역 안에서 다수인이 출입하는 장소 안을 공개시간은 물론 공개시간이 아니더라도 검색하는 것을 말하며, 야간통금시간 내의 야간검색도 가능하다. 이러한 출입은 경찰행정상의 필요한 것이고 범죄수사를 위한 수색이 아니기 때문에 영장을 필요로 하지 않는다.

2) 위험방지를 위한 출입의 태양(態樣)

(1) 긴급출입

경찰관직무집행법 제5조 제1항 제2항 및 제6조 제1항에 규정한 위험한 사태가 발생하여 인명, 신체 또는 재산에 대한 위해가 절박하였을 때이다.

(2) 예방출입

흥행장, 여관, 음식점, 역, 기타 다수인이 집합하는 장소의 공개시간 내에 있어서 범죄의 예방 또는 생명·신체 또는 재산에 대한 위해예방을 목적으로 하여야 한다.

(3) 작전지역 안에서의 검색

경찰관이 대간첩작전수행에 필요한 경우 작전지역안의 공개된 장소 안을 검색하는 것을 말하며 공개시간 이외에도 할 수 있다.

3) 위험방지를 위한 출입의 보고

경찰관이 위험방지를 위해 다수인이 출입하는 장소를 공개시간 내에 출입한 때에는 지체 없이 위험방지출입보고서를 작성하여 소속 경찰관서의 장에게 보고하여야 한다. 다만, 정례적인 순찰이나 소속관서장의 지시에 의한 경우에는 구두로 보고하거나, 근무일지 기재로써 갈음할 수 있다.

7. 경찰장비의 사용

경찰장비라 함은 무기, 경찰장구, 체루제 및 그 발사장치, 감식기구, 해안 감시기구, 통신기기, 차량, 선박, 항공기 등 경찰의 직무수행을 위하여 필요한 장치와 기구를 말한다.

경찰관은 경찰관직무집행법 제2조의 직무를 수행하기 위해서는 상당한 이유와 꼭 필요한 범위 내에서 경찰장비, 경찰장구, 분사기, 무기의 사용이 불가피하다 할 것이다. 이중에서 가장 많이 쓰여 지는 것이 경찰장구이다.

1) 경찰장구의 사용

(1) 경찰장구의 의의

경찰장구란 동법 제10조의2 규정에 의하여 경찰관이 범인의 체포, 도주의 방지 또는 자기 또는 타인의 생명·신체에 대한 방호, 공무집행에 대한 항거 억제, 현행범 체포를 위하여 상당한 이유가 있을 때에 그 사태를 합리적으로 판단하여 필요한 한도 내에서 수갑·포승·경찰봉·방패 등을 사용하는 것을 말한다.

(2) 장구사용의 한계

장구의 사용에는 경찰관의 재량적 판단에 의하되 필요하다고 인정되는 상당한 이유가 있어야 한다.

예를 들면 음주난동을 부려 경찰관서의 기물을 파손하는 행위를 제지키 위해서는 수갑이나 포승을 사용할 수 있으나 단순한 경범피의자에게 수갑이나 포승을 사용하는 것은 필요한 한도를 벗어난 것이다.

(3) 사용후의 보고

경찰관이 경찰장구를 사용한 때에는 지체 없이 경찰장구사용 보고서를 작성하여 소속 경찰관서의 장에게 보고하여야 한다.

다만 소속경찰관서의 장이나 지휘관의 지시에 의하여 사용한 경우에는 구두로 보고하거나 근무일지 기재로 갈음할 수 있다.

2) 분사기의 사용

(1) 분사기사용의 의의

경찰관은 동법 제10조의3이 규정한 바대로 범인의 체포·도주의 방지 또는 불법집회·시위로 인하여 자기 또는 타인의 생명·신체와 재산 및 공공시설안전에 대한 현저한 위해발생을 억제하기 위하여 부득이한 경우에 현장책임자의 합리적인 판단하에 신체에 직접 위해를 가하지 않는 범위 내에서 분사기 또는 최루탄을 사용할 수 있다.

1980년 6월 16일 법률 4130호로 발효된 본 조항은 우리 사회에서 빈발하는 시위에 대처하기 위한 것으로 시대상을 반영하고 있다. 그것은 이 조항이 "화염병사용 등의 처벌에 관한 법률"[109]의 제정과 동시에 신설된 점에서도 짐작할 수 있다. 이로써 최루탄의 사용에 대한 근거가 마련되었는데 요건을 엄격히 해석하여 필요한 때에 최소한만을 사용하여야 한다.

(2) 분사기사용의 요건

첫째, 범인의 체포와 도주의 방지 또는 불법집회와 시위의 상황적 요건이 존재하여야 한다.

분사기 또는 최루탄의 사용이 가능한 경우는 크게 두 가지로 나누어 볼 수 있는데 그 하나는 범인의 체포, 도주의 방지를 위한 것이고, 다음은 불법집회 시위의 경우 일정한 요건에 해당하는 경우이다.

먼저 범인이란 수사중의 피의자, 형사피고인 및 유죄판결이 확정된 기결수 등을 통틀어 말하는 것으로 물론 현행범도 포함된다. 체포란 형사소송법상의 절차에 따라서 사람의 신체를 국가기관의 통제 아래에 두는 것으로 여기에는 통상구속, 긴급구속, 현행범인의 체포가 포함된다. 도주의 방지란 이미 체포·구속된 상태에 있는 자가 그 상태로부터 벗어나는 것을 막는 활동이다.

다음에 불법집회·시위의 경우에도 또한 최루탄을 사용할 수 있다. 집회 및 시위는 헌법이 보장하는 국민의 기본권으로 적법한 집회와 시위를 보호하고 공공의 안녕과 질서를 유지하기 위하여 "집회 및 시위에 관한 법률"이 있으므로 이를 준수하여야 한다.

둘째, 위해발생의 억제를 위하여 사용되어야 한다.

경찰관이 범인의 체포, 도주를 방지하기 위하여 또는 불법집회, 시위의 경우에 자기 또는 타인의 생명·신체와 재산 및 공공시설안전에 대한 현저한 위해발생을 억제하기 위하여

---

109 이 法律은 火焰瓶 使用으로 因한 國民의 生命, 身體, 財産에 대한 위협이 증대하고 公共의 안녕과 질서가 침해되어 社會의 불안이 야기되고 있으며 또한 火焰瓶은 人命의 살상이나 재산의 훼손 외에는 그 용도가 거의 없음에도 이의 製造, 보관, 운반, 所持 및 使用을 처벌할 직접적인 根據 法令이 없어 火焰瓶에 대하여 效果的으로 대처할 수 없으므로 이에 對한 處罰規定을 두어 社會의 不安을 해소하고 國民의 生命, 身體 및 財産을 保護하기 위해 1989年 6月 16日 法律 4129號로 分布되었다.

부득이한 경우에만 분사기 또는 최루탄을 사용할 수 있다.

(3) 분사기사용의 한계

분사기 또는 최루탄 사용은 부득이한 경우로서 현장책임자의 합리적인 판단하에 신체에 직접 위해를 가하지 않는 범위 내에서 이루어져야 한다.

현장책임자는 경찰조직상의 지휘, 감독 책임을 지는 것은 당연하며 입법의 의도는 분사기 또는 최루탄의 사용여부를 신중하게 판단하도록 한 것이다.

(4) 분사기사용기록의 보관

분사기 또는 최루탄을 사용한 경우 그 책임자는 사용일시·장소·대상·현장책임자·종류·수량 등을 기록 보관하여야 한다.

3) 무기의 사용

(1) 무기사용의 의의

경찰관은 경찰관직무집행법 제10조의4 규정에 의거 범인의 체포, 도주의 방지, 자기 또는 타인의 생명·신체에 대한 방호, 공무집행에 대한 항거의 억제 등에 필요하다고 인정되는 상당한 이유가 있을 때에 그 사태를 합리적으로 판단하여 필요한 한도 내에서 무기[110]를 사용할 수 있다.

경찰관의 무기사용은 주로 범인체포와 같은 형사목적에 행사하도록 한 것이 특징이다.

(2) 무기사용의 요건

경찰관의 무기사용에는 위해를 수반하지 않는 무기사용과, 위해를 수반하는 무기사용이 있다.

먼저 전자의 경우는 경찰관이 직무집행시 위협적 수단으로 사용한 경우로서 상대방에

---

110 武器란 사람을 殺傷하는 능력을 가진 기구로서, 주로 사람을 殺傷하는 용도에 제공할 목적으로 제작된 것을 말한다. 사람을 殺傷하는 성능을 가진 器具를 총칭하여 凶器라고 하는데, 무기는 그 중에서 사람을 殺傷하기 위하여 제작된 것이다. 武器를 군대의 용도에 제공한 때에는 兵器라고 한다. 통상의 무기로는 拳銃·小銃刀劍 등을 들 수 있다. 催淚가스가 무기에 해당하느냐에 대하여는 의견이 갈리고 있으나 武器는 아니라고 보는 것이 타당하다. 더구나 1989년 6월 16일 경찰관직무집행법을 개정'催淚彈使用'을 武器使用과 분리·신설한 것은 催淚彈이 武器의 槪念에 포함되지 않는다는 입법론적 해석으로 풀이된다.

게 위해를 발생시키지 않는 정도의 무기사용을 말한다. 이는 공포와 같은 것으로 ① 범인의 체포·도주의 방지를 위해 필요한 때, ② 자기 또는 타인의 생명·신체에 대한 방호를 위해 필요한 때, ③ 공무집행에 대한 항거의 억제를 위해 필요한 때 가능하다.

그리고 경찰관이 무기를 사용하여 사람에게 위해를 주어도 위법이 되지 않는 경우로서 ① 형법 제21조의 정당방위에 해당하는 경우, ② 형법 제22조의 긴급피난에 해당되는 경우, ③ 사형·무기 또는 장기 3년 이상의 징역이나 금고에 해당하는 죄를 범하거나 범하였다고 의심할 만한 상당한 이유가 있는 자가 경찰관의 직무집행에 대하여 항거하거나 도주하려고 할 때, 또는 제3자가 그를 도주시키려고 경찰관에게 항거할 때에 이를 방지 또는 체포하기 위하여 무기를 사용하지 아니하고는 다른 수단이 없다고 인정되는 상당한 이유가 있을 때, ④ 체포, 구속영장과 압수수색영장을 집행할 때 본인이 경찰관의 직무집행에 대하여 항거하거나 도주하려 때, 또는 제3자가 그를 도주시키려고 경찰관에게 항거할 때 이를 방지 또는 체포하기 위하여 무기를 사용하지 아니하고는 다른 수단이 없다고 인정되는 상당한 이유가 있을 때, ⑤ 범인 또는 소요행위자가 무기·흉기 등 위험한 물건을 소지하고 경찰관으로부터 3회 이상 투기명령 또는 투항명령을 받고 이에 계속 불응 항거하여 이를 방지 또는 체포하기 위해 무기를 사용하지 아니하고는 다른 수단이 없는 상당한 이유가 있을 때, ⑥ 대간첩작전수행에 있어 무장간첩이 경찰관의 투항명령을 받고도 이에 불응하는 경우 사용할 수 있다.

(3) 무기사용의 한계

위해를 수반하지 않는 경우에는 합리적으로 판단하여 최소한도 내에서만 사용하여야 하며, 위해를 수반하는 경우에는 합리적 판단, 최소한도의 원칙 이외의 무기를 사용하지 않고는 다른 수단이 없다고 인정되는 상당한 이유가 있어야 한다.

(4) 무기사용후의 보고

경찰관의 무기를 사용한 때에는 지체 없이 무기사용보고서를 작성하여 소속 경찰관서의 장에게 보고하여야 한다. 다만 소속 경찰관서의 장이나 상관의 지시에 의하여 사용한 경우에는 구두로 보고하거나, 근무일지 기재로 갈음할 수 있다.

III. 청원경찰법

1. 개설

1) 청원경찰법의 목적 및 구성

청원경찰법은 청원경찰의 직무·임용·배치·보수·사회보장 기타 필요한 사항을 규정함으로써 청원경찰의 원활한 운영을 목적으로 제정·시행되고 있는 법률이다.

동법은 1962년 4월 3일 법률 제1049호로 제정·공포 시행중 1973년 10월 31일 법률 제2666호로 전문개정이 있은 후 22차에 걸쳐 부분적으로 개정되었다.

최근 개정된 내용을 보면, 청원경찰의 임용결격사유를 국가공무원의 임용결격사유와 동일하게 규정하면서 임용결격사유에 해당되면 당연 퇴직되도록 하고 있으나, 「국가공무원법」에서는 임용결격사유보다 당연 퇴직 사유를 완화하여 규정하고 있는바, 청원경찰에게 국가공무원에 비해 엄격한 당연 퇴직 사유가 적용됨으로써 직업선택의 자유가 과도하게 제한되는 측면이 있었다. 이에 청원경찰이 임용결격사유에 해당될 때에도 파산선고를 받은 사람의 경우에는 신청기한 내에 면책신청을 하지 아니하였거나 면책불허가 결정 또는 면책 취소가 확정된 경우만, 금고 이상의 형의 선고유예를 받은 사람의 경우에는 수뢰, 성폭력범죄 및 직무와 관련 횡령 등의 죄를 범한 사람만 당연 퇴직되도록 함으로써 청원경찰의 기본권을 보호하고자 2022. 11. 15. 법률 제19033호로 개정되었다.

동법은 제1조(목적), 제2조(정의), 제3조(청원경찰의 직무), 제4조(청원경찰의 배치), 제5조(청원경찰의 임용 등), 제5조의2(청원경찰의 징계), 제6조(청원경찰경비), 제7조(보상금), 제7조의2(퇴직금), 제8조(제복착용과 무기휴대), 제9조의3(감독), 제9조의4(쟁의행위의 금지), 제10조(직권남용 금지 등), 제10조의2(청원경찰의 불법행위에 대한 배상책임), 제10조의3(권한의 위임), 제10조의4(의사에 반한 면직), 제10조의5(배치의 폐지 등), 제10조의6(당연퇴직), 제10조의7(휴직 및 명예퇴직), 제11조(벌칙), 제12조(과태료), 부칙 등이다.

이외에 청원경찰법의 시행과 권한의 위임 등을 규정한 청원경찰법 시행령[111]과 청원경찰

---

[111] 청원경찰법 시행령은 1962년 4월 23일 각령 제674호로 제정되어 시행되어오다가 1974년 5월 14일 대통령령 제7149호로 개정이 있는 등 2022. 5. 3. 대통령령 제32617호로 총 39차에 걸쳐서 개정되어 왔다.

법 시행규칙[112]이 있다.

2) 청원경찰의 법적지위

청원경찰이란 국가기관 또는 공공단체와 그 관리 하에 있는 중요시설 또는 사업장, 국내주재 외국기관 기타 행정안전부령이 정하는 중요시설·사업장 또는 장소에 해당하는 기관의 장 또는 시설·사업장 등의 경영자가 소요경비를 부담할 것을 조건으로 경찰의 배치를 신청하는 경우에 그 기관·시설 또는 사업장 등의 경비를 담당하게 위하여 배치하는 경찰을 말한다.

이러한 청원경찰에 종사하는 자는 임용권자가 국가기관, 지방자치단체의 장인 경우에는 예외적으로 공무원의 신분을 갖게 되지만 기타 기관에서는 취업규칙에 따른 신분, 즉 공무원이 아닌 것을 기본신분으로 한다. 그러나 직무의 특수성에 비추어 형법 기타 법령에 의한 벌칙의 적용과 청원경찰법과 동법시행령이 특히 규정한 경우에는 공무원으로 본다(동법 시행령 제19조).[113]

2. 청원경찰의 직무

청원경찰은 동법 제3조에서 규정하고 있는 바와 같이 청원주와 배치된 기관·시설 또는 사업장 등의 구역을 관할하는 경찰서장의 감독을 받아 그 경비구역 안에 한하여 경비목적을 위하여 필요한 범위 안에서 경찰관직무집행법에 따른 경찰관의 직무를 수행하는 특별경찰집행기관이다.

일반경찰이 일반적인 경찰사무를 담당하는 것과는 달리 청원경찰은 경비구역 내에서만 경찰관직무집행법에 의한 경찰사무를 담당하는 점에서 서로 다르다.

---

112 동법시행규칙은 1967년 11월 9일 내무부령 제22호로 제정되어 1974년 5월 17일 내무부령 제144호 전문개정이 있는 등 2022. 11. 10. 행정안전부령 제357호로 총 27차에 걸쳐서 개정되었다.

113 김두현, 경호학개론, 296면.

1) 경비구역

경비구역이라 함은 기관·시설·사업장 또는 장소 등이 위치하고 있는 경비구역 안을 말하는데 구체적으로는 청원경찰배치신청서에 첨부된 '경비구역 평면도'로 구획된 구역을 말한다.

경비구역 밖에서 그 기관이나 시설·사업장·장소 등과 관계되는 임무를 수행한다 하더라도 청원경찰의 임무수행으로는 볼 수 없다. 다만, 현금수송·화약류를 수송하는 경우에는 연계된 업무로 본다.

2) 직무수행

청원경찰의 직무범위는 경찰관직무집행법 제2조에 예시하고 있는 ① 국민의 생명·신체 및 재산의 보호, ② 범죄의 예방·진압, ③범죄피해자 보호, ④ 경비, 주요 인사(人士) 경호 및 대간첩·대테러 작전 수행, ⑤ 공공안녕에 대한 위험의 예방과 대응을 위한 정보의 수집·작성 및 배포, ⑥ 교통의 단속[114]과 위해의 방지, ⑦ 그 밖에 공공의 안녕과 질서 유지 등이다.

청원경찰은 직무를 행할 때에는 경비목적을 위하여 필요한 최소한도내에 그쳐야 하며, 사법경찰 사무를 취급할 수 없으므로 수사활동 등은 금지된다(동법시행규칙 제21조).

이러한 직무수행은 경비구역 내에서 청원주와 관할경찰서장의 감독하에 경찰관직무집행법에 의한 직무수행이 제한적으로 적용된다. 이에 관한 내용은 앞에서 설명하였으므로 생략하기로 한다.

3. 청원경찰의 배치

청원경찰의 배치대상(동법 제2조)과 배치신청 등(동법 제4조)을 보면 다음과 같다.

114　여기에서의 交通의 團束은 경비구역 내에서의 교통정리, 주정차위반의 단속, 교통사고 발생시의 응급조치 등을 가리키는 바 법규위반 행위와 교통사고 발생 등은 즉각 경찰관에게 연락·조치하여야 한다.

1) 배치의 대상

청원경찰을 배치할 수 있는 대상은 ① 국가기관 또는 공공단체와 그 관리하에 있는 중요시설 또는 사업장, ② 국내 주재 외국기관, ③ 그 밖에 행정안전부령으로 정하는 중요시설 또는 사업장 및 장소[115](선박·항공기 등 수송시설, 금융 또는 보험을 업으로 하는 시설 또는 사업장, 언론·통신·방송 또는 인쇄를 업으로 하는 시설 또는 사업장, 학교 등 육영시설, 의료법에 의한 의료기관, 기타 공공의 안녕질서유지와 국민경제상 고도의 보호를 요하는 중요시설·사업체 또는 장소)이다.

2) 배치의 신청·폐지 등

청원경찰의 배치를 받으려는 자는 경비구역 평면도 1부, 배치계획서 1부를 첨부하여 청원경찰배치신청서를 기관·시설·사업장 또는 장소의 소재지를 관할하는 경찰서장을 거쳐 지방경찰청장에게 제출하여 신청한다.

이 경우 배치 장소가 2개 이상의 도(서울특별시 및 광역시를 포함)인 경우에는 주된 사업장의 소재지를 관할하는 경찰서장을 거쳐 관할지방경찰청장에게 일괄 신청할 수 있다(동법시행령 제2조).

지방경찰청장은 청원경찰 배치신청을 받으면 지체없이 그 배치여부를 결정하여 신청인에게 알려야 한다(동법 제4조 제2항).

지방경찰청장은 청원경찰 배치가 필요하다고 인정되는 기관의 장 또는 시설·사업장의 경영자에게 청원경찰을 배치할 것을 요청할 수 있다(동법 제4조 제3항).

청원주는 청원경찰이 배치된 시설이 폐쇄되거나 축소되어 청원경찰의 배치를 폐지하거나 배치인원을 감축할 필요가 있다고 인정되면 청원경찰의 배치를 폐지하거나 배치인원을 감축할 수 있다. 다만, 청원주는 경비업법에 따른 특수경비원을 배치할 목적으로 청원경찰 배치를 폐지하거나 배치인원을 감축할 수 없다(동법 제10조의5 제1항).

그리고 청원주가 청원경찰을 폐지하거나 감축하였을 때에는 청원경찰 배치 결정을 한 경찰관서의 장에게 알려야 하며, 그 사업장이 지방경찰청장이 청원경찰의 배치를 요청한 사

---

115   同法 施行規則 第1條.

업장일 때에는 그 폐지 또는 감축사유를 구체적으로 밝혀야 한다(동법 제10조의5 제2항).

청원경찰을 배치하고 있는 사업장이 하나의 경찰서 관할지역 안에 있는 경우에 한하여 청원경찰의 배치의 결정 및 요청에 관한 권한을 관할경찰서장에게 위임한다(동법시행령 제20조 제1호).

3) 배치 및 이동

청원주는 청원경찰을 신규로 배치하거나 이동할 때에는 배치지(이동배치의 경우에는 종전의 배치지) 관할경찰서장에게 이를 통보하여야 하며, 통보를 받은 경찰서장은 이동배치가 관할구역을 달리 할 때에는 전입지 관할경찰서장에게 이를 통보해야 한다(동법시행령 제6조).

4. 청원경찰의 임용

1) 임용

청원경찰은 청원경찰의 배치결정을 받은 자, 즉 청원주가 임용하되, 임용을 할 때에는 미리 지방경찰청장의 승인을 받아야 한다(동법 제5조 제1항).

청원경찰을 배치하고 있는 사업장이 하나의 경찰서 관할구역 안에 있는 경우에 한하여 청원경찰의 임용승인에 관한 권한을 관할경찰서장에게 위임한다(동법시행령 제20조 제2호).

임용자격을 보면, 그 결격사유로서 ① 금치산자 또는 한정치산자, ② 파산자로서 복권되지 아니한 자, ③ 금고이상의 형을 받고 그 집행이 종료되거나 집행을 받지 아니하기로 확정된 후 5년을 경과하지 아니한 자, ④ 금고이상의 형을 받고 그 집행유예의 기간이 완료된 날로부터 2년을 경과하지 아니한 자, ⑤ 금고이상의 형의 선고유예를 받은 경우에 그 선고유예 기간중에 있는 자, ⑥ 법원의 판결 또는 다른 법률에 의하여 자격이 상실 또는 정지된 자, ⑦ 징계에 의하여 파면의 처분을 받은 때로부터 5년을 경과하지 아니한 자, ⑧ 징계에 의하여 해임의 처분을 받은 때로부터 3년을 경과하지 아니한 자는 청원경찰로 임용할 수 없다.

그리고 연령은 18세 이상이어야 하고(동법시행령 제3조), 임용의 신체조건으로서 신체가 건강하고 팔다리가 완전하여야 하며, 시력(교정시력 포함)은 양쪽 눈이 각각 0.8 이상이어야 한다(동법시행규칙 제4조).

그리고 청원주는 그 배치결정통지를 받은 날로부터 30일 이내에 배치 결정된 인원수의 임용예정자에 대하여 이력서 1부, 주민등록증 사본 1부, 민간인 신원진술서 1부, 최근 3월 이내에 발행한 채용신체검사서 또는 취업용건강진단서 1부, 가족관계등록부 중 기본증명서 1부, 병적증명서 1부를 첨부한 임용승인신청서를 지방경찰청장에게 제출하여야 한다(동법시행규칙 제5조).

청원주가 청원경찰을 임용하거나 퇴직한 때에는 10일 이내에 그 임용 및 퇴직사항을 사업장의 소재지를 관할하는 경찰서장을 거쳐 지방경찰청장에게 보고하여야 하며(동법시행령 제4조), 청원경찰을 신규로 배치하거나 이동배치한 때에는 관할경찰서장에게 통보하여야 한다(동법시행령 제6조 제1항).

또한 청원경찰의 교육은 기본교육과 직무교육으로 나누어진다.

기본교육은 청원경찰에 임용된 자에 대하여 청원주가 배치하기 전에 경찰교육기관에서 직무수행에 필요한 2주간의 교육을 받게 하는 것을 말하며,[116] 의무경찰을 포함한 경찰관 또는 청원경찰에서 퇴직한 자가 퇴직한 날로부터 3년 이내에 청원경찰로 임용된 때에는 교육을 면제할 수 있다.

청원주는 소속 청원경찰에게 그 직무집행에 필요한 교육을 매월 4시간 이상 하여야 하고, 청원경찰이 배치된 사업장의 소재지를 관할하는 경찰서장은 필요하다고 인정하는 경우에는 그 사업장에 소속 공무원을 파견하여 직무집행에 필요한 직무교육을 할 수 있다(동법시행규칙 제13조).

2) 신분보장 등

청원경찰의 신분보장을 위해 의사에 반한 면직은 금지된다. 즉 청원경찰은 형의 선고, 징계처분 또는 신체·정신상의 이상으로 직무를 감당하지 못할 때를 제외하고는 그 의사에 반하여 면직되지 아니한다.

---

116 교육비는 청원주가 당해 청원경찰의 입교 3일안에 해당경찰 교육기관에 납부한다(동법시행규칙 제8조 제3호).

이 경우 청원주가 청원경찰을 면직시켰을 때에는 그 사실을 관할경찰서장을 거쳐 지방경찰청장에게 거쳐 보고하여야 한다(동법 제10조의4).

그리고 청원경찰이 임용결격사유에 해당될 때, 청원경찰의 배치가 폐지되었을 때, 또는 나이가 60세가 되었을 때 다만, 그 날이 1월부터 6월 사이에 있으면 6월 30일에, 7월부터 12월 사이에 있으면 12월 31일에 각각 당연퇴직된다(동법 제10조의6).

또한 국가기관이나 지방자치단체에 근무하는 청원경찰의 휴직 및 명예퇴직에 관하여는 「국가공무원법」 제71조부터 제73조까지 및 제74조의2를 준용한다(제10조의7).

5. 청원경찰의 복무 및 보수

청원경찰의 복무에 관해서는 국가공무원법, 경찰공무원법 등 일부를 준용하고 당해 사업장의 취업규칙에 의한다.[117]

1) 의무 및 근무요령

청원경찰은 복종의무, 직장이탈금지의무, 비밀엄수의무, 집단행위금지의무, 허위보고 및 직무태만 금지의무 등을 지며, 맡은바 책임을 완수하여야 한다.

그리고 근무기강의 확립과 경찰예절 등을 갖추어야 하고 청원주가 발행한 신분증명서를 항시 휴대하여야 한다(동법시행규칙 제11조).

청원경찰의 근무요령을 보면(동법시행규칙 제14조), 첫째, 자체경비를 위한 입초근무자는 경비구역의 정문 기타 지정된 장소에서 경비구역의 내부·외부 및 출입자의 통행을 감지한다.

둘째, 소내에서 업무처리 및 자체경비를 하는 소내 근무자는 근무중 특이한 사항이 발생한 때에는 지체 없이 청원주 또는 관할경찰서장에게 보고하여 그 지시에 따라야 한다.

셋째, 순찰근무자는 청원주가 지정한 일정한 구역을 순회하면서 경비업무를 수행한다. 다만, 순찰은 정선순찰에 의하되, 청원주가 필요하다고 인정할 때에는 요점·난선 또는 복

---

117 청원경찰의 복무에 관하여는 국가공무원법 제57조 제58조 제1항, 제60조, 제66조 제1항 및 경찰공무원법 제18조의 규정을 준용하며, 이외에 복무에 관하여는 당해 사업장의 취업규칙에 의한다(동법 제5조 제4항, 동법시행령 제7조).

수순찰을 행하게 할 수 있다.

넷째, 대기근무자는 소내 근무를 협조하거나 휴식하면서 불의의 사고에 대비한다.

2) 복제

청원경찰의 복제는 제복·장구 및 부속물로 분류 한다(동법시행령 제14조 제1항). 청원경찰은 근무중 제복을 착용하여야 하며(동법 제8조 제1항), 그 종류는 정모, 기동모, 동근무복, 하근무복, 성하복, 기동복, 점퍼, 우의, 방한복, 외투, 단화, 기동화, 방한화로 구분한다.

장구는 요대·경찰봉·호루라기 및 포승으로 구분되며, 부속물은 모장·흉장·표지장·계급장, 넥타이핀, 단추 및 장갑으로 구분한다(동법시행규칙 제9조). 다만, 청원경찰의 배치지의 특수성 등으로 특수복장을 착용 할 필요가 있을 때에는 청원주는 지방경찰청장의 승인을 얻어 특수복장을 착용하게 할 수 있다(동법시행령 제14조 제3항).

제복의 제식은 경찰복제와 같으며, 그 색상과 재질은 청원주가 결정하되, 각 사업장별로 통일되게 하여야 한다. 다만, 기동모·기동복의 색상은 진한 청색으로 한다.

그리고 제복은 하계와 동계의 구별에 따라 각각 하복 또는 동복을 착용한다. 그 착용시기는 각 사업장별로 청원주가 결정하되, 그 착용시기를 통일하여야 한다(동법시행규칙 제9조).

피복은 청원주가 조제 또는 구입하여 규정된 1년 내지 3년의 사용기간, 정기지급일 또는 신규 배치시에 청원경찰에게 현품으로 지급한다(동법시행규칙 제8조 제2호).

청원경찰은 평상근무중에는 정모·근무복·단화·호루라기·경찰봉 및 포승을 착용 또는 휴대하여야 하고, 총기를 휴대하지 아니하는 때에는 분사기를 휴대하여야 하며, 교육훈련 기타 특수근무중에는 기동모·기동복·기동화 및 표지장을 착용 또는 부착하되 요대와 경찰봉은 이를 착용 또는 휴대하지 아니 할 수 있다(동법시행규칙 제9조 제3항).

3) 표창 및 징계

지방경찰청장·관할경찰서장 또는 청원주는 청원경찰에 대하여 성실히 직무를 수행하여 근무성적이 탁월하거나 헌신적인 봉사로 특별한 공적을 세운 경우에는 공적상을, 교육훈련에 있어서 교육성적이 우수한 경우에는 우등상을 표창할 수 있다(동법시행규칙 제18조).

그리고 청원주는 청원경찰이 ① 내지 ②의 어느 하나에 해당한 때 또는 관할경찰서장으로부터 징계요청을 받은 때에는 그 해당자에 대하여 징계처분을 하여야 한다. 즉 ① 직무상의 의무에 위반하거나 직무를 태만히 한 때, ② 품위를 손상하는 행위를 한 때 등 어느 하나의 사유에 해당한 때에는 해당 청원경찰에 대하여 징계처분을 한다.

징계의 종류에는 파면·해임·정직·감봉 및 견책이 있다. 파면·해임은 청원경찰의 신분을 박탈하는 것이며, 정직·감봉은 일정기간동안 일정금액의 봉급을 감하고, 견책은 전과에 대하여 회개하게 하는 것이다(동법시행령 제8조 제3항).

또한, 청원주는 청원경찰의 배치결정통지를 받은 때에는 그 날로부터 15일 이내에 청원경찰에 대한 징계규정을 제정하여 관할 지방경찰청장에게 신고하여야 한다. 징계규정을 변경할 때에도 또한 같다(동법시행령 제8조 제5항)..

지방경찰청장은 징계규정이 보완을 요한다고 인정할 때에는 그 보완을 요구할 수 있다(동법시행령 제8조 제6항).

4) 보수 등

청원주는 청원경찰의 봉급 및 각종 수당 등 청원경찰경비를 부담하여야 한다. 청원경찰에게 지급할 봉급과 각종 수당, 피복비, 교육비, 보상금 및 퇴직금이 이에 해당한다. 청원주의 봉급·수당의 최저부담기준액과 피복비, 교육비 비용의 부담기준액은 경찰청장이 정하여 고시(告示)한다. 다만, 배치된 사업장에서 동종 또는 유사직무근로자에게 지급하는 임금보다 그 기준액이 적을 때에는 당해 사업장에서 동종 또는 유사직무근로자에게 지급하는 임금에 상당한 금액을 지급하여야 한다.

국가기관 또는 지방자치단체에 근무하는 청원경찰의 보수는 재직기간 15년 미만은 순경, 재직기간 15년 이상 30년 미만은 경장, 재직기간 30년 이상은 경사의 구분에 따라 같은 재직기간에 해당하는 경찰공무원의 보수를 감안하여 지급한다.

봉급 및 제수당은 청원주가 당해 기관·시설·사업장 또는 장소의 직원에 대한 보수지급일에 청원경찰에 직접 지급한다(동법 제6조, 동법시행령 제10조).

그리고 청원주는 ① 청원경찰이 직무수행으로 인하여 부상을 입거나 질병에 걸리거나 또는 사망한 때, ② 직무상의 부상·질병으로 인하여 퇴직하거나, 퇴직 후 2년 이내에 사망한 때에는 청원주가 산업재해보상보험법에 가입하였을 경우에는 동법에 의하여 노동부장관이, 기타의 경우에는 근로기준법의 규정에 의하여 청원주가 보상금을 지급하여야 한다(동법 제7조, 동법시행령 제13조).

또한 청원주는 청원경찰이 퇴직한 때에는 근로기준법에 따른 퇴직금을 지급하여야 한다. 다만, 국가기관이나 지방자치단체에 근무하는 청원경찰은 따로 공무원연금법에 의한다(동법 제7조의2).

6. 청원경찰의 무기관리 및 사용

청원경찰은 청원주와 배치된 기관·시설 또는 사업장 등의 구역을 관할하는 경찰서장의 감독을 받아 그 경비구역 내에서 경비목적을 위하여 경찰관직무집행법에 의한 경찰관의 직무를 수행하도록 청원경찰법 제3조에서 규정하고 있고, 동법 제8조 제2항에 의거 무기를 휴대할 수 있다.

그러므로 청원경찰은 청원경찰이 배치된 경비구역 내에서 직무수행중 경찰관직무집행법 제10조의4에 의한 요건에 해당할 때에는 무기를 사용할 수 있다.

청원경찰의 무기사용은 국민의 생명·신체에 중대한 위해를 가하는 실력행사이므로 그 사용에는 신중을 기해야 한다.

따라서 무기의 대여 및 관리, 무기의 사용에 관하여 자세히 설명하고자 한다.

1) 무기대여 및 휴대

청원경찰은 청원경찰법 제8조 제2항에 "지방경찰청장은 청원경찰이 직무를 수행하기 위하여 필요하다고 인정하면 청원주의 신청을 받아 관할경찰서장으로 하여금 청원경찰에게 무기를 대여하여 지니게 할 수 있다"고 규정되어 있고 동법시행령 제16조에 구체적으로 규정하고 있다.

즉 청원주는 청원경찰이 휴대할 무기를 대여 받고자 할 때에는 무기대여신청서를 관할경찰서장을 거쳐 지방경찰청장에게 제출하여야 하며, 대여신청을 받은 지방경찰청장은 청원주로부터 국가에 기부 체납된 무기에 한하여 관할경찰서장으로 하여금 무기를 대여하여 휴대하게 할 수 있다.

그리고 청원주는 청원경찰법 시행령 제15조에 의거 총포·도검·화약류등단속법에 의한 분사기의 소지허가를 받아 청원경찰로 하여금 그 분사기를 휴대하여 직무를 수행하게 할 수 있다.

2) 무기의 관리

관할경찰서장은 무기를 대여한 때에는 청원경찰의 무기관리 상황을 수시 점검하여야 한다(동법시행령 제16조 제3항).

청원주는 청원경찰법 시행규칙 제16조의 규정에 의하여 무기 및 탄약의 관리를 위하여 관리책임자를 지정하고 관할경찰서장에게 통보하여야 하며, 경찰청장이 정하는 바에 의하여 매월 무기 및 탄약의 관리실태를 파악하여 다음달 3일까지 관할경찰서장에게 통보하여야 한다.

그리고 청원주는 대여 받은 무기 및 탄약의 분실·도난·피탈 또는 훼손 등의 사고가 발생한 때에는 지체 없이 그 사유를 관할경찰서장에게 통보하여야 한다.

또한 청원주는 ① 직무상 비위로 징계대상이 된 자, ② 형사사건으로 인하여 조사대상이 된 자, ③ 사의를 표명한 자, ④ 평소에 불평이 심하고 염세비관하는 자, ⑤ 주벽이 심한 자, ⑥ 변태성벽이 있는 자에게는 무기 및 탄약을 지급해서는 아니 되며, 지급된 무기 및 탄약을 회수한다.

무기 및 탄약을 출납하였을 때에는 무기탄약출납부에 그 출납사항을 기록한다. 수리를 요하는 무기가 있을 때에는 그 목록과 무기장비운영카드를 첨부하여 관할경찰서장에게 그 수리를 요청할 수 있다.

탄약의 출납은 소총에 있어서는 1정당 15발 이내, 권총에 있어서는 1정당 7발 이내로 하여야 한다. 이 경우에 고제품의 탄약을 우선 출납한다. 다만, 관할경찰서장의 지시에 따라 탄약의 수를 증감하거나 출납을 중지할 수 있으며, 무기를 회수하여 집중 관리할 수 있다.

청원주는 청원경찰에게 지급한 무기 및 탄약의 손질을 매주 1회 이상 행하게 하여야 한다.[118]

끝으로 청원주로부터 무기 및 탄약을 지급받은 청원경찰은 다음 사항을 준수하여야 한다(동법시행규칙 제16조 제3항).

① 무기를 지급받거나 반납할 때 또는 인계인수에는 반드시 "앞에 총" 자세에서 "검사 총"을 하여야 한다.

② 무기 및 탄약을 지급 받았을 때에는 별도의 지시가 없는 한 무기와 탄약은 분리하여 휴대하여야 하며, 소총은 "우로 어깨 걸어 총", 권총은 "권총집에 넣어 총" 자세를 유지하여야 한다.

③ 지급 받은 무기는 타인에게 보관하거나 휴대시킬 수 없으며 손질을 의뢰할 수 없다.

④ 무기를 손질 또는 조작할 때에는 반드시 총구를 공중으로 향하여야 한다.

⑤ 무기 및 탄약을 반납할 때에는 손질을 철저히 하여야 한다.

⑥ 근무시간 이후에는 무기 및 탄약을 청원주에게 반납하거나 교대 근무자에게 인계하여야 한다.

3) 무기의 사용

청원경찰법 제3조에 "청원경찰은 청원주와 배치된 기관·시설 또는 사업장등의 구역을 관할하는 경찰서장의 감독을 받아 그 경비구역만의 경비를 목적으로 필요한 범위에서 경찰관직무집행법에 따른 경찰관의 직무를 수행한다."고 규정되어 있는 바 이 규정에 의하여 청원경찰은 경비구역 내에서 무기를 다음과 같이 사용할 수 있다.

먼저 위해를 수반하지 않는 무기사용은 상대방에게 위험이 발생치 않도록 무기를 사용하는 것으로 상대방을 향하여 공포를 발사하는 것 등이 그것이다.

이러한 요건으로는 ① 범인의 체포, 도주의 방지를 위하거나, 자기 또는 타인의 생명·신체를 방호하거나, 공무집행에 대한 항거를 억제하기 위한 경우일 것, ② 무기사용이 필요하다고 인정되는 상당한 이유가 있을 것이 요구된다.

그리고 위해를 수반하는 무기사용은 무기를 사용하여 현실적으로 인명에 대하여 살상

---

118   武器彈藥管理의 세부적인 규칙을 정한 **武器彈藥管理規則**(경찰청 훈령 제22호, 1991. 7. 31 제정)이 있으므로 이를 참조할 것.

을 가하는 것을 의미한 것으로, ① 형법상 정당방위에 해당하는 때,[119] ② 형법상 긴급피난에 해당하는 때,[120] ③ 3년 이상의 징역, 범인의 체포, 도주의 방지와 직무집행중인 경찰관 등에 대한 항거의 억제를 위한 때,[121] ④ 구속영장과 압수·수색영장의 집행을 위한 때,[122] ⑤ 3회 이상 투기·투항명령, 범인·소요행위자가 위험한 물건을 소지한 경우,[123] ⑥ 대간첩작전의 수행을 위한 때에 한하여 무기를 사용한다.

7. 청원경찰의 감독

청원주는 항상 소속 청원경찰의 근무 상황을 감독하고, 근무 수행에 필요한 교육을 하여야 한다.

경비업법에 의한 경비업자가 중요시설의 경비를 도급받은 때에는 청원주는 그 사업장에 배치된 청원경찰의 근무배치 및 감독에 관한 권한을 당해 경비업자에게 위임할 수 있다. 다만, 이를 이유로 청원경찰의 보수나 신분상의 불이익을 주어서는 아니 된다(동법시행령 제19조).

그리고 지방경찰청장은 청원경찰의 효율적인 운영을 위하여 청원주를 지도하며 감독상 필요한 명령을 할 수 있다(동법 제9조의3). 이와 같은 지방경찰청장의 권한을 관할경찰서장에게 위임한다. 다만, 청원경찰을 배치하고 있는 사업장이 하나의 경찰서의 관할구역 안에 있는 경우에 한한다(동법시행령 제20조 제3호).

---

119 刑法 제21조는 자기 또는 타인의 법익에 대한 현재의 부당한 침해를 방위하기 위한 행위, 즉 正當防衛는 상당한 이유가 있는 때에는 벌하지 아니한다고 규정하고 있다.

120 刑法 제22조는 자기 또는 타인의 법익에 대하여 현재의 위난을 피하기 위한 행위, 즉 緊急避難은 상당한 이유가 있는 때에는 벌하지 아니한다고 규정하고 있다.

121 사형·무기 또는 장기 3년 이상의 懲役이나 禁錮에 해당하는 죄를 범하였거나 범하였다고 의심할 만한 충분한 이유가 있는 자가 警察官 등의 職務執行에 대하여 抗拒하거나 도주하려고 할 때, 또는 제3자가 그를 도주시키려고 경찰관에게 抗拒할 때에 이를 防止 또는 逮捕하기 위하여 무기를 사용하지 아니하고는 다른 수단이 없다고 인정되는 상당한 이유가 있는 때에는 무기를 사용할 수 있다.

122 拘束令狀과 押收·搜索令狀을 집행할 때에 본인이 경찰관의 職務執行에 대하여 항거하거나 도주하려고 할 때, 또는 제3자가 그를 도주시키려고 경찰관에게 항거할 때 이를 방지 또는 체포하기 위하여 武器를 使用하지 아니하고는 다른 수단이 없다고 인정되는 相當한 理由가 있을 때에는 무기를 사용할 수 있다. 다만 구속영장 및 압수·수색영장의 집행은 경찰관만이 할 수 있는 것이므로 請願警察은 경찰관의 이러한 職務執行을 支援하는 경우에 무기사용을 할 수 있을 것이다.

123 犯人·騷擾行爲者가 무기·흉기 등 위험한 물건을 소지하고 경찰관으로부터 3회 이상의 투기명령·투항명령을 받고도 이에 불응하면서 계속 抗拒할 때에는 무기를 사용할 수 있다. 이는 사형·무기 또는 장기 3년 이상의 징역이나 금고에 해당하는 죄를 범하였거나 범하였다고 의심할 만한 충분한 이유가 없는 자라도 凶器를 소지한 자에 대하여는 武器를 使用할 수 있는 것으로, 흉기를 소지한 범인이 증가하고 범행이 날로 대담해지고 흉폭해지는 데 따른 현실적인 對應策을 명확히 하려는 데에 있다고 보여진다.

따라서 관할경찰서장은 매월 1회 이상 청원경찰을 배치한 경비구역에 임하여 ① 복무규율 및 근무상황, ② 무기관리 및 취급사항을 감독하여야 한다(동법시행령 제17조).

8. 행정·형사·민사책임

1) 행정책임

지방경찰청장은 청원주가 ① 청원경찰법 제4조 제2항에 따른 지방경찰청장의 배치결정을 받지 아니하고 청원경찰을 배치하거나 제5조 제1항에 따른 지방경찰청장의 승인을 받지 아니하고 청원경찰을 임용한 자, ② 정당한 이유 없이 제6조 제3항에 따라 경찰청장이 고시한 최저부담기준액 이상의 보수를 지급하지 아니한 자, ③ 제9조의3 제2항에 따른 지방경찰청장의 감독상 필요한 명령을 정당한 이유 없이 이행하지 아니한 자에 해당하는 경우에는 동법 제12조에 의해 500만원 이하의 과태료를 부과한다.

지방경찰청장은 과태료를 부과하는 때에는 당해 위반행위를 조사·확인한 후 위반사실 과태료 금액 등을 서면으로 명시하여 이를 납부할 것을 과태료처분대상자에게 통지하여야 하며, 10일 이상의 기간을 정하여 과태료를 처분대상자에게 구술 또는 서면에 의한 의견 진술의 기회를 주어야 한다. 이 경우 지정된 기일까지 의견진술이 없을 때에는 의견이 없는 것으로 본다.

그리고 과태료의 금액을 정함에 있어서는 당해 위반행위의 동기와 그 결과 등을 참작하되, 그 부과기준은 동법시행규칙 제21조 제1항 별표2에서 정한바와 같이 각각의 위반행위에 따라 300만원 내지 500만원을 부과한다.

또한 과태료의 징수절차에 관하여는 세입징수관사무처리규칙을 준용하되, 납입고지서에는 이의방법 및 이의기간 등을 함께 기재하여야 한다(동법시행규칙 제24조).

청원경찰을 배치하고 있는 사업장이 하나의 경찰서 관할구역 안에 있는 경우에는 과태료부과·징수에 관한 권한을 관할경찰서장에게 위임한다(동법시행령 제20조 제4호).

2) 형사책임

청원경찰이 그 직무를 수행할 때 직권을 남용하여 국민에게 해를 끼친 때에는 6개월 이하의 징역이나 금고에 처한다. 청원경찰업무에 종사하는 자는 형법이나 그 밖의 법령에 따른 벌칙을 적용할 때에는 공무원으로 본다(동법 제10조).

그리고 청원경찰로서 국가공무원법 제66조 제1항을 즉, 집단행위의 금지의무에 위반한 사람은 1년 이하의 징역 또는 200만원 이하의 벌금에 처한다(동법 제11조).

3) 민사책임

청원경찰의 직무상 불법행위에 대한 배상책임에 관하여는 민법의 규정을 따른다. 다만, 국가기관이나 지방자치단체에 근무하는 청원경찰은 국가배상법에 의하여 배상책임을 진다(동법 제10조의2).

여기서 불법행위란 불법으로 타인의 권리 혹은 이익을 침해하여 손해를 입히는 것을 말하며, 손해를 입은 자에게 불법행위자 혹은 그와 긴밀한 관계에 있는 자가 지는 배상책임을 불법행위책임이라고 한다.

예를 들면 청원경찰이 휴식 중에 석유스토브를 넘어뜨려 그로 인해 화재가 일어나 청원주의 시설 및 이웃 건물을 태운 경우나, 청원주의 금고에서 열쇠로 현금을 절취한 경우, 그리고 순회 중에 고의 또는 과실로 제3자에게 부상을 입힌 경우가 이에 해당한다.

Ⅳ. 경비업법

1. 개설

경비업법은 산업시설·공공시설·사무소 등 기타 경비를 요하는 시설물의 경비를 할 수 있도록 경비업에 관한 사항을 정하여 경비업무의 실시에 적정을 기하려는 법률로서 경비업자, 경비지도사 및 경비원의 활동을 규정한 가장 기본적인 법률이다. 경비업법은 경비업에 관한 단순한 수단적 사항을 정한 것일 뿐만 아니라, 경비업에 관한 기본적인 이념을 보여주고 경비업의 운영 및 구체적인 경비업무의 실시에 해당한 규범인 것이다.

오늘날 대부분의 스포츠시설과 다중관중의 시설경비 및 기계경비와 스포츠 임원이나 선수의 신변보호 등을 이 경비업법에 의한 경비업자가 실시하고 있으므로 경비업에 종사하는 모든 자는 법치주의를 취하고 있는 헌법의 정신에 따라 경비업법의 내용을 충분히 이해하고 그 취지를 익혀서 업무를 수행하는 것이 필요하다.

여기서는 경비업법의 변천, 경비업법의 목적 및 구성, 경비업법과 경비지도사 및 경비원의 개념, 경비업의 업무, 경비업의 허가, 경비업자·경비지도사·경비원의 의무, 경비지도사의 직무·선임·시험 등, 경비원의 직무·채용·복장 및 장구, 경비업무의 행정처분·감독, 경비업자의 손해배상 책임, 경비협회의 설립·업무·공제사업, 경비업 관련 형사 및 행정책임 등에 관하여 설명하고자 한다.

2. 경비업법의 변천

1) 경비업법의 제정

경비업법은 「용역경비업법」이라는 명칭으로 1976년 12월 31일 법률 제2946호에 의거 제정되었다.

1970년대 이법 제정 당시의 시대적 배경을 보면, 우리 사회는 급속한 도시화·산업화에 따른 각종 사회병리현상으로 인하여 강력범죄의 발생이 급증하였으나 늘어나는 치안수요에 대처할 수 있는 경찰력은 장비와 인력의 부족, 시국치안, 대간첩작전과 그에 따른 훈련 등으로 민생치안 수요에 대처하기는 한계에 이르렀다. 경찰력의 한계를 극복하기 위한 방안이 절실히 요청되고 있었으나 매번 예산상의 이유로 개선되지 못하였던 것이 당시의 실정이었다.

따라서 국민의 안전을 책임져야할 경찰이 그 기본임무인 민생치안 유지확보에 있어 한계를 드러내면서 경찰에 대한 국민의 신뢰는 이반되어 가고 있었다.

이러한 실정에 직면하여 1970년대 초 경찰에서는 부족한 경찰력에 대처할 수 있는 준경찰력으로서 이미 선진국에서는 오래 전부터 시행하여 상당한 수준에 올라 있는 경비용역에 관심을 보이기 시작하였다.

1976년 1월 치안본부는 보다 완벽한 치안확보대책 방안으로 각 업무소관별로 준 경찰력의 확대강화를 위한 용역경비업법의 입법추진을 위한 정지작업을 시작하게 되어 우리나라 실정에 맞는 입법을 위하여 자료수집에 착수하였다.

한국전력을 비롯한 국가 중요시설을 답사하여 경비실태를 정밀히 조사·분석하는 한편, 당시 주한 미8군 시설 경비용역업체의 운영실태 및 노무관리, 장비관계 등의 제반 현황을 파악하였고, 재향군인회 산하의 독립업체로부터 울산정유공장을 비롯한 국가 중요시설에 대한 경비용역에 대한 경험 등 다양한 정보를 입수하였고, 외사경찰을 통해 미국 및 일본의 경비업에 관한 자료도 수집하여 약 7개월간의 노력 끝에 법안을 완성하여 본격적인 제정 작업에 착수하기에 이르렀다.

그 후 1976년 9월초 치안본부 각 부서 소관별로 연구 검토한 보고내용 중에서 4가지 안건이 치안본부장의 결재를 받았고, 이어 내무부장관을 거쳐 1976년 9월 20일 대통령의 재가를 받게 되었다. 이로써 우리나라 최초의 용역경비업법이 탄생하는 계기가 마련되었다.[124]

따라서 1976년 11월 15일 차관회의 통과, 11월 16일 국무회의 통과, 12월 17일 국회 본회의를 통과하여 같은 해 12월 31일 제정·공포되었다.

2) 경비업법의 개정

경비업법은 경비를 필요로 하는 시설 및 장소에서의 도난·화재 그 밖의 혼잡 등으로 인한 위험발생을 방지하는 시설경비업무와 운반 중에 있는 현금·유가증권·귀금속·상품 그 밖의 물건에 대하여 도난·화재 등 위험발생을 방지하는 호송경비업무, 사람의 생명이나 신체에 대한 위해의 발생을 방지하고 그 신변을 보호하는 신변보호업무, 경비대상시설에 설치한 기기에 의하여 감지·송신된 정보를 그 경비대상시설외의 장소에 설치한 관제시설의 기기로 수신하여 도난·화재 등 위험발생을 방지하는 기계경비업무, 항공기를 포함한 공항 등 국가중요시설의 경비 및 도난·화재 그 밖의 위험발생을 방지하는 특수경비업무의 일부 또

124　정진환, 정해 용역경비업법, 학문사, 1996, 67~69면.

는 전부를 도급받아 행하는 영업의 실시에 적정을 기하기 위하여 1976년 12월 31일 법률 제2946호로 제정 공포되어 현재 2022. 11. 15. 법률 제19021호로 총 32차 개정되어 왔다.

특히 2013년에 개정된 경비업법에서는 경비업의 허가요건을 강화하고 경비원의 폭력이 문제가 되는 노사분규, 재개발 현장 등 집단민원현장을 법률에 명확히 규정하고, 이 민원현장에 경비원을 배치할 경우 배치 48시간 전까지 관할 경찰관서장의 배치허가를 받도록 하는 등의 대폭적인 개정이 있었다.

그리고 2016년에 개정된 경비업법에서는 현행법에 따르면 경비업자는 경비원으로 하여금 경비원 신임교육을 받게 하도록 하고 있으나, 누구든지 경비원으로 채용되기 전에도 개인적으로 일반경비원 신임교육을 받을 수 있도록 하고, 대통령령으로 정하는 바에 따라 일반경비원을 신임교육의 대상에서 제외할 수 있도록 하려는 것이다. 다만, 경비업자는 대통령령으로 정하는 경력 또는 자격을 갖춘 일반경비원을 신임교육 대상에서 제외할 수 있다. 경비원이 되려는 사람은 대통령령으로 정하는 교육기관에서 미리 일반경비원 신임교육을 받을 수 있도록 하는 개정이 있었다.

또한 2017년 개정된 경비업법에서는 국민의 경비지도사 자격 취득 기회를 최대한 보장하기 위하여 경비지도사 시험은 매년 1회 이상 시행하도록 규정하고, 1년 이내에 경비 도급실적이 없는 경비업자의 경우 매년 폐업 후 다시 허가를 받아야 하는 불편을 해소하기 위하여 경비 도급실적의 산정기간을 1년에서 2년으로 연장하였다. 불법행위에 대하여 법률마다 행정형벌의 편차가 큰 것을 개선하기 위하여 특수경비원이 국가중요시설의 정상적인 운영을 해치는 장해를 일으킨 경우 7년 이하의 징역을 5년 이하의 징역으로 하향 조정하였다.

경비업법에 의하여 경비업은 법인이 아니면 영업을 할 수 없도록 규정하고 있으며 이에 대한 민법상의 사단법인에 준하도록 규정을 하고 있다. 즉 설립에 있어서 주무관청의 허가를 받게 하고 있으며, 법인사무에 관한 검사·감독 등도 주무관청에 의하여 이루어지도록 규정하고 있다. 특히 경비업자는 경비원을 지도·감독하고 교육하기 위하여 경비지도사를 선임하도록 규정하고 있다.

그리고 특수경비원이 국가 중요시설에 배치되며 유사시 무기를 휴대하는 자로서 무기의 적정 사용 및 피탈 방지 등을 위해 일정한 체력이 요구된다는 점을 고려한 것이지만, 한국인의 평균수명이 연장되고 있는 현실에서 특수경비원의 연령 상한을 58세로 한정하는 것은 적절하지 아니하므로 이를 60세로 연장하여 규정하였다.

최근 2022년 개정된 경비업법에서는 시설경비업을 영위하려는 법인의 경비인력 확보 부담을 완화하기 위하여 시설경비업 허가 요건 중 최소 경비원 수를 20명에서 10명으로 하향 조정하는 한편, 특수경비원 인력을 원활히 운영하기 위하여 특수경비원이 결격사유에 해당하게 되면 당연 퇴직되도록 하되, 상반기에 정년에 도달하면 6월 30일에, 하반기에 정년에 도달하면 12월 31일에 당연 퇴직되도록 하고, 금고 이상의 형의 선고유예를 받고 그 유예기간 중에 있는 경우에는 성폭력범죄나 아동·청소년 성범죄 등의 죄를 범한 경우에만 당연 퇴직 되도록 하는 등 유사직무 종사자와의 형평성을 고려하여 당연 퇴직 요건을 규정하였다.

3. 경비업법의 목적 및 구성

1) 경비업법의 목적

경비업법은 경비업의 육성 및 발전과 그 체계적 관리에 관하여 필요한 사항을 정함으로써 경비업무의 건전한 운영에 이바지함을 목적으로 한다.

2) 경비업법의 구성

경비업의 관계법규는 경비업법, 동법시행령, 동법시행규칙, 기타관련규칙으로 구성되어 있다.

경비업법은 최근 2022년 11월 15일 법률 제19021호로 개정되어 전문 제8장, 31개조문, 부칙으로 되어 있으며, 제1조(목적), 제2조(정의), 제3조(법인), 제4조(경비업의 허가), 제4조의2(허가의 제한), 제5조(임원의 결격사유), 제6조(허가의 유효기간 등), 제7조(경비업자의 의무), 제7조의2(경미업무 도급인의 의무), 제8조(대응체제), 제9조(오경보의 방지 등), 제10조(경비지도사 및 경비원의 결격사유), 제11조(경비지도사의 시험 등), 제12조(경비지도사의 선임 등), 제13조(경비원의 교육 등), 제14조(특수경비원의 직무 및 무기사용 등), 제15조(특수경비원의 의무), 제15조의2(경비원 등의 의무), 제16조(경비원의 복장), 제16조의2(경비원의 장비), 제16조의3(출동차량), 제17조(결격사유 확인을 위한 범죄경력조회 등), 제18조(경비원의 명부와 배치허가 등), 제19조(경비업 허가의 취소 등), 제20조(경비지도사 자격의 취소 등), 제21조(청문), 제22조(경비협회), 제23조(공제사업), 제24조(감독), 제25조(보안지도·점검 등), 제26조(손해배상 등), 제27조(위임 및 청탁), 제27조의2(수수료), 제27조의3(벌칙 적용에서 공무원 의제), 제28조(벌칙), 제29조(형의 가중처벌), 제30조(양벌규정), 제31조(과태료) 및 부칙으로 구성되어 있다.

그리고 경비업법 시행령은 1977년 6월 30일 대통령령 제6810호로 제정 공포되어 시행중 최근 2022년 12월 20일 대통령령 제33112호로 개정되었으며, 경비업법 시행규칙은 1977년 11월 22일 내무부령 제242호로 제정, 공포되어 시행중 최근 2022년 12월 19일 행정안전부령 제363호로 개정되었다. 이외에 경비업법령에서 위임된 사항과 기타 법령의 시행에 관하여 필요한 사항 등을 규정한 경찰청훈령이 있다.

4. 경비업 및 경비원의 개념

1) 경비업의 개념

경비업이라 함은 시설경비업무, 호송경비업무, 신변보호업무, 기계경비업무, 특수경비업무의 전부 또는 일부를 도급받아 행하는 영업을 말한다(동법 제2조 제1호).

시설경비업무란 경비를 필요로 하는 시설 및 장소에서의 도난·화재 그 밖의 혼잡 등으로 인한 위험발생을 방지하는 업무를 말한다.

그리고 호송경비업무란 운반 중에 있는 현금·유가증권·귀금속·상품 그 밖의 물건에 대하여 도난·화재 등 위험발생을 방지하는 업무이다. 이러한 호송업무 대상에 대한 범죄는 각종 무기(칼, 흉기, 공기총 등)를 소지하고 치밀한 사전계획에 의해 범죄가 발생한다. 따라서 거액의 현금을 취급하는 업소(은행, 대리점, 중소기업 등)에서는 호송업무를 남자직원을 대동하여 수행하였으나 경비원을 고용하여 호송업무를 수행하여야 할 것이다.

또한 신변보호업무란 사람의 생명이나 신체에 대한 위해발생을 방지하고 그 신변을 보호하는 업무이다.

그리고 기계경비업무는 경비대상시설에 설치한 기계에 의하여 감지·송신된 정보를 그 경비대상시설외의 장소에 설치한 관제시설의 기기로 수신하여 도난·화재 등 위험발생을 방지하는 업무이다.

끝으로 특수경비업무란 항공기를 포함한 공항·항만, 원자력발전소 등의 시설 중 국가정보원장이 지정하는 국가보안목표시설과 국방부장관이 지정하는 국가중요시설의 경비 및 도난·화재 그 밖의 위험발생을 방지하는 업무를 말한다.

특수경비업무를 수행하는 특수경비원은 항공기의 경비를 담당하거나(항공보안법 제14조 제6항), 항공기에 탑승하는 사람, 휴대물품 및 위탁수하물에 대한 보안검색을 할 수 있으며(항공보안법 제15조 제2항), 이와 같은 업무를 공항운영자 및 항공운송업자는 국토해양부장관의 지정을 받은 경비업체에게 위탁할 수 있다(항공보안법 제15조 제3항).

2) 경비지도사의 개념

경비지도사라 함은 경비원을 지도, 감독 및 교육하는 자로서 시설경비업무, 호송경비업무, 신변보호 업무, 특수경비업무에 종사하는 경비원을 지도, 감독 및 교육하는 일반경비지도사와 기계경비업무에 종사하는 경비원을 지도, 감독 및 교육하는 기계경비지도사로 구분된다.

3) 경비원의 개념

경비원이라 함은 경비업의 허가를 받은 법인이 채용한 고용인으로서 경비업무를 수행하는 자를 말한다(동법 제2조 3호).[125] 경비원은 시설경비 업무, 호송경비 업무, 신변보호 업무, 기계경비 업무를 수행하는 일반경비원과 특수경비 업무를 수행하는 특수경비원으로

---

125 경찰청은 경비업체에서 무인 기계경비시스템 운영을 위하여 채용한 자(기동순찰대원·통신·전기요원 등)를 경비업법 제2조(정의) 제2항에 의한 경비원으로 인정할 것인지 여부에 관한 질의에서 "동법 제2조(정의) 제2항에서 '경비원이라 함은 경비업법에 의하여 경비업자가 채용하여 경비업무를 수행하는 자'라고 규정하는 바, 경비업체에서 무인 기계경비시스템 운영을 위하여 채용한 단순 기술직(통신·전기)요원은 동법 제2조 제2항에 의한 경비원으로 볼 수 없다고 사료되나, 경비업자가 무인기계경비시스템 운영을 위해 채용한 기동순찰대원은 현장출동 및 순찰 등으로 경비업무에 종사하는 자이므로 동법 제2조 제2항에 의한 경비원으로 보아야 한다."고 유권해석(행정해석)을 하고 있다(경찰청 방범국, 경비업법 교양자료, 1999, 301면). 그러나 동법시행령 제3조 제2항에서 전자·통신분야 기술자격증 소지자 5인을 포함한 10인 이상을 '경비인력' 기준으로 정한 규정에 비추어 통신·전기요원도 경비원으로 보아야 하지 않을까 사료된다.

나누어진다.

따라서 신변보호업무를 하는 자는 '경호원'이 아니고 '경비원'에 해당된다. 다만 학문상의 경호원의 개념은 '정부요인이나 국내에 체재중인 외국요인 및 고객 등의 신변에 위해가 미치는 자의 신변안전을 보호하기 위해서 모든 사용 가능한 수단과 방법을 동원하여 위해요인을 사전에 방지 및 제거하기 위한 제반작용'이라고 보았을 때, 신변보호 업무를 수행하는 경비원에 대해서는 실질적 의미의 개념으로 '신변보호요원'이라는 용어의 사용이 적절하다 할 것이다.

5. 경비업의 설립허가

1) 경비업의 설립허가 및 변경

경비업을 영위하고자 하는 법인은 도급받아 행하고자 하는 경비업무를 특정하여 그 법인의 주사무소의 소재지를 관할하는 지방경찰청장의 허가를 받아야 한다. 도급받아 행하고자 하는 경비업무를 변경하는 경우에도 또한 같다.[126] 경비업은 일정한 업무를 도급받아 행하는 영업으로서 이를 영위하는 자는 상법상의 의제상인[127]이라 할 수 있다. 이렇게 볼 때 경비에 관한 규율은 사법적으로 해결하고 있어 경비원의 법적 지위 또한 사인으로서의 지위에 불과하다 할 것이다.

경비업의 허가를 받고자 하는 경우에는 허가신청서에, 경비업의 허가를 받은 법인이 허가를 받은 경비업무를 변경하거나 새로운 경비업무를 추가하고자 하는 경우에는 변경허가

---

[126] 1995년 6월 27일 지방자치단체의 장 및 시·도·구 의회의원 선거가 국민들의 직접선거에 의하여 실시되어 명실 공히 지방화 시대가 정착되고 있었으므로 이에 부응하는 측면에서 동법 제4조 제1항의 경비업의 허가권을 가급적 하위조직으로 이양하는 것이 바람직하므로, 종전 동법 동조의 단서 규정중 "영업구역이 2인 이상의 지방경찰청 관할구역에 걸칠 때에는 경찰청장의 허가"를 받도록 하던 것을 "법인의 주사무소의 소재지를 관할하는 지방경찰청장의 허가"로 개정된 것이다.

[127] 상법 제5조 제1항의 의제상인이란 점포 기타 유사한 설비에 의하여 상인적 방법으로 영업을 하는 자는 상행위를 하지 아니하더라도 상인으로 보는 것을 말한다. 즉 의제상인은 '형식에 의한 상인'이라고도 하는데 이를테면 민사회사(민법 제39조) 같은 것이 그것이다. 상인적 설비와 상인적 방법에 의하여 상행위 이외의 행위를 영업으로 하는 자를 상인으로 다루고자 하는 것이며 상법상의 상행위는 제한적으로 열거되어있기 때문에 앞으로 경영방식에 있어 상인과 흡사한 새로운 영업형태가 생길 때에도 이것을 상인으로 다루지 못할 염려가 있으므로 이것에 대비하기 위하여 두어진 규정이다. 이들은 상행위를 하는 것이 아니기 때문에 원칙적으로 상인이 될 수 없는 것이기는 하지만, 위에서 말한 이유로 특히 법에 의하여 상인으로 보게 되는 것이다. 입법적으로는 등기에 의하여 공시시킴으로써 상인이 되도록 하는 것이 거래보호법상 좋았을 것이지만 우리나라의 등기사무의 실정을 참작하여 의제형식을 쓰게 된 것이다(정희철, 상법학입문, 박영사, 1987, 55면).

신청서에 ①법인의 정관 1부, ② 법인 임원의 이력서 1부, ③ 경비인력, 시설, 장비 등 확보 계획서(경비업 허가신청시 이를 갖출 수 없는 경우에 한함) 각 1부를 첨가하여 허가관청인 지방경찰청장에게 제출하면 된다. 허가신청서를 제출받은 담당 공무원은「전자정부법」제36조 제1항에 따라 행정정보의 공동이용을 통하여 법인등기부 등본을 확인하여야 한다. 다만, 신청인이 확인에 동의하지 아니하는 경우에는 이를 첨부하도록 하여야 한다(동법시행규칙 제3조).

허가 또는 변경허가 신청서를 제출하는 법인은 다음과 같은 경비인력·자본금·시설 및 장비를 갖추어야 한다.

경비업의 시설 등의 기준으로 ① 시설경비업무는 1억원 이상 자본금, 20인 이상 경비인력, 기준 경비인력 수 이상을 동시에 교육할 수 있는 교육장시설, 경비인력수분이상의 복제 및 장구 장비 등을 갖추어야 하고, ② 호송경비업무는 1억원 이상 자본금, 무술유단자 5인 이상 경비인력, 호송용차량 1대 이상, 현금호송 백 1개 이상, 경비인력수분 이상의 복제 및 장구 장비 등을 갖추어야 하며, ③ 신변보호업무는 1억원 이상 자본금, 무술유단자 5인 이상 경비인력, 기준 경비인력 수 이상 등 동시에 교육할 수 있는 교육장시설, 통신장비, 경비인력수분이상의 장구 장비 등을 구비하여 한다(동법시행령 제3조 제2항). 그리고 ④ 기계경비업무는 1억원 이상 자본금, 전자·통신분야 기술자격증 소지자 5인을 포함한 10인 이상의 경비인력, 감지장치·송신장치·수신장치 및 관제시설, 출장소별 출동차량 2대이상, 기준 경비인력수분 이상의 제복 및 장구 장비를 갖추어야 하며, ⑤ 특수경비업무는 5억 이상 자본금, 특수경비원 20인 이상 경비인력, 기준 경비인력 수 이상의 사람을 동시에 교육할 수 있는 교육장 시설, 경비인력수분 이상의 제복 및 장구 장비 등을 갖추어야 한다(동법 시행령 제3조). 다만, 경비업의 허가 또는 변경허가를 신청하는 때에 상기의 규정에 의한 시설 등(자본금 제외함)을 갖출 수 없는 경우에는 허가 또는 변경허가의 신청시 시설 등의 확보 계획서를 제출한 후 허가 또는 변경허가를 받은 날부터 1월 이내에 앞의 규정에 의한 시설 등을 갖추고 지방경찰청장의 확인을 받아야 한다.

여기에서 유념해야 할 것은 하나의 경비업무에 대한 자본금을 갖춘 경비업자가 그 외의 경비업무를 추가로 하고자 하는 경우 자본금을 갖춘 것으로 본다. 다만, 특수경비업자 외의 자가 특수경비업무를 추가로 하고자 하는 경우에는 이미 갖추고 있는 자본금을 포함하여 특수경비업무의 자본금 기준에 적합하여야 한다. 그리고 하나의 경비업무에 대한 시설을 갖춘 경비업자가 그 외의 경비업무를 추가로 하고자 하는 경우에는 경비인력이 더 많이 필요한 경비업무에 해당하는 교육장을 갖추어야 한다. 또한 "무술유단자"란 대한체육회에 가맹된 단체 또는 문화체육관광부에 등록된 무도 관련 단체가 인정한 자에 한하며, "호송용 차량"이란 현금이나 그 밖의 귀중품의 운반에 필요한 견고성 및 안전성을 갖추고 무선통신시설 및 경보시설을 갖춘 자동차를 말하고, "현금호송백"이란 현금이나 그 밖의 귀중품을 운반하기 위한 이동용 호송장비로서 경보시설을 갖춘 것을 말한다.

그리고 지방경찰청장은 허가 또는 변경허가의 신청을 받은 때에는 경비업을 영위하고자 하는 법인의 임원중 결격사유에 해당하는 자가 있는지의 유무, 경비인력·시설 및 장비의 확보 또는 확보가능성의 여부, 자본금과 대표자·임원의 경력 및 신용 등을 검토하여 허가 여부를 결정하여야 한다. 동 청장은 앞의 규정에 의한 검토를 한 후 경비업의 허가 또는 변경허가를 한 때에는 신청인에게 허가증을 교부하여야 한다.

또한 경비업자는 경비업 허가증을 잃어버리거나 경비업 허가증이 못쓰게 된 경우에는 허가증 재교부신청서에 허가증을 잃어버린 경우에는 그 사유서를, 허가증이 못쓰게 된 경우에는 그 허가증의 구분에 따른 서류를 첨부하여 지방경찰청장에게 허가증의 재교부를 신청하여야 한다.

동법에 의한 경비업의 허가를 받거나 허가증을 재교부받고자 하는 자는 경비업의 허가(추가·변경·갱신허가 포함)의 경우에는 1만원, 허가사항의 변경신고로 인한 허가증 재교부의 경우에는 2천원의 수수료를 납부하여야 한다. 수수료는 허가 등의 신청서에 수입인지를 첨부하여 납부한다. 경찰청장 및 지방경찰청장은 앞의 규정에 불구하고 정보통신망을 이용하여 전자화폐·전자결제 등의 방법으로 수수료를 납부하게 할 수 있다(동법 제27조의2, 동법시행령 제28조).

2) 경비업체의 제한

경비업은 법인이 아니면 영위할 수 없으며(동법 제3조) 고객에게 양질의 서비스를 제공하기 위하여 법인 임원에 대한 결격사유를 두어 경비업체의 제한 규정을 두고 있다. 즉 여기에서의 경비업을 영위하는 법인의 임원이 되기 위해서는 ① 피성년후견인, ② 파산선고를 받고 복권되지 아니한 자, ③ 금고 이상의 형을 받고 그 형이 실효되지 아니한 자, ④ 경비업법 또는 대통령 등의 경호에 관한 법률에 위반하여 벌금형의 선고를 받고 3년이 지나지 아니한 자, ⑤ 경비업법 또는 동법에 의한 명령에 허가가 취소된 법인이 허가 취소당시의 임원이었던 자로서 그 취소 후 3년이 지나지 아니한 자, ⑥ 허가가 취소된 법인의 허가취소 당시의 임원이었던 자로서 허가가 취소된 날부터 5년이 지나지 아니한 자에 해당되지 않아야 한다(동법 제5조).[128]

따라서 경비업 허가를 받은 자가 제3자로부터 보증금과 허가대여 비 명목으로 일정금액을 받기로 하고 제3자에게 경비업을 하게 한 경우에는 위법하다.[129]

3) 허가의 유효기간 등

경비업 허가의 유효기간은 허가받은 날부터 5년으로 하며,[130] 유효기간이 만료된 후 계속하여 경비업을 하고자 하는 법인은 갱신허가를 받아야 한다.

경비업의 갱신허가를 받고자 하는 자는 허가의 유효기간만료일 30일전까지 동법시행규칙 별지 제2호서식의 경비업갱신허가신청서(전자문서로 된 신청서 포함)에 허가증 원본 및 정관(변경사항이 있는 경우에 한함)을 첨부하여 지방경찰청장에게 제출하여야 한다. 신청

128 1983년 12월 7일 징역 1년, 집행유예 2년의 형을 선고받은 자가 1996년 7월 1일 현재 경비업법 제5조 제2호의 결격사유에 해당하는지 여부는 집행유예의 선고는 형법 제65조의 규정에 의하여 그 기간을 경과하면 효력을 잃게 되어 있으므로 1983년 12월 7일에 받은 징역 1년 집행유예 2년의 형의 선고는 1985년 12월 7일 효력을 잃었으므로 1996년 7월 1일 현재 경비업법 제5조 제2호의 법인임원의 결격사유에 해당 되지 않는다. 그리고 경비업법 제5조(법인임원의 결격사유) 제2호는 "금고이상의 형을 받은 자는 경비업을 영위하는 법인의 임원이 될 수 없다"고 규정하고 있는 바, ① 금고이상의 형을 받은 자가 형의 실효 등에 관한 법률 제7조 제1호 및 제2호의 기간을 경과한 때, ② 집행유예 선고를 받은 자가 그 선고의 실효 또는 취소됨이 없이 그 유예기간을 경과한 때에는 경비업을 영위하는 법인의 임원이 될 수 있는지 여부는 ①의 경우를 보면, 형이 소멸되어도 남아 있는 전과사실로 인하여 형 선고의 법률상 효과는 그대로 존속한다. 이에 따라 여러 가지 자격의 제한이나 사회생활상의 불이익이 발생할 수 있으므로 전과사실을 말소시켜서 그 자격을 회복시키고 그로 하여금 사회복귀를 용이케 하는 것이 형사정책적인 요청이라 할 것인 바, 형의 실효 등에 관한 법률은 형의 집행이 종료(또는 면제)된 날로부터 일정기간이 경과(징역, 금고의 경우 10년, 5년)된 때에는 형을 실효시키는 규정을 두고 수형인 명표 폐기, 수형인 명부의 해당란 삭제 등 조치를 취하고 있다. 형이 실효되면 형의 선고에 의한 그 법적 효과는 장래에 향하여 소멸하므로(대판 1974. 5. 14. 74누 2) 따라서 금고이상의 형을 선고받았다고 하더라도 형의 실효 등에 관한 법률에 의해 형이 실효되었다면 경비업법 제5조 제2호의 "금고이상의 형을 받은 자"에 해당한다고 볼 수 없다고 판단된다. 그리고 ②의 경우를 보면, 집행유예의 선고 후 그 선고의 실효 또는 취소됨이 없이 유예기간이 경과된 때에는 형 선고는 그 효력을 잃게 된다(형법 제65조). 따라서 형의 집행이 면제될 뿐만 아니라 처음부터 형의 선고의 법률상 효과가 없어진다. 그러므로 집행유예 기간이 경과되었다면 형의 선고 그 자체의 법적 효과가 처음부터 소멸되므로(형의 실효 등에 관한 법률에 의한 형의 실효보다 더 원초적인 형 실효 효과발생) 경비업법 제5조 소정의 임원 결격사유에 해당되지 않는다(경찰청 방범국, 전게자료, 40~42면).

129 적법하게 허가를 받은 경비업자가 일정한 대가를 받고 그 영업권을 제3자에게 이전하는 것은 영업의 양도내지는 명의대여로 볼 수 있으며, 일반적으로 행정법상 허가는 대인적허가·대물적허가 및 혼합적허가로 구분할 수 있고, 이중 혼합적허가는 법에 특별한 규정이 없으면 그 양도·양수를 할 수 없는 것인바 경비업 허가는 일종의 혼합적 허가로 볼 수 있고, 경비업 관련 법령 어느 곳에서도 영업양도·양수에 관하여 규정한 바가 없어 그 양도·양수가 금지된다고 하겠다. 따라서 경비업법 허가를 득한 자에게 대가를 지급하고 영업을 양수한 자는 적법한 허가를 받았다고 볼 수 없어 무허가 영업에 해당한다고 판단된다.

130 허가의 유효기간에 대한 입법사례를 보면, 우리나라의 파견근로자보호 등에 관한 법률은 3년, 전파법(무선국)과 수산업법(어획물 운반)은 각각 5년으로 규정되어 있으며, 일본의 경비업법은 5년이다.

서를 제출받은 담당 공무원은「전자정부법」제21조 제1항에 따라 행정정보의 공동이용을 통하여 법인등기부 등본을 확인하여야 한다. 다만, 신청인이 확인에 동의하지 아니하는 경우에는 이를 첨부하도록 하여야 한다.

지방경찰청장은 갱신허가를 하는 때에는 유효기간이 만료되는 허가증을 회수한 후 동법시행규칙 별지 제3호서식의 허가증을 교부하여야 한다.

6. 경비업의 신고대상 및 방법

1) 경비업의 신고대상

경비업의 허가를 받은 법인은 ① 영업을 폐업하거나 휴업한 때, ② 법인의 명칭이나 대표자·임원을 변경한 때, ③ 법인의 주사무소나 출장소를 신설·이전[131] 또는 폐지한 때, ④ 기계경비업무의 수행을 위한 관제시설을 신설·이전 또는 폐지한 때, ⑤ 특수경비업무를 개시하거나 종료한 때, ⑥ 정관의 목적을 변경한 때의 1에 해당하는 때에는 지방경찰청장에게 신고하여야 한다.

2) 경비업의 신고방법

경비업자는 폐업을 한 때에는 폐업한 날부터 7일 이내에 폐업신고서에 허가증을 첨부하여 지방경찰청장에게 제출하여야 한다.

그리고 경비업자는 휴업을 한 때에는 휴업한 날부터 7일 이내에 휴업신고서를 지방경찰

---

131 예를 들면, A지방경찰청에서 경비업 허가를 받고 A지방경찰청의 관할 구역 내에 주사무소를 두고서 영업중인 법인 갑이 주사무소를 B지방경찰청 관할 구역으로 이전한 경우 경비업법 제4조 제2항 제3호상의 신고만 하면 되는지, 아니면 동조 제1항의 규정에 의한 새로운 허가를 받아야 하는지 여부와 위 경비업체의 주사무소가 동일번지 동일 건물 내 5층에 있다가 지하 1층으로 이전하면서 이전신고를 하지 아니한 경우 신고의무위반으로 행정처분이 가능한지 여부에 관한 것은 경비업법 제4조 제1항은 경비업체가 설립시 허가를 받아야 한다는 규정이고, 동조 제2항은 동조 제1항에 의한 법인 설립 후 법인의 주사무소나 출장소를 이전하거나 신설 또는 폐지한 때 허가관청에 신고하여야 한다는 규정이므로 이러한 경우 동법 제2항 제3호의 요건에 해당하므로 동법인은 허가관청에 이전신고를 하면 되고, 별도의 허가를 받을 필요는 없다고 판단된다. 그리고 경비업법 제4조 제2항 제3호의 법인의 주사무소 이전이라 함은 사무소를 실질적으로 이전하는 것을 말하는 바, 5층에서 지하1층으로 이전함은 동법상의 이전에 해당하므로 이를 신고하지 아니한 경우 제재가 가능하나 이는 동일번지내의 이전으로 사무소 확인이 가능하고 위반정도가 경미하므로 행정지도로 하는 것이 바람직할 것으로 판단된다.

청장에게 제출하여야 한다. 이 경우 휴업신고를 한 경비업자가 신고한 휴업기간이 만료되기 전에 영업을 재개하거나 신고한 휴업기간을 연장하고자 하는 때에는 영업을 재개한 후 7일 이내 또는 신고한 휴업기간 종료 후 7일 이내에 영업재개신고서 또는 휴업기간연장신고서를 제출하여야 한다.

또한 신설·이전 또는 폐지한 때에 신고를 하여야 하는 출장소는 주사무소 외의 장소로서 일상적으로 일정 지역안의 경비업무를 지휘·총괄하는 영업거점인 지점·지사 또는 사업소 등의 장소로 한다.

그리고 앞의 경비업의 신고대상 중 ② 내지 ⑥의 규정에 의한 신고는 그 사유가 발생한 날부터 30일 이내에 하여야 한다.

폐업신고서와 휴업신고서·영업재개신고서 및 휴업기간연장신고서는 동법시행규칙 별지 제5호서식에 의한다. 법인의 명칭·대표자·임원, 주사무소·출장소나 정관의 목적이 변경되어 신고를 하는 때에는 동법시행규칙 별지 제6호서식의 경비업 허가사항 등의 변경신고서(전자문서로 된 신고서포함)에 ① 명칭 변경의 경우에는 허가증 원본, ② 대표자 변경의 경우에는 법인 대표자의 이력서 1부, 허가증 원본, ③ 임원 변경의 경우에는 법인 임원의 이력서 1부, ④ 주사무소 또는 출장소 변경의 경우에는 허가증 원본, ⑤ 정관의 목적 변경의 경우에는 법인의 정관 1부의 서류(전자문서 포함)를 첨부하여 지방경찰청장에게 제출하여야 한다. 신고서를 제출받은 담당 공무원은 「전자정부법」제36조 제1항에 따라 행정정보의 공동이용을 통하여 법인등기부 등본을 확인하여야 한다. 다만, 신고인이 확인에 동의하지 아니하는 경우에는 이를 첨부하도록 하여야 한다.

특수경비업무의 개시 또는 종료의 신고는 동법시행규칙 별지 제7호서식에 의한다.

7. 경비업자 등의 권리 및 의무

1) 경비업자 등의 권리

경비업자, 경비지도사 및 경비원은 시설·건물 등의 시설경비, 현금·유가증권·귀금속 등 호송경비, 사람의 생명·신체에 대한 신변보호, 경비대상시설에 기기설치로 도난, 화재 등의 기계경비, 공항, 항만 등 국가중요시설에 대한 특수경비 등의 관리권행사의 범위 안에서 위험발생 방지권(동법 제2조 제1호)을 갖는다.

그리고 일반경비원은 경적, 경봉, 분사기를 휴대하여 직무를 수행(총포·도검·화약류 등 단속법에 의한 소지허가)하는 장비사용권과 제복착용권, 특수경비원의 경우에는 국가중요시설에 대한 경비업무 수행중 무기를 휴대, 사용할 수 있는 총기휴대·사용권(동법 제14조, 제16조) 등의 권한을 갖는다

2) 경비업자 등의 의무

경비회사의 경우에는 경비업자에게 주로 경비운영에 대한 의무가 부여되지만 실질적인 행위는 경비원에 의해 이루어지기 때문에 경비원의 역할이 매우 중요하다고 본다.

첫째, 경비업자는 경비대상시설의 소유자 또는 관리자의 관리권의 범위안에서 경비업무를 수행하여야 하며, 다른 사람의 자유와 권리를 침해하거나 그의 정당한 활동에 간섭하여서는 아니된다.

둘째, 경비업자는 경비업무를 성실하게 수행하여야 하고, 도급을 의뢰받은 경비업무가 위법 또는 부당한 것일 때에는 이를 거부하여야 한다.

셋째, 경비업자는 불공정한 계약으로 경비원의 권익을 침해하거나 경비업의 건전한 육성과 발전을 해치는 행위를 하여서는 아니 된다.

넷째, 경비업자의 임·직원이거나 임·직원이었던 자는 다른 법률에 특별한 규정이 있는 경우를 제외하고는 그 직무상 알게 된 비밀을 누설하거나 다른 사람에게 제공하여 이용하도록 하는 등 부당한 목적을 위하여 사용하여서는 아니 된다.

다섯째, 경비업자는 허가받은 경비업무외의 업무에 경비원을 종사하게 하여서는 아니 된다.

여섯째, 특수경비업무를 수행하는 경비업자는 특수경비업무의 개시신고를 하는 때에는 국가중요시설에 대한 특수경비업무의 수행이 중단되는 경우 시설주의 동의를 얻어 다른 특수경비업자중에서 경비업무를 대행할 자를 지정하여 허가관청에 신고하여야 하며, 경비대행업자의 지정을 변경하는 경우에도 또한 같다.

일곱째, 특수경비업자는 국가중요시설에 대한 특수경비업무를 중단하게 되는 경우에는

미리 이를 경비대행업자에게 통보하여야 하며, 경비대행업자는 통보받은 즉시 그 경비업무를 인수하여야 한다. 이 경우 여섯째의 규정은 경비대행업자에 대하여 이를 준용한다.

여덟째, 특수경비업자는 이 법에 의한 경비업과 경비장비의 제조·설비·판매업, 네트워크를 활용한 정보산업, 시설물 유지관리업 및 경비원 교육업, 조립금속제품 제조업, 기타 기계 및 장비 제조업, 기타 전기기계 및 전기변환장치 제조업, 전자부품·영상·음향 및 통신장비 제조업, 전문직별 공사업, 도매 및 상품중개업, 통신업, 부동산업, 정보처리 및 기타 컴퓨터운영 관련업, 전문·과학 및 기술 서비스업, 사업지원서비스업, 교육서비스업, 수리업 그밖에 경비관련업에 부수되는 것으로서 경찰청장이 지정·고시한 경비관련업 외의 영업을 하여서는 아니된다. 앞의 경비관련업의 범위에 관하여는 동법 또는 동법시행령에 특별한 규정이 있는 경우를 제외하고는「통계법」의 규정에 의하여 통계청장이 고시하는 한국표준산업분류표에 의한다(동법 제7조 제8항, 동법시행령 제7조의2).

아홉째, 경비원은 직무를 수행함에 있어 타인에게 위력을 과시하거나 물리력을 행사하는 등 경비업무의 범위를 벗어난 행위를 하여서는 아니 되며, 누구든지 경비원으로 하여금 경비업무의 범위를 벗어난 행위를 하게 하여서는 아니 된다.

열 번째, 기계경비업무를 수행하는 경비업자는 경비대상시설에 관한 정보를 수신할 때에는 신속하게 그 사실을 확인하는 등 필요한 대응조치를 취하여야 하며, 늦어도 25분 이내에 도착시킬 수 있는 대응체제를 갖추어야 하고(동법 제8조, 동법시행령 제7조), 경비계약을 체결할 때에는 오 경보[132]를 막기 위하여 계약 상대방에게 기기사용요령 및 기계경비 운영체제 등에 관하여 설명 하여야 하며, 각종 기기가 오작동 되지 아니하도록 관리하여야한다(동법 제9조, 동법시행령 제8조).

열한 번째, 특수경비원은 직무를 수행함에 있어 시설주, 관할 경찰서장 및 소속 상사의직무상 명령에 복종하여야 하고, 소속 상사의 허가 또는 정당한 사유 없이 경비구역을 벗어나서는 아니 되며, 파업·폐업·기타 경비업무의 정상적인 운영을 저해하는 일체의 쟁의 행위를 하여서는 아니 된다. 특히 무기를 휴대하고 경비업무를 수행하는 데에는 무기의 안전사용수칙을 지켜야 한다. 그리고 무기를 사용하는 경우에 있어서도 타인 또는 특수경비원의 생명, 신체에 대한 중대한 위협을 방지할 수 없다고 인정되는 때에 필요한 최소한의 범위 안에서만 사용할 수 있고 범죄와 무관한 다중의 생명·신체에 위해를 가할 우려가 있을

---

132 각 국가별 오경보율을 보면, 미국 95~99%, 한국 95%, 일본 83% 순으로 나타났다.

때에는 이를 사용하여서는 아니 된다. 또한 총기 또는 폭발물을 가지고 대항하는 경우를 제외하고는 14세 미만의 자 또는 임산부에 대하여는 권총 또는 소총을 발사하여서는 아니 된다(동법 제15조).

8. 경비원

1) 경비원의 법적지위

전술한 바와 같이 경비원이란 경비업자가 채용한 고용인으로서 경비업무를 수행하는 자를 말한다. 이러한 경비원의 형사상 또는 민사상 법적 지위를 보면 다음과 같다.

먼저 경비원의 형사상 법적 지위를 보면, 경비원에 의해서 이루어지는 범인체포 등의 행위는 체포·감금죄(형법 제276조)를 구성하게 된다. 왜냐하면 경비원은 사인에 불과하기 때문이다. 다만 이러한 행위가 자기 또는 타인의 법익에 대한 현재의 부당한 침해를 방위하기 위한 행위로 정당행위(형법 제20조), 자구행위(형법 제23조) 등은 예외이다. 그러므로 형사소송법의 현행범체포(형소법 제212조)는 정당행위로 위법성이 조각된다 할 것이다.

그리고 민사상 법적 지위를 보면, 경비업법 제3조에 의하여 경비업은 법인이 아니면 영업을 할 수 없도록 규정하고 있으며 이에 대한 민사상의 사단법인에 준하도록 규정을 하고 있다. 즉 설립에 있어서 주무관청의 허가를 받게 하고 있으며(동법 제4조, 민법 제32조), 법인사무에 관한 검사·감독 등은 주무관청에 의하여 이루어지도록 규정하고 있다(동법 제19조, 제24조, 민법 제37조, 제38조). 그 밖의 경비업의 특수성으로 말미암아 경비업은 민사상 사단법인과는 달리 벌칙(동법 제28조, 제29조), 과태료(동법 제31조), 양벌규정(동법 제30조)등과 같이 경비업에 의하여 엄격한 규율을 받고 있다.

경비업의 민사상 중요한 법적 문제는 경비원의 불법행위에 대한 손해배상에 관한 것이라고 할 수 있다. 경비원의 업무수행 중에 고의 또는 과실로 경비대상에 발생하는 손해를 방지하지 못한 때에는 경비업자가 이를 보상하도록 규정하고 있다(동법 26조).

2) 경비원의 채용

경비업자는 일반경비원을 채용할 때에는 ① 18세 미만인 자, ② 파산선고를 받고 복권되지 아니한 자, ③ 금고 이상의 형을 받고 집행이 종료되거나 집행을 받지 아니하기로 확정된 후 5년을 경과하지 아니한 자, ④ 금고 이상의 형의 집행유예 선고를 받고 그 유예 기간 중에 있는 자는 채용해서는 아니된다.

그리고 특수경비원을 채용할 때에는 상기 일반경비원의 결격사유 말고도 만60세 이상인 자, 금고이상의 형의 선고유예를 받고 그 유예기간 중 에 있는 자, 특수경비원의 신체조건으로 팔과 다리가 완전하고 두 눈의 맨눈시력 각각 0.2 이상 또는 교정시력 각각 0.8이상인 자를 채용한다(동법 제10조, 동법시행규칙 제7조).[133]

3) 경비원의 교육

일반경비원에 대한 교육은 신임교육과 직무교육으로 한다. 일반경비업자는 경비원의 경력이 없는 사람으로서 일반경비원으로 채용된 사람 또는 경비원교육을 받은 후 3년 이상의 기간동안 경비업무에 종사하지 아니하다가 일반경비원으로 채용된 사람에 대하여는 그의 부담으로 28시간의 신임교육을 받게 하여야 한다. 다만 경찰공무원, 대통령 등의 경호에 관한 법률에 의한 경호공무원·별정직공무원 또는 군인사법에 의한 부사관 이상의 경력을 가진 자에 대하여서는 신임교육을 제외할 수 있다.

신임교육은 경비협회, 경찰교육기관, 경비업무, 관련학과가 개설된 대학 등 경찰청장이 지장하여 고시하는 기관 또는 단체가, 직무교육은 당해 경비업자가 실시한다. 경비협회는 필요한 경우 경찰교육기관 또는 교육에 필요한 인력·시설을 갖춘 경비업자에게 신임교육을 위탁할 수 있다.

경찰청장은 일반경비원에 대한 신임교육의 실시를 위하여 연도별 교육계획을 수립하고, 일반경비원 신임교육 기관 또는 단체가 교육계획에 따라 교육을 실시하도록 하여야 한다.

133　1992년 7월 1일 교통사고처리특례법위반으로 제주지방법원에서 금고 1년, 집행유예 2년을 선고받고 1993년 3월 6일 특별사면을 받은 경우 경비업법 제7조 제1항 제3호, 제4호에 의해 결격사유에 해당하는지 여부는 집행유예는 기간을 경과하면 형의 선고자체가 효력을 잃으며(형법 제65조), 특별사면은 형의 집행이 면제되도록 규정되어 있어(사면법 제5조 제2호) 1993년 3월 6일자로 특별사면에 의하여 집행유예가 만료된 것으로 간주하여야 하며, 경비업법 제7조 제1항 제4호의 기간은 1993년 3월 6일자로 만료된다.

경비업자는 경비원을 새로이 채용한 때에는 근무배치 후 1월이 경과하기 전까지 신임교육을 받게 하여야 한다. 다만, ① 시설경비업무 중 지방경찰청장이 행사장 그 밖의 많은 사람들이 모이는 시설 또는 장소로서 혼잡 등으로 인한 위험의 발생을 방지하기 위하여 경비원에 의한 경비가 필요하다고 인정하는 장소, 노사분규가 진행 중인 사업장 또는 노사분규가 발생할 것으로 예상되는 사업장, 주택재개발·재건축관련 이해대립이 있어 다툼이 있는 장소, 특정 시설물의 설치와 관련하여 민원이 있는 장소, 주주총회와 관련하여 이해대립이 있어 다툼이 있는 장소, 건물·토지 등 부동산 및 동산에 대한 소유권·운영권·관리권·점유권 등 법적 권리에 대한 이해대립이 있어 다툼이 있는 장소에 배치된 일반경비원, ② 신변보호업무를 수행하는 일반경비원의 경우에는 근무배치 전까지 신임교육을 받게 하여야 한다. 교육실시의 기관 또는 단체의 장은 신임교육의 과정을 마친 사람에 대하여는 별지 제11호서식의 일반경비원 신임교육 이수증교부대장에 그 사실을 기재한 후 별지 제12호서식의 일반경비원 신임교육이수증을 교부하여야 한다.

일반경비원 신임교육의 과목은 이론교육으로 ① 경비업법, 경찰관직무집행법, 청원경찰법, ② 범죄예방론(신고 및 순찰요령 포함) 등 7시간, 실무교육으로 ① 테러대응요령, ② 화재대처법, ③ 응급처치법, ④ 분사기사용법, ⑤ 예절 및 인권교육, ⑥ 체포·호신술, ⑦ 질문·검색요령(관찰·기록법 포함) 등 18시간, 기타 입교식·평가·수료식 등 3시간 총 28시간이다(동법시행령 제18조 제4항, 동법시행규칙 제12조).

그리고 일반경비원 직무교육은 경비업자가 소속경비원에 대하여 매월 4시간이상 직무교육을 실시하되 자체 교육계획을 수립하여 시행하여야 한다(동법시행규칙 제13조).

또한 특수경비원에 대한 교육도 신임교육과 직무교육으로 구분하여 실시한다.

특수경비업자는 특수경비원의 경력이 없는 사람으로서 특수경비원으로 채용된 사람 또는 특수경비원 교육을 받은 후 3년 이상의 기간동안 특수경비업무에 종사하지 아니하다가 다시 특수경비원으로 채용된 사람은 특수경비업자의 부담으로 경찰교육기관이나 경찰청장이 지정한 기관 또는 단체에서 개설한 특수경비원 신임교육을 이수하게 하여야 한다.

여기서 경찰청장이 지정한 기관 또는 단체는 강의실(100인 이상 수용이 가능한 165제곱미터 이상), 기계경비 실습실(감지장치, 수신장치 및 관제시설을 갖춘 132제곱미터 이상), 100인 이상이 동시에 사용할 수 있는 330미터 이상의 체육관 또는 운동장, 소총에 의한 실탄사격이 가능하고 10개 사로 이상을 갖춘 사격장 등의 시설을 갖추어야 하고, ① 고등교육법에 의한 대학이상의 교육기관에서 교육과목 관련학과의 전임강사(전문대학 경우에는 조교수) 이상의 직에 1년 이상 종사한 경력 있는 사람, ② 박사학위를 소지한 사람으로서 교육 과목과 관련이 있는 분야의 연구 실적이 있거나 석사 이상의 학위를 소지한 사람으로서 교육과목과 관련이 있는 분야에서 실무업무에 3년 이상 종사한 경력이 있는 사람, ③ 교육과목 관련분야에서 공무원으로 5년 이상 근무한 경력이 있는 사람, ④ 교육과목 관련분야의 실무업무에 10년 이상 종사한 경력이 있는 사람, ⑤ 체포·호신술 과목의 경우 무도사범의 자격이 있는 사람으로서 교육과목 관련분야에서 2년 이상 실무 경력이 있는 사람, ⑥ 폭발물처리요령 및 예절교육과목의 경우 교육과목 관련분야에 2년 이상 실무경력이 있는 사람 등의 강사 자격을 갖추어야 한다.

특수경비원 신임교육의 과목은 이론교육으로 ① 경비업법, 경찰관직무집행법, 청원경찰법, ② 헌법 및 형사법(인권·경비관련범죄 및 현행범 체포에 관한 규정 포함), ③ 범죄예방론(신고요령 포함) 등 15시간, 실무교육으로 ① 정신교육, ② 테러대응요령, ③ 폭발물처리요령, ④ 화재대처법, ⑤ 응급처치법, ⑥ 분사기사용법, ⑦ 출입통제요령, ⑧ 예절교육, ⑨ 기계경비실무, ⑩ 정보보호 및 보안업무, ⑪ 시설경비요령(야간경비요령 포함), ⑫ 민방공(화생방관련사항 포함), ⑬ 총기조작, ⑭ 총검술, ⑮ 사격, ⑯ 체포·호신술, ⑰ 관찰·기록기법 등 69시간, 기타 입교식·평가·수료식 등 3시간 총 88시간이다(동법시행규칙 제15조 제1항).

이상과 같은 특수경비원의 신임교육시 관할경찰서 소속 경찰공무원이 교육기관에 입회하여 지도·감독하여야 한다(동법 제13조 제4항). 경찰청장은 교육과정을 개설하고자 하는 기관 또는 단체가 지정을 요청한 때에는 특수경비원 교육기관시설 및 강사의 기준에 적합한지 여부를 확인한 후 그 기준에 적합한 경우 지정할 수 있다(동법시행규칙 제14조 제2항). 교육기관 또는 단체는 신임교육의 과정에서 사격훈련 등의 교육을 위하여 필요한 경우에는 관할경찰관서장에게 경찰관서 시설물의 이용이나 전문적인 소양을 갖춘 경찰관의 파견을 요청할 수 있다(동법시행규칙 제14조 제3항).

또한 특수경비원의 직무교육은 특수경비업자가 6시간 이상 교육을 실시하여야 한다. 이때에 관할 경찰서장 및 공항경찰대장 등 국가주요시설의 경비책임자는 필요시 특수경비원이 배치된 경비대상시설에 소속공무원을 파견하여 직무집행에 필요한 교육을 실시할 수 있다(동법시행령 제19조 제3항, 동법시행규칙 제16조).

4) 경비원의 복장 및 장비

경비원의 복제는 경찰공무원 또는 군인의 복제와 색상 및 표지장이 명확히 구별될 수 있고, 경비원임을 식별할 수 있는 복장으로 정하여 형식·색상을 확인할 수 있는 사진을 주된 사무소를 관할하는 지방경찰청장에 제출한 후에 착용하여야 한다.

그리고 경비원의 지휘·감독을 위해 조원·조장·반장 및 대장의 계급제도 실시는 별도제식에 의하며, 경비원이 제복을 착용할 경우에는 계급장·모장·흉장 및 표지장을 부착하여야 한다. 경비업자는 경비원으로 하여금 근무의 지역 및 내용에 따라 경비원으로 하여금 제복 외의 복장을 착용하게 할 수 있다. 경비업자는 제복외의 복장을 착용하는 경비원을 동일한 배치장소에 2인 이상을 배치할 경우 동일한 복장을 착용하게 하여야 한다. 다만, 신변보호 업무의 수행 등 부득이한 사유가 있는 경우에는 그러하지 아니하다(동법시행규칙 제19조 제6항).

또한 경비원이 휴대하는 장구는 경적, 경봉 및 분사기로 하되 근무 중에 한하여 이를 휴대할 수 있으며 경비업자가 경비원으로 하여금 분사기를 휴대하여 직무를 수행하는 경우에는 미리 총포·도검·화약류 등 단속법에 의하여 분사기의 소지허가를 받아야 한다(동법시행령 제20조, 제21조).

5) 무기 및 출동차량

지방경찰청장은 국가중요시설에 대한 특수경비업무의 수행을 위하여 필요하다고 인정하는 때에는 시설주의 신청에 의하여 권총 및 소총 무기를 구입하며, 이 경우 시설주는 그 무기의 구입대금을 지불하고, 구입한 무기를 국가에 기부 채납하여야 한다. 그런 이후 지방경찰청장은 국가중요시설에 대한 특수경비업무의 수행을 위하여 필요하다고 인정하는 때에는 시설주의 신청에 의하여 기부채납된 무기를 대여하게 하고 시설주는 이를 특수경비원으로 하여금 휴대하게 할 수 있다.[134] 이 때에 특수경비원은 정당한 사유 없이 무기를 소지하

134　시설주는 특수경비원이 휴대할 무기를 대여 받고자 하는 경우에는 무기대여신청서를 관할 경찰서장 및 공항경찰대장 등 국가중요시설의 경비책임자를 거쳐 지방경찰청장에게 제출하여야 하며, 관할 경찰관서장으로부터 대여 받은 특수경비원에게 휴대하게 하는 경우에는 관할 경찰관서장의 사전승인을 얻어야 한다. 관할 경찰관서장은 국가중요시설에 총기 또는 폭발물의 소지자나 무장간첩 침입의 우려가 있는지의 여부 등을 고려하는 등 특수경비원에게 무기를 지급하여야 할 필요성이 없는지의 여부에 관하여 판단하여야 하며, 시설주는 무기지급의 필요성이 해소되었다고 인정되는 때에는 특수경비원으로부터 즉시 무기를 회수하여야 한다(동법 시행령 제20조).

고 배치된 경비구역을 벗어나서는 아니 된다.

이와 같이 대여 받은 무기에 대하여서는 시설주 및 관할 경찰서장이 무기의 관리책임을 진다. 관할 경찰서장은 시설주 및 특수경비원의 무기관리 상황을 매월 1회 이상 점검하는 등 지도감독을 하여야 하며, 무기의 적정한 관리를 위하여 시설주에게 필요한 명령을 발할 수 있다.

그리고 시설주는 무기관리책임자를 지정하여 무기출납부 및 무기장비운영카드를 비치·기록하도록 하고 관리책임자가 직접 무기를 지급·회수 하도록 하여야 한다.

시설주와 무기관리책임자는 무기관리수칙 즉, ① 무기의 관리를 위한 책임자를 지정하고 관할 경찰관서장에게 이를 통보할 것, ② 무기고 및 탄약고는 단층에 설치하고 환기·방습·방화 및 총기 등의 시설을 할 것, ③ 탄약고는 무기고와 사무실 등 많은 사람을 수용하거나 많은 사람이 오고가는 시설과 떨어진 곳에 설치할 것, ④ 무기고 및 탄약고는 이중시간장치를 하여야하며, 열쇠는 관리책임자가 보관하되 근무시간 이후에는 열쇠를 당직책임자에게 인계하여 보관 시킬 것, ⑤ 관할경찰서장이 정하는 바에 의하여 무기의 관리실태를 매월 파악하여 다음달 3일까지 관할 경찰관서장에게 통보할 것, ⑥ 대여 받은 무기를 빼앗기거나 대여 받은 무기가 분실·도난 또는 훼손되는 등의 사고가 발생할 때에는 관할경찰서장에게 지체 없이 통보할 것, ⑦ 대여 받은 무기를 빼앗기거나 대여 받은 무기가 분실·도난 또는 훼손된 때에는 경찰청장이 정하는 바에 의하여 그 전액을 배상할 것, 다만 전시, 사변, 천재지변 그 밖의 불가항력에 사유가 있다고 지방경찰청장이 인정한 때에는 그리하지 않아도 된다. ⑧ 시설주는 자체계획을 수립하여 보관하고 있는 무기를 매주 1회 이상 손질할 수 있게 할 것 등에 따라 탄약을 포함한 무기를 관리하여야 한다. 그리고 시설주 또는 관리책임자는 특수경비원에게 무기를 출납하고자 하는 때에는 관리수칙, 즉 ① 관할경찰서장이 무기는 회수하여 집중적으로 관리하도록 지시하는 경우 또는 출납하는 탄약의 수를 증감하거나 출납을 중지하도록 지시하는 경우에는 이에 따를 것, ② 탄약의 출납은 소총에 있어서는 1정당 15발 이내, 권총에 있어서는 1정당 7발 이내로 하되 생산된 후 오래된 탄약을 우선적으로 출납할 것, ③ 무기를 지급받은 경비원으로 하여금 무기를 매주 1회 이상 손질할 것, ④ 수리가 필요한 무기가 있을 경우는 그 목록과 무기장비운영 카드를 첨부하여 관할 경찰관서장에게 수리를 요청할 것 등에 따라 무기를 관리하여야 한다.

시설주는 형사사건으로 인하여 조사를 받고 있거나 사의를 표명할 경우, 정신질환 그 밖에 무기를 지급하기에 부적합하다고 인정되는 특수경비원에 대하여 무기를 지급하여서는 아니 되며, 지급된 무기가 있는 경우 이를 즉시 회수하여야 한다. 시설주는 무기를 수송하는 때에는 출발하기 전에 관할 경찰서장에게 그 사실을 통보하여야 하며 통보를 받은 관할경찰서장은 1인 이상의 무장경찰관을 무기를 수송하는 자동차 등에 함께 타도록 하여야 한다(동법시행규칙 제18조 제6항).

또한 특수경비원은 국가중요시설의 경비를 위하여 무기를 사용하지 아니하고는 다른 수단이 없다고 인정되는 때에는 필요한 한도 안에서 무기를 사용할 수 있다. 다만, ① 무기 또는 폭발물을 소지하고 국가주요시설에 침입한 자가 특수경비원으로부터 3회 이상 투기 또는 투항을 요구받고도 이에 불응하면서 계속 항거하는 경우 이를 억제하기 위하여 무기를 사용하지 아니하고는 다른 수단이 없다고 인정되는 때, ② 국가중요시설에 침입한 무장간첩이 특수경비원으로부터 투항을 요구받고도 이에 불응한 때의 어느 하나에 해당하는 때를 제외하고는 사람에게 위해를 끼쳐서는 아니 된다.

따라서 특수경비원이 무기를 휴대하고 경비업무를 수행하는 때에는 ① 특수경비원은 사람을 향하여 권총 또는 소총을 발사하고자 하는 때에는 미리 구두 또는 공포탄에 의한 사격으로 경고하여야 하나, ㉠ 특수경비원을 급습하거나 타인의 생명, 신체에 대한 중대한 위험을 야기하는 범행이 목전에 시행되고 있는 등 상황이 급박하여 경고할 시간적 여유가 없을 때, ㉡ 인질·간첩 또는 테러사건에 있어서 은밀히 작전을 수행하는 경우로서 어느 하나의 부득이한 때에는 경고하지 아니할 수 없다. 아울러 ② 특수경비원이 무기를 사용하는 경우에 있어서 범죄와 무관한 다중의 생명·신체에 위해를 가할 우려가 있는 때에는 이를 사용하여서는 아니 된다. 다만 무기를 사용하지 아니하고는 타인 또는 특수경비원의 생명, 신체에 대한 중대한 위협을 방지할 수 없다고 인정되는 때에는 필요한 최소한의 범위 안에서 이를 사용할 수 없다고 인정되는 때에는 필요한 최소한의 범위 안에서 이를 사용할 수 있다. 그리고 ③ 특수경비원은 총기 또는 폭발물을 가지고 대항하는 경우를 제외하고는 14세 미만의 자 또는 임산부에 대하여서는 권총 또는 소총을 발사하여서는 아니 된다(동법 제15조 제3항).

또한 시설주로부터 무기를 지급 받은 특수경비원은 무기관리수칙 즉 ① 무기를 지급 받거나 반납하는 때 또는 무기의 인수인계를 하는 때에는 반드시 "앞에 총"자세에서 "검사 총"을 할 것, ② 무기를 지급 받은 때에는 별도의 지시가 없는 한 탄약은 무기로부터 분리하여 휴대하여야 하며, 소총은 "우로 어깨 걸어 총"의 자세를 유지하고, 권총은 "권총집에 넣어 총"의 자세를 유지할 것, ③ 지급 받은 무기를 다른 사람에게 보관, 휴대 또는 손질시키지 아니할 것, ④ 무기를 손질 또는 조작하는 때에는 총구를 반드시 공중으로 향하게 할 것, ⑤ 무기를 반납하는 때에는 손질을 철저히 한 후 반납하도록 할 것, ⑥ 근무시간 이후에는 무기를 시설주에게 반납하거나 교대근무자에게 인계할 것 등에 따라 무기를 관리하여야 한다(동법시행규칙 제18조 제4항).

또한 기계경비업자는 출동차량의 도색 및 표지를 경찰차량 및 군차량과 명확히 구별될 수 있는 것으로 정하여야 한다.

그리고 기계경비업자는 출동차량의 도색 및 표지를 정한 때에는 그 도색 및 표지를 확인할 수 있는 사진을 주된 사무소를 관할하는 지방경찰청장에게 제출하여야 한다(동법시행규칙 제21조).

6) 경비원의 명부 비치·폐지 및 신고

경비업자는 경비원의 명부를 동법시행규칙 별지 제14호서식에 의여 작성·비치하여야 한다(동법시행규칙 제23조). 경비업자는 경비원의 명부를 주된 사무소 및 출장소(출장소는 주사무소 외의 장소로서 일상적으로 일정 지역안의 경비업무를 지휘·총괄하는 영업거점인 지점·지사 또는 사업소 등의 장소를 말하며, 당해 출장소에 배치된 경비원에 한함)에 갖추어 두고 이를 항상 정리하여야 한다.

경비업자가 경비원을 채용하는 경우 결격사유의 유무를 확인하기 위하여 필요한 때에는 주된 사무소 및 출장소를 관할하는 경찰관서장에게 범죄경력조회 등 필요한 협조를 요청할 수 있다.

경비업자가 경비원을 배치하거나 배치를 폐지한 경우에는 ① 시설경비업무 중 지방경찰청장이 행사장 그 밖의 많은 사람들이 모이는 시설 또는 장소로서 혼잡 등으로 인한 위험의 발생을 방지하기 위하여 경비원에 의한 경비가 필요하다고 인정하는 장소, 노사분규가 진행 중인 사업장 또는 노사분규가 발생할 것으로 예상되는 사업장, 주택재개발·재건축관련 이해대립이 있어 다툼이 있는 장소, 특정 시설물의 설치와 관련하여 민원이 있는 장소, 주주총회와 관련하여 이해대립이 있어 다툼이 있는 장소, 건물·토지 등 부동산 및 동산에 대한 소유권·운영권·관리권·점유권 등 법적 권리에 대한 이해대립이 있어 다툼이 있는 장소에 배치된 일반경비원, ② 신변보호업무를 수행하는 일반경비원, ③ 특수경비원에 따라 관할 경찰관서장에게 신고하여야 한다. 다만, 아래의 경우에는 경비원을 배치하기 24시간 전(특수경비원을 배치한 때에는 경비원을 배치하기 전)까지 신고하여야 한다.

즉 경비업자는 경비업무를 수행하기 위하여 20일 이상 경비원을 배치하거나 그 기간을 연장하고자 하는 때에는 경비원을 배치한 후 3일 이내에 별지 제15호서식의 경비원 배치신고서(전자문서로 된 신고서 포함)를 배치지의 관할경찰관서장에게 제출하여야 한다. 다만, 법 제18조 제2항 제1호의 규정에 의하여 ① 지방경찰청장이 행사장 그 밖의 많은 사람들이 모이는 시설 또는 장소로서 혼잡 등으로 인한 위험의 발생을 방지하기 위하여 경비원에 의한 경비가 필요하다고 인정하는 장소, ② 노사분규가 진행 중인 사업장 또는 노사분규가 발생할 것으로 예상되는 사업장, ③ 주택재개발·재건축관련 이해대립이 있어 다툼이 있는 장소, ④ 특정 시설물의 설치와 관련하여 민원이 있는 장소, ⑤ 주주총회와 관련하여 이해대립이 있어 다툼이 있는 장소, ⑥ 건물·토지 등 부동산 및 동산에 대한 소유권·운영권·관리권·점유권 등 법적 권리에 대한 이해대립이 있어 다툼이 있는 장소의 장소에 일반경비원을 배치하는 때에는 경비원을 배치하는 기간과 관계없이 경비원을 배치하기 24시간 전까지 제출하여야 한다.

그리고 경비원의 배치신고를 한 경비업자가 경비원의 배치를 폐지한 때에는 배치폐지를 한 날부터 3일 이내에 별지 제15호서식의 경비원 배치폐지신고서(전자문서로 된 신고서 포함)를 배치지의 관할경찰관서장에게 제출하여야 한다. 다만, 경비원 배치신고시에 기재한 배치폐지 예정일에 경비원의 배치를 폐지한 경우에는 그러하지 아니하다.

경찰관서장은 경비업자가 상기 단서의 규정을 위반하여 신고를 하지 아니하고 일반경비원을 배치한 경우에 배치폐지를 명할 수 있다

그리고 경비원의 배치신고를 한 경비업자가 경비원의 배치를 폐지한 때에는 배치폐지를 한날로부터 3일 이내에 경비원배치폐지신고서를 배치지의 관할경찰서장에게 제출하여야 한다. 다만 경비원배치신고시에 기재한 배치폐지 예정일에 경비원의 배치를 폐지한 경우에는 그리하지 아니한다(동법시행규칙 제24조).

특히 특수경비원을 배치한 시설주는 근무일지, 근무상황카드, 경비구역배치도, 순찰표철, 무기탄약출납부, 무기장비운영카드의 장부 및 서류를 갖추어 두어야 한다. 국가중요시

설의 관할경찰서장을 감독순시부, 특수경비원 전·출입관계철, 특수경비원 교육훈련실시부, 무기·탄약대여대장, 그밖에 특수경비원의 관리 등을 위하여 필요한 장부 및 서류를 갖추어 두어야 한다. 앞의 규정에 의한 장부 또는 서류의 서식은 경찰관서에서 사용하는 서식을 준용한다(동법시행규칙 제26조).

끝으로 호송경비를 도급받은 경비업자가 경찰관서의 협조를 얻고자 할 때에는 출발 전일까지 출발지 관할경찰서장에게 호송경비신고서를 제출하여야 하며(동법시행규칙 제2조), 신고받은 경찰서장은 경비의 효율성을 기하기 위하여 지체 없이 그 내용을 중간 기착지 및 종착지를 관할하는 경찰서장에게 통보하여야 한다.

9. 경비지도사

1) 경비지도사의 선임

경비업자는 경비지도사자격증이 있는 경비지도사를 두어 경비원을 지도·감독하고 교육하게 하여야 한다(동법 제2조 제2호, 제12조 제1항).

경비지도사는 시설경비, 호송경비, 신변보호 경비원을 지도·감독·교육하는 일반경비지도사와 기계경비시설 대처요원을 지도·감독·교육하는 기계경비지도사로 구분한다(동법시행령 제10조).

따라서 일반경비지도사는 경비원을 배치하여 영업활동을 하고 있는 지역을 관할하는 지방경찰청의 관할구역별로 1인씩을 선임·배치하고, 경비원 200인까지는 경비지도사 1인을, 200인을 초과하는 매 100인까지 마다 1인씩을 추가로 선임·배치하여야 한다. 다만 시설경비업, 호송경비업, 신변보호업 및 특수경비업 가운데 2가지 이상의 경비업을 하는 경우 경비지도사의 배치는 각 경비업에 종사하는 경비원의 수를 합산한 인원을 기준으로 한다. 특수경비업의 경우에는 특수경비원 교육을 이수한 일반경비지도사를 선임·배치한다.

그리고 기계경비지도사는 기계경비시설을 신고한 경비업자에 한하여 선임·배치하되 그 기준은 일반경비도사와 같다.

그러나 경비지도사가 선임·배치된 지방경찰청의 관할구역에 인접하는 지방경찰청의 관할구역에 배치되는 경비원이 30인 이하인 경우에는 위의 규정에 불구하고 경비지도사를 따로 선임·배치하지 아니할 수 있다. 이 경우 인천지방경찰청은 서울지방경찰청과 인접한 것으로 본다.

이상과 같은 기준에 의하여 선임·배치된 경비지도사의 결원이 있거나 자격정지 등으로 그 직무를 수행할 수 없을 때에는 15일 이내에 새로이 경비지도사를 충원하여야 한다(동법 시행령 제16조 제2항).

2) 경비지도사의 자격 및 결격사유

경비지도사 자격취득은 경찰청장이 시행하는 경비지도사 시험에 합격하고 소정의 교육을 받아야 한다.

그리고 경비지도사의 결격사유로는 ① 18세 미만 자, ② 파산선고를 받고 복권되지 아니한 자와 한정치산 자 또는 금치산 자, ③ 금고이상의 형의 선고를 받고 집행이 종료되거나 집행을 받지 아니하기로 확정된 후 5년이 경과되지 아니한 자, ④ 금고이상의 형의 집행유예의 선고를 받고 그 유예기간 중에 있는 자이다(동법 제10조 제1항).

3) 경비지도사의 시험 및 교육

(1) 경비지도사의 시험

경찰청장은 경비지도사의 수급사항을 조사하여 시험의 실시가 필요하다고 인정하는 때에는 시험 실시계획을 수립하고 시행하여야 한다. 시험을 시행하고자 할 때에는 응시자격, 시험과목, 일시, 장소, 선발예정 인원 등 필요한 사항을 시험시행일 90일 전에 관보에 게재하고, 각 지방경찰청 게시판 및 인터넷 홈페이지에 공고하여야 한다(동법시행령 제11조).

그리고 시험은 객관식으로 1차와 2차로 구분하여 실시하되 경찰청장이 필요하다고 인정할 때에는 동시에 시행할 수 있다. 2차시험은 1차시험에 합격한 사람에 한하여 시행하되 1차, 2차시험을 동시에 시행할 경우 1차시험에 불합격한 사람의 2차시험은 이를 무효로 한다.

그러나 경비지도사 시험의 1차시험에 합격한 사람으로서 당해 경비지도사 시험의 2차시험에 불합격한 사람부터는 다음회의 시험에 한하여 제1차시험을 면제한다(동법시행령 제12조 제6항).

그 시험과목은 일반경비지도사는 1차시험은 선택형으로 법학개론, 민간경비론 등 2과목을, 2차시험은 선택형 또는 단답형으로 경비업법(청원경찰법을 포함한다) 1과목과 소방학, 범죄학, 경호학 중 1과목 등 2과목을 하여야 하며 기계경비지도사는 1차시험은 선택형으로 법학개론, 민간경비론 등 2과목을, 2차시험은 선택형 또는 단답형으로 경비업법(청원경찰법을 포함한다) 1과목과 기계경비개론, 기계경비기획 및 설계 중 1과목 등 2과목을 하여야 한다(동법시행령 제12조). 다만 ① 경찰공무원법에 의한 경찰공무원이나 대통령 등 경호에 관한 법률에 의한 경호공무원 또는 별정직공무원, 군인사법에 의한 각 군 전투병과 헌병병과 부사관 이상 간부 등 경비업무관련 분야의 공무원으로 7년 이상 재직한 자, ② 경비업법에 의한 경비업무에 7년 이상(특수경비업무의 경우에는 3년 이상) 종사하고, 고등교육법에 의한 전문대학 이상의 교육기관에서 경비지도사 시험과목 3과목 이상이 개설된 1년 이상의 과정을 이수한 자, ③ 고등교육법에 의한 대학 이상의 교육기관에서 경비지도사 시험과목을 3과목 이상 이수하고 학사학위를 취득한 자로서 경비업무에 종사한 경력이 3년 이상인 자, 또는 고등교육법에 위한 전문대학 졸업자로서 재학중 경비지도사 시험과목을 3과목 이상을 이수하고 경비업무에 종사한 경력이 5년 이상인 자, ④ 일반경비지도사의 자격을 취득한 후 일반경비지도사의 시험에 응시하는 자는 경비지도사 1차 시험을 면제한다(동법시행령 제13조).

제1차 시험은 매과목 100점 만점으로 하여 매과목 40점 이상이고, 전과목 평균 60점 이상 득점한 자를 합격자로 하며, 제2차 시험은 선발예정 인원의 범위 내에서 평균 60점 이상을 득점한 자 중에서 고득점 순으로 합격자를 결정한다. 이 경우 동점자로 인해 선발예정인원을 초과하게 되는 때는 동점자 모두 합격자로 한다.

경찰청장은 시험문제의 출제를 위하여 ① 고등교육법에 의한 전문대학 이상의 교육기관에서 경찰행정학과 등 경비업무관련학과 및 법학과 부교수(전문대학의 경우에는 교수) 이상으로 재직하고 있는 자, ② 석사 이상의 학위소지자로 경찰청장이 정하는 바에 의하여 경비업무에 관한 연구실적이나 전문경력이 인정되는 자, ③ 방범·경비업무를 3년 이상 담당한 경감이상 경찰공무원의 경력이 있는 자 중에서 시험과목별로 2인 이상의 시험출제위원을 임명 또는 위촉하며, 시험출제위원으로 임명 또는 위촉되는 자는 경찰청장이 정하는 준수사항을 성실히 이행하여야 한다.

(2) 경비지도사 교육

경비지도사 교육은 경찰청장이 경비지도사 교육에 관한 업무를 전문기관 또는 단체[135]에 위탁할 수 있다(동법 제27조 제2항, 동법시행령 제31조 제2항).

교육의 교과과목은 일반 및 기계경비지도사를 대상으로 경비업법, 경찰관직무집행법, 테러대응요령, 화재대처법, 응급처치법, 분사기사용법, 교육기법, 예절 및 인권교육, 체포·호신술, 입교식·평가·수료식 등 공통 28시간과 일반경비지도사를 대상으로 시설경비, 호송경비, 신변보호, 기계경비개론, 일반경비현장실습 등 16시간 및 기계경비지도자를 대상으로 기계경비운용관리, 기계경비기획 및 설계, 인력경비개론, 기계경비현장실습 등 16시간으로 각각 44시간의 교육을 이수하여야 한다(동법시행규칙 제9조 제1항).

4) 경비지도사의 직무 및 준수사항

경비지도사의 직무는 경비원의 지도·감독·교육에 관한 계획의 수립, 실시 및 그 기록의 유지는 월1회 이상 수행하여야 하며, 경비현장에 배치된 경비원에 대한 순회점검 및 감독과 기계경비지도사의 기계장치의 운용감독, 기기관리의 감독을 주1회 이상 수행하여야 한다(동법 제12조 제2항, 동법시행령 제17조).

5) 경비지도사자격의 취소·정지

경찰청장은 경비지도사가 ① 제10조 제1항 각호[136]의 결격사유에 해당하게 된 때, ② 허

---

135   한국경비협회 등에 위탁되고 있다.
136   제10조(경비지도사 및 경비원의 결격사유) ① 다음 각 호의 어느 하나에 해당하는 자는 경비지도사 또는 일반경비원이 될 수 없다.
   1. 18세 미만인 사람 또는 피성년후견인
   2. 파산선고를 받고 복권되지 아니한 자
   3. 금고 이상의 실형의 선고를 받고 그 집행이 종료(집행이 종료된 것으로 보는 경우를 포함한다)되거나 집행이 면제된 날부터 5년이 지나지 아니한 자
   4. 금고 이상의 형의 집행유예선고를 받고 그 유예기간중에 있는 자
   5. 다음 각 목의 어느 하나에 해당하는 죄를 범하여 벌금형을 선고받은 날부터 10년이 지나지 아니하거나 금고 이상의 형을 선고받고 그 집행이 종료된(종료된 것으로 보는 경우를 포함한다) 날 또는 집행이 유예·면제된 날부터 10년이 지나지 아니한 자
      가. 「형법」 제114조의 죄
      나. 「폭력행위 등 처벌에 관한 법률」 제4조의 죄

위 기타 부정한 방법으로 경비지도사자격증을 교부받은 때, ③ 경비지도사 결격사유에 해당하게 된 때, ④ 경비지도사자격증을 다른 사람에게 빌려주거나 양도한 때 등 이중 하나에 해당하는 때, ⑤ 자격정지 기간 중에 경비지도사로 선임되어 활동한 때에는 그 자격을 취소하여야 한다(동법 제 20조, 제1항).

그리고 경찰청장은 경비지도사가 ① 경비지도사 직무[137] 규정에 위반하여 직무를 성실하게 수행하지 아니한 때 ② 경찰청장 또는 지방경찰청장의 명령을 위반한 때에는 1년의 범위 내에서 그 자격을 정지시킬 수 있다(동법 제20조 제2항).[138]

또한 경찰청장은 경비지도사의 자격을 취소한 때에는 경비지도사자격증을 회수하여야 하며, 경비지도사의 자격을 정지한 때에는 그 정지기간 동안 이를 회수하여 보관하여야 한다(동법 제20조 제3항).

그러나 경찰청장 또는 지방경찰청장은 경비지도사 자격을 경비업 허가의 취소 또는 영업정지, 경비지도사자격의 취소 또는 정지처분을 하고자 하는 경우에는 반드시 청문을 실시하여야 한다(동법 제21조).

다. 「형법」 제297조, 제297조의2, 제298조부터 제301조까지, 제301조의2, 제302조, 제303조, 제305조, 제305조의2의 죄

라. 「성폭력범죄의 처벌 등에 관한 특례법」 제3조부터 제11조까지 및 제15조(제3조부터 제9조까지의 미수범만 해당한다)의 죄

마. 「아동·청소년의 성보호에 관한 법률」 제7조 및 제8조의 죄

바. 다목부터 마목까지의 죄로서 다른 법률에 따라 가중처벌되는 죄

6. 다음 각 목의 어느 하나에 해당하는 죄를 범하여 벌금형을 선고받은 날부터 5년이 지나지 아니하거나 금고 이상의 형을 선고받고 그 집행이 유예된 날부터 5년이 지나지 아니한 자

가. 「형법」 제329조부터 제331조까지, 제331조의2 및 제332조부터 제343조까지의 죄

나. 가목의 죄로서 다른 법률에 따라 가중처벌되는 죄

다. 삭제 <2014. 12. 30.>

라. 삭제 <2014. 12. 30.>

7. 제5호 다목부터 바목까지의 어느 하나에 해당하는 죄를 범하여 치료감호를 선고받고 그 집행이 종료된 날 또는 집행이 면제된 날부터 10년이 지나지 아니한 자 또는 제6호 각 목의 어느 하나에 해당하는 죄를 범하여 치료감호를 선고받고 그 집행이 면제된 날부터 5년이 지나지 아니한 자

8. 이 법이나 이 법에 따른 명령을 위반하여 벌금형을 선고받은 날부터 5년이 지나지 아니하거나 금고 이상의 형을 선고받고 그 집행이 유예된 날부터 5년이 지나지 아니한 자

137 1. 경비원의 지도·감독·교육에 관한 계획의 수립·실시 및 그 기록의 유지

2. 경비현장에 배치된 경비원에 대한 순회점검 및 감독

3. 경찰기관 및 소방기관과의 연락방법에 대한 지도

4. 집단민원현장에 배치된 경비원에 대한 지도·감독

5. 그 밖에 대통령령이 정하는 직무

138 ①의 위반에 대한 행정처분기준은 1차 자격정지 3월, 2차 자격정지 6월, 3차 이상 자격정지 12월이며, ②의 위반에 대한 기준은 1차 자격정지 1월, 2차 자격정지 6월, 3차 이상 자격정지 9월이다. 위반행위의 횟수에 따른 행정처분의 기준은 당해 위반행위가 있는 날 이전 최근 2년간 같은 위반행위로 행정처분을 받은 경우에 적용한다(동법 시행령 제25조).

10. 경비업에 대한 행정처분 및 감독

1) 경비업에 대한 행정처분

허가관청은 경비업자가 경비업법 또는 동법에 의한 명령을 위반한 때에는 그 허가를 취소하거나 6월 이내의 기간을 정하여 영업의 전부 또는 일부에 대하여 영업정지를 명할 수 있다(동법 제19조).

허가관청은 경비업자가 ① 허위 그 밖에 부정한 방법으로 허가를 받은 때, ② 허가 받은 경비업무 외의 업무에 경비원을 종사하게 할 때, ③ 경비업 및 경비관련업외의 영업을 한 때, ④ 정당한 사유 없이 허가를 받는 날로부터 1년 이내에 경비도급실적이 없거나 1년 이상 휴업한 때, ⑤ 정당한 사유 없이 최종 도급계약 종료일의 다음날부터 1년 이내 경비도급실적이 없을 때, ⑥ 영업 정지처분을 받고 계속하여 영업을 한 때 등 어느 한 가지에 해당하는 경우에는 허가받은 경비업무중 허가 취소사유에 해당되는 경비업무에 대하여 그 허가를 취소하여야 하며, ⑦ 경비업법 또는 동법에 의한 명령에 위반한 때에는 그 허가를 취소하거나 6월 이내의 기간을 정하여 영업의 전부 또는 일부에 대하여 영업정지를 명할 수 있다(동법 제19조).

그리고 허가관청은 앞의 규정에 의하여 허가취소 또는 영업정지처분을 하는 때에는 경비업자가 허가받은 경비업무중 허가취소 또는 영업정지사유에 해당되는 경비업무에 한하여 처분을 하여야 한다. 다만, 허가 받은 경비업무 외의 업무에 경비원을 종사하게 할 때에 해당하여 허가취소를 하는 때에는 그러하지 아니하다. 여기에서 '영업의 전부 또는 일부'의 의미는 지역에 있어서 지방경찰청별, 출장소별(영업구역을 구분할 수 있는 경우) 영업을 뜻하거나 경비업무의 종별에 있어서 특정한 경비업무(시설경비, 호송경비, 신변보호업무)중 일부를 뜻하는 개념으로 보아야 하며 새로운 도급수주(계약체결)만을 경비영업의 일부로 분리하는 것은 경비영업의 개념을 포괄적으로 규정하고 있는 현행 경비업법의 취지에 부합하지 않는다고 보아야 할 것이다.

따라서 "영업의 전부 또는 일부"의 적용대상은 동법 제19조 제1항에서 위임된 동법시행령 제24조에 규정된 다음과 같은 모든 위반사항에 대하여 해당된다.

① 지방경찰청장의 허가 없이 경비업무를 변경한 경우(동법 제4조 제1항)에는 1차위반 경

고, 2차위반 영업정지 6월, 제3차 이상 위반 허가취소, ② 경비업자가 위법한 경비업무를 거부하지 아니한 경우(법 제7조 제2항)에는 1차위반 영업정지 1월, 2차위반 영업정지 3월, 3차 이상 위반 허가취소, ③ 결격사유가 있는 자를 경비원으로 채용하거나 자격이 없는 자를 경비지도사로 채용한 경우(동법 제10조의3에는 1차위반 경고, 2차위반 영업정지 3월, 3차 이상 위반 허가취소, ④ 경비원으로 하여금 경비원교육을 받게 하지 아니한 경우 1차위반 경고, 2차위반 경고, 3차이상 위반 영업정지 1월, ⑤ 경비원의 복장·장구 및 출동차량에 관한 규정을 위반한 경우(동법 제16조)에는 1차위반 경고, 2차위반 경고, 3차 이상 위반 영업정지 1월, ⑥ 경찰청장·지방경찰청장 또는 경찰서장의 감독상 명령·지시를 이행하지 아니한 경우(동법 제24조)에는 1차위반 경고, 2차위반 영업정지 3월, 3차 이상 위반 허가취소, ⑦경비원의 업무수행중 고의 또는 과실로 발생한 손해에 대한 배상을 이행하지 아니한 경우(동법 제26조)에는 1차위반 경고, 2차위반 영업정지 3월, 3차 이상 위반 영업정지 6월이다.

위반행위의 횟수에 따른 행정처분의 기준은 첫째, 위반행위의 정도 등을 참작하여 앞의 규정에 의한 행정처분의 기준을 가중하거나 경감할 수 있다.

둘째, 위반행위가 2 이상인 경우로서 그에 해당하는 각각의 처분기준이 다른 경우에는 그 중 중한 처분기준에 의하며, 2 이상의 처분기준이 동일한 영업정지인 경우에는 중한 처분기준의 2분의 1까지 가중할 수 있되, 각 처분 기준은 합산한 기간을 초과 할 수 없다.

셋째, 위반행위의 횟수에 따른 행정처분의 기준은 당해 위반행위가 있은 날 이전 최근 2년간 같은 위반행위로 행정처분을 받은 경우에 적용한다.

넷째, 영업정지처분에 해당하는 위반행위가 있은 날 이전 최근 2년간 같은 위반행위로 2회 영업정지처분을 받은 경우에는 위 표의 기준에 불구하고 그 위반행위에 대한 행정처분 기준은 허가취소로 한다.[139]

---

139 경비업체 갑은 1992. 9. 28~1996. 7. 30 경비원 배치신고불이행, 경비원명부 미비치, 경비원 직무교육 및 신임교육 미필, 경비원 배치폐지미신고 등의 사유로 5개 지방경찰청(대구, 경기, 충북, 부산, 전북)에서 적발, 허가관청인 서울지방경찰청으로 통보되어 1996. 7. 1~9. 24 경비원배치 미신고, 경비원 신임교육 미실시로 경남지방경찰청에 적발되어 1996. 11. 9 2차 행정처분을 받았으며, 1996. 12. 13 부산지점의 34개 지점설치 미신고로 1996. 12. 20 1차행정처분(다른 사유)을 받은 상태에서, 1997. 1. 11 제주지방경찰청에 1996. 2. 5~10. 5 경비원배치 미신고, 1995. 7. 14~1996. 12. 19 출장소개설 미신고로 적발되어 서울지방경찰청에 통보된 경우, 적발된 사안은 행정처분된 위반내용의 기간에 포함되어 있으므로 1차 위반으로 보아야 하는지, 아니면 3차 위반으로 보아야 하는지 여부 질의에 대한 경찰청 답변에서 경비업법 제12조 제1항, 제4조 제1항 내지 제3항, 동법시행령 제22조 제1항[별표 6]에 의하면 경비업자가 위반행위를 반복해서 행할 경우 1차위반(경고), 2차위반(영업정지등), 3차위반(허가취소 등)으로 구분하여 위반횟수가 증가될수록 그 처벌의 강도를 강화하고 있는 동시에, 횟수에 따른 행정처분의 기준을 최근 2년간 같은 위반행위로 행정처분을 받은 경우로 그 기간을 한정하여 규정하고 있는 것은 위반행위가 단기간 내에 반복되는 것을 방지하고, 같은 위반행위로 한 번 처벌을 받았음에도 불구하고 개전의 정이 없이 같은 위반행위를 반복하는 자를 더욱 무겁게 처벌하기 위하여 위반횟수의 증가에 따른 가중처벌규정을 둔 것으로서 입법취지, 위반자에 대한 공평한 법집행, 기산시점의 명확성 등을 고려할 때 "최근 2년간"의 기준시점은 '형사입건 된 시점', '행정처분을 받은 시점'이 아닌 '위반시점'으로 보아야 할 것으로 보고 따라서 본 질의의 경우 1996. 2. 5~10. 5간 경비원배치 미신고 행위는 3차위반으로, 1995. 7. 14~1996. 12. 10.간 출장소개설 미신고 행위는 2차위반으로 보아 행정처분을 하여야 할 것으로 판단하고 있다(경찰청 방범국, 전게자료, 33~34면).

193

끝으로 허가관청은 이러한 처분을 하고자 하는 경우에는 청문을 실시하여야 한다(동법 제21조).[140]

2) 경찰기관의 감독·명령

경찰청장 또는 지방경찰청장은 경비원업무의 적정한 실시를 위하여 경비업자 및 경비지도사를 지도하며 감독상 필요한 명령을 발할 수 있다.

그리고 지방경찰청장과 경찰서장은 소속경찰공무원으로 하여금 수시로 관내의 경비업자의 사무소와 출장소 및 경비원배치장소에 출입하여 근무현황 및 교육훈련 상황을 감독하며 필요한 지시를 할 수 있다. 이 경우 출입하는 경찰공무원은 그 권한을 표시하는 증표를 관계인에게 내보여야 한다(동법 제24조).

또한 지방경찰청장과 관할 경찰서장은 연 2회 이상의 보안지도·점검을 실시하여야 하고, 필요한 경우 관계기관에 보안측정을 요청하여야 한다(동법시행령 제29조).

그러나 앞에서 강조한 바와 같이 경찰관청의 지도 및 감독은 형식에 그치고 있고 사실상 그 기능이 곤란하므로 경비원의 지도 및 감독을 전담할 수 있는 경비지도사 제도를 도입하여 업체규모에 따라 이들의 채용을 의무화하는 방안을 강구하게 된 것이다.

11. 경비협회의 설립 및 업무

1) 경비협회의 설립

경비업자는 경비업무의 건전한 발전과 자질향상을 위한 교육훈련 등을 위하여 법인으로 경비협회를 설립할 수 있다(동법 제22조 제1항, 제2항).

따라서 경비협회를 설립하고자 할 때에는 경비업자 5인 이상이 발기인이 되어야 하고, 정관이 정하는 바에 의하여 회원으로부터 회비를 징수할 수 있다(동법시행령 제26조).

---

140 민주화와 행정의 공정성을 기하기 위하여 행정객체에게 권리를 제한하거나 경제적인 불이익을 주는 행정처분에 대해서는 적법절차에 따라 그 상대방에게 의견진술 또는 청문의 기회를 주도록 하고 있다. 자세한 내용은 김두현, 행정의 적법절차에 관한 연구, 유당 오덕영박사 고희기념 논문집, 1995, 429~464면 참조.

사경비업체의 건전한 육성과 발전을 위해 1978년 9월 21일 내무부장관의 승인으로 사단법인 한국경비협회가 설립되어 운영되어 왔는데 이법에 특별한 규정이 있는 것을 제외하고는 민법의 사단법인에 관한 규정을 준용한다(동법 제22조 제4항).

2) 경비협회의 업무

경비협회는 ① 경비업무의 연구발전에 관한 사항, ② 경비원의 교육·훈련에 관한 사항, ③ 경비원의 후생·복지에 관한 사항, ④ 경비진단에 관한 사항, ⑤ 그 밖에 경비업무의 건전한 운영과 육성에 관하여 필요한 사항의 업무를 수행한다(동법 제22조 제3항).

여기서 경비협회의 가장 중요한 업무는 동법 제14조 제1항의 규정에 의한 경비업자의 손해배상책임을 보장하기 위하여 공제사업을 하는 일이라고 볼 수 있다. 즉 경비업자는 경비원이 업무수행중 사고 또는 과실로 경비대상에 발생하는 손해를 방지하지 못한 때에는 그 손해를 보상하여야 하는데(동법 제14조), 이러한 손해보상을 위하여 공제사업을 경비협회가 이를 담당 할 수 있다. 이 경우 경비협회는 공제사업의 회계를 다른 사업의 회계와 구분하여 정리하여야 하며, 경비업자의 손해배상책임의 보장 외에 목적으로 공제사업을 운영하여서는 아니 된다(동법시행령 제27조).

따라서 경비협회는 공제사업을 행하고자 하는 때에는 공제규정을 제정하여야 하며 이 공제규정에는 공제사업의 범위, 공제계약의 내용, 공제금, 공제료, 공제금에 충당하기 위한 책임준비금등 공제사업의 운영에 관하여 필요한 사항을 정하여 한다(동법 제23조 제1항).

12. 경비업자 등의 책임

경비업자, 경비지도자 및 경비원은 일정한 경우에는 행정책임, 형사책임, 배상책임을 지게 된다.

1) 행정책임

우선 경비업자의 행정책임은 주로 과태료처분을 받는다. ① 경비업자가 영업의 폐지·휴업, ② 법인명칭·대표자 변경, ③ 법인주사무소·출장소 이전·신설·폐지, ④ 기계경비업무의 수행을 위한 관제시설의 신설·이전·폐지, ⑤ 특수경비업무 개시, 종료, 정관의 변경에 대하여 미신고시, ⑥ 국가중요시설 특수경비업무 수행 중단시, ⑦ 경비업무 대행자의 지정 및 변경신고 미이행시, ⑧ 기계경비계약 체결시 오 경보 방지를 위한 기기사용 요령 및 기계경비운영체제 등 미설명시, ⑨ 경비원 명부의 미비치시, 경비지도사 미선임시, ⑩ 경비업자가 경비원을 배치하거나 배치를 폐지한 경우 미신고시, ⑪ 무기대여를 받은 시설주에게 경찰의 감독상 필요한 명령을 정당한 이유없이 이행하지 아니한 자는 500만원 이하의 과태료에 처한다(동법 제31조).

과태료는 지방경찰청장 또는 경찰관서장이 당해 위반행위를 조사·확인한 후 위반사실·과태료금액 등을 서면으로 명시하여 이를 납부할 것을 과태료처분대상자에게 통지하되, 10일 이상의 기간을 정하여 과태료처분대상자에게 구술 또는 서면(전자문서 포함)에 의한 의견진술의 기회를 주어야 한다. 만약 과태료처분에 불복이 있는 자는 그 처분의 고지를 받은 날로부터 30일 이내에 지방경찰청장 또는 경찰관서장에게 이의를 제기할 수 있다. 이의제기를 받은 지방경찰청장 또는 경찰관서장은 지체 없이 관할법원에 그 사실을 통보하여야 하며, 그 통보를 받은 관할법원은 비송사건절차법에 의한 과태료의 재판을 한다.

상기 기간 이내에 이의를 제기하지 아니하고 과태료를 납부하지 아니할 국세체납처분의 예(국고금관리법시행규칙)에 의하여 이를 징수한다. 과태료의 부과기준은 동법시행령 별표 6과 같다. 지방경찰청장 또는 경찰관서장은「질서위반행위규제법」제14조 각 호의 사항을 고려하여 상기 별표 6에 따른 금액의 100분의 50의 범위에서 경감하거나 가중할 수 있다. 다만, 가중하는 때에는 동법 제31조 제1항에 따른 과태료 금액의 상한을 초과할 수 없다. 과태료를 부과받은 자는 과태료 부과 고지서를 받은 날부터 60일 이내에 납부하여야 한다. 다만, 천재지변이나 그 밖의 부득이한 사유로 과태료를 납부할 수 없는 때에는 그 사유가 없어진 날부터 5일 이내에 납부하여야 한다. 과태료 부과의 사전 통지는 동법시행규칙 별지 제16호서식의 과태료 부과 사전 통지서에 따르며, 과태료의 부과는 동법시행규칙 별지 제17호서식의 과태료 부과 고지서에 따른다.

2) 형사책임

경비업자 등의 형사책임은 총기소지 및 관리 등으로 그 처벌을 엄중하게 하고 있다.

국가중요시설의 정상적인 운영을 해치는 장해를 일으킨 특수경비요원은 5년 이하의 징역 또는 5천만원 이하의 벌금에 처한다(동법 제28조 제1항).

그리고 ① 법인의 임원 및 직원(경비지도사, 경비원)이 그 법인의 업무에 관하여 허가를 받지 아니하고 영업을 한 경우, ② 직무상 알게 된 경비대상의 비밀을 누설하거나 부당한 목적을 위하여 사용한 자, ③ 경비업무의 중단을 통보하지 아니하거나 경비업무를 즉시 인수하지 아니한 특수경비업자 또는 경비대행업자, ④ 과실로 인하여 국가중요시설의 정상적인 운영을 해치는 장해를 일으킨 특수경비원, ⑤ 특수경비원으로서 경비구역 안에서 시설물의 절도, 손괴, 위험물의 폭발 등의 사유로 인하여 위급상태가 발생한 경우 그 의무를 위반한 자, ⑥ 경비원에게 경비업무의 범위를 벗어난 행위를 하게 한 자는 3년 이하의 징역 또는 3천만원 이하의 벌금에 처한다(동법 제28조 제2항).

법인의 대표자나 법인 또는 개인의 대리인, 사용인 기타 종업원이 그 법인의 업무에 관하여 벌칙의 규정에 해당하는 행위를 한 때에는 그 행위자를 처벌하는 외에 그 법인 또는 개인에게도 해당조문의 벌금형을 과한다. 다만, 법인 또는 개인이 그 위반행위를 방지하기 위하여 해당업무에 관하여 상당한 주의와 감독을 게을리 하지 아니한 경우에는 그러하지 아니하다(동법 제30조).

또한 정당한 사유 없이 무기를 소지하고 배치된 경비구역을 벗어난 특수경비원은 2년 이하의 징역 또는 2천만원 이하의 벌금에 처한다(동법 제28조 제3항).

그리고 ① 시설주로부터 무기의 관리를 위하여 지정 받은 자가 무기 출납부 및 무기장비 운영카드 미비치·기록 또는 무기의 직접 미지급·회수시 그리고 ② 파업, 태업 기타 경비업무의 정상적인 운영을 저해하는 쟁의행위를 한 특수경비원, ③ 경찰관서장의 배치폐지명령을 따르지 아니한 자, ④ 경비업무의 범위를 벗어난 행위를 한 경비원은 1년 이하의 징역 또는 1천만원 이하의 벌금에 처한다(동법 제28조 제4항).

또한 경비원이 직무를 수행함에 있어 타인에게 위력을 과시하거나 물리력을 행사하는 등 경비업무의 범위를 벗어난 행위를 한 자는 1천만원 이하의 벌금에 처한다(동법 제15조의2 제1항, 제28조 제5항).

끝으로 특수경비원이 무기를 휴대하고 경비업무 수행중에 무기의 안전수칙(제14조 제8항, 제15조 제4항)을 위반하여 형법 제257조 제1항(상해), 제258조 제2항(중상해), 제259조 제1항(상해치사), 제260조 제1항(폭행), 제262조(폭행치사죄), 제276조 제1항(체포, 감금), 제277조 제1항(중체포, 중감금), 제281조 제1항(제포, 감금 등의 치사상), 제283조 제1항(협박), 제324조(강요), 제350조(공갈) 및 제 366조(재물손괴 등)의 죄를 범한 때에는 그 죄에 정한 형의 2분의 1까지 가중한다(동법 제29조).[141]

3) 배상책임

경비업자에 대한 배상책임으로는 경비원이 업무수행중 고의 또는 과실로 경비대상에 발생하는 손해를 방지하지 못한 때, 제3자에게 손해를 입힌 때에는 그 손해를 공제가입에 의하여 배상(제26조) 또는 민법에 의한 손해배상책임을 진다.[142]

13. 결어

지금까지 살펴 본 바와 같이 경비업법이 청원경찰과 똑같은 근무조건에서 경비근무를 실시하면서도 경비원의 낮은 보수체계로 사기저하를 초래하고 있으므로 이에 대한 보완대책이 강구되어야 한다.[143]

주지한 바와 같이 선진국의 추세는 범죄수사와 범인체포는 공경비인 경찰이 하는 추세이고 범죄예방과 같은 일반적인 경비업무는 사경비인 경비업체에서 전담하는 경향이 짙다.

그리고 복지사회를 지향하는 선진국가로 갈수록 국민들의 안전에 대한 욕구는 강하고 각 개인들마다 보다 나은 경비서비스를 강하게 요구하고 있으나 국가재정의 한계나 경비인력 및 장비보강 등에 따른 세금징수 등의 어려움 때문에 수익자부담을 원칙으로 하는 사경비업의 출현이나 발달은 필연적인 사실로 받아들여지고 있다.

---

141 김두현·최선화, 현대스포츠법과 안전, 한올출판사, 2009, 727~728면.
142 경비업법상 손해배상책임과 경비업 관련 분쟁양태별 판례분석 및 민법상 손해배상책임 등에 관한 자세한 내용은 이용표, 경비업체의 손해배상책임에 관한 연구, 한국체육대학교 사회체육대학원 석사학위논문, 2000, 5~85면참조.
143 이원화된 사경비업법 적용에 따른 모순점과 비효율성에 관한 자세한 내용은 이윤근, 용역경비업법과 청원경찰법의 통합 및 단일법안화에 관한 연구, 동국대 행정대학원 행정논집 제20편(1992), 426~431면 참조.

따라서 이상과 같은 불합리한 점들을 개선하기 위한 방법으로 경비업계의 전반적인 활성화를 도모하고 늘어난 경비시장을 중심으로 전문화와 일반고객들에 대한 양질의 경비서비스 제공이 가능할 수 있는 방안으로 경비윤리 교육이 강구되어져야 할 것이고 경비업체의 평가를 통한 국가나 지방자치단체의 보조금제도 등의 예산지원책도 필요하다고 본다..

아울러 송·수신기 장비에 의하여 사고발생 경보를 접수하고 긴급출동업무를 수행하는 기계경비업체의 출동차량을 긴급자동차로 지정할 수 있는지에 대하여 경찰청은 "도로교통법 제2조 제16호, 동법시행령 제2조 제1항 제5호"에 의하면 '전기사업·가스사업 그 밖의 공익사업기관에서 위험방지를 위한 응급작업에 사용되는 자동차'는 지방경찰청장의 지정을 받아 긴급자동차로 할 수 있는 바, 경비업체의 출동차량이 위 긴급자동차 지정을 받을 수 있는가 여부는 위 경비업체의 업무가 '공익사업'에 해당하고 '위험방지를 위한 응급작업 즉 긴급성을 요하는 작업'인가가 판정되어야 할 것"으로 보고 있다.

그리고 "경비업법 제2조 제1항"에 의하면[144] 경비업체는 '국가중요시설, 사업시설, 공공시설 등의 도난, 화재 등으로 인한 위험발생 방지업무'를 담당하게 되어 있어, 주로 공익적 사업을 담당하고 있으며 동법 제4조 제2항 제4호, 동법시행령 제6조의2에서 규정하고 있는 송·수신기 장비에 의하여 사고발생경보를 접수하고 긴급출동업무를 수행하는 기계경비업체는 경비업법상 경비업에 해당하고 더욱이 경찰이 담당해야 할 재해방지(사후처리)업무의 일면을 담당하는 측면도 있는 것이므로 공익사업에 해당한다."고 보고 있다.

또한 "긴급자동차를 지정하는 취지가 사고발생시 신속히 출동하여 사고의 발생 및 그 확대를 최대한 방지하기 위함으로 보여 지고, 기계경비업체는 도난, 화재 등 비교적 긴급을 요하는 재난사고발생시 신속히 출동하여 그 재난의 확대를 미리 방지하는 업무를 담당하고 있으므로 긴급성을 요한다."고 보고 있다.

따라서 "위 기계경비업체의 출동차량은 도로교통법시행령 제2조 제1항 제5호에 해당되어 긴급자동차로 지정할 수 있다고 본다. 다만 긴급자동차란 그 본래의 긴급한 용도로 사용되고 있는 중일 때만 긴급자동차로 볼 수 있으므로 긴급자동차로 지정 되었다고 해도 사고발생시 긴급 출동하는 등 긴급성이 있을 때만 긴급자동차로서의 자격이 있으므로 그 이용시 남용이 없도록 해야 할 것"으로 판단하고 있다.[145]

144　이하는 개정 전의 경비업법과 동법시행령 조문임.
145　경찰청 방범국, 전게자료, 39~40면.

그러나 도로교통법상 긴급자동차의 입법취지와 긴급자동차의 우선적 통행 등에 비추어 보아 기계경비업체의 출동차량[146]이 긴급자동차로 지정해야 할 필요성이 인정된다면 자의적인 해석 적용보다는 도로교통법시행령을 개정하여 시행하는 것이 법치행정주의에 타당하다고 보여 진다.

현행 도로교통법(제2조 제22호)상의 긴급자동차라 함은 소방자동차, 구급자동차 그 밖의 대통령령이 정하는 자동차 즉 경찰 긴급업무, 군부대 유도, 전신전화 응급작업, 환자 후송 자동차 등 명시적 규정으로 되어 있으므로 경비업체의 대처차량(Bit Car)을 긴급자동차로 지정한 것은 잘못이라고 판단된다.

---

146 경비업법 제16조의 규정에 의하여 경비업의 복장·장비 등에 '출동차량'이란 내용이 추가되었다.

제4절 형사법

I. 서설

형사법이란 국가 형벌권의 행사를 규율하는 법을 말하는 것으로, 실체법인 형법, 절차법인 형사소송법 및 행형법까지를 말하는데, 여기에서는 형법과 형사소송법 그리고 형법에서 누락된 경미한 행위들을 처벌대상으로 하는 경범죄처벌법만을 다루고자 한다.

형법은 범죄와 형벌과의 관계를 규정한 법체계이다. 인간사회의 온갖 갈등과 대립을 조정하며 규제하는 여러 법규 가운데서도 형벌을 수단으로 하는 까닭에 무엇이 범죄인가, 그리고 그 범죄에 대하여 어떠한 형벌을 과할 것인가를 연구하는 형법은 무엇보다도 중요한 규범이다. 그 중에서도 형법학을 연구하는 사람들이 기본적으로 갖추어야 할 것은 개개 법조문의 암기, 해석, 적용에 앞서 형법 각조에 내재되어 있는 정신의 이해이며, 인간주의와 합리주의의 사고인 것이다.

그러나 어떠한 행위의 가치·반가치의 평가에 못지않게 중요한 것은 가치·반가치의 평가에 따른 형벌권의 존부와 그 범위를 확정하는 구체적인 절차인 것이다. 바로 이러한 절차에 관한 제법규의 총체를 형사소송법이라 할 수 있다.

형사소송법의 이념은 결국 범죄자 필벌이라는 적극적 의미 실현을 죄 없는 자 1인을 처벌하기보다는 죄 있는 자 10인을 방면함이 더 낫다는 절차의 적정성 가운데에서 실현한다는 것이다. 우리는 형사소송법을 공부하면서 적극적 진실발견을 위한 다양하고 기동력 있는 합목적적 활동을 모색하려는 것이 아니라 죄 없는 자가 유죄선고를 받게 될지도 모르는 절차의 불공평성·부적정성을 배제하려는데 초점을 맞추어야만 하는 것이다.

더군다나, 최근 범죄는 날로 전문화, 다양화하고 있는 반면 검찰 등의 일반사법경찰리와 대통령 경호공무원 등 특별사법경찰관리들의 수사기술과 경험을 고루 갖추고 있지 못한 실정이므로 형법상의 범죄와 형벌이론, 그리고 제도를 고찰하여 수사능력을 향상시켜 사건조사의 신속·정확을 기함과 아울러 국민으로부터 신뢰받는 공무원상을 확립하며, 뿐만 아니라 청원경찰과 경비원의 질적 향상을 도모하고 국민의 인권보장을 위하여 기초적인 형사법 교육이 그 어느 때보다도 중요하다고 본다.[147]

아울러 청원경찰 및 경비업의 경비구역에는 다수인이 출입하는 경우도 있어 경범죄처벌법 위반자가 발생할 경우도 있으므로 경범죄처벌법에 관한 해설도 덧붙이고자 한다.

II. 형법

1. 형법의 개념

1) 형법의 의의

형법이란 일반적으로 범죄와 형벌의 관계를 규정한 국가법규범의 총체, 즉 어떤 행위가 범죄이고 그 범죄에 대하여 어떤 형벌을 과할 것인가를 규정하는 법규범이다. 일반적으로 형법학은 형법총론과 형법각론으로 나뉜다.

형법총론은 법률상 의미에 있어서의 범죄와 형벌을 일반적·추상적으로 연구하여 범죄의 일반적 성립요건, 그 일반적 유형 그리고 형벌의 본질·종류·적용 등을 명백히 밝히고자 하는 것이다.

이에 대하여 형법각론은 개개의 범죄의 특별구성요건과 그것의 법률적 효과로서의 구체적·개별적으로 연구하여 개개의 특별구성요건의 의미내용을 명백히 하고 개개의 범죄에 대한 형벌의 종류·분량을 인식하기 위한 것이다.

이와 같은 형법은 형사소송법과는 달리 절차법이 아니고 실체법으로서 1953년 9월 18

---

147 경비업법 시행규칙 제12조 제1항, 제15조 제1항에서 규정한 바와 같이 일반·특수경비원 신임교육시 인권 등을 포함한 형사법 교육을 강조하고 있다.

일 법률 제293호로 제정·공포된 후 그간 26차례 개정되었으며, 최근 2020. 12. 8., 법률 제17571호로 일부개정되었다. 최근 개정이유로 1953년 제정되어 시행된 현행 형법은 제정 이후 60년 이상 경과하였음에도 제정 당시의 어려운 한자어, 일본식 표현, 어법에 맞지 않는 문장 등이 그대로 사용되고 있고, 일상적인 언어 사용 규범에도 맞지 않아 일반 국민들이 그 내용을 쉽게 이해하기 어렵다는 지적이 있어 왔다. 이러한 이유로 형법에 사용된 일본식 표현이나 어려운 한자어 등을 국민의 눈높이에 맞추어 알기 쉬운 우리말로 변경하고, 법률문장의 내용을 정확히 전달할 수 있도록 어순구조를 재배열하는 등 알기 쉬운 법률문장으로 개정하였다.

2) 형법의 기능

형법은 그러면 어떠한 기능을 수행하는 것인가에 대해서는 여러 가지 입장에서 여러 가지 기능이 거론될 수 있을 것이나 우리나라의 형법학자들은 보통 규율적 기능, 법익보호적 기능, 보장적 기능 등 세 가지를 들고 있다.

(1) 규율적 기능
형법은 크게 보면 사회질서를 보전하는 것이며 이러한 목표는 범죄를 규율함으로써 달성하고자 한다. 이 규율적 기능은 형벌법규가 평가규범이기도 하며 행위규범이기도 하므로 두 가지 측면에서 이루어진다.

첫째로, 형법은 어떠한 행위를 범죄라고 규정함으로써 행위에 대한 반가치판단을 내리게 된다. 이것을 평가적 기능이라고 할 수도 있다. 그러나 동시에 이러한 반가치판단을 내림으로써 일정한 행위를 하지 말 것을 명령하는 것으로 되며 이런 의미에서 국민의 의사가 그 명령에 따르도록 하는, 즉 범죄의 결의를 하지 않도록 하는 의사결정적 기능을 수행하게 된다.

(2) 법익보호적 기능
형법은 일정한 행위를 범죄로 정하고 처벌함으로써 반사적으로 그 행위에 의하여 침해될 일정한 이익을 보호하는 것으로 된다. 이것을 법익보호적 기능이라고 한다. 어떠한 것이 법익으로 보호받는가는 각측의 해석에 의하여 알 수 있으나 입법상으로는 보호의 가치, 보호의 기능, 보호의 필요 등이 고려된다.

(3) 보장적 기능

보장적 기능이란 형법이 있음으로써 국가형벌권의 발동을 제한하여 개인의 자유를 보장하게 되는 것을 의미한다. 형법이 범죄와 형벌과의 관계를 규정하고 있다는 것은 형법에 규정된 행위만이 범죄로 되며 그 이외의 행위는 비록 권력자의 혐오를 받거나 도덕적 비난의 대상이 되는 경우에도 범죄로 처벌되지 않게 되어 일반국민의 자유가 보장되며 나아가서 범죄인이라 할지라도 형법에 규정된 형벌 이상의 형벌을 받지 않게 된다.[148]

2. 죄형법정주의

1) 죄형법정주의의 의의

죄형법정주의란 일정한 행위를 범죄라 하여, 형벌을 과하기 위하여서는 먼저 성문의 형법법규가 존재하지 않으면 안 된다는 원칙으로서 근대형법학에 있어서는 가장 중요한 기본원리로 되어 있다.

즉 죄형법정주의는 「법률이 없으면 범죄도 형벌도 없다」라는 원칙을 말한다. 근대형법은 어떠한 행위를 범죄로 인정하여 여기에 어떤 형벌을 과할 것인가를 재판관의 임의에 맡기는 것이 아니라 죄형전단주의를 배척하고 개인주의·자연주의에서 파생된 강력한 인권사상을 배경으로 엄격히 법률이 규정하는 바에만 따라야 한다는 죄형법정주의를 채택하게 되었다.

우리 현행법상으로도 직접적인 선언규정은 없으나 헌법 제12조와 제13조 그리고 제27조에서 죄형법정주의를 표현하고 있으며, 형법 제1조 제1항도 학설상의 논란은 있으나 죄형법정주의의 표현으로 볼 수 있고, 형사소송법 제323조 제1항도 절차적으로 죄형법정주의를 규정하고 있다.

---

148 鄭榮錫, 刑法總論, 法文社, 1976, 18~20面; 김일수, 형법총론, 박영사, 1997, 38~41面.

2) 파생적 원칙

죄형법정주의는 보통 그 파생적 원칙 혹은 구체적 내용으로서 관습형법의 배제, 유추해석의 금지, 형법불소급의 원칙, 절대적 부정기형의 금지 등이 거론되고 있다.

(1) 관습형법의 배제

이것은 관습법은 형법의 법원이 될 수 없다는 원칙이다. 죄형법정주의는 범죄와 형벌이 '법률'로 정해질 것을 요구하는바 여기서 말하는 '법률'이란 의회에서 법률의 형식으로 제정된 협의의 법률만을 의미한다.

(2) 유추해석의 금지

이것은 형법의 해석에 있어서 유추해석의 방법을 채용할 수 없다는 원리이다. 죄형법정주의는 될 수 있는 한 법관의 자의가 개입될 소지를 배제하고자 한다. 다만 유추해석은 피고인에게 유리한 경우에는 예외적으로 허용된다는 것이 일반적 견해이다.

(3) 형법불소급의 원칙

이것은 형법의 효력은 결코 소급되어서는 안 된다는 원칙이다. 그러나 소급효의 배제는 개인의 자유보장을 위한 것이므로 행위시에 범죄로 되었던 행위가 사후입법에 의하여 범죄로 되지 않거나 형이 경해진 경우에는 소급효를 인정할 수 있다(형법 제1조 제2항 및 제3항).

(4) 절대적 부정기형의 금지

이 원칙은 부정기형, 특히 절대적 부정기형을 형법에 채용하거나 법관이 선고해서는 안 된다는 것이다. 부정기형에는 자유형을 선고함에 있어서 '징역에 처한다'고만 하는 식의 절대적 부정기형과 또 '단기 1년, 장기 3년의 징역에 처한다'는 식의 상대적 부정기형이 있는바, 전자는 '형벌'을 법률로 '정'할 것을 요구하는 죄형법정주의에 정면으로 반하는 것이기 때문에 논의의 여지가 없다.

그러나 우리나라의 소년법 제60조에는 상대적 부정기형이 규정되어 있으며, 또한 형법

제72조의 가석방제도는 무기형, 감형제도와 결부될 때 거의 절대적 부정기형에 가까운 역할을 할 수 있다.[149]

3. 형법의 효력

1) 시간적 효력

원칙적으로 형법은 다른 모든 법률과 같이 그 실시의 시(時)에서부터 폐지 또는 상실의 시까지 적용된다. 다만 문제가 되는 것은 행위의 시와 재판의 시 사이에 형벌법규의 변경이 있는 경우에 어느 법규가 적용될 것인가 하는 점이다.

통설은 이 경우 행위시에 존재한 형법이 적용되어야 한다는 행위시법주의를 주장한다. 죄형법정주의에 의하여 형법의 소급은 금지된다는 것을 근거로 한다. 이에 반해 재판시법주의를 주장하는 일부학자들이 있는데 그 근거로 형법의 수명자는 재판관이라든가 또는 신법은 구법보다 진보적이라는 점을 들고 있다.

그러나 헌법은 제12조 제1항에서 죄형법정주의를 선언하고 제13조 제1항에서는 사후법의 금지를 밝히고 있으며 나아가 형법 제1조 제1항은 "범죄의 성립과 처벌은 행위시의 법률에 의한다."라고 명확히 규정하고 있다. 다만, 형법 제1조 제2항은 "범죄후 법률의 변경에 의하여 그 행위가 범죄를 구성하지 아니하거나 형이 구법보다 경한 때에는 신법에 의한다."고 하여 피고인에게 유리한 경우에는 소급을 인정하여 재판시법주의를 밝히고 있다.

그리고 동조 제3항에서는 "재판확정후 법률의 변경에 의하여 그 행위가 범죄를 구성하지 아니한 때에는 형의 집행을 면제한다"고 규정하는 바 이는 전항의 적용을 받게 될 재판미확정자와 공평을 기하려는 것은 물론, 전항과 동일하게 피고인에게 유리한 경우의 소급을 인정하는 것으로, 이 취지를 재판확정후 집행시에까지 넓혀 적용하는 집행시법주의를 밝힌 것이라고 하겠다.

149　鄭榮錫, 前揭書, 49~59面.

2) 장소적 효력

형법의 장소적 효력[150]이라 함은 형법이 어떠한 장소에서 발생한 범죄에 대하여 적용되는가 하는 문제이며 형법의 지역적 적용범위라고도 한다. 우리의 형법은 속지주의를 기본원칙으로 하고(제2조, 제4조), 속인주의(제3조) 및 보호주의를 적당히 가미하고 있다. 원칙적으로 형법은 대한민국 영역 내에서 죄를 범한 내국인과 외국인에게 적용한다(제2조). 즉 속지주의를 기본으로 한다.

그리고 형법은 대한민국 영역 외에서 죄를 범한 내국인에게 적용한다(제3조). 이는 속인주의를 가미하여 내국인을 보호하려는 것이다. 또한 내란죄, 외환죄 등의 대한민국의 중요한 국가적·사회적 법익에 대한 죄에 있어서는 "외국인의 국외범에도 적용한다"(제5조). 이외의 죄라 할지라도 대한민국 또는 대한민국 국민의 법익을 침해하는 죄를 범한 외국인에게도 적용한다(제6조). 이는 보호주의를 규정한 것이다.

3) 인적 효력

형법은 전술한 시간적 효력 및 장소적 효력이 미치는 범위 내에서 원칙적으로 모든 사람에 대하여 적용된다. 따라서 형법의 인적효력에 관한 문제는 결국 예외적으로 형법의 적용을 받지 않는 사람이 문제인 것이다.

국내법상 대통령은 내란 또는 외환의 죄를 범한 경우 외에는 재직중 형사상의 소추를 받지 아니한다(헌법 제84조). 국회의원은 국회 내에서 직무상 행한 발언과 표결에 관하여 국회 외에서 책임을 지지 아니한다(헌법 제45조).[151]

한편 국제법상의 관례에 의해 치외법권을 가지는 외국의 원수, 그 가족 및 내국인이 아닌 종사자, 신임받은 외국의 외교관, 부수원, 그 가족 및 내국인이 아닌 종사자에 대하여는 형사소추를 할 수 없다.[152]

---

150 刑法의 場所的 效力에 대하여 종래 學說上 다음 네 가지의 原則이 있어 왔다.
　　① 屬地主義: 犯罪人의 國籍如何를 불문하고 自國領土內에서 발생한 일체의 犯罪에 대하여 自國의 刑法을 적용한다는 原則이다.
　　② 屬人主義: 犯罪地의 여하를 불문하고 自國民의 犯罪에 대하여는 自國의 刑法을 적용한다는 原則이다.
　　③ 保護主義: 犯罪地 및 犯罪人의 여하를 불문하고 自國 또는 自國民의 法益을 侵害하는 犯罪에 대하여 自國의 刑法을 適用한다는 원칙이다.
　　④ 世界主義: 犯罪에 대한 社會防衛의 國際的 連帶性이라는 견지에서 犯罪地 및 犯罪人의 여하를 불문하고 일체의 反人類的 犯罪에 대하여 自國의 刑法을 적용하여야 한다는 원칙이다.
151 金日秀, 前揭書, 58~62面.
152 國家元首(Head of State)의 國際法的 地位 및 權限에 관한 내용은 李丙朝 외1, 國際法新講, 一朝閣, 1989, 232面 참조.

4. 범죄

1) 범죄의 의의

범죄란 국가형벌권의 발생요건인 행위이다. 이것은 형식적 의의와 실질적 의의로 구분할 수 있다.

형식적 의의의 범죄개념은 범죄를 실정법인 형법규범에 위반하여 형벌을 받는 행위로 파악하는 것이다. 이 때에 법률은 주어진 것으로서 법률을 위반하는 것의 실질적 의미 또는 법률이 왜 어떤 행위를 범죄로 인정하여 처벌하는가는 묻지 않는다. 즉 사회윤리적 관점에서의 가벌성보다 법률적으로 당벌성이 있는 침해행위라는 데서 범죄의 개념이 성립한다.

이에 반해 실질적 의의의 범죄개념은 범죄의 의미를 전 법률적으로 묻는 것이다. 보통 이러한 의의의 범죄란 널리 사회공동생활의 질서를 침해하는 사람의 행위라고 이해된다. 따라서 사람인 한 유자(幼者)이건 정신병자이건 관계없이 범죄의 주체로 된다.

일반적으로 범죄가 어떠한 요소로서 구성되며 그 요소를 어떻게 설명할 것인가, 다시 말해서 범죄성립요건이란 무엇인가를 논하는 범죄론은 형식적 의의의 범죄개념에서 출발하고 있다. 여기서는 오늘날 통설화 된 이른바 구성요건해당성, 위법성, 책임성 등 형식적 범죄개념의 3요건을 중심으로 상론하고자 한다.

2) 범죄의 성립요건

범죄라 함은 구성요건에 해당하는 위법하고도 책임능력이 있는 자의 행위를 말하며 여기의 구성요건해당성, 위법성, 책임성이 범죄성립의 요건이다.

(1) 구성요건 해당성

범죄는 구성요건에 해당하는 행위이다. 즉 범죄는 구성요건에 해당하는 위법·유책한 행위이다. 다시 말하자면 형법에 있어서의 범죄행위란 죄형법정주의의 원칙상 구체적으로 개별화 된 성문의 법조에 해당하는 행위이어야 하는 것이다. 왜 형벌법규가 어떤 행위를 조문에 규정하여 처벌하는가 하는 근거와 한계는 결국 실질적 의의의 범죄개념에 따라 인정되어지는 것이지만 단순히 반사회적인 행위라는 것만으로는 처벌하기에 충분한 요건이 될 수 없다.

각종의 구성요건에 공통되는 일반적 요소로서는 행위, 행위의 주체, 행위의 객체, 행위의 상황 등을 들 수 있다. 먼저 구성요건요소로서의 행위, 즉 구성요건적 행위란 각기의 구성요건의 내용이 되는 행위를 의미한다. 예컨대, 형법 제250조의 "사람을 살해…"라는 살해행위가 그것이며 제329조의 "타인의 재물을 절취…"라고 할 때 절취행위가 그것이다.

구성요건요소의 두 번째는 행위의 주체, 즉 행위자이다. 행위의 주체는 자연인인 한 원칙적으로 별단의 제한이 없다. 다만 문제가 되는 것은 법인의 경우이다. 법인에 대해서는 일반적으로 행위의 주체가 될 수 없다고 보고 있다. 그러나 근래에 법인의 사회적 중요성이 점점 커지고 그 비리도 증가함에 따라 법인의 범죄능력을 인정하려는 견해가 점차 유력해지고 있다.

예를 들면, 경비업법 제30조에서 "법인의 대표자 또는 개인의 대리인, 사용인 그 밖의 종업원이 그 법인 또는 개인의 업무에 관하여 제28조(벌칙)의 규정에 해당하는 행위를 한 때에는 그 행위자를 처벌하는 외에 그 법인이나 개인에 대하여도 동조에 규정된 벌금형을 과한다"라고 한 양벌규정과 같은 경우를 볼 수 있다.

세 번째의 구성요건요소로는 행위의 객체이다. 행위의 객체란 가령 살인죄의 경우 '사람'이라든가, 절도죄에 있어서는 '타인의 재물' 등과 같이 범죄행위가 행해지는 대상을 의미한다.

네 번째의 구성요건요소로 들 수 있는 행위의 상황이란, 예를 들어 형법 제112조 중립명령위반죄에 있어서 '외국간의 교전에 있어서'라든지 제169조 진화방해죄의 경우의 '화재에 있어서'와 특정의 구성요건에 있어 행위가 일정한 상황하에 행해지는 것이 필요한 경우를 말한다.[153]

(2) 위법성

범죄는 위법한 행위이다. 구성요건은 본래 반사회적 행위의 유형화로서의 의미를 갖는 것이므로 구성요건에 해당하는 행위는 위법하다고 볼 수 있다. 위법이란 전체적 법질서에 위반하는 것을 말하며 실질적으로는 사회상규에 반하는 것을 말한다. 다만 때로는 다른

---

153 자세한 것은 裵鍾大, 刑法總論, 弘文社, 1995, 201~76面 참조.

법규나 사회상규와의 관계상 처벌할 수 없는 경우가 생길 수도 있다.

따라서 구성요건에 해당하는 행위의 위법성을 배제케 하는 사유를 '위법성조각사유'라고 하여 우리 형법은 후술한 바와 같이 위법성조각사유를 정당행위, 정당방위, 긴급피난, 자구행위, 피해자의 승낙에 의한 행위 등으로 규정하고 있어 예외적인 경우가 존재한다.

이와 같은 위법성은 단순한'해당'의 문제인 구성요건해당성과는 달리 하나의'부정적 판단'으로서의 특성을 갖는다. 즉 그것은 '무엇이', '무엇에' 반한다는 판단이다. 위법성이 없는 예를 들자면, 가령 살인행위는 형법 제250조에 해당하는 행위이지만 사형수를 교수형에 처하는 행위 등은 위법성이 없기 때문에 살인죄를 구성하지 않는다.

(3) 책임성

범죄는 유책한 행위이다. 범죄가 성립하기 위해서는 일정한 행위가 구성요건에 해당하는 위법한 행위일 뿐만 아니라 다시 행위자에게 책임을 인정할 수 있어야 한다. 책임이라 함은 당해행위를 하는 주체로서의 행위자에 대한 비난가능성을 말한다. 즉 책임능력자의 고의 또는 과실의 행위인 경우 비로소 비난을 가할 수 있고, 이것이 바로 책임성의 본질이 되는 것이다. 그러므로 사회적 비난의 의의를 이해할 수 없는 책임무능력자(14세미만의 자, 심신상실자)의 행위는 구성요건에 해당하고 위법이라고 해도 범죄가 성립되지 않는다.

3) 위법성조각사유

위법성조각사유란 행위가 구성요건에 해당하더라도 그 위법성을 제외하는 근거가 되는 사유를 말한다. 현행 형법은 위법성조각사유로서 정당행위(제20조), 정당방위(제21조), 긴급피난(제22조), 자구행위(제23조) 및 피해자의 승낙에 의한 행위(제24조)를 규정하고 있으나 위법성조각사유는 결코 이에 한하는 것이 아니며, 형식적으로 실정법상의 명문이 없어도 전체로서의 법질서의 정신에 비추어 실질적 위법성에 관한 초법규적 원리에 입각하여 위법성조각사유를 인정해야 할 경우가 있다.

특히 우리 형법 제20조가 규정한 "기타 사회상규에 위배되지 아니하는 행위는 벌하지 아니 한다"라는 의미는 위법성조각사유를 사회상규라는 초법규적 기준에 의하여 평가할 수 있음을 나타내고 있다. 즉 형법이 규정하는 위법성조각사유는 특히 중요한 경우를 열거한 것이라고 말할 수밖에 없다. 이를 구체적으로 검토하여 보면 다음과 같다.

(1) 정당행위

형법 제20조는 법령에 의한 행위와 업무로 인한 행위, 기타 사회상규에 위배되지 않는 행위를 규정하여 위법성조각사유로 하고 있다. 먼저 법령에 의한 행위란 법률, 명령에 근거를 둔 행위를 말한다. 그 가운데는 경찰관에 의한 범인의 체포라든지, 친자에 대한 징계행위와 같이 직권·직무행위, 권리·의무행위로서 법령이 인정하는 경우도 있으며, 복권, 경마와 같이 본래는 도박죄에 해당하는 경우로서 위법해야 할 행위가 특히 재정상, 기타 정책상의 목적으로 법률상 그 위법성이 해제되는 경우도 있다.

그리고 정당한 업무행위란 예컨대, 의사의 외과수술과 같이 법령에 직접 규정되어 있지는 않으나 사회통념상 정당하다고 인정되는 업무상의 행위를 말한다. 정당한 업무에 의한 행위는 위법성을 조각하여 죄로 되지 아니한다.

또한 사회상규에 위배되지 아니하는 행위란 조리에 위배되지 아니하는 행위 또는 공서양속에 위배되지 않는 행위라고도 하는바, 법령에 의한 행위, 정당한 업무행위도 결국 '사회상규에 위배되지 아니하는 행위'를 예시한 것에 지나지 않는다. 이와 같은 예로는 철로궤도 위에서 장난하던 아동에 대한 통행인의 적절한 징계는 징계권자가 아니더라도 위법성이 조각된다.

(2) 정당방위

정당방위는 자기 또는 타인의 법익에 대한 현재의 부당한 침해를 방위하기 위한 행위를 말하며, 그 행위에 상당한 이유가 있을 때에는 벌하지 아니한다(제21조 제1항). 정당방위는 법익에 대한 침해가 부당한 경우, 즉 위법행위에 대한 반격행위인 까닭에 '부정 대 정'의 관계로서 일종의 개인적 자력구제의 하나이다. 예컨대 권총을 발사하려는 강도를 몽둥이로 반격하여 강도가 죽은 경우의 행위가 이에 속한다.

정당방위의 요건은 ① 현재의 부당한 침해, ② 자기 또는 타인의 법익을 방위하기 위한 행위일 것, ③ 상당한 이유가 있을 것으로 구분된다. 그리고 과잉방위행위는 상당성이라는 요건이 결여되어 있으므로 정당방위가 아니며 위법행위로서 범죄가 성립되지만, 그 정황에 따라 형을 감경 또는 면제할 수 있다(제21조 제2항).

그러나 과잉방위의 경우에 있어서도 야간 기타 불안한 상태하에서 공포·경악·흥분 또는 당황으로 인한 때에는 벌하지 아니한다(동조 제3항). 이 경우 불가벌의 이유는 위법성조각보다도 오히려 행위는 위법하나 이러한 상태하에서 적법행위의 기대가능성이 없기 때문에 책임이 조각되는 것으로 보아야 할 것이다.

(3) 긴급피난

긴급피난은 자기 또는 타인의 법익에 대한 현재의 위난을 피하기위한 행위로서 상당한 이유가 있는 것을 말한다(제22조 제1항). 긴급피난은 법익에 대한 현재의 위난을 피하기 위하여 주로 그 위난의 발생과 관계없는 정당한 제삼자의 법익을 침해하는 것으로'정 대 정'의 관계에 있다. 예컨대, 미친개가 사람을 물려고 할 때 이를 타살하는 경우가 이에 속한다.

긴급피난의 요건은 ① 자기 또는 타인의 법익에 대한 현재의 위난, ② 현재의 위난을 피하기 위한 일체의 행위일 것, ③ 위난을 피하기 위한 유일한 수단일 것(상당한 이유)이 있다.

그러나 피난행위가 그 정도를 초과한 경우, 다시 말하여 보충성의 원리와 법익균형의 원리에 따르지 않았던 경우를 과잉피난이라고 하는데 이는 긴급피난이 아니므로 위법성이 조각되지 않지만 상황에 따라 그 형을 감경 또는 면제할 수 있다(제22조 제3항, 제21조 제2항). 또한 과잉피난의 경우에도 그것이 야간 기타 불안한 상태에서의 공포·경악·흥분·당황으로 인한 때에는 벌하지 아니한다(제22조 제3항, 제21조 제3항).

(4) 자구행위

자구행위는 법정절차에 의하여 청구권을 보전하기 불능한 경우 그 청구권의 실행불능 또는 현저한 실행곤란을 피하기 위한 행위를 말하며, 상당한 이유가 있는 때에는 역시 벌하지 않도록 규정되어 있다(제23조 제1항). 예컨대, 절도범을 현장에서 추격하여 도품을 다시 찾는 행위에 관해서는 자구행위로 인정함이 타당할 것이다.

이와 같은 자구행위는 청구권의 보전을 불가능하게 하거나 현저히 곤란하게 하는 긴급사정이 있는 경우에 인정되는 긴급행위의 하나로서 위법성조각사유가 된다. 정당방위와 긴급피난이 사전적 긴급행위라면, 자구행위는 '부정 대 정'의 관계이며, 침해가 과거의 것인 경우로서 사후적 긴급행위이다.

자구행위의 요건은 ① 법정절차에 의하여 청구권을 보전하기 불능한 경우일 것, ② 청구권의 실행불능 또는 현저한 실행곤란이 있을 것, ③ 상당한 이유가 있을 것, ④ 실행불능 혹은 곤란을 피하려는 자구의사가 있을 것으로 나눌 수 있다. 그리고 과잉자구행위는 청구권 보전수단인 행위가 상당성을 초과하는 경우로서 위법성이 조각되지 않으나, 정황에 따라 그 형이 감경·면제될 수 있다(제23조 제2항).

(5) 피해자의 승낙

피해자의 승낙이란 법익의 주체인 권리자가 타인에 대하여 자기의 법익을 침해해도 좋다고 허용하는 것이므로 피해자의 승낙에 의한 행위가 형법상 위법성을 조각함은 당연하다. 예컨대, 환자에게 수혈을 하기 위해 건강한 사람의 승낙을 얻어 피를 뽑는 행위가 이에 속한다.

피해자의 승낙에 의한 행위가 위법성이 조각되기 위해서는 ① 처분 가능한 법익일 것(승낙의 범위), ② 법률에 특별한 규정이 없을 것, ③ 처분권자의 승낙일 것, ④ 승낙능력이 있고 승낙에 흠이 없을 것, ⑤ 승낙은 행위당시에 존재할 것, ⑥ 승낙에 의한 행위가 사회상규에 비추어 용인될 수 있을 것(승낙의 한계) 등의 요건이 갖추어져야 한다.

4) 범죄의 형태

범죄의 형태는 이를 미수범, 공범, 경합범으로 대별할 수 있다.

(1) 미수범

미수범이란 실행에 착수하였으나 행위를 종료하지 못하였거나, 결과가 발생하지 아니한 경우를 말한다. 즉, 모든 유형의 미수범에 있어서 필수적인 기본요건은 실행의 착수와 구성요건의 미완성인 것이다.

위법하고 유책한 행위가 완전히 구성요건의 내용을 실현한 경우에 범죄는 기수로 되고, 범죄의 실행에 착수하여 그 행위(구성요건해당행위)를 종료하지 못하였거나, 행위는 종료하였지만 그 결과가 발생하지 아니한 경우를 미수라 한다.[154] 예컨대, 사람을 살해하려고 권

---

154   鄭榮錫, 前揭書, 200面.

총을 발사하였으나 명중하지 아니하였거나, 절도의 목적으로 타인의 주거에 침입하였으나 발각된 경우를 말한다.

형법은 제25조 제1항에서 "범죄의 실행에 착수하여 행위를 종료하지 못하였거나 결과가 발생하지 아니한 때에는 미수범으로 처벌한다."고 규정하고 있다. 그러나 제2항에서는 "미수범의 형은 기수범보다 감경할 수 있다"고 하여 임의적 감경을 정하고 있다. 현행법상 미수범의 유형은 제25조의 장애미수, 제26조의 중지미수 그리고 제27조의 불능미수가 있다고 볼 수 있을 것이다.

(2) 공범

공범이란 2인 이상의 자가 협력·가공하여 범죄를 실행함을 의미한다. 범죄는 1인이 단독으로 범할 수도 있고 수인이 협력하여 함께 범할 수도 있는 것이다. 다만 범죄에 따라서는 구성요건상 처음부터 수인의 공동을 필요로 하는 것이 있으나, 이러한 경우는 소위 '필연적 공범'[155]으로서 형법 제30조 이하의 공범과 구별된다.

공범은 수인의 참여방식에 따라 여러 가지 형태를 논할 수 있는바, 현행 형법은 공동정범(제30조), 교사범(제31조), 종범(제32조)의 세가지 형태를 규정하고 있다.

공동정범이란 2인 이상이 상호 통모하여 범죄를 실행함을 말하며 각자는 그 죄의 정범으로 처벌한다. 따라서 2인 이상의 자가 의식의 연락 없이 동시에 범죄사실을 실현한 때에는 공동정범이 성립되는 것이 아니고 동시범이 된다.

그리고 교사범이란 범의가 없는 자에게 범죄의 의사를 발생시켜 그 자가 해당범죄를 실행하도록 함으로써 성립한다. 다만 교사는 책임 능력자에 대하여만 성립하고 책임 무능력자에 대한 경우는 간접정범이 된다.

수단, 방법에는 별다른 제한이 없다. 교사자의 처벌은 정범과 동일한 형으로 처벌되고(제31조 제1항) 교사를 받은 자(피교사자)가 범죄의 실행을 승낙하고 착수에 이르지 않으면 양자는 음모 또는 예비에 준하여 처벌된다(제31조 제2항). 교사를 받은 자가 범죄의 실행을 승낙하지 아니한 때에는 교사자는 음모·예비에 준하여 처벌된다(동조 제3항).

또한 종범이란 타인의 범죄 실행을 방조하는 경우를 말한다. 종범의 처벌은 정범의 형보다 감경한다(제32조 제2항).

---

155 必然的 共犯의 例로는 內亂罪(第87條), 騷擾罪(第115條), 賭博罪(第246條), 姦通罪(第241條) 등을 들 수 있다.

끝으로 간접정범이란 책임능력자의 행위나 범의가 없는 타인의 행위를 이용하여 범죄를 실행하는 것을 말한다. 범죄를 실현하는 정을 모르는 간호사를 이용하여 환자에게 약 대신 독약을 주사하여 살해하는 경우 등이다. 간접정범은 교사의 예에 의하여 처벌된다(제34조 제1항).

(3) 경합범

위에 설명한 공범은 하나의 범죄에 대하여 2인 이상의 다수인의 참가를 문제고찰의 중심으로 하는데 대하여, 여기의 경합범은 한사람의 행위자의 하나의 행위에 대한 다수의 죄에 관한 것을 문제의 중심으로 한다.

경합범의 종류로는 '상상적 경합[156], 실체적 경합[157]' 두 가지가 있다. 경합범의 처벌에 관하여는 병과주의[158], 가중주의[159], 흡수주의[160] 등이 인정되고 있다.

5. 형벌

1) 형벌의 의의

형벌이란 범죄에 대한 법률상의 효과로서, 행위자에게 과해지는 법익의 박탈을 말한다. 구체적으로는 형법전 제1편 제3장(형)에 규정된 것을 가리킨다. 이를 학문상 협의의 형벌이라 한다.[161]

형법의 규정에 따라 행위자로부터 일정한 법익을 박탈하는 형벌은 본질적으로는 과거의 비행에 대한 비난으로서 응보라 할 수 있다. 그러나 형벌제도로서 이론상으로는 응보형론과 목적형론이 대립하여, 오늘에 있어서 형벌제도는 응보적 본질에 입각하면서도 목적형주

---

156 文書를 偽造한 것이 文書偽造罪와 詐欺罪를 구성하는 것과 같이 한 개의 行爲가 여러 개의 죄에 해당하는 경우이다.

157 1月 1日에 暴行罪를 犯하고 2月 1日에 詐欺罪를 犯하는 것과 같이 單一行爲者가 數個의 犯罪行爲를 한 경우이다.

158 科料와 科料, 沒收와 沒收, 즉 詐欺罪의 罰金 200萬원과 傷害罪의 罰金 100萬원을 합친다.

159 몇 가지 罪의 刑 중에서 가장 重한 刑이다. 일정한 加重(2分의 1까지)을 하는 처벌이다. 경비업법 제29조(형의 가중처벌)와 같은 경우이다.

160 몇 가지 罪 중에서 가장 重한 刑만으로 處罰하는 경우이다.

161 광의의 刑罰은 保安處分, 즉 형벌을 과함에 적당치 않은 자(예컨대, 소년이라든가 犯罪를 아직 범하지 않았으나 범할 위험성이 매우 농후한 자)에 대하여 과하여지는 보호관찰·예방·개선·교육 등의 처분까지도 포함한다.

의를 채용하고 있다.

2) 형벌의 종류

형벌의 종류는 학자의 견해에 따라 이를 주형과 부가형[162] 또는 생명형·자유형·재산형·명예형 따위로 구분하고 있는데, 우리나라 현행형법상 규정된 형벌의 종류는 사형·징역·금고·자격상실·자격정지·벌금·구류·과료 및 몰수의 9종이 있다(제41조)[163].

(1) 생명형

생명의 박탈을 내용으로 하는 것으로 사형이 여기에 해당한다. 내란죄·외환죄·살인죄·강도살인죄·국가보안법 등에 규정되어 있다. 18세 미만인 자에 대하여는 사형을 과하지 아니한다.

(2) 자유형

범인의 자유를 박탈하는 형벌로써 그 죄과에 대한 응보적 성격과 범인의 교화·개선을 목적으로 하는 형벌수단이다. 이 형벌로는 징역·금고·구류의 세 종류가 있으며, 징역·금고에는 유기·무기가 있다. 유기는 1월 이상 15년 이하이며 가중할 경우 25년까지 할 수 있다(제42조). 양자의 차이는 징역의 경우 수형자를 일정한 정역(강제노역)에 복무케 할 수 있는데 반하여 금고는 할 수 없다. 구류는 1일 이상 30일 미만 구류장에 구금하는 것이다.

(3) 명예형

행위자의 명예를 침해함을 내용으로 하는 형벌인데, 자격상실, 자격정지가 그것이다(형법 제43조, 제44조). 먼저 자격상실은 사형·무기징역 또는 무기금고의 판결을 받은 자에게 ① 공무원이 되는 자격, ② 공법상의 선거권과 피선거권, ③ 법률로 요건을 정한 공법상의 업무에 관한 자격, ④ 법인의 이사·감사 또는 지배인 기타 법인의 업무에 관한 검사역이나 재산관리인이 되는 자격을 상실하게 하는 형벌이다.

162　刑罰을 主刑과 附加刑으로 分類할 때 死刑·禁錮·資格喪失·資格停止·罰金·拘留·科料는 主刑에 해당하고, 沒收는 附加刑에 해당한다.
163　鄭榮錫, 前揭書, 281~288面.

그리고 자격정지는 유기징역·유기금고의 판결을 받은 자에게 그 형의 집행이 종료하거나 면제될 때까지 상기 자격상실의 ①, ②, ③에 기재된 자격을 정지하는 형벌로서 1년 이상 15년 이하로 한다.

(4) 재산형

행위자의 재산적 이익을 박탈하는 형으로서 현행법상 벌금, 과료, 몰수와 같은 것이 인정되고 있다. 우선 벌금은 5만원 이상으로 한다.[164] 벌금은 판결확정일로부터 30일 이내에 납입해야 하며(제69조 제1항 본문), 단 그 금액을 완납할 때까지 노역장에 유치할 수 있다(제69조 1항 단서). 벌금을 납입하지 않을 때에는 1일 이상 3년 이하의 기간 노역장에 유치하여 작업에 종사시킬 수 있다(제69조 제2항). 그리고 과료는 2천원 이상 5만원 미만으로 하며, 과료를 납입하지 아니한 자는 1일 이상 30일 미만의 기간 노역장에 유치하여 작업에 종사하게 할 수 있다.

끝으로 몰수는 범인 이외의 자의 소유에 속하지 아니하거나 범죄 후 범인이외의 자가 정을 알고 취득한 형법 제48조 제1항 각호에 기재된 물건을 법원의 재량에 의하여 그 전부 또는 일부를 몰수한다. 유죄의 판결을 하지 않아도 몰수만은 선고할 수 있다(제49조 단서).

3) 선고유예·집행유예·가석방

범죄의 특별예방이라는 형사정책상 위와 같은 형벌 대신에 선고유예, 집행유예, 가석방 등의 제도가 있다.

(1) 선고유예

선고유예는 1년 이하의 징역·금고·자격정지 또는 벌금의 형을 선고할 경우 형의 양정에 관한 사항(형법 제51조)을 참작하여 개정의 정이 현저한 때에는 자격정지 이상의 형을 받은 전과가 없는 자에 한해서 그 형의 선고를 유예할 수 있다(제59조).

선고유예를 받은 경우 선고한 날로부터 2년을 경과 한 때에는 면소된 것으로 간주한다. 다만 선고유예를 받은 자가 유예기간중 자격정지 이상의 형에 처한 판결이 확정되거나 자

---

164 1995년 12월 29일 刑法改正(法律 第5057號)으로 벌금형의 화폐단위를 "圓"에서 "원"으로 통일하는 등 벌금형을 현실화하였다.

격정지 이상의 형에 처한 전과가 발견된 때에는 유예한 형을 선고한다. 또한 재범방지를 위하여 지도 및 원호가 필요한 때에는 1년 기간으로 보호관찰을 받을 것을 명할 수 있다(제59조의2).

(2) 집행유예

피고인에게 형의 선고는 하면서도 정상을 참작해서 형의 집행만을 일정기간 유예하는 제도를 말한다. 집행유예는 3년 이하의 징역 또는 금고의 형을 선고할 경우에 형법 제51조에서 정하는 사항을 참작하여 금고이상의 형의 선고를 받아 집행을 종료한 후 또는 집행이 면제된 후로부터 5년을 경과하지 아니한 자가 아닌 한 1년 이상 5년 이하의 기간 형의 집행을 유예할 수 있다(제62조). 집행유예의 선고를 받고 집행유예기간을 경과한 때에는 형의 선고는 실효된다(제65조).

이와 같은 제도를 둔 목적은 단기자유형(징역·금고·구류)의 선고를 받을 자가 개전의 정이 현저하여 형을 집행하기보다는 형의 집행을 유예함이 보다 유효할 것이라는 형사정책상의 고려에서 인정된 것이다. 또한 집행유예의 경우에도 집행유예기간 내에 보호관찰을 받을 것을 명하거나 사회봉사 또는 수강을 명할 수 있다(제62조의2).

(3) 가석방

징역 또는 금고의 형을 선고받고 형의 집행중에 있는 자가 개전의 정이 뚜렷하고 그 행상이 타의 모범이 된다고 인정된 때 무기에 있어서는 10년, 유기에 있어서는 형기의 3분의 1을 경과한 후에 행정처분으로 미리 석방하는 제도를 말한다(제72조제1항).

가석방의 처분을 받은 후에 그 처분이 실효 또는 취소됨이 없이 무기형의 경우 10년, 유기형의 경우 잔형기를 무사히 넘긴 때에는 형의 집행은 종료한 것으로 간주한다(제73조의2 제1항, 제74조).

이 제도는 교도소에서 형집행중에 있는 죄수로 하여금 그 행실이나 개전의 정이 뚜렷하여 타의 모범이 되는 경우 그 수형자를 하루 속히 사회에 복귀시켜서 활동할 수 있게 하려는 형사정책상의 배려에서 마련된 것이다.[165]

---

165 李圭復, 前揭書, 268~269面 ; 법무부 발표자료에 의하면 2001년 8월 현재 교도소 수용정원은 58,000명에 비해 수용인원은 63,109명으로 과밀수용비율이 8.9%에 이르고 있어 민영교도소 등의 설치·운영에 관한 법률에 의하여 2005년도에는 최소한 1개의 민영교도소 등 선정·운영할 계획이라고 하나 당장이라도 가석방제도를 극대화하는 정책도 바람직할 것이다(동아일보 2001. 8. 11일자, A29면).

4) 형의 시효 및 소멸

(1) 형의 시효

형의 시효라 함은 형의 선고를 받은 자가 재판이 확정된 후 그 형의 집행을 받지 않고 일정한 기간이 경과한 때에 집행이 면제되는 것을 말한다. 즉 일정한 기간 형벌권이 행사되지 않은 것으로 인하여 확정된 형벌집행권이 소멸하는 것이다.

이 제도의 중요한 이유는 시간이 경과함으로 인하여 형의 선고와 그 집행에 대한 일반 사회 의식이 감소하고 일정기간 계속된 평온한 상태를 유지·존중할 필요가 있기 때문이다. 형의 시효기간은 제78조에 규정되어 있다.[166]

(2) 형의 소멸

형의 소멸이라 함은 형벌의 효력이 소멸되어 형을 받기 전의 상태로 복귀함을 의미한다. 형의 소멸원인으로는 형의 집행의 종료, 형의 면제, 형의 선고유예 또는 집행유예기간의 경과, 가석방기간의 만료, 시효의 완성, 범인의 사망, 사면, 형의 실효 및 복권 등을 들 수 있겠으나 여기서는 형의 실효 및 복권만을 설명하고자 한다.

형의 실효는 징역 또는 금고의 집행을 종료하거나 집행이 면제된 자가 피해자의 손해를 보상하고 자격정지 이상의 형을 받음이 없이 7년을 경과한 때에는 본인 또는 검사의 신청에 의하여 그 재판의 실효의 선고를 받는 것을 말한다(제81조).

그리고 복권은 자격정지의 선고를 받은 자가 피해자의 손해를 보상하고 자격정지 이상의 형을 받음이 없이 그 정지기간의 2분의 1을 경과한 때에는 본인 또는 검사의 신청에 의하여 자격회복의 선고를 받는 것을 말한다(제82조).

---

166 刑의 時效는 刑을 宣告하는 裁判이 確定된 후 그 執行을 받음이 없이 다음의 期間을 경과함으로 인하여 完成된다.
　①死刑:30年, ②無期의 懲役·禁錮:20年, ③10年 以上의 懲役·禁錮:15年, ④3年 以上의 懲役·禁錮 또는 10年 以上의 資格停止:10年,
　⑤3年 未滿의 懲役·禁錮 또는 5年 以上의 資格停止:5年, ⑥5年 未滿의 資格停止, 罰金, 沒收 또는 追徵:3年, ⑦拘留 또는 科料:1年

6. 경호경비관련 형법상의 죄

1) 서설

우리나라 형법전에서 규정하고 있는 죄명은 개인의 법익에 관한 죄, 사회의 법익에 관한 죄, 국가의 법익에 관한 죄 등으로 나눈다.

첫째, 개인의 법익에 대한 죄로는 ① 생명·신체에 관한 죄—살인죄(제250~265조), 상해죄(제257~259조), 폭행죄(제260~265조), 과실치사상죄(제266~268조), 낙태죄(제269~270조), 유기 및 학대죄(제271~275조)가 있으며, ② 자유·강간 등에 관한 죄—체포 및 감금죄(제276~282조), 약취 및 유인죄(제287~296조), 주거침입죄(제319~322조), 협박죄(제283~286조), 권리행사방해죄(제323~328조), 업무 및 경매방해죄(제314~315조), 강간 및 추행죄(제297~306조)가 있고, ③ 명예 및 비밀에 관한 죄—신용훼손죄(제313조), 명예훼손 및 모욕죄(제307~312조), 비밀침해죄(제316~318조)가 있다. ④ 재산에 관한 죄절도죄(제329~332조, 제342조, 제344조), 강도죄(제333~343조), 사기·공갈죄(제347~354조), 횡령·배임죄(제355~361조), 장물죄(제362~365조), 손괴죄(제366~372조)가 있다.

둘째, 사회의 법익에 대한 죄로서 ① 공공위해죄—공안을 위해하는 죄(제114~118조), 폭발물에 관한 죄(제119~121조), 방화·실화죄(제164~176조), 일수·수리죄(제177~184조), 교통방해죄(제185~191조), 음용수에 관한 죄(제192~197조), 아편에 관한 죄(제198~206조)가 있으며, ② 사회도덕에 관한 죄—신앙에 관한 죄(제158~163조), 성풍속을 해하는 죄(제241~245조), 도박·복표에 관한 죄(제246~249조)가 있다. ③ 사회적 신용에 관한 죄—통화에 관한 죄(제207~213조), 유가증권·우표·인지에 관한 죄(제214~224조), 문헌에 관한 죄(제225~237조), 인장에 관한 죄(제238~240조)가 있다.

셋째, 국가의 법익에 대한 죄로는 ① 국가의 존립에 관한 죄—내란죄(제87~91조), 외환죄(제92조~104조), 국기에 관한 죄(제105~106조), 국교에 관한 죄(제107~113조)가 있으며, ② 국가의 권력·기능에 관한 죄—직무유기죄(제122조), 직권남용죄(제123조), 비밀누설죄(제127조), 선거방해죄(제128조), 뇌물죄(제129~133조), 공무집행방해죄(제136~144조), 도주·범인은닉죄(제145~151조), 위증·증거인멸죄(제152~155조), 무고죄(제156~157조)가 있다.[167]

---

167 鄭榮錫, 刑法各論, 法文社, 1993, 14面.

이중에서 경호행사와 경찰권 발동, 그리고 청원경찰 및 경비원의 경호·경비임무를 수행함에 있어서 야기될 수 있는 죄와 사법경찰관리로서 사법경찰작용에 있어서 범할 수 있는 죄, 즉 업무상과실·중과실치사상죄, 체포·감금죄, 주거침입·퇴거불응죄, 소요죄, 다중불해산죄, 폭발물사용죄, 외국원수에 대한 폭행등 죄, 직무유기죄, 직권남용죄, 불법체포·감금죄, 피의사실공표죄, 공무상비밀누설죄, 공무집행방해죄 등을 중심으로 기술하고자 한다.

2) 개인의 법익에 관한 죄

(1) 업무상과실·중과실치사상죄(제268조)

"업무상과실 또는 중대한 과실로 인하여 사람을 사상에 이르게 한 자는 5년 이하의 금고 또는 2천만원 이하의 벌금"에 처한다.

본죄는 형법 제266조의 과실치상죄와 제267조의 과실치사죄에 대한 신분적 가중유형인데, 이와 같이 형을 가중하는 이유는 사람의 사상의 원인이 되는 위험업무에 종사하는 자의 과실에 의한 사상 등의 법익침해의 결과에 대하여 특히 무거운 형벌을 가함으로써 이들에 대한 주의력의 집중과 책임관념의 강화를 도모하고 나아가 위험의 방지에 의하여 사람의 생명·신체의 안전을 도모할 뿐 아니라 이들에 의하여 초래된 결과가 대체로 중대한 사태를 가져옴에 비추어 발생된 사태에 대한 위법성과 책임의 평가에 적합한 중형을 가능케한다는 일반예방법 견지에 있다고 생각된다.[168]

대법원은 본죄에 있어서의 업무의 개념을 "사람의 사회생활면에 있어서의 하나의 지위로서 계속적으로 종사하는 사업을 말하고, 반복·계속의 의사 또는 사실이 있는 한 그 사무에 대한 각별한 경험이나 법규상의 면허를 필요로 하지 아니한다."[169]라고 판시하고 있다.

이와 같은 업무의 요건을 분석하면 업무는, 첫째 행위자의 사회생활상의 지위에 기한 것이어야 하며, 둘째 위험성이 있는 사무이어야 하며, 셋째 반복적·계속적으로 행하여져야 한다.

본조는 중대한 과실로 인한 치사상을 업무상과실로 인한 치사상과 동일한 법정형으로

---

168 특히 대통령경호공무원은 경호직무를 수행함에 있어서 무기를 사용할 수 있도록 되어 있는바 과실로 인하여 사람을 사상에 이르게 할 가능성이 많은 직업이므로 무기안전에 심혈을 기울여야 한다. 예를 들면 1974년 8월 15일 재일교포 문세광의 박정희 대통령 殺害未遂事件發生時 경호공무원의 대응사격 총탄에 합창단원인 정봉화양(성동여자실업고등학교 학생)이 사망한 사례와 같은 것이 그 예라고 볼 수 있다.

169 大判 1961. 3. 22. 4294刑上5.

처단하고 있다. 그러므로 중대한 과실은 그 죄책의 중대함이 업무상 과실치사상죄와 같은 정도라고 평가되는 유형의 과실이 이에 해당한다고 볼 것이다.

벌을 할 가치가 있는 정도의 과실로 인정되어야 할 것이므로, 그 요건으로는 우선 사상의 원인으로 되는 행위가 일반적으로 자칫 잘못하면 중대한 결과를 초래할 염려를 다분히 포함한 성질의 것이라는 것을 인식해야 하고, 그 행위를 하는 자에 대하여 특히 신중한 태도를 기대할 만한 성질의 것이거나 혹은 그 구체적 사정 아래서는 그 행위가 매우 위험한 일이라는 것을 용이하게 알 수 있어야 할 것이다.

(2) 체포·감금죄(제276조)

"① 사람을 체포 또는 감금한 자는 5년 이하의 징역 또는 700만원 이하의 벌금에 처한다."

체포와 감금의 죄는 불법으로 사람을 체포 또는 감금함으로써 성립하는 범죄로서 개인의 신체적 활동의 자유에 대한 침해를 그 본질로 한다. 체포·감금의 행위는 어느 정도의 시간적 계속을 전제로 하고 있으므로 계속범의 성질을 가지며, 피해자가 자유침해의 사실을 인식하고 있어야 한다. 본죄의 객체는 신체적 활동의 자유를 가지는, 범인 이외의 자연인이다.

일반적인 행동의 자유가 있는 한 일시적으로 그러한 자유가 없는 자, 예컨대 이취자(泥醉者)나 수면중인 자도 본죄의 객체가 된다. 그러나 생후 얼마 되지 않아 행동의 자유가 완전히 없는 영아는 이에 해당되지 아니한다.

본죄의 위법행위로는 체포와 감금이다. 여기서 체포라 함은 사람의 신체에 대하여 직접적이고도 현실적인 구속을 가하여 그의 활동의 자유를 침해하는 것을 말한다. 그러므로 손발을 묶거나 몸을 붙잡는 등의 유형적 방법에 의하건, 경찰관을 자칭하거나 협박하는 등의 무형적 방법에 의하건, 그리고 작위나 부작위 또는 제3자의 행위에 의하건 수단과 방법을 불문하고 본죄가 성립한다.

그리고 감금은 사람으로 하여금 일정한 장소 밖으로 나가는 것을 불가능하게 하거나, 현저히 곤란하게 하여 신체적 활동의 자유를 장소적으로 제한하는 것을 말한다. 감금 역시 사람의 행동의 자유를 제한하는 행위이므로 그 수단과 방법을 불문한다.

(3) 주거침입·퇴거불응죄(제319조)

"① 사람의 주거, 관리하는 건조물, 선박이나 항공기 또는 점유하는 방실에 침입한 자는 3년 이하의 징역 또는 500만원 이하의 벌금에 처한다. ② 전항의 장소에서 퇴거요구를 받고 응하지 아니한 자도 전항의 형과 같다."

본죄는 사람의 주거 및 간수하는 장소의 평온에 대하여 침해 내지 위협을 주는 행위에 의하여 성립하는 범죄로서 본죄의 객체는 사람의 주거, 관리하는 건조물, 선박이나 항공기 또는 점유하는 방실이다.

"사람의 주거"라 함은 사람이 일상생활을 영위하기 위하여 점거하는 장소를 말하고 그것이 계속적이건 일시적이건 불문한다. 그러므로 사무실이나 연구실 등도 해당하지만 현행 형법상으로는 "점유하는 방실"로 볼 수 있을 것이다. 따라서 주거침입죄는 주거의 사실상의 평온을 보호법익으로 하므로 주거의 소유관계는 문제가 되지 아니한다.

여기서 "침입"이란 거주자(간수자 또는 점유자)의 의사에 반해서 주거 등에 들어가는 행위를 말한다. 주거자의 의사는 반드시 명시적일 필요는 없고 묵시적인 것, 나아가 주위 사정에 의해 추정된 것일 수도 있으며, 그 의사에 반하는 한 평온·공연히 들어가는 경우에도 본죄가 성립한다. 그러므로 타인의 주거에 무상출입이 허용된 자라 하더라도 당해침입행위가 관리자의 의사에 반하는 경우에는 범죄가 성립한다.

"퇴거의 요구를 받고 응하지 아니한다."라 함은 사람의 주거 등에 들어간 자가 퇴거의 요구를 받고 그 장소에서 퇴거하지 아니하는 행위를 말한다. 침입죄의 경우 거주자 등의 의사에 반해서 들어가는 것 자체가 위법인 데 반하여, 퇴거불응죄는 거주자 등의 요구에 응하지 않고 그 장소에서 퇴거하지 아니함으로써 성립하므로 진정부작위범의 일종이다.

퇴거의 요구는 이 요구를 할 수 있는 권리자에 의해 행해져야 하며, 그 요구는 명시적일 필요가 없으며, 묵시적으로라도, 예컨대 요구권자의 태도 등에 의해 체류하는 것이 그의 의사에 반한다는 것이 알려지면 충분하다.

그러나 행위가 거주자 등의 의사에 반한다고 하는 것은 그 의사 자체가 정당하다는 것을 전제로 하므로, 예컨대 채무자의 주거에 변제를 받으러 온 채권자가 채무자의 퇴거요구에 무조건 응하지 않는다고 해서 곧 범죄가 성립한다고는 볼 수 없다.

3) 사회의 법익에 관한 죄

(1) 소요죄(제115조)

"다중이 집합하여 폭행, 협박 또는 손괴의 행위를 한 자는 1년 이상 10년 이하의 징역이나 금고 또는 1천 500만원 이하의 벌금에 처한다."

소요죄의 보호법익은 한 지방에 있어서의 법질서이다. 형법상 폭행·협박이 특수한 형태로서 이루어지는 경우는 어디까지나 개인의 신체의 안전이라는 개인적 법익을 보호함에 있지만, 동일한 행위가 다수인의 합동력에 의하여 행해짐으로써 한 지방의 법질서 자체를 유린하는 행위는 본조에 의하여 금지된다. 보호의 정도는 위태범으로서, 보호법익인 법질서의 침해는 현실적으로 발생된 것을 요하지 않고 적어도 이러한 침해의 가능성이 있으면 족하다.

본죄의 "다중"이라 함은 한 지방의 법질서를 해할 우려성이 있을 정도의 다수임을 요한다. 어떠한 집단이 다중인가의 여부는 그 인원의 수에 중점을 둘 것은 물론이나 구체적으로는 그 구성원의 질, 휴대한 흉기, 집단의 목적, 장소 및 시기 등 그 집단이 지니는 공안침해의 위험성에 영향이 있는 모든 사정을 고려하여 판단할 것이다.

"집합"이라 함은 다수인이 일정한 장소에 모여 집단을 형성하는 것을 말한다. 다만 내란죄와는 달리 그 집단은 조직적인 것을 요하지 않고 또한 수괴가 있는지의 여부도 불문한다. 다수인 사이에는 공동의 목적으로 집합함을 요하지 아니하고 그 집단의 목적여하도 불문한다.

따라서 다른 목적으로 집합한 평온한 군중이 중도에서 공동하여 폭행, 협박, 손괴의 행위로 나오면 본죄를 구성할 것이다. 그러나 본죄를 구성하기 위해서는 다수인의 합동력을 이용하여 폭행·협박 또는 손괴의 행위로 나오는 공동의사가 있어야 한다.

본죄의 행위는 폭행·협박 또는 손괴로서, "폭행"은 사람에 대한 것이건 물건에 대한 것이건 일체의 유형력의 불법행사를 말하며, "협박"은 사람을 외포(畏怖)케 할 수 있는 일체의 해악의 고지를 말한다. "손괴"라 함은 타인의 재물을 파손하는 일체의 행위를 말한다.

다만, 폭행·협박·손괴의 행위는 다중의 집합에 의한 합동행위로서 행해지는 것이 필요하다. 따라서 처음부터 폭행·협박·손괴행위를 하건 중도에서 하건 불문하고 또 다중 중의 각자가 현실로 폭행·협박·손괴의 행위로 나오는 것을 필요로 하지 않는다.

(2) 다중불해산죄(제116조)

"폭행, 협박 또는 손괴의 행위를 목적으로 다중이 집합하여 그를 단속할 권한이 있는 공무원으로부터 3회 이상의 해산명령을 받고 해산하지 아니한 자는 2년 이하의 징역이나 금고 또는 300만원 이하의 벌금에 처한다." 본죄는 소요죄의 예방적 단계를 특별히 규정한 것으로, 소요죄가 성립할 때에는 본죄는 이에 흡수된다고 해석된다.

본죄의 구성요건은 세 가지 요소로 구별 되는 바 첫째, 폭행·협박·손괴행위를 할 목적으로 다중이 집합할 것을 요한다. 즉 본죄는 목적범으로서 목적범의 일반원리가 적용되며 처음에는 합법적인 목적으로 집합한 다중이라도 후에 폭행·협박·손괴의 행위를 하는 목적이 생기면 그때부터 본죄의 주체로 된다. 그러나 공동목적·공동의사는 요하지 않고 우연하게 집합한 단체도 이에 포함된다.

둘째, 단속할 권한이 있는 공무원으로부터 3회 이상의 해산명령을 받음을 요한다. 즉, 경찰관직무집행법 제5조에 근거하여 경찰관이 일정한 해산명령의 권한을 가지고 이에 기하여 발하는 해산명령을 말한다.[170] 3회의 해산명령을 받고 해산하지 아니할 때에는 본죄는 곧 기수로 되므로 4회 이후의 해산명령을 받고 해산하더라도 본죄는 성립한다. 또한 3회 이상의 해산명령을 한다고 함은, 각 회마다 그 해산명령에 복종하여 해산하는데 필요한 시간적 간격을 두는 것이 필요하다. 본죄의 고의로서, 집합한 다중은 단속할 권한 있는 공무원으로부터 3회 이상 명령을 받았다는 사실을 인식해야 한다.

셋째, 해산하지 않음을 요한다. 즉 본조는 이른바 진정부작위범이다. 다중이라고 할 수 없는 소수자가 아직 폭행·협박을 하기 위하여 남아 있다고 하여도 적어도 다중이라고 볼 수 있는 집단의 대부분이 해산하였을 때에는 해산한 것으로 해석되므로 남아있는 자에게 본조를 적용할 수 없다고 본다. 물론 일부분만이 해산한데 불과한 경우에는 해산하지 아니한 자에 대하여 본죄가 성립한다.

(3) 폭발물사용죄(제119조)

"① 폭발물을 사용하여 사람의 생명, 신체 또는 재산을 해하거나 기타 공안을 문란한 자는 사형, 무기 또는 7년 이상의 징역에 처한다. ② 전쟁, 천재 기타 사변에 있어서 전항의

---

170 多數의 군중들이 대통령 등의 경호에 관한 법률상의 경비구역을 경비하고 있는 공무원에게 폭행 등의 행위를 목적으로 집합하고 있는 경우 동 공무원의 3회 이상 해산명령을 받고도 해산하지 아니한 경우에도 본죄에 해당된다고 보아야 할 것이다.

죄를 범한 자는 사형 또는 무기징역에 처한다. ③ 전2항의 미수범은 처벌한다."

본죄는 폭발물의 특수한 사회적 위험성을 고려한 방법으로 폭발물을 사용하여 사람의 생명·신체 또는 재산을 해하거나 기타 공안을 문란하게 하는 것을 처벌하고자 한 것이다.

여기서 "폭발물"이라 함은 화학적 기타의 원인으로 급격한 연소폭발의 사용을 일으키어 사람의 생명·신체·재산을 살상·손괴할 수 있는 고형 또는 액체의 물질을 말한다.[171] 그러나 소주병이나 위스키 병에 휘발유와 모래를 넣어 이를 점화시키는 것은 폭발물이 아니다.[172] 결국 폭발물이라는 개념은 법률상의 개념으로서 그 물체의 폭발의 파괴력이 지대하여 한 지방의 법질서를 파괴할 정도의 위력을 가진 물건이면 폭발물이 된다. 폭발물을 "사용"한다 함은 폭발가능성이 있는 물건을 폭발할 수 있는 상태에 두는 것을 말한다. 그리고 "공안을 문란"한다 함은 폭발물을 사용하여 한 지방의 법질서를 파괴할 정도로 폭파하는 것을 말한다.

본죄는 고의범에 한하며 따라서 본죄가 성립하기 위하여서는 폭파시 사람의 생명·신체·재산 등을 침해하는 인식이 있어야 한다.[173] 전쟁, 천재 기타 사변에 있어서 본죄를 범하였을 경우에는 형이 가중되며(제119조 제2항) 본죄의 미수범은 처벌된다(제119조 제3항).

4) 국가의 법익에 관한 죄

(1) 외국원수에 대한 폭행등죄(제107조)

"① 대한민국에 체재하는 외국의 원수에 대하여 폭행 또는 협박을 가한 자는 7년 이하의 징역이나 금고에 처한다. ② 전항의 외국원수에 대하여 모욕을 가하거나 명예를 훼손한 자는 5년 이하의 징역이나 금고에 처한다."

국교에 관한 죄의 보호법익을 어떻게 이해할 것인가에 대해서는 두 개의 견해가 성립한다.

---

171 암살 및 테러범들이 主要要人을 暗殺할 목적으로 자주 사용하는 것이 폭발물이다. 그 예로서 1983년 10월 9일 북한 인민무력부 소속원 3명이 미얀마(당시 버마)의 수도 랑구운에 위치한 아웅산묘소를 폭발물(원격조정용 폭발물 2개, 소이탄 1개)을 설치, 폭파시켜 당시 전두환 대통령의 수행원들었던 부총리 서석준 등 21명(한국인 17명, 미얀마인 4명)을 사망케 하고 합참의장 이기백 등 47명(한국인 12명, 미얀마인 35명)에게 중경상을 입힌 사건이 있다.

172 大判 1968. 3. 5. 66도 1056;이것은 火焰倂사용 등의 處罰에 관한 法律(1989. 6. 16 法律 第4129號 制定) 第2條에 규정된"화염병"에 해당된다. 즉 화염병이라 함은 유리병 기타의 용기에 휘발유, 등유 기타 불 붙기 쉬운 물질을 넣어 그 물질을 유출하거나 비산하는 경우에 이것을 연소시키기 위한 발화장치 또는 점화장치를 한 물건으로서 사람의 생명, 신체 또는 재산에 위해를 가하는데 사용되는 것을 말한다.

173 大判 1969. 7. 8. 69도 832.

첫째는 국가주의적인 견지에서 본죄의 행위는 외국과의 국교를 해하고 나아가서는 우리 나라의 대외적 안전을 위태롭게 하므로 국가의 대외적 지위를 그 보호법익으로 이해하려는 설이고, 둘째는 국제주의적인 입장에서 본죄를 이해하는 설이다.

생각건대, 제1차적으로는 외국법익을 보호하는 경우가 많이 있지만, 제2차적으로는 국 제외교적인 도의를 세움으로써 간접적으로 우리나라의 권위와 체면을 보호하는 결과가 된 다고 봄이 타당하다. 법익이 보호받는 정도는 추상적 위태범이라 해석된다.[174]

형법 제107조 제1항은 폭행죄·협박죄에 대하여 그 행위의 객체에 따라 위법성이 가중되 는 경우로서, 폭행죄·협박죄와는 특수·일반의 관계로서 법조경합의 관계에 있다. 제2항은 명예훼손에 대한 가중적 규정이다. 다만 본죄에 있어서 모욕 및 명예훼손에는 공연성이 요 건으로 되어 있지 아니한다.

여기서의 외국이란 정식승인을 받은 국가에 국한할 것인가의 여부가 문제되나, 승인 유 무를 막론하고 본조의 적용이 있다고 봄이 타당하다.

그리고 본서의 내용은 경호관계법이 중심이 되지 않을 수 없으므로 국가원수와 정부수 반에 대한 국제법상의 법적 지위와 그 권한을 자세히 설명하자면 다음과 같다.

국제법상 외국을 방문하는 국가원수나 정부수반에게는 그 방문의 성격이 공적이든 사 적이든 일정 범위의 특권과 면제가 부여되고 있으며, 특히 양국간의 사전합의에 의한 공적 방문의 경우에는 특권과 면제는 이를 수행하는 수행원과 가족 그리고 그 가족의 수행원에 대하여도 적용되는데 이들은 모두 방문국의 민사 및 형사관할권으로부터 면제된다.

과거 절대군주국가 시대에는 이러한 특권과 면제가 외국군주의 권위에 대한 경의에 바 탕을 두고 인정되어 왔으나, 현대 민주주의국가이론하에서는 국가원수 개인에 대한 권위보 다는 주권국가의 존엄과 평등에 바탕을 두고 인정되고 있기 때문에 개인의 권리라기보다는 국가 자체의 권리라고 보아야 할 것이다.

국가원수가 외국을 방문할 경우 방문국으로부터 누리는 형사관할권으로부터의 면제는 거의 절대적이다. 그러나 민사관할권에 대하여도 면제를 인정할 것인지에 관하여는 국제관 행상 반드시 일치하지 않으나 대부분의 국가에서는 이를 인정하고 있다.

어떤 국가가 외국의 국가원수나 정부수반의 공적 또는 사적방문에 대하여 동의한 경우 그 국가는 그러한 국가원수나 정부수반의 특권과 면제에 대하여 까지도 동의를 한 것으로

---

174 本罪의 客體는 외국원수이므로 우리나라의 대통령은 이에 해당되지 않는다.

간주되며, 이 경우 방문국은 국제법상 이들의 개인적 신변안전과 위험을 보호할 의무를 부담한다.

국가에 따라서는 형법 등 국내법을 통하여 외국의 국가원수에 대한 보호를 특별히 규정하고 있는 경우가 있으나[175] 이러한 특별규정이 없다고 하더라도 방문국은 외국의 국가원수에 대한 신변의 안전과 위험을 보호하기 위한 특별조치를 강구하지 않으면 안 된다. 특히 공적인 방문기간 동안에는 문서 또는 구두에 의한 침해에 대하여 특별히 보호조치를 취하여야 한다.[176] 이와 관련하여 UN총회에서는 1973년 '외교관을포함하여국제적으로보호받는인물에대한범죄의예방과처벌에관한협약'(Convention on the Prevention and Punishment of Crimes Against Internationally Protected Persons including Diplomatic Agents)[177]을 채택하여 국가원수를 비롯한 주요 국가기관에 대한 살인 및 납치와 같은 범죄행위를 예방하고 처벌하도록 하였는데 여기에서는 국가원수에 대한 위해가 가해질 경우 적절한 형사수단에 의하여 처벌하거나 범죄인을 인도하도록 규정하고 있다.[178]

한편 국가원수에 대한 불가침의 성격이 상대적 불가침[179]을 의미하는지, 또는 상대적 불가침을 의미하는지에 관하여 논란이 있을 수 있는데, 주권개념의 절대성이 퇴색하고 국가기관의 상업적 활동에의 참여가 빈번한 현실하에서는 국가원수의 공적활동의 경우 절대적 불가침을 계속 인정한다고 하더라도 사적 또는 영리적 활동의 경우에는 절대적 불가침성을 부인하는 것이 일반적인 추세이다.[180]

---

175 프랑스 刑法 第84條, 우리나라 刑法 第107條 및 第108條.

176 이 문제는 言論, 出版의 자유와 관련하여 해석상 약간의 미묘한 문제를 내포하고 있다. 1960년대 초 콩고의 Lumunba大統領 暗殺事件에 관한 기자회견 내용을 실은 벨기에의 잡지 'Pourquoi Pas'에 대하여 동 내용이 당시의 '카사부부'(Kasa-buvu)大統領을 모욕한다는 이유로 벨기에 駐在 콩고 代理公使(Charge d'affaires)로부터 抗議를 받고 벨기에 政府가 동 잡지를 압수한 것과 관련하여 벨기에 憲法에 규정된 言論·出版의 自由의 침해가 아닌지에 관한 논란이 있었다.

177 이 協約은 1973년 12월 14일 뉴욕에서 채택되어 1977년 2월 20일 발효하였고 우리나라에서는 1983년 6월 24일 조약 제813호로 발효하였다(Richar D. Kearney, "The Twenty-Fourth Session of the International Law Coimmission." AJIL, vol.67(1973), 85~92).

178 미국은 1972년 '外交使節등의保護에대한法'(Act for the Protection of Foreign Officials and Official Guest of the United States)을 제정하였다. ILM, vol.11(1972), p.1405. 그리고 이 協約의 채택 후에는 영국이 1978년에 '國際的으로保護받는사람에관한法'(Internationally Protected Persons Act)을 제정하였고, 호주에서는 1976년 'the Crims(Internationaly Protected Persons) Act'를 제정하였다.

179 國家元首에 대한 絕對的 不可侵을 인정했던 대표적인 判例로는 美大法院의 Schooner Exchange v. MacFaddon 事件을 들 수 있다. 동 事件은 美國人 MacFaddon의 所有였던 산세바스港으로 航海하던 중 프랑스軍艦에 의하여 나포되어 適法한 管轄權을 가진 法院에 의한 有罪判決도 받지 않고 프랑스政府의 命令에 의하여 Balaou號로 命名된 軍艦으로 개조된 다음 同船舶이 美國 필라델피아港으로 入港하자 原所有主 MacFaddon이 法院에 同船舶에 대한 所有權回復請求의 訴를 提起함으로써 발생하였다. 美大法院은 判決에서 한 國家의 管轄權은 自國領土下에서 필연적으로 排他的·絕對的 성격을 가지지만 그러한 排他的 및 絕對的은 그 國家의 同意가 있을 경우 예외가 인정되는바, 平時에 友好國港口에 들어온 他國의 軍艦에 대하여는 同船舶이 우호적으로 행동하는 한 自國港口에의 入港時 이러한 管轄權免除의 黙示의 同意가 있었던 것으로 보는 것이 國際法의 一般原則이라고 하면서 同船舶에 대하여는 美國의 管轄權이 행사되지 않는다고 判示하였다. 7 Cranch 116(1812).

180 金槙鍵, 國際法, 博英社, 1993, 368~370面.

(2) 직무유기죄(제122조)

"공무원이 정당한 이유 없이 그 직무수행을 거부하거나 그 직무를 유기한 때에는 1년 이하의 징역이나 금고 또는 3년 이하의 자격정지에 처한다."

본죄는 공무원이 정당한 이유 없이 그 직무수행을 거부하거나 그 직무를 유기함으로써 성립한다. 공무원은 주권자인 국민의 수임자로서(헌법 제7조 제1항) 전력을 다하여 성실히 직무를 수행하여야 하며, 이러한 공무원이 정당한 이유 없이 직무상의 업무를 위반하거나 직무를 태만 하는 경우에는 징계처분대상으로 되는 것은 물론이나, 형법은 다시 이러한 행위를 처벌함으로써 공무원의 직무수행상의 성실을 보장하려는 것이다.

본죄의 행위는 직무수행을 거부하거나 직무를 유기하는 것이다. 판례는 "직무를 유기한 때"라 함은 공무원이 법령, 내규 또는 지시 및 통첩에 의한 추상적인 충실의 의무를 태만 하는 일체의 경우를 이르는 것이 아니고 무단이탈, 직무의 의식적인 포기 등과 같이 그것이 국가의 기능을 해하며 국민에게 피해를 야기 시킬 가능성이 있는 경우를 말한다.[181]라 하고 있다.

그리고 2009년 5월 23일 노무현 전대통령의 자진서거 당시 근접경호를 했던 경호공무원의 경호책임에 대한 경찰의 직무유기죄와 관련된 형사처벌 등의 발표내용을 보면 다음과 같다.

"첫째, 한국체대 안전관리학과 김두현 교수는, 반드시 경호원이 2인 이상 경호해야 한다는 명시적 규정은 없으며, 봉하 마을처럼 요인에게 아주 우호적인 경호환경, 익숙한 지형지물에 대한 반복된 학습, 많은 경호 인원을 배치하기 어려운 근무환경 등을 종합적으로 검토해 볼 때 1인 경호도 가능하다는 의견이다.[182]

---

181 大判 1966. 3. 15 65도 984 ; 大判 1977. 11. 22 77도 2952.
182 최소한 3명의 경호원배치 및 추가 경호지원 요청이 있었어야 한다는 의견도 있었다(2009년 6월 2일 실시된 노무현 전 대통령의 투신 현장실황 조사 과정에서 당시 경호관이 부엉이바위 상황을 재연하다가 통곡을 하고 말았다는 기사를 읽고 전직 경호원의 한 사람으로서 안타까운 마음을 금할 수 없다. 그렇지만 기본적인 경호 원칙은 불변하는 것이며 반드시 지켜져야 한다는 생각이다. 우선 경호원은 어떠한 상황에서도 경호 대상을 혼자 있게 해서는 안 된다. 경호 대상자가 혼자 있는 동안 납치, 폭행, 모독성 위해(危害)(욕을 한다든지, 계란 투척 등) 시도가 있을 수 있고, 응급 의료 상황이 발생할 수도 있기 때문이다. 또한 최소한 3명의 경호원이 수행 경호를 맡아야 우발상황 발생시 대처가 용이한데, 사건 당시 노 전 대통령의 호출을 받고 이 경호관이 단독으로 임무를 수행하게 됐다고 해도 곧바로 추가 경호 지원을 요청하지 않은 점이 아쉽다. 적절한 응급조치와 신속한 긴급후송도 중요하다. 사건 당일 L 경호관은 06시17분에 부엉이바위로 되돌아와 노 전 대통령이 사라진 것을 알아채고 06시 45분에 부엉이바위 절벽 아래서 다시 그를 발견할 때까지 약 28분이 걸렸다. 만약 L 경호관이 혼자 찾아 헤매는 대신, 사저를 경비하는 기동대까지 동원해 신속히 노 전 대통령을 찾아내 긴급후송 및 응급조치를 할 수 있었다면, 국민들의 아쉬움이 조금은 덜어졌을지 모른다. 노 전 대통령은 유서에서 "책을 읽을 수도 없고 아무것도 할 수 없다"고 썼는데, 우울증을 앓았던 것은 아닌지 의심되는 대목이다. 그의 곁에 전담 주치의를 두지 않은 것도 안타깝다. 만약 있어서 우울증 증세를 조기에 발견하고 치료했더라면 극단적인 결과는 막을 수도 있지 않았을까 하는 조심스러운 추측을 해본다. (조선일보, 2009. 6. 4일자).

둘째, 창원대 법학과 김명용 교수(독일 뮌헨대 법학박사)는 경호대상자인 요인의 지시에 따라 심부름을 간 행위에 대해 명시적 판례는 없으나 상사의 지시에 따른 행위는 자유로운 의사결정이라 할 수 없어 면책된다는 독일판례가 있다는 의견이다.

셋째, 본 사안에 대해 김상군 변호사, 서상철 변호사, 전국의 수사전문가 등 각계 법학·수사관계자들은 경호관의 주의의무 위반은 논할 수 있어도 직무에 대한 의식적 방임이 없어 직무유기로 형사처벌은 곤란하다는 것이 중론으로 검찰과 협의, L경호관에 대해 형사처벌은 하지 않을 의견이다."[183]

따라서 상기와 같이 공무원이 직무집행으로써 직무집행행위를 한 이상 그 내용이 부실하였다 하더라도 직무유기죄가 성립하지 않는다.[184] 본죄는 소위 부진정부작위범이며 상태범이다.[185]

(3) 직권남용죄(제123조)

"공무원이 직권을 남용하여 사람으로 하여금 의무 없는 일을 하게 하거나 사람의 권리행사를 방해한 때에는 5년 이하의 징역, 10년 이하의 자격정지 또는 1천만원 이하의 벌금에 처한다."

본죄는 공무원의 직무에 관한 죄 중의 하나로서 공무원이 직권을 남용하여 국민의 기본적 인권을 침해하거나 또는 그 청렴의 의무에 위배하여 직무의 공정을 해함으로써 국가의 기능을 침해하는 범죄이다.[186]

공무원의 직무에 관한 죄의 목적은 공무원의 직무집행의 공정을 해할 우려가 있는 의무위반행위를 처벌함에 있어, 공무원은 직무상의 의무위반행위에 대하여 특별권력관계에 기인한 제재로서 행정법상의 징계처분을 받을 수 있는 것이지만, 형법의 입장에서는 그 의무위반의 정도가 지나친 행위에 대하여 일반 법질서유지의 입장에서 형벌적인 제재를 가하려함에 있다.

---

183 2009. 6. 5. 15:00 경남지방경찰청 수사본부 보도자료.

184 大判 1969. 8. 19 65도 932;大判 1960. 7. 30. 4292 刑上 1081.

185 大判 1965. 12. 10. 65도 826.

186 대통령실 경호처 소속 공무원이 職權을 濫用한 경우에는 本罪를 적용하기에 앞서 第2章에서 기술한 바와 같이 대통령 등의 경호에 관한 법률 第18條 第1項 "소속공무원은 직권을 남용해서는 아니 된다"와 同法 第21條 "제9조 第1項, 第18條 또는 第19條 第2項에 위반한 者는 5년 이하의 懲役이나 禁錮 또는 1千萬원 이하의 罰金에 처한다."에 의하여 적용, 처벌을 받게 된다. 그러나 同法 第18條 "⋯⋯직권을 남용하여서는 이니 된다."라는 法句기 刑法 第123條 "⋯⋯직권을 남용하여 사람으로 하여금 義務가 없는 일을 하게 하거ㅏ 사람의 權利行使를 방해한 때에는⋯⋯"에 비하여 犯罪構成要件에 대한 法定性의 具體性이 미흡하다는 문제점을 제기하기도 한다.

본죄는 공무원의 직권을 남용하여 사람으로 하여금 의무 없는 일을 하게 하거나 사람의 권리행사를 방해함으로써 성립한다. 여기의 공무원은 본죄의 성질상 강제력을 수반할 수 있는 직무를 행하는 자라고 본다. 또 이는 폭행 또는 협박에 의한 일반권리행사방해죄(제324조)보다 그 책임이 가중되는 경우이다.

본조의 행위는 그 직권을 남용하여 사람으로 하여금 의무 없는 일을 하게 하거나 사람의 권리행사를 방해하는 것이다. "직권을 남용하여"라 함은 일반적으로 인정된 직무권한의 정당한 한도를 넘어서, 즉 그 본래의 취지에 반하여 부당하게 직권을 행사하는 것을 말한다.

따라서 직권남용은 일반적 권한을 가지는 공무원에 한하여 가능하고, 본래 아무런 직권도 가지지 아니하는 자의 행위 또는 자기의 직권과 전혀 관계없는 권한을 모용(冒用)하는 행위 등은 본죄를 구성하지 아니한다.

판례는 철도경찰대 소속의 경찰관으로 있는 자는 여객 또는 운송물에 대한 운임징수의 직권이 없는 것인바 그럼에도 불구하고 열차의 수하물소지여객으로부터 수하물운임명목으로 금액을 불법징수한 경우 본죄에 해당되며[187], 순경은 불가피한 경우에 상사로부터 구체적 사건을 특정하여 수사명령을 받지 아니하면, 사법경찰관사무를 취급할 권한이 없으므로 순경이 상사의 명령도 없고 입건되지도 아니한 경우에 범죄수사를 빙자하여 서류의 명령서를 발부하여 의무 없는 서류제출을 하게 함은 허위공문서작성 및 본죄에 해당한다.[188] 고 하고 있다.

"의무 없는 일을 하게 한다"라 함은 법령상 전혀 의무가 없는 경우뿐만 아니라, 의무의 태양을 변경하여 하게 하는 경우도 포함하며, "권리행사를 방해한다."라 함은 법령상 행사할 수 있는 권리의 정당한 행사를 방해하는 것을 말한다.

본죄에 대하여 ① 대통령 등의 경호에 관한 법률 제18조 제1항, 제21조 제1항에서는 대통령실 경호처 소속공무원은 직권을 남용하여서는 아니 되며 이를 위반한 자는 5년 이하의 징역이나 금고 또는 1천만원이하의 벌금에 처한다. 라고 규정하고 있고, ② 경찰법 제4조, 경찰관직무집행법 제12조에서는 경찰공무원을 그 직무를 수행함에 있어서 헌법과 법률에 따라 국민의 자유와 권리를 존중하고, 국민전체에 대한 봉사자로서 공정중립을 지켜야하며, 부여된 권한을 남용하여서는 아니 된다고 선언하고 법에 규정된 경찰관의 의무에 위반

---

187   大判 1954. 9. 13. 4287 刑上 72.
188   大判 1955. 10. 18. 4288 刑上 266.

하거나 직권을 남용하여 다른 사람에게 해를 끼친 자는 1년 이하의 징역이나 금고에 처한다고 규정하고 있다. 또한 ③ 청원경찰법 제10조 제1항에서는 청원경찰이 직무를 수행함에 있어서 직권을 남용하여 국민에게 해를 끼친 경우에는 6월 이하의 징역이나 금고에 처한다.라고 형법과는 별도로 규정하고 있다.

(4) 불법체포·감금죄(제124조)

"① 재판, 검찰, 경찰기타인신구속에 대한 직무를 행하는 자 또는 이를 보조하는 자가 그 직권을 남용하여 사람을 체포 또는 감금한 때에는 7년 이하의 징역과 10년 이하의 자격정지에 처한다. ② 전항의 미수범은 처벌한다."

본죄는 재판, 검찰 기타 인신구속에 관한 직무를 행하는 자 또는 이를 보조하는 자가 그 직권을 남용하여 사람을 체포 또는 감금함으로써 성립한다. 이는 일반체포·감금죄에 대한 책임이 가중되는 규정이며 따라서 일종의 부진정신분범(不眞正身分犯)이다.

본죄의 주체는 재판, 검찰, 기타 인신구속에 관한 직무를 행하는 자 또는 이를 보조하는 자, 이른바 특별공무원이다. 이러한 특별공무원은 그 직무의 관습상 일정한 조건하에 피의자, 피고인 등의 신체를 구속할 권한을 갖고 있기 때문이다. 여기에 "보조하는 자"라 함은, 예컨대 법원 또는 검찰청의 서기, 사법경찰리 등과 같이 그 직무상 보조자인 지위에 있는 자를 말하고, 단순히 사실상 보조하는 사인 등은 본죄의 주체로 되지 아니한다.

본죄의 행위는 직권을 남용하여 사람을 체포 또는 감금하는 것이다. "체포"라 함은 사람의 신체에 대한 사실적 지배의 설정을 말하고, "남용"이라 함은 사람을 일정한 구획된 장소에 유치하여 탈출을 불가능하게 하는 것을 말한다.

직권남용죄와 본죄가 다른 것은 전자의 죄는 공무원이면 누구나 해당하는데 반하여 후자의 죄는 공무원 중에도 특히 본조에 소정한 특수한 공무원에만 국한하는 점에서, 또한 그 행위의 태양이 제한되어 있는 점에서 다르다.

(5) 피의사실공표죄(제126조)

"검찰, 경찰 기타범죄수사에 관한 직무를 행하는 자 또는 이를 감독하거나 보조하는 자가 그 직무를 행함에 당하여 지득한 피의사실을 공판청구전에 공표한 때에는 3년 이하의 징역 또는 5년 이하의 자격정지에 처한다."

본죄는 검찰·경찰 기타 범죄수사에 관한 직무를 행하는 자 또는 이를 감독하거나 보조하는 자가 그 직무를 행함에 당하여 지득한 피의사실을 공판청구전에 공표함으로써 성립한다.

본죄의 주체가 직무수행을 통하여 알게 된 피의사실을 공판청구전에 공표하면 피의자의 명예가 훼손되고 동시에 증거를 인멸하는 등 범죄수사에 방해가 되므로 이를 방지하려는 것이다.

본죄의 대상은 그 직무를 행함에 있어 당하여 지득한 피의사실이며, 직무수행과는 아무런 관계없이 지득한 단순한 사실은 본죄의 대상으로 되지 아니한다.[189] 그리고 여기서 "공표"라 함은 불특정 또는 다수인에게 그 내용을 알리는 것이다.

(6) 공무상 비밀누설죄(제127조)

"공무원 또는 공무원이었던 자가 법령에 의한 직무상 비밀을 누설한 때에는 2년 이하의 징역이나 금고 또는 5년 이하의 자격정지에 처한다."

본죄는 공무원 또는 공무원이었던 자가 법령에 의한 직무상 비밀을 누설함으로써 성립한다. 본죄는 업무상 비밀누설죄(제317조)와 평행되는 규정이며, 그 대상은 법령에 의한 직무상의 비밀에 한한다.

본죄의 객체는 "법령에 의한 직무상 비밀"이다. 판례는 "법령에 의한 직무상 비밀"이란 반드시 법령에 의하여 또는 인위적으로 비밀로 분류 명시된 사항뿐만 아니라 정치적, 경제적, 군사적, 외교적 또는 사회적 필요에 따라 비밀로 된 사항은 물론 정부나 공무소 또는 국민이 객관적·일반적인 입장에서 외부에 알려지지 않는 것에 상당한 이익이 있는 사항을 포함한다고 해석하고 있다.

그리고 본죄는 일정한 비밀을 누설함으로써 성립한다. "누설"이라 함은 그 비밀사항을 타인에게 고지하는 것으로 그 방법은 구술에 의하건 서면에 의하건 제한이 없다. "공연히" 알릴 것을 요하지 아니하며 1인에 대한 고지도 누설에 해당한다.

본죄에 대하여 ① 대통령 등의 경호에 관한 법률 제9조, 제21조에서는 대통령실 경호처 소속공무원(퇴직한 자 및 원소속기관에 복귀한 자 포함)은 직무상 알게 된 비밀을 누설하

---

189 大判 1981. 7. 28. 81도 1172;1982. 6. 22. 80도 2822;그러나 최근 行政의 民主化와 行政情報의 公開制度 등 憲法上 國民의 알 권리와 관련하여 이와 같은 종전의 大法院 判決은 時代的으로 맞지 않는 것이라는 비판이 일고 있다(예, 전 감사원 ○○○감사관이 '공무상비밀의누설죄'에 대한 無罪判決).

여서는 아니 되며, 이를 위반한 자는 5년 이하의 징역이나 금고 또는 1천만원 이하의 벌금에 처하고, 또한 소속공무원이 대통령실 경호처의 직무와 관련된 사항을 발간, 기타의 방법으로 공표하고자 하는 때에는 미리 경호처장의 허가를 받아야 하며, 이를 위반한 자는 2년 이하의 징역, 금고 또는 500만원 이하의 벌금에 처한다. 라고 별도의 규정을 두고 있다.

또한 경비업법 제7조 제4항, 제28조제2항에서는 경비업자의 임·직원이거나 임·직권이었던 자는 다른 법률에 특별한 규정이 있는 경우를 제외하고는 그 직무상 알게 된 비밀을 누설하거나 다른 사람에게 제공하여 이용하도록 하는 등 부당한 목적을 위하여 사용하여서는 아니 된다. 이를 위반한 자는 3년 이하의 징역 또는 3천만원 이하의 벌금에 처한다. 라는 업무상비밀누설죄를 규정하고 있다.

(7) 공무집행방해죄(제136조)

"① 직무를 집행하는 공무원에 대하여 폭행 또는 협박한 자는 5년 이하의 징역 또는 1천만원 이하의 벌금에 처한다. ② 공무원에 대하여 그 직무상의 행위를 강요 또는 중지하거나 그 직을 사퇴하게 할 목적으로 폭행 또는 협박한 자도 전항의 형과 같다."

공무방해에 관한 죄라 함은 국가 또는 공공단체의 기관이 공권력을 행사하는 것을 방해함으로써 공무원에 의하여 실현되는 국가 또는 공공단체의 기능적 작용을 방해하는 내용의 범죄이다.[190] 따라서 본죄는 공무원의 직무집행행위를 방해 또는 무효케 하는 등의 행위를 처벌함으로써 일체의 공무원의 직무집행행위를 보장하고 나아가서 국가의 기능적 작용을 보호하려는데 그 취지가 있다. 그리고 본조의 죄는 직무를 집행하는 공무원에 대해서 폭행 또는 협박함으로써 성립하는 범죄이다.

본죄의 주체, 객체, 행위 및 주관적 요건을 보면 다음과 같다.

첫째, 주체는 아무런 제한이 없다. 반드시 직무집행행위의 상대방일 필요가 없으며 공무원이라도 본죄의 주체가 될 수 있다.

둘째, 본죄의 객체는 직무를 집행하는 공무원이다. 여기서 직무란 공무원의 직무인 이상 그 종류, 성질, 경중을 가리지 않으며, 집행이란 공무원의 직무에 속하는 일체의 사무를 처

---

190 집단이기주의, 정치적 불만 등을 품고 있는 者들에 의해 **警護業務**를 진행하는 **警護公務員**에 대하여 공무집행을 방해할 수 있는 여지가 항상 존재하므로 本罪가 發生할 수 있는 確率이 가장 많다고 볼 수 있다.

리함을 말한다. 강제적 성격을 띤 사무가 아니어도 무방하며 내부적 사무의 처리도 집행에 해당한다 할 것이다.

그리고 공무원이 그 직무에 종사중일 것, 즉 직무의 실행에 착수한 후 그 종료 전이어야 한다. 착수의 직전과 종료한 시점은 직무집행중으로 보아야 할 것이다.

그러나 직무의 집행은 적법한 것이어야 하는가(적법성의 요부), 어떠한 요건을 갖추었을 때 적법한 것인가(적법성의 요건), 그 요건의 판단은 누구의 입장을 표준으로 할 것인가(적법성 요건의 판단기준)가 문제된다.

① 적법성의 요부에 대해서는, 적어도 직무의 집행이라 할 수 있는 이상 적법성 내지 합법성은 요하지 않는다는 소극설과 적법한 직무의 집행이라야 형법의 보호를 받을 가치가 있다는 적극설이 있다.

국민의 기본적 인권을 최대한으로 보호하는 우리 헌법정신에 비추어 볼 때 위법한 직무집행까지를 형법적 보호의 대상으로 하여 개인의 인격을 침해하는 것을 허락되지 않을 것이므로 적극설이 타당하다.

② 적법성의 요건에 관하여서는, 통설은 당해 공무원의 추상적 권한에 속할 것과 당해 사항에 관하여 일정한 처분을 할 수 있는 구체적 권한을 구비할 것 및 구체적인 경우 직무집행의 유효요건으로서 정해진 조건 및 중요한 형식을 구비할 것의 세 가지를 들고 있다.

반대설은 위의 요건에 공무원이 처분에 착오가 있을 때 그것이 과실에 기한 것이 아닐 것을 더 요구하거나, 또는 추상적 권한과 일반적 형식의 구비만을 요구하기도 한다.

통설 외의 학설들은 공무원의 주관을 지나치게 의식한다든지 적법성의 범위가 너무 확장된다는 비난이 가해질 수 있을 것이다. 판례도 통설에 따르는 듯하다.[191]

③ 적법성의 판단기준에 관하여, 객관설은 법원이 법령을 해석하여 객관적으로 정해야 한다고 하며, 주관설은 당해 공무원의 적법으로 믿었느냐 여부에 의하여 정해야 한다고 한다. 절충설은 일반인의 견해를 기준으로 하여 정해야 한다고 한다. 그러나 구체적인 행위에 대한 위법성의 판단은 주관적이나 객관적으로만 판단하자는 견해는 의심스럽다. 이것은 구성요건해당성의 문제이므로 양자를 모두 판단하여 공무원이 진실하게 공무를 집행하고 있느냐의 여부를 결정하여야 한다.

---

191 大判 1961. 8. 26. 4293 刑上 852.

또한 공무원은 국가 또는 공공단체의 기관으로서 공무에 종사하는 자를 말한다. 그 공무종사의 관계는 임명, 촉탁, 선거 등 그 방법을 불문하나 그 공무에 종사하는 것이 법령에 근거가 있어야 한다.

셋째, 본죄의 행위는 폭행 또는 협박하는 것이다. 여기서 폭행이란 공무원에 대한 불법적인 유형력의 행사를 의미한다. 직접 공무원의 신체에 가해질 필요는 없으며 공무원을 목표로 하는 이상 물건이나 제3자에게 가하여도 무방하다.

그리고 협박이란 공포심을 일으키게 할 목적으로 타인에게 해악을 고지하는 것을 말한다. 이것 역시 폭행과 마찬가지로 직접 공무원에 대한 것에 한하지 않는다. 협박은 암시적인 것이라도 족하다. 또한 폭행과 협박은 적극적인, 즉 다소 공격적인 요소가 있어야 한다. 또 공무원의 직무행위를 방해할 만한 정도의 것이라야 한다. 끝으로 본죄는 폭행·협박이 가해짐으로써 즉시 성립하며 공무원의 직무집행이 현실로 방해되었을 필요는 없다.

넷째, 본죄의 고의는 상대방이 공무를 집행하는 공무원이란 사실과 이에 대하여 폭행·협박을 한다는 사실을 내용으로 한다. 공무원의 직무의 내용까지 알 필요는 없다. 그리고 본죄는 목적범이 아니므로 직무집행을 방해할 의사는 필요하지 않다. 따라서 폭행·협박에 이르게 된 동기는 아무런 상관이 없다. 또한 행위자가 착오로 인하여 공무원이 적법한 직무행위를 위법한 것으로 오인하고 폭행·협박을 한 경우에 고의를 인정할 수 있을 것인가이다.

통설은 직무행위의 적법성의 인식은 구성요건적 사실의 인식이므로 그 착오는 당연히 고의를 조각한다고 한다. 반대설은 이를 법률의 착오로 보아 형법 제16조에 의해야 한다거나, 이를 적법성의 요건을 고의와 관계없는 단순한 객관적 처벌조건으로 파악한다.

이 문제는 위법한 직무행위에 대하여 정당방위를 할 수 있는가의 문제와 적법성의 법적 성질을 어떻게 볼 것인가의 문제와 관련이 있는데 범죄구성이론의 면에서 보면 통설이 타당하다.

III. 형사소송법

1. 형사소송법의 개념

1) 형사소송법의 의의

형사소송법은 형사소송에 관한 절차를 규정하는 법률체계이다. 무릇 국가적 형벌권은 범죄와 형벌과의 관계를 규정하고 있는 실체법인 형법에 의하여 발생한다.

그러나 이러한 의미의 국가적 형벌권은 실로 추상적인 것에 지나지 않는다. 현실적·구체적으로 이 추상적 형벌권을 여하히 실현할 것인가는 별도의 문제이다. 이와 같은 이 형벌권의 구체적 실현과정을 정하는 것은 범죄와 형벌과의 관계를 추상적으로 정하는 것에 못지 않게 중요하다. 그것은 형법의 목적이 형사사법의 이상인 정의 그 자체라면 형사소송법의 목적은 정의를 현실적·구체적으로 실현하는 것이기 때문이다.

따라서 정의실현의 과정인 형사소송절차를 법률로 규정함으로써 형법에 의한 정의를 그 구체적 실현과정에까지 제도적으로 보장하고 실현하는 것이 형사소송법이라고 할 수 있다.

이러한 의미에서 형사소송법은 국가적 형벌권의 발동에 있어서 국가기관에 의한 자의적인 인권침해를 억제하는 민주적 제도로 간주되고 있다. 아무튼 이러한 의미의 형사소송법은 일반적으로 실질적 의미의 형사소송법과 형식적 의미의 형사소송법의 두 가지 의미로 사용되고 있다.

실질적 의미의 형사소송법은 법규의 내용이 실질적으로 형사소송절차를 구성하고 있는 것이라면 그러한 법체계 전체를 형사소송법이라 한다. 그것은 형사소송법을 비롯하여 형사소송비용법·법원조직법·검찰청법 등이 있다.[192]

그리고 형식적 의미의 형사소송법은 형사소송법전만을 가리킨다. 우리나라 형사소송법전은 1954년 9월 23일 법률 제341호로 제정·공포한 형사소송법으로서 48차례 개정을 거쳐 최근 2022. 5. 9. 법률 제18862호로 개정되었다.[193]

---

192 鄭榮錫, 刑事訴訟法, 法文社, 1969, 17~19面.

193 최근 형사소송법 개정이유를 보면, "검사는 송치요구 등에 따라 사법경찰관으로부터 송치받은 사건 등에 관하여는 동일성을 해치지 아니하는 범위 내에서만 수사할 수 있도록 하고, 수사기관이 수사 중인 사건의 범죄 혐의를 밝히기 위한 목적으로 합리적인 근거 없

2) 형사소송법의 이념

형사소송법을 하나의 절차법으로 이해한다 하더라도 이를 동태적으로 보면 범죄의 진상을 파악하여 형벌법규를 적용하는 실체면과 절차에 있어서 공공의 질서유지와 기본적 인권의 보장이라는 절차면으로 나눌 수 있으며, 전자에 있어서는 실체적 진실주의가 요청되는 데 대하여 후자에 있어서는 공공의 질서유지와 기본적 인권의 보장이라는 상반된 이념 간의 조화가 요청된다.

즉 형사소송법이 목적하는 바는 첫째, 혐의의 진부를 명확히 함으로써 죄의 유무를 결정하고, 유죄자에게 대하여 형벌을 과하여 범죄를 진압하게 하는 동시에 둘째, 신속한 법정절차에 의해서 재판함으로써 개인의 기본권을 최대한도로 보장하여 공공의 질서유지를 기할 수 있다는 데 있다.

이와 같은 형사소송의 목적을 달성하기 위하여 "열 사람의 범죄인을 놓치는 한이 있어도 한 사람의 죄 없는 사람을 벌하여서는 아니 된다"(Better ten escape than one innocent suffer)는 법언이 하나의 원리로서 형사소송절차에 있어서 적용되고 있다.

3) 형사소송법의 법원과 적용범위

(1) 형사소송법의 법원

여기의 법원이라 함은 법의 존재형식을 의미하는 바, 형사소송법의 그것은 헌법·법률·규칙의 세 가지가 있다.

헌법규정 가운데 형사소송법의 법원이 되는 것은 제12조 제1항의 "……누구든지 법률에 의하지 아니하고는 체포·구속·수색 또는 심문을 받지 아니하며, 법률과 적법한 절차에 의하지 아니하고는 처벌·보안처분 또는 강제노역을 받지 아니한다."라는 규정이다.

특히 헌법 제12조 제1항의 규정으로 미루어보아, 법률이 형사소송법의 중요한 법원임을 쉽사리 이해할 수 있는데, 형사소송법의 법원이 되는 법률로서는 형사소송법·형사소송비용

이 별개의 사건을 부당하게 수사하는 것을 금지하며, 다른 사건의 수사를 통해 확보된 증거 또는 자료를 내세워 관련 없는 사건에 대한 자백이나 진술을 강요할 수 없도록 하는 한편, 사법경찰관으로부터 수사결과 불송치결정받아 이의신청을 할 수 있는 주체에서 고발인을 제외"하고자 개정하였다.을

법·법원조직법·검찰청법·경찰관직무집행법·변호사법·사보상법·행형법·사면법·군사법원의 재판권에관한법률 등을 지적할 수 있다. 그리고 규칙으로서 형사소송법의 법원이 되는 것으로는 대법원규칙이 있다.

헌법 제108조에서는 "대법원은 법률에 저촉되지 아니하는 범위 안에서 소송에 관한 절차, 법원의 내부규율과 사무처리에 관한 규칙을 제정할 수 있다"라고 규정하여 규칙제정권을 인정하고 있다. 물론 이는 소송절차에 관한 순기술적 사항으로서 피고인의 중요한 이해와는 전혀 관계없는 규칙에 한하여야 할 것이다.[194]

(2) 형사소송법의 적용범위

형사소송법이 적용되는 범위는 물적 적용범위로는 대한민국의 법원에서 심판하는 모든 형사사건에, 지역적 적용범위로는 원칙적으로 대한민국 영역 내에서 발생한 형사사건에,[195] 또한 인적 적용범위로는 대한민국 법원이 관할하는 형사사건이면 피의자·피고인의 국적·주거·범죄지를 불구하고, 우리나라 형사소송법이 적용된다.[196]

그리고 시간적 적용범위로는 일반적으로 형사소송법의 시행시라 할 것이나 다만 신법이 시행되기 전에 소송이 개시되어 아직 소송종결이 되지 않은 때에 신구법 중 어느 것을 적용하느냐가 문제되는데, 이에는 이론상 신법주의(전 소송절차를 신법에 적용하는 것)·구법주의(종전대로 구법을 적용하는 것)·혼합주의(신구법을 혼합 적용하는 것)가 있다.

우리나라 형사소송법은 소송제기의 유무를 표준으로 하여 신법시행전의 사건은 구법주의에 의하고, 신법시행시 소송제기가 없는 사건은 혼합주의에 의하게 하고 있다(형소법 부칙 제1·2조).

---

194 배종대·이상돈, 형사소송법, 홍문사, 1999. 7~11면 참조.
195 이것을 屬地主義라고 하는데 이 원칙에 대한 예외로서 大韓民國 領域內라 하더라도 國際法上 治外法權이 있는 地域, 즉 外國의 大使館, 公使館, 領海內의 外國軍艦內에는 우리나라 裁判權이 미치지 아니한다.
196 그러나 이 原則에 대하여는 다음과 같은 例外가 있다.
　①國內法上의 例外: 大統領은 內亂 또는 外患의 罪를 犯한 경우를 除外하고는 在職중 刑事上의 訴追를 받지 아니한다(憲法 제84조). 그리고 國會議員은 國會內에서 職務上 行한 表決에 관하여 國會外에서 責任을 지지 아니하며(憲法 제45조), 現行犯인 경우를 除外하고는 會期중 國會의 同意 없이 逮捕 또는 拘禁되지 아니한다. 會期前에 逮捕 또는 拘禁된 때에는 現行犯이 아닌 한 國會의 要求가 있으면 會期중 釋放된다(憲法 제44조).
　②國際法上의 例外: 外國의 元首와 그 家族 및 大韓民國 國民이 아닌 그 隨行員, 信任받은 外國의 使節과 그 職員 및 家族과 韓國國民이 아닌 雇傭員, 承認받고 韓國 領域內에 駐屯하고 있는 外國의 軍人.

2. 형사소송법의 기본원칙

1) 소송주의와 규문주의

소송주의란 특정한 형사사건을 심판함에 있어서 검사가 원고로서 공소를 제기하고, 범죄집행자인 피고와 대립상태에서 서로 공격·방어의 위치에 서게 하고 법관은 제3자적 지위에서 이들의 법정 투쟁을 종국적으로 판단하게 하는 소송구조를 말한다. 우리나라 현행소송법은 소송주의를 기본원칙으로 하고 있다.

그리고 규문주의란 법치주의시대 이전의 제도로서 법관 스스로가 사건을 수사하고, 자신의 판단에 의하여 소제기의 형식을 거치지 아니하고도 처벌할 수 있는 소송구조를 말하는데 이 경우에는 법관은 제3자가 아니다.

또한 검사와 피고인도 서로 대등한 당사자의 지위에 있는 것이 아니며, 법관과 검사가 주체가 되고 피고인은 다만 소송절차의 객체에 불과하게 된다.

2) 당사자주의와 직권주의

당사자주의란 검사와 피고인이 서로 당사자로서 대립하여, 전자는 국가형벌권의 실현자로서 공격하고, 후자는 자신의 이익을 위해서 변명하고 방어하는 지위에서 소송을 진행하게 하는 소송구조를 말한다.

그리고 직권주의란 소송절차의 진행에 있어서 당사자의 의사여하를 막론하고, 법관이 주도권을 가지고 적극적으로 소송행위를 하는 것을 말한다.[197]

3) 국가소추주의와 기소독점주의

국가소추주의란 국가기관(검사)의 소추에 의해서 형사절차가 개시(소송의 제기)되는 법제상의 주의를 말하는 데, 일명 직권소추라고도 한다. 이것은 대륙법계의 소송법[198]에서 유

---

197 우리나라 現行訴訟法은 構造原理 종 訴訟主義를 基本構造로 하고 이에 當事者主義와 職權主義를 折衷히여 채택히고 있다.
198 이는 1808년의 프랑스 刑事訴訟法이 해당된다.

래한 것인데 범죄가 사회적 성격을 띠는 점에서는 사인에게 그 소추권을 주지 아니하고 국가가 스스로 소추하려는 데 근거한 것으로 우리나라도 이 주의를 채택하고 있다.

그리고 기소독점주의란 공소의 제기에 대한 권한(공소제기권)을 검사에게만 주는 주의를 말하는데, 이는 앞의 국가소추주의를 채용한 경우에 필연적으로 도출되는 원리다.

공소권행사에 있어서 감정적·보복적 관념에 좌우됨이 없이 공정하게 기소할 수 있다는 데 장점이 있으나, 반면 정치적 간섭과 독선에 빠질 염려가 있다. 우리 형사소송법 제246조를 보면 이 주의를 채택하고 있음을 알 수가 있다.

4) 기소편의주의와 기소법정주의

기소편의주의란 특정형사사건에 대하여 기소의 여부를 검사의 재량에 맡기는 주의를 말하는데, 이 주의에 있어서는 검사는 제반사정을 합리적으로 판단하여 기소·불기소의 여부를 결정해야 하는 것으로 검사의 자의·독선, 또는 정치적 간섭, 외부로부터의 압력 따위가 있을 우려가 없지 않다.

기소편의주의를 채택할 때에는 기소유예·기소중지 등의 제도가 설정된다. 또한 공소제기 후 공소의 취소[199]가 가능하다. 우리나라 형사소송법 제247조 제1항을 보면 기소편의주의를 택하고 있음을 알 수가 있다. 그리고 기소법정주의란 형사소송법상 공소의 제기여부를 검사의 재량에 맡기지 아니하고 법률상 정해진 바에 의하여 공소제기의 여부를 결정하는 주의를 말한다. 기소법정주의는 기소편의주의에 대비한 개념이다. 우리 형사소송법은 기소법정주의를 채택하지 않고 있다.

3. 형사소송의 주체

1) 법원

법원의 본질적 기능은 사법권의 행사이다. 이와 같은 법원은 국법상의 의미에 있어서의

---

199 公訴의 취소는 제1심 판결 선고 전까지 가능하다.

법원과 소송법상의 의미에 있어서의 법원으로 나눌 수 있다.

국법상의 법원이란 법관·서기·직원 등 사법행정상의 관청, 즉 인적·물적 요소의 종합체를 의미하는데 보통 법원이라고 하는 말은 여기의 국법상의 법원을 가리킨다.

그리고 소송법상의 법원이란 재판기관으로서의 법원을 말한다. 법원내부의 일정수의 법관으로 구성되는 재판기관이다. 소송법에서 법원이라 할 때에는 여기의 소송법상의 법원을 의미한다.

소송법상의 법원의 구성은 단독제와 합의제의 두 가지가 있다. 전자는 1인의 법관으로 후자는 대법원을 제외하고는 대체로 3인으로 구성되는데, 합의제에 있어서는 그 활동을 통제하고 발언을 대표하기 위하여 그 중 한사람이 재판장이 된다. 심판에 있어서 재판장은 합의체의 일원으로서 다른 법관과 동일한 권한을 갖는다. 합의부의 법관 중 특정한 소송행위를 하도록 명을 받은 법관을 수명법관이라 한다.

2) 검사

검사란 검찰권을 행사하는 국가기관을 의미하며 검찰권이란 범죄를 수사하고 증거를 수집하는 등의 권한을 말한다. 즉 공익의 대표자로서 범죄수사, 공소제기와 그 유지에 필요한 행위를 하며 범죄수사에 관하여 사법경찰관리를 지휘감독하고 법원에 대한 법령의 정당한 적용 및 청구, 그리고 재판집행의 지휘감독이라 할 수 있다.

이와 같은 검찰권을 행사하기 위하여 검사는 형사소송에 있어서 원고인 당사자의 지위를 가진다. 검사는 그 조직에 있어서 검사동일체의 원칙[200]에 의하여 상명하복의 관계에 있지만 직무상으로는 상사의 보조기관이 아니고 검사 개개인이 동등하게 검찰권(수사권, 공소권)을 행사할 수 있는 단독제의 관청이다.

3) 피고인

---

200 이것은 檢察總長을 頂點으로 하여 全國的으로 上命下服의 관계에 서서 一體不可分의 有機的 組織體로서 활동하는 것을 말한 것으로 檢察廳法 第11條는 "檢事는 檢察事務에 관하여 上司의 命에 服從해야 한다."고 規定하여 이를 明示하고 있는데, 檢察總長·檢事長·支廳長이 수속 檢事의 職務를 自身이 처리하는 경우를 職務承認의 權限이라 하고, 自身의 權限에 속하는 職務의 一部 또는 소속 檢事의 職務를 다른 소속 檢事로 하여금 처리하게 하는 權限을 職務移轉의 權限이라 한다.

피고인이란 형사사건에 관하여 형사책임을 져야 할 자로서 기소된 자를 말한다. 기소되기 전까지는 피의자로 불리고 기소 후에는 피고인이라 부른다. 피고인과 피의자와의 차이는 공소제기의 여부를 그 기준으로 하는 것뿐 피고인이 되어 법정에 출두하였다고 해서 진범이라고 단정해서는 안 된다. 피고인은 소송법상 당사자의 지위를 가지고 검사와 대립하여 법정투쟁을 전개한다.

피고인을 보조하는 사람을 보조자라고 하는데, 변호인과 보조인의 두 가지가 있다. 변호인이란 피고인의 방어력을 보충함을 직무로 하는데 변호사가 대체로 변호인이 된다. 변호인에는 사선변호인과 국선변호인이 있다. 보조인은 변호인 외에 피고인의 법정대리인인 배우자·직계친족·형제자매·호주 등으로서 심급마다 피고인의 선임에 의해서가 아니고, 스스로 계출하여 피고인을 돕는다.

피고인의 형사소송법상의 지위는 당사자로서의 지위, 증거방법으로서의 지위, 절차대상으로서의 지위가 있다. 먼저 피고인은 형사소송법상의 검사와 대립하는 소송주체로서 검사의 공격에 대하여 자기를 방어하는 당사자로서의 지위가 보장되어 있다.

그리고 현행법은 원칙적으로 피고인을 증거방법으로 하는 것을 인정하지 아니하나 피고인의 진술은 일정한 제한하에 증거로 할 수 있으며 그러한 의미에서 피고인은 일종의 인적 증거방법이기도 하다.

또한 피고인은 소환, 구속, 압수 및 수색 등 적법한 강제처분에 응하여야 할 의무가 있다. 이와 같은 절차의 대상으로서의 지위에는 재판장의 소송지휘권과 법정경찰권에 복종할 의무도 포함된다.

4. 수사와 공소제기

1) 수사

(1) 수사의 의의

수사(Criminal investigation)라 함은 범죄를 내용으로 하는 형사사건에 관하여 공소를 제기하고 수행하기 위하여 범인과 증거를 발견하고 수집하는 수사기관의 활동, 또는 이러한 활동을 법적으로 규제하는 하나의 절차를 말한다.[201] 즉 수사의 목적은 첫째 피의자 발견·보전기능이며, 둘째 증거의 수집·보전기능이라고 할 수 있다.

이러한 수사는 공소제기 전에 행해지는 것을 원칙으로 하지만, 소송을 유지하기 위하여 공소제기 후에도 계속할 수 있다.[202] 그리고 수사는 그 활동적 성격으로 보아 기본권의 침해우려가 큰 것이므로 체포·구금·수색·압수 등 여러 가지 행위에 대하여 영장주의를 택하게 하며 이를 법률상 규정하고 있다.

(2) 수사기관

수사기관은 법률상 수사권이 인정된 자를 말하는데, 이는 검사와 사법경찰관리의 두 가지가 있다.

검사와 사법경찰관리의 관계는 국가에 따라 다르지만, 우리나라에서는 검사가 수사권과 공소권을 가지고 있으므로 사법경찰관리에는 사법경찰관·사법경찰리·특별사법경찰관리가 있는데, 수사관·경무관·총경·경정·경감·경위는 사법경찰관에 해당하고, 경사·경장·순경은 사법경찰리에 해당한다. 사법경찰관은 검사의 지휘에 의해서, 또한 사법경찰리는 검사 또는 사법경찰관의 지휘를 받아 각각 검사의 수사활동을 보조한다.

본서에서는 대통령경호공무원중 일부가 특별사법경찰관리에 속해 있으므로 이에 대한 자세한 내용을 설명하고자 한다. 먼저 특별사법경찰관리의 의의를 보면, 특별사법경찰관리는 삼임, 해사, 전매, 세무, 군 수사기관 기타 특별한 분야의 수사를 담당하는 사법경찰관리이다(형소법 제245조의10 제1항). 그 직무담당자와 직무범위는 "사법경찰관리의 직무를 행할 자와 그 직무범위에 관한 법률"및 각 특별법에 규정되어 있다.

인구가 증가되고 경제규모가 확대되면서 사회구조도 점차 복잡, 다양해지고, 전문화를 요구하게 되었다. 이러한 특수전문분야에 관련된 범죄는 일반범죄중심의 일반사법경찰관리로서는 파악하기조차 어렵고, 파악한다 하여도 이에 많은 시간과 노력을 기울이게 된다.

따라서 단속과 수사의 적정을 기하기 어려운 분야가 많은바 이에 대하여서는 일반사법경찰관리 아닌 "특별사법경찰관리"로 하여금 그 임무를 담당토록 함이 필요한 것이다.

---

201 搜査의 槪念에 관한 學說로 通說은 공소제기와 수행을 위한 準備行爲라고 보는데 대해 소수설은 범죄의 혐의를 명백히 하여 起訴·不起訴를 결정하기 위한 獨自的 目的을 가진 절차라고 한다.

202 피고인의 召喚調査에 있어서 ①임의수사인한 가능하다는 說, ②제1회 공판기일 전에 한한다는 說, ③공소제기 후는 피고인이 당사자가 되므로 검사는 피고인을 조사할 수 없다는 說이 대립되고 있다. 기소 후의 피고인조사의 필요를 고려하고 피고인의 當事者的 地位를 고려할 때 第2說이 타당하다고 본다.

이러한 특별사법경찰관리도 사법경찰관리인 점에서 형사소송법상 일반사법경찰관리와는 원칙으로 그 권한에 차이가 없으나, 다만 그 직무권한의 범위가 특수한 사항 또는 특수한 지역에 제한되어 있음에 불과하다.

그러나 일반사법경찰관리가 범죄수사 또는 이와 불가분의 관계에 있는 범죄의 예방 또는 진압을 본래의 직무로 하고 있는데 반하여, 특별사법경찰관리는 그 본래의 직무는 범죄수사와 직접관계가 없고, 다만 본래의 직무수행에 있어 범죄를 발견할 기회가 비교적 많으므로 이들에게 범죄의 수사를 시키는 것이 적당하며 또 실효적이라는 이유로 수사권한이 주어졌다는 점에 그 특색이 있다.

특별사법경찰관리제도에 대하여는 통일적 수사의 곤란을 가져온다는 점에서 비판이 있다. 그리고 특별사법경찰관리의 근거와 유형을 보면, 형사소송법은 전술한 일반사법경찰관리 외에 법률로서 사법경찰관리를 정할 수 있다는 규정(동법 제245조의10 제1항)에 따라 제정된 법률이"사법경찰관리의 직무를 행할 자와 그 직무범위에 관한 법률"인 바, 이는 특별사법경찰관리를 정하고 있는 일반법이라 할 수 있다.

동법이 정하고 있는 특별사법경찰관리에는 다음과 같은 유형이 있다.

첫째, 특별한 지명절차를 요하지 않고 직책상 당연히 사법경찰관리의 직무를 행할 수 있는 자로서, 예컨대 교도소, 구치소 또는 그 지소의 장, 소년원 또는 그 분원의 장, 소년분류심사원 또는 그 지원의 장, 보호감호소·치료감호소 또는 그 지소의 장, 출입국관리에 종사하는 공무원(동법 제3조), 근로기준법에 의한 근로감독관, 선원법에 의한 선원근로감독관(동법 제6조의2), 일정한 선박의 선장, 항공기기장(동법 제7조) 등을 들 수 있다.

둘째, 지명을 요하지는 않으나 소속기관의 장이 관할 지방검찰청 검사장에게 그 명단을 보고하고 검사장이 이를 수리함으로써 사법경찰관리의 직무를 행할 수 있는 자로서 산림관서나 특별시·광역시·도·시·구·군에서 산림보호를 위한 단속업무를 전담하는 공무원이 이에 해당한다(동법 제4조).

셋째, 대표적인 유형으로서 소속관서의 장의 제청에 관할 지방검찰청 검사장이 지명함으로써 사법경찰관리의 직무를 행할 수 있는 자를 들 수 있는데, 동법 제5조, 제9조 등에서 열거하고 있는 일정한 국가공무원, 지방공무원, 소방공무원 및 군 사법경찰관리가 이에 해당한다.

넷째, 그 외에 검사장이외의 자의 지명을 요하는 경우로서 선장의 지명을 받아 사법경찰리의 직무를 행하는 선원(동법 제7조 제1항), 기장의 지명을 받아 사법경찰리의 직무를 행하는 항공기승무원(동조 제2항), 국가정보원장의 지명을 받아 사법경찰관리의 직무를 행하는 동 직원(동법 제8조) 등을 들 수 있다.

또한 사법경찰관리의 직무를 행할 자와 그 직무범위에 관한 법률 외에도 특별법 규정으로서 특별사법경찰관리를 정하고 있는 경우가 있다.

예컨대 어업자원보호법은 보호수역내에서의 무허가어업행위에 대한 범죄수사를 위하여 해군함정의 승무장교, 사병 또는 일정한 어업감독공무원이 사법경찰관리의 직무를 행한다고 규정하고 있고(동법 제4조, 동법시행령 제4조), 대통령 등의 경호에 관한 법률은 경호처장의 제청에 의하여 서울지방검찰청검사장의 지명을 받아 소속 7급 이상 경호공무원을 사법경찰관, 8급 이하 경호공무원을 사법경찰리로 정하고 있다.

그 외에 각종 행정법규에 의하여 일정한 조사와 감시를 할 수 있는 권한을 부여받은 공무원으로서 예컨대 약사감시원, 독극물감시원, 세무공무원, 직업안정법에 규정된 노동부 공무원 등은 별도로 사법경찰관리로 지명된 자를 제외하고는 단순히 행정목적을 원활히 수행하기 위한 조사와 검사 등을 행하는 공무원에 불과하고 사법경찰관리는 아니다.

다만 세무공무원은 조세법상 범칙사건을 조사하기 위하여 범칙혐의자나 참고인을 심문하고 압수·수색을 할 수 있는 권한이 주어져 있으며, 그 때에는 반드시 법원이 발한 압수·수색영장에 의하고 형사소송법중 압수·수색에 관한 규정에 따라야 하는바(조세범처벌절차법 제2조, 제3조, 제4조), 이는 특수한 업무수행을 위하여 주어진 권한에 불과하며, 사법경찰관으로서의 지위가 주어진 것은 아니므로 그 밖의 형사소송법상 사법경찰관리로서의 권한을 행사할 수는 없다.

따라서 세무공무원은 인신구속권도 없고, 비록 범칙혐의가 있어 세무공무원에게 조사받는 자라 하더라도 고발되기 전까지는 "피의자"가 아니다. 그러나 압수·수색 등 조세범처벌절차법에 의한 권한을 행사하기 위하여서는 영장의 청구 등에 있어 검사의 지휘를 받아야 되므로 그 범위 내에서는 검사와 사법경찰관의 관계에 준하는 상명하복관계에 있다고 할 것이다.

(3) 수사의 개시

수사의 개시는 수사기관이 범죄의 혐의가 있다고 인정한 때이다. 수사기관의 주관적 혐의 또는 객관적 증거 어느 쪽도 수사개시의 원인이 된다. 수사개시의 원인을 구체적으로 검토하면 ① 수사기관 자신의 체험에 의한 개시원인(변사자검시·현행범·경찰관의 불심검문 등), ② 범인의 체험의 청취에 의한 개시원인(고소[203]·고발·자수 등) 등을 지적할 수 있다.

현행범인은 범죄의 실행중이거나 실행의 즉후인 자를 말하는데, 현행범인은 누구든지 체포할 수 있다. 여기에서 누구든지 체포할 수 있다는 점에서 청원경찰, 경비원들이 업무를 수행함에 있어 현행범인과 준현행범인의 범위를 정확하게 파악하고 있을 것이 요구된다. 즉 현행범인은 전술한 바와 같고 준형행범인은 ① 범인으로 호칭되어 추적되고 있는 때, ② 장물이나 범죄에 사용되었다고 인정함에 충분한 흉기 기타의 물건을 소지하고 있는 때, ③ 신체 또는 의복류에 현저한 증적이 있는 때, ④ 누구임을 물음에 대하여 도망하려 하는 때이다(형사소송법 제211조).

그러나 검사 또는 사법경찰관리가 아닌 자가(예 : 청원경찰이나 경비원) 현행범인을 체포한 때에는 즉시 검사 또는 사법경찰관리에게 인도하여야 한다(제213조 제1항). 다만, 현행범인이라도 50만원 이하의 벌금, 구류 또는 과료에 해당하는 죄의 현행범인에 대하여는 범인의 주거가 분명하지 않을 때에 한하여 체포할 수 있다(제214조).

그리고 고소는 범죄의 피해자 기타의 고소권자가 수사기관에 대하여 범죄사실을 신고하여 그 수사 및 소추를 요구하는 의사표시이다. 고소가 없으면 공소를 제기할 수 없는 범죄를 친고죄라 하며 모욕죄·강간죄·비밀침해죄 등이 그 예이다.

또한 고발은 범인 또는 고소권자 이외의 자가 수사기관에 대하여 범죄사실을 신고하여 그 수사 및 소추를 요구하는 의사표시를 말하며, 자수는 범인이 스스로 수사기관에 대하여 자기의 범죄사실을 신고하여 그 수사 및 소추를 구하는 의사표시이다. 형사소송법상으로는 범죄수사의 유력한 단서로 되는 데 불과하나 형법상으로는 형의 감면사유로 되어 있다.

끝으로 변사자의 검시가 있는데 변사자라 함은 뇌쇄·병사 등 자연사가 아닌 사인으로 사망한 자를 말하며 자연사인지 변사인지 불명한 경우도 변사에 포함된다. 검시는 변사의 의심 있는 사체의 상황을 조사하여 그 사망이 범죄로 인한 것인가를 가려내는 처분이다.

---

203 告訴는 告訴不可分의 原則이 適用된다. 告訴不可分의 原則이란 ①하나의 犯罪의 一部에 대하여 告訴 또는 그 取消가 있는 때에는 그 全部에 관하여 效力이 發生하며(이를 告訴의 客觀的 不可分이라 한다), ②親告罪의 共犯 중 그 1人 또는 數人에 대한 告訴 또는 取消는 다른 共犯者에게 대하여도 效力이 미친다(이를 告訴의 主觀的 不可分이라 한다)는 두 가지 意味를 갖는다. 이 原則은 친(親)告罪의 告訴의 效力에 局限한 것임을 注意해야 한다.

(4) 수사의 방법

수사는 사법경찰관리에 의하여 개시·실행되고 검사에 인계되는데(물론 검사가 직접하는 때도 있다), 그 방법으로서는 임의수사와 강제수사의 두 가지가 있다. 임의수사는 피의자의 소환·진술청취·공도상의 수색·검증·승락수색·승락검증 등이 그 예이다.

첫째, 피의자에 대한 임의수사로서 검사 또는 사법경찰관은 수사에 필요한 때에는 피의자의 출석을 요구할 수 있다. 이를 임의출석이라고 한다. 피의자는 출석을 거부할 수 있으며 출석 후에도 언제든지 퇴거할 수 있어야 한다.

둘째, 피해자 이외의 자에 대한 임의수사로서 검사 또는 사법경찰관은 피의자 아닌 자(참고인)의 출석을 요구하여 진술을 들을 수 있으며 감정·통역·번역을 위촉할 수 있다.

셋째, 공무소 등에의 조회로서 수사에 관하여 공무소 기타 공사단체에 조회하여 필요한 사항의 보고를 요구할 수 있다. 보고의 요구를 받은 자는 보고의 의무를 진다. 그러나 그 이행을 강제할 수는 없다.

그리고 강제수사란 강제력을 행사하여 행하는 수사로서 이것에는 '영장 없이 하는 수사'(현행범체포, 특수한 경우의 압수·수색·검증 및 공무소에의 조회), '영장에 의한 수사'(체포·구속·압수·수색), '수사기관의 청구에 의해서 법관이 하는 것'(증거보전) 등의 세 가지로 구분된다.

또한 1995년도에 개정된 형사소송법은 임의동행과 보호실유치 등 탈법적 수사관행을 근절하고 적법한 수사절차 및 구속의 신중을 도모하기 위하여 체포(영장)제도(제200조의2) 및 긴급체포제도(제200조의3), 구속전 피의자심문제도 및 피의자구인제도(제201조의2) 등 인신구속제도가 개선되었다.

첫째, 검사는 피의자가 죄를 범하였다고 의심할만한 상당한 이유가 있고, 정당한 이유 없이 출석요구에 응하지 아니하거나 아니할 우려가 있는 경우 사전에 판사로부터 체포영장을 발부받아 체포하고, 48시간이내 구속영장을 청구하지 아니하는 경우 즉시 석방하여야 한다.

그리고 종전의 긴급구속제도는 폐지하는 대신 긴급체포제도를 도입함과 아울러 체포된 자에 대하여도 적부심사청구가 인정된다(제214조의2 제1항)

둘째, 체포(제200조의2), 긴급체포(제200조의3) 또는 현행범체포(제212조)의 규정에 의하여 체포된 피의자에 대하여 구속영장을 청구받은 판사는 구속의 사유를 판단하기 위하여 필요하다고 인정하는 때에는 피의자를 심문할 수 있다.

또한 판사는 수사기관에 의한 체포절차를 거치지 않고 구속영장에 청구된 피의자인 경우에도 구속의 사유를 판단하기 위하여 필요하다고 인정하는 때에는 구인영장을 발부하여 심문후 구속영장을 발부할 수 있다(제201조의2). 이 경우 구인기간은 인치한 때로부터 24시간 이내이고, 구인기간은 구속기간에 산입된다.

(5) 수사의 종결

수사의 종결은 범인의 발견과 증거수집의 완료다. 수사의 종결은 검사만이 할 수 있다(기소독점주의). 수사가 종결되면 다음과 같은 처분을 한다.

첫째, 타관송치인데 사건이 소속 검찰청에 대응하는 법원관할이 아닌 때에는 사건서류와 증거물을 관할법원에 대응하는 검찰청에 송치한다.

둘째, 기소인데 이를 공소의 제기라 한다.

셋째, 불기소인데 이에는 범죄의 혐의가 전혀 없는 때(협의의 불기소)와 범인의 연령·성행·지능·환경·범행동기·범행후 정황 등을 고려하여 기소를 하지 않는 기소유예가 있다(기소편의주의).

2) 공소제기

(1) 공소제기의 의의

검사가 수사를 종결하고, 진범이 틀림없고 일정한 형벌을 과함이 국가적 견지에서 보다 효과적이라고 단정하면 그 범죄인(피의자)을 법원에 넘기고 재판을 받게 하는 것, 즉 특정의 형사사건의 재판을 법원에 대하여 요구하는 법률 행위적 소송행위를 공소의 제기라 한다. 공소의 제기(기소)는 한편에 있어서는 수사의 종결을 의미하고, 또 한편에 있어서는 법원의 심판개시의 요건이 된다.

(2) 공소제기의 기본원칙

공소는 검사만이 할 수 있는데, 공소제기에 있어서 적용되는 원칙은 국가소추주의와 기소독점주의 및 기소편의주의다.[204] 이에 관한 것은 앞에서 설명하였으므로 생략하기로 한다.

(3) 공소제기의 방식

공소를 제기함에는 공소상을 관할법원에 제출해야 한다. 공소상에는 피고인성명·죄명·공소사실·범죄사실·적용법조 등을 기재한다.

첫째, 피고인의 성명 기타 피고인을 특정할 수 있는 사항은 피고인의 인상, 체격 등을 기술하거나 사진을 첨부하는 것으로 충분하다. 특정이 전혀 안되었거나 또는 심히 불완전한 특정인 경우에 공소상은 무효가 된다고 해석된다.

둘째, 죄명은 사기죄·상해죄 등과 같이 범죄의 유형별 개념을 말한다.

셋째, 공소사실을 공소제기의 대상이 된 범죄구성사실을 말한다. 공소사실의 기재는 범죄의 시일·장소와 방법을 명시하여 사실을 특정할 수 있도록 하여야 한다(동조 제4항). 범죄의 시일·장소와 방법의 기재를 요구함으로써 공소사실을 역사적·구체적으로 기술하려는 것이다. 시일·장소·방법을 알 수 없는 범죄 사실은 공소사실로서의 적격성이 없다고 본다.

넷째, 적용법조는 앞에서의 죄명이 기재요건이 되나 죄명은 하나의 범죄유형으로서 그 개념의 범위가 넓어서 공소사실의 엄격한 특정이 되지 못하기 때문에 공소사실을 더욱 엄격히 구체적으로 한정하기 위하여 적용법조의 기재를 요구하고 있는 것이다. 적용법조는 공소사실로서 기재된 사실에 적용할 법조 및 미수·공범에 관한 법조도 기재하여야 한다. 이는 어디까지나 법정의 심판의 범위를 정확히 한정하고 동시에 피고인의 이익을 위하여 변호준비를 철저히 할 수 있도록 하기 위함이다.

다섯째, 공소장에는 수개의 범죄사실과 적용법조를 예비적 또는 택일적으로 기재할 수 있다(제254조 제5항). 전술한 바와 같이 공소단계에 있어서의 사건의 윤곽은 객관적 혐의에 불과하니 세부에 이르기까지 정확한 파악을 하기 곤란한 일이다. 이러한 점을 고려하여 검사의 필증형성이 불충분한 경우, 즉 살인죄인가 상해치사인가, 불분명한 경우, 또는 미묘한 점에서 법률적 구성이 다른 경우, 즉 절도죄인가 횡령죄인가 명확치 않은 경우에 수개의 범죄사실과 적용법조를 예비적 또는 택일적으로 기재할 수 있게 하고 있다.

---

204 檢事의 起訴便宜主義에 對抗하여 裁定申請制度가 있는데, 裁定申請이란 告訴人 또는 告發人이 檢事로부터 公訴提起를 하지 않았다는 通知를 받은 때, 그 檢事 소속의 高等檢察廳에 對應히는 高等法院에 그 與否에 관한 裁定을 申請함을 말한다. 이 申請은 不起訴處分의 通知를 받은 날부터 10日 以內에 書面으로 한다.

5. 소송절차

1) 소송행위

(1) 소송행위의 의의

소송은 절차의 형태로서 진행되는데, 이러한 소송절차를 조성하는 개개의 행위를 소송행위라 한다. 이와 같은 개념은 수사단계의 행위 및 언도된 형의 집행행위도 광의로 보면 소송행위라 할 수 있다.[205]

(2) 소송행위의 방식

소송행위의 일반적 방식으로는 구두방식·서면방식 등이 있는데 소송에 관한 모든 서류는 법원에 제출되고, 또 법원에서 작성된다. 이를 소송서류라고 하며 이 소송서류를 하나의 장부에 편철한 것을 소송기록이라 한다. 소송행위의 또 하나의 방식이 있는데, 그것은 법원용어다. 법원의 용어는 국어를 원칙으로 하고 국어를 해득 못할 때에는 통역을 사용한다.

(3) 소송행위의 장소

공판기일에 있어서의 소송행위는 법원 또는 지원의 건물 내에 있는 공판정에서 행함을 원칙으로 하되 법원장의 필요에 의하여 법원외의 장소에서 공판을 진행하게 할 수 있다. 예를 들면 법원은 「아동복지법」제40조 제1호부터 제3호까지의 규정에 해당하는 죄의 피해자, 「아동·청소년의 성보호에 관한 법률」 제7조부터 제12조까지의 규정에 해당하는 죄의 대상이 되는 아동·청소년 또는 피해자, 범죄의 성질, 증인의 연령, 심신의 상태, 피고인과의 관계, 그 밖의 사정으로 인하여 피고인 등과 대면하여 진술하는 경우 심리적인 부담으로 정신의 평온을 현저하게 잃을 우려가 있다고 인정되는 자의 어느 하나에 해당하는 자를 증인으로 신문하는 경우 상당하다고 인정하는 때에는 검사와 피고인 또는 변호인의 의견을 들어 비디오 등 중계장치에 의한 중계시설을 통하여 신문하거나 차폐(遮蔽)시설 등을 설치하고 신문할 수 있다(동법 제165조의2).

---

205 李在祥, 刑事訴訟法, 博英社, 1994, 155~156面.

2) 강제처분

(1) 강제처분의 의의

강제처분이란 피고인의 신체 또는 소송진행상 필요한 증거를 확보하기 위하여 사용되는 강제력을 말한다. 형사소송법상 강제처분은 범죄인에게 대하여 국가가 형벌을 과함으로써 공공의 질서유지와 복리증진을 위하여 필요불가결한 국가적 요청이다. 따라서 기본권의 보장과의 관계에 있어서 강제처분은 불가결한 범위내에서 필요한 최소한도에 국한됨이 요청된다.

(2) 강제처분의 종류

강제처분은 강제력이 직접으로 행사되는 객체를 표준으로 하여 대인적 강제처분과 대물적 강제처분으로 분류된다. 대인적 강제처분에는 소환과 구속이 있고, 대물적 강제처분에는 압수가 있다. 수색은 대물적 강제처분이라 할 것이나, 신체수색은 대인적 강제처분으로 보아야 한다.

먼저 형사소송법상 소환이란 법원이 피고인 또는 증인 등에게 대해서 일정한 일시에 법원, 그 밖의 일정한 장소에 출두할 것을 명하는 대인적 강제처분이다. 소환은 소환장을 발부하여 이를 송달한다. 송달에는 우편 또는 직접전달 등의 방법이 있는데 어느 경우이든 도달주의를 택한다. 소환장에는 반드시 피고인(또는 증인)의 성명·주거·죄명·출석일시·장소 등을 기재해야 한다.

그리고 구속은 구인과 구금을 포함한 뜻으로서 구인이란 피고인 또는 증인 등을 법원 또는 그 밖의 일정한 장소에 인치하는 강제처분을 말하고, 구금이란 피고인을 묶어 두는 강제처분을 말한다. 피고인을 구인하였을 때에는 법원이 구금할 필요가 없다고 인정되는 때에는 인치한 때로부터 24시간 내에 석방해야 한다. 구금은 피고인으로 도망과 증거인멸을 방지할 필요가 있을 때에만 할 수 있으나, 경우에 따라서는 재범의 방지목적에서도 하는 때가 있다.

구속의 요건으로는 실체적 요건과 절차적 요건이 있다. 실체적 요건이란 법원이 급속을 요하는 경우에 재판장 또는 합의부원은 피고인이 죄를 범하였다고 의심할 만한 상당한 이유가 있고, 피고인이 주거부정, 증거인멸우려, 도망우려 등의 요건에 구비된 때에는 구속할 수 있음을 말한다. 그리고 절차적 요건이란 피고인에게 대하여 범죄사실의 요지와 변호인을 선임할 수 있음을 말하고, 변명할 기회를 준 후에 구금하는 것을 말한다.

어느 경우이든 피고인을 구속한 때에는 변호인·법정대리인·배우자·직계친족·형제자매·호주 가운데 피고인이 지정한 자에게 3일 이내에 피고사건명·구속일시·장소·변호인선임 등을 통지해야 한다.

피고인을 구속하고자 할 때에는 반드시 법관이 발행하는 구속영장이 있어야 한다. 구속영장은 검사의 지휘에 의하여 사법경찰관리가 집행한다. 단 급속을 요할 때에는 재판장·수명법관·수탁판사가 그 집행을 직접 지휘할 수 있는데 이 경우에는 법원의 서기관 또는 서기에게 집행을 명할 수 있다. 구속영장을 집행할 경우에 필요한 때에는 타인의 주거, 관리하는 건조물·항공기·선차내에 들어가 피고인을 수색할 수 있다.

우리나라 형사소송법상 구속기간은 사법경찰관이 10일, 검사가 10일이며 검사는 부득이한 경우 10일을 더 연장할 수 있는데, 구속기간은 2개월(구속된 후 1심판결시까지의 기간)이지만 계속할 필요가 있는 경우에는 심급마다 2차에 한하여 법원의 결정으로 갱신할 수 있는데 그 기간은 2개월이다.

보석이나 구속의 집행정지는 양자가 모두 구속의 효력은 존속하게 하면서 현실적 구금을 정지하는 데 있어 공통적이다. 보석이란 보증금납부를 조건으로 하여 구속의 집행을 정지하고 구금을 해제하는 제도를 말하는데 현행법상으로는 필요적 보석(제95조)과 임의적 보석(제96조)의 두 가지가 있다. 구속의 집행정지는 보석과 같이 보증금을 납부하지 않고, 법원의 결정으로 구속된 피고인을 친족·보호단체 등에 부탁하거나, 피고인의 주거를 제한하여 구속의 집행을 정지하는 것이다.

또한 압수란 물(物)의 점유를 취득하는 강제처분이다. 압수는 점유취득을 강제로 하는 경우의 압류, 유류물과 임의제출물을 점유하는 경우의 영치, 일정한 물건의 제출을 명하는 처분인 제출명령 등 3가지를 포함하는 개념이다.

압수의 목적물에 대하여는 물건이라 할 수 있으나, 이에 관하여는 형사소송법상 구체적으로 규정(제106조 내지 제112조)하고 있다. 압수의 절차로서는 공판정내에서 법원이 행하는 제출명령과 압수를 제외하고는 법관이 발행한 영장이 있어야 한다. 압수영장의 집행은 여관·음식점 등 공중이 수시로 출입하는 장소(단, 공개시간 내)와 야간집행이 허가된 경우를 제외하고 일출 전·일몰 후에는 영장을 집행할 수 없다.

끝으로 수색이란 일정한 장소에 대하여 물건 또는 사람의 발견을 목적으로 행해지는 강제처분이다. 특히 물건의 발견을 목적으로 하는 수색은 압수와 밀접한 관계를 가지는 바 영장의 명칭이 대개 압수수색영장이라 하는 데서도 충분히 이해할 수가 있다. 수색의 절차는 전술한 압수의 절차와 같다. 다만 여자의 신체에 대한 수색은 성년의 여자를 참여하게 해야 하는데 이는 여자의 정조에 대한 감정을 보호하려는데 그 목적이 있다.

6. 소송의 종결

1) 공판절차

(1) 공판절차의 의의

공판절차란 공소가 제기된 이후부터 그 소송절차가 종결되기까지의 절차의 단계를 말한다.

형사사건에 대한 법원의 심리는 모두가 공판절차에 의해서 행해진다. 공판절차는 전 형사소송절차의 중심이 되고 있다. 이것은 주로 공판기일에 있어서 검사와 피고인의 양 당사자간에 공격·방어로써 전개되며 당사자주의에 입각하고 있다.[206]

(2) 공판절차상의 원칙

특정의 형사사건의 공소제기에 의하여 공판이 개시되면 공개주의, 구두변론주의, 직접심리주의, 계속심리주의 등의 원칙이 적용된다.[207] 근세초기까지의 형사규문절차에서는 형사절차를 비밀리에 행하는 밀행주의의 관행이 있었고, 프랑스혁명 이후 일반국민에게 심판을 방청할 수 있도록 하는 공개주의가 인정되었다. 밀행주의에 의하게 되면 전단적인 형사절차가 행해질 우려가 있으며 재판의 공정을 보장하고 피고인의 권익을 옹호하기 위해서 필요한 것이다.

헌법 제27조 제3항의 형사피고인은 상당한 이유가 없는 한 지체 없이 공개재판을 받을

---

206 金箕斗, 刑事訴訟法, 博英社, 1987, 246~250面.
207 배종대·이상돈, 전게서, 374면.

권리를 갖는다 하고, 헌법 제109조에 의하면 재판의 심리와 판결은 공개한다고 규정하고 있다. 특히 기타의 재판보다는 인권의 제약의 위험이 특히 큰 형사재판에 있어서는 공개의 필요성은 더욱 크다고 할 수 있다.

그리고 동법 제37조 제1항은 판결은 법률에 다른 규정이 없으면 구두변론에 의한다고 하여 구두변론주의를 선언하고 있다. 구두주의는 서면주의에 대립되는 것으로 현행법은 사건의 진상규명에 적합하다고 보아 구두주의를 취하고 있다.

그러나 구두주의는 일일이 소환해서 진술해야 하고 당사자의 미약하기 그지없는 기억력에 의존한다는 점이 약점이므로 실체형성에는 구두주의에 의하되 절차 면에 속하는 소송행위에 대해서는 서면주의를 취할 수 있도록 했다(제51조, 제254조, 제361조의3, 제379조).

또한 직접심리주의는 공판정에 직접 현출·조사된 증거에 의해서만 재판을 행하여야 한다는 뜻이다. 이는 법관에게 정확한 심증을 형성케 하려는 요청에서 인정된다. 공판개정 후 판사의 경질이 있은 후에는 반드시 절차를 갱신하는 것(제301조), 전문증거의 증거능력 제한규정(제316조)이 바로 직접주의를 나타내는 규정이라고 하겠다.

끝으로 계속심리주의는 사건의 심판을 신속히 해야 한다든지(헌법 제27조 제3항), 법관에게 신선하고 선명한 기억상태를 유지시킨다는 취지에서 공판기일은 될 수 있는 대로 계속하여 집중적으로 열고 간격을 가급적 좁힌다는 뜻이다.

(3) 공판절차의 진행

공판이 개시되면, ① 인정신문(피고인임을 확인하는 것), ② 검사의 모두진술(공소장에 의한 기소요지의 진술), ③ 피고인신문(재판장의 공소사실 및 정황을 검사·변호인도 직접 심문가능), ④ 증거조사(피고인에 대한 신문을 끝낸 후에 실시함), ⑤ 변론(당사자의 의견진술, 최종변론), ⑥ 판결(공판절차의 최종단계) 등의 절차에 의해서 공판절차가 종결된다.

2) 공판의 재판

공판의 재판은 형사피고사건에 대한 당해 소송을 종결시키는 종국재판을 말한 것으로 민사소송의 종국판결에 해당된다. 공판의 재판의 종류로는 관할위반의 판결, 공소기각의 판결, 결정·면소의 판결 외에 유죄의 판결, 무죄의 판결 등이 있다.

유죄판결을 할 경우, 피고사건에 대하여 범죄의 증명이 있는 때에는 형의 면제 또는 선고유예를 하는 경우를 제외하고는 판결로써 형을 선고해야 한다.

3) 상소

상소란 미확정판결에 대하여 상급법원의 심판에 의한 구제를 구하는 불복의 제도를 말한다.

상소의 종류로는 항소와 상고가 있는데, 전자는 제1심법원의 판결에 대하여 불복이 있는 경우, 후자는 제2심법원의 판결에 대하여 불복이 있는 때에 각각 인정되는 상소제도이다.

지방법원단독판사가 선고(제1심)한 판결에 대한 불복의 항소는 지방법원본원합의부에, 또 이의 판결에 대한 불복의 상고는 대법원에 한다. 한편 지방법원합의부가 제1심인 때에는 그 항소는 고등법원에, 그리고 상고는 대법원에 한다. 항소의 제기기간은 7일이고 상고의 제기기간도 7일이다.

IV. 경범죄처벌법

1. 경범죄처벌법의 개념

1) 경범죄처벌법의 의의

경범죄처벌법은 경찰상의 목적을 달성하기 위하여 경미한 경찰의무 위반자에 대해 가벼운 형벌인 구류·과료 등의 처벌을 규정한 법률이다.

동법은 국가와 사회질서 유지를 위해 범죄와 형벌을 정하고 있는 형법에서 누락된 경미한 행위들을 처벌대상으로 하고 있다. 즉 형법상의 형벌을 과할 정도에는 이르지 않으나 그것이 사회질서 유지상 위험을 초래할 염려가 있기 때문에 처벌하려는 것이다.

예를 들면 도로상에서 담배꽁초를 버리는 행위는 매우 하찮은 것으로 보일 수도 있으나

① 화재를 발생시킬 위험이 있고, ② 도시 미관을 해칠 우려가 있기 때문에 이러한 행위 등을 제거하고 예방하기 위해서 이를 단속대상으로 하고 있는 것이다.

그리고 동법은 형법으로 범죄를 구성하지 않는 행위 등을 처벌대상으로 하고 있으므로 형법의 법 목적을 보충시켜 주는 보충적 성질을 갖고 있는 것이다.

2) 경범죄처벌법의 연혁과 구성

경범죄처벌법이 제정되기 이전에는 경찰범처벌규칙으로 운영되어오다가 1954년 4월 1일 법률 제316호로 동법이 제정·공포되었다. 이후 1973년에는 1차 개정이 있었으며, 1980년 12월 31일 '경범죄처벌의 특례'를 신설, 통고처분제도를 도입하게 되었으나, 1983년 12월 30일 법률 제3680호로 전문을 개정, 어려운 용어를 쉬운 우리말로 고치게 되었다. 그 후 2012. 3. 21. 법률 제11401호로 전부개정하면서 시대변화에 따라 법체계를 정비하였다. 그 동안 20차에 걸쳐서 개정되어 왔는데 최근에는 2017년 10월 24일 법률 제14908호로 개정되었다.

2012년 전부개정된 내용을 보면, 목적규정을 신설하여 법체계를 정비하고, 시대변화에 따라 처벌할 필요성이 감소한 비밀춤 교습 및 장소제공 등의 범죄는 삭제하고, 새롭게 처벌할 필요가 있는 지속적 괴롭힘 등의 범죄는 경범죄로 추가하며, 통고처분 대상의 범위를 확대하는 등 조항을 정비하여 시대적인 변화를 법에 반영하고, 출판물의 부당게재 등 경제적 부당이득을 취하는 행위에 대한 처벌을 강화하여 처벌의 실효성을 확보하고 관련 범죄를 예방하는 한편, 법 문장의 표기를 한글화하고 어려운 용어를 쉬운 우리말로 풀어쓰며 복잡한 문장은 체계적으로 정리하여 간결하게 하는 등 국민이 법 문장을 이해하기 쉽게 정비하였다.

최근 2017년에 개정된 내용에는 '과다노출' 규정이 명확성 원칙에 위배된다는 헌법재판소의 위헌 결정(2016헌가3)에 따라, 제3조제1항제33호 중 "여러 사람의 눈에 뜨이는 곳에서"를 "공개된 장소에서"로, "알몸을 지나치게 내놓거나 가려야 할 곳을 내놓아"를 "성기·엉덩이 등 신체의 주요한 부위를 노출하여"로 개정하여 이를 보다 구체적으로 규정함으로써 국민들의 예측 가능성을 높이고, 법률의 명확성을 확보하였다.

그리고 동법에서 위임된 사항과 기타 그 시행에 관하여 필요한 사항을 규정하고 있는 경범죄처벌법시행령[208]과 동법 및 동법시행령의 시행에 관하여 필요한 사항을 규정하고 있는 경범죄법처벌법시행규칙[209]이 마련되어 있다.

이와 같은 경범죄처벌법은 제1장(총칙), 제2장(경범죄의 종류와 처벌), 제3장(경범죄 처벌의 특례) 등으로 구성되어 있는데 전문 9조와 부칙으로 되어 있다. 즉 제1조에서는 목적, 제2조에서는 남용금지, 제3조에서는 경범죄의 종류, 제4조에서는 교사·방조범에 대한 특례, 제5조에서는 형의 면제와 병과, 제6조에서는 범칙행위와 범칙자에 대한 정의, 제7조에서는 통고처분, 제8조에서는 범칙금의 납부, 제9조에서는 통고처분 불이행자 등의 처리 등에 대해 각각 규정하고 있다.

3) 경범죄처벌법과 청원경찰, 경비원직무수행과의 관계

청원경찰은 그 경비구역 내에서는 경찰관직무집행법상의 직무를 수행하게 되므로 그 경비구역 내에서 범죄를 예방하고 제지하는 임무를 수행하게 된다.

출입금지구역으로 되어 있는 시설 내에 출입하는 행위를 제지하거나 저유탱크 옆에서 함부로 담배 피우는 행위 등을 제지하는 것 등이 그 예이다.

청원경찰이나 경비원의 경비구역에는 다수인이 출입하는 경우도 있어 경범죄처벌법 위반자가 발생할 경우도 있다.

청원경찰이나 경비원이 경범죄처벌법 위반자를 발견했을 때에는 현장에서의 제지·경고·주의 등으로 그치거나, 그 이상의 조치가 필요한 때에는 즉시 관할 경찰서에 보고, 지시를 받아야 한다.

그리고 경범죄처벌법 위반자는 현행범이라 하더라도 형사소송법상의 현행범이 아니므로, 그 단속은 시설보호를 위한 최소한으로 그쳐야 하며 다른 목적으로 남용될 수 없는 것이다.

초소 등에 장시간 대기하게 하거나 불손한 언행 등은 절대 금지해야 한다.[210] 즉 경비업자는 경비대상시설의 소유자 또는 관리자의 관리권의 범위 안에서 경비업무를 수행하여야 하며, 다른 사람의 자유와 권리를 침해하거나 그의 정당한 활동에 간섭하여서는 아니 된

---

208 동법 시행령은 1981년 3월 16일 대통령령 제10255호로 제정되어 현재 2022년 3월 8일 대통령령 제32523호로 개정되기까지 총 17차례에 걸쳐서 개정되었다.

209 동법 시행규칙은 1981년 4월 13일 내무부령 제346호로 제정되어 현재 2021년 12월 31일 행정안전부령 제298호로 개정되기까지 총 18차례에 걸쳐서 개정되었다.

210 警察考試編輯部, 請願警察敎本, 政文出版社, 1992, 262面.

다(경비업법 제7조 제1항).

2. 경범죄의 종류와 처벌

경범죄처벌법 제3조 규정상의 경범죄의 종류는 현재 46개의 위반유형이 있는데, 이를 자세하게 설명하자면 다음과 같다.

1) 10만원 이하의 벌금, 구류 또는 과료의 형

① 빈집 등에의 침입(다른 사람이 살지 아니하고 관리하지 아니하는 집 또는 그 울타리·건조물(建造物)·배·자동차 안에 정당한 이유 없이 들어간 사람) : 빈집·빈배·빈 건물 등의 장소에 들어가는 행위는 형법에서의 주거침입죄에 해당하지 않으나 이런 장소에서 절도·도박·밀회·실화 기타의 비행이 유발될 가능성이 많으므로 이와 같은 장소에 숨어드는 행위 자체를 방지하려는 것이다. 예를 들면 경비구역 내의 빈집 등에 은신한 자가 이에 해당한다.

② 흉기의 은닉휴대(칼·쇠몽둥이·쇠톱 등 사람의 생명 또는 신체에 중대한 위해를 끼치거나 집이나 그 밖의 건조물에 침입하는 데에 사용될 수 있는 연장이나 기구를 정당한 이유 없이 숨겨서 지니고 다니는 사람) : 칼·쇠몽둥이·쇠톱 등을 숨겨가지고 다니는 행위는 살인·강도·상해 등 살상의 결과를 초래할 위험성을 내포하고 있으므로 이러한 위험을 미연에 방지하고, 형법상 처벌조항이 없는 상해죄의 예비·음모행위를 처벌할 수 있도록 보완하려는 데 그 의의가 있다.

"숨기어 지니고 다니는 행위"는 은닉휴대를 가리키는 것이다. "숨긴다"는 것은 일반적으로 사회생활에서 접촉하는 사람들의 눈에 띄지 않는 상태에 두는 것을 말한다.

특별히 검사나 조사를 하지 않으면 발견되지 않을 정도이어야 하는 것은 아니고, 포켓에 숨긴다든가 저고리 안쪽에 넣고 다니는 것, 손바닥 안에 꼭 쥐고 있는 것, 철근을 신문지에 싸서 다니는 것, 여행용 가방 안에 담아서 지니는 것 등이 이에 해당한다.

③ 폭행 등 예비(다른 사람의 신체에 위해를 끼칠 것을 공모(共謀)하여 예비행위를 한 사람이 있는 경우 그 공모를 한 사람) : 형법상 폭행·상해죄의 예비·음모에 대한 처벌규정이 없으므로 이를 보완하려는 것으로써, 인구의 증가와 범죄의 조폭화 경향에 따라 다중에 의한 폭력사범이 늘어나고 있는데 모의단계에서 이를 사전방지하고 제압함에 목적이 있다.

④ 시체 현장변경 등(사산아(死産兒)를 감추거나 정당한 이유 없이 변사체 또는 사산아가 있는 현장을 바꾸어 놓은 사람) : 형법에서 사체의 손괴·은닉이나 변사체의 검시방해행위 등을 처벌하고 있으나 이에 이르지 않은 행위도 보충적으로 처벌하여 범죄수사상의 증거가 변경·멸실되는 것을 방지하고 공서양속(公序良俗)을 보전하려는 데 그 목적이 있다. 죽어 태어난 태아를 아무데나 파묻거나, 변사체의 위치를 함부로 변경하면 본죄의 대상이 된다.

⑤ 도움이 필요한 사람 등의 신고불이행(자기가 관리하고 있는 곳에 도움을 받아야 할 노인, 어린이, 장애인, 다친 사람 또는 병든 사람이 있거나 시체 또는 사산아가 있는 것을 알면서 이를 관계 공무원에게 지체 없이 신고하지 아니한 사람) : 노유·불구·상병 등으로 도움이 필요한 사람을 보호책임자(법률·계약상 보호할 의무가 있는 자)가 이를 방치·유기한 경우에는 형법(유기죄)에 의하여 처벌할 수 있으나 보호의무 없는 자를 자기가 관리하는 장소에서 이들을 방치·유기한 경우에는 형법상의 책임이 없는 바, 신고의무를 과함으로써 도움을 필요로 하는 자에 대한 적절한 보호와, 한편으로 공중위생과 범죄수사의 목적을 달성하려는 데에 그 취지가 있다. 청원경찰과 경비업자의 경비구역 안은 "자기가 관리하고 있는 곳"에 해당한다.

⑥ 관명사칭 등(국내외의 공직(公職), 계급, 훈장, 학위 또는 그 밖에 법령에 따라 정하여진 명칭이나 칭호 등을 거짓으로 꾸며 대거나 자격이 없으면서 법령에 따라 정하여진 제복, 훈장, 기장 또는 기념장(記念章), 그 밖의 표장(標章) 또는 이와 비슷한 것을 사용한 사람) : 관명·계급·훈장·학위 등 공인된 자격칭호·표장 등의 신용을 보호하고, 이를 수여한 국가 기타 기관의 권위를 보전하며, 이들의 사칭이 사기·협박·공갈 등 범죄발생의 준비행위가 되므로 이를 방지하는 데에 그 목적이 있다. 예를 들면, 청원경찰제복을 입고 가짜 청원경찰 행위를 하는 것 등이다. 만일 관명을 사칭하고 그 직권을 행사하였다면 형법(공무원자격사칭죄)에 의해 처벌된다.

⑦ 물품강매·호객행위(요청하지 아니한 물품을 억지로 사라고 한 사람, 요청하지 아니한 일을 해주거나 재주 등을 부리고 그 대가로 돈을 달라고 한 사람 또는 여러 사람이 모이거나 다니는 곳에서 영업을 목적으로 떠들썩하게 손님을 부른 사람) : 형법상 협박·공갈에 이르지 아니하나, 수요자가 원하지 않는 물품을 사라고 강청하거나, 원하지도 않은 일·재주 등을 부리고 그 대가로 돈을 요구하는 사람, 영업을 목적으로 한 지나친 청객행위를 단속하려는 것으로서, 서민생활을 보호하고 건전한 사회질서를 유지하려는 데에 그 목적이 있다. 멋대로 춤이나 노래를 들려주고 돈을 내라고 하는 행위, 유원지·술집 등에서 큰소리로 손님을 부르는 행위 등이 그 예이다.

⑧ 광고물 무단부착 등(다른 사람 또는 단체의 집이나 그 밖의 인공구조물과 자동차 등에 함부로 광고물 등을 붙이거나 내걸거나 끼우거나 글씨 또는 그림을 쓰거나 그리거나 새기는 행위 등을 한 사람 또는 다른 사람이나 단체의 간판, 그 밖의 표시물 또는 인공구조물을 함부로 옮기거나 더럽히거나 훼손한 사람 또는 공공장소에서 광고물 등을 함부로 뿌린 사람) : 주로 다른 사람 또는 단체의 집이나 그 밖의 공작물 또는 광고물에 대한 재산권·관리권을 보호하고 아울러 표시물·공작물 등의 미관을 보호하려는 데에 취지가 있다. 만일 오손의 정도가 지나치면 형법상의 재물 또는 문서의 손괴죄로 처벌을 받게 된다. 회사나 기업체의 입구에 세워놓은 입간판을 함부로 옮기는 행위가 이에 해당한다.

⑨ 마시는 물 사용방해(사람이 마시는 물을 더럽히거나 사용하는 것을 방해한 사람) : 샘물·약수·옹달샘, 수도물, 물탱크 등 사람이 마실 수 있는 물을 더럽혀 일시적으로 마실 수 없게 하거나, 그 사용을 방해하는 행위를 처벌, 공공의 안전을 보호 하려는 것이다. 깨끗한 물을 휘저어 흙탕물을 일으키는 행위, 오물을 빠뜨리는 행위 등이 이에 속한다.

⑩ 쓰레기 등 투기(담배꽁초, 껌, 휴지, 쓰레기, 죽은 짐승, 그 밖의 더러운 물건이나 못 쓰게 된 물건을 함부로 아무 곳에나 버린 사람) : 공중도덕 앙양·보건위생·풍기단속·미관의 유지, 공해 및 자연환경의 오염방지를 위해 오물이나 폐기물을 함부로 버리지 못하도록 금지시키려는데 그 목적이 있는 것으로 도로·하천·공원 등에 오물을 함부로 버리는 행위가 이에 해당한다.

⑪ 노상방뇨 등(길, 공원, 그 밖에 여러 사람이 모이거나 다니는 곳에서 함부로 침을 뱉거나 대소변을 보거나 또는 그렇게 하도록 시키거나 개 등 짐승을 끌고 와서 대변을 보게 하고 이를 치우지 아니한 사람) : 공중위생, 문화적 시민생활에 역행하는 불결·저속한 행

위를 금하기 위한 것이므로 함부로 대소변을 보는 사람은 물론 지각이 모자라는 어린이·심신장애자 등을 함부로 대·소변을 시키면 그 보호자·관리자도 처벌받는다.

⑫ 의식방해(공공기관이나 그 밖의 단체 또는 개인이 하는 행사나 의식을 못된 장난 등으로 방해하거나 행사나 의식을 하는 자 또는 그 밖에 관계 있는 사람이 말려도 듣지 아니하고 행사나 의식을 방해할 우려가 뚜렷한 물건을 가지고 행사장 등에 들어간 사람) : 행사·공사의식은 사회생활상 존중되어야 하는 것인바 경기장 등에 술병을 가지고 들어가는 행위, 못된 장난 등으로 이를 방해하거나 방해할 우려가 있는 물건을 가지고 행사장이나 의식이 거행되는 장소에 들어가는 행위를 처벌, 공공의 안녕질서를 보호하려는 것이다.

⑬ 단체가입 강요(싫다고 하는데도 되풀이하여 단체 가입을 억지로 강요한 사람) : 귀찮게 따라다니면서 단체가입을 강청하여 괴롭히는 행위를 금하여 국민의 단체가입의 자유를 보장하고 국민의 평온한 일상생활을 보호하려는 것이다. 여기서 강청이라 함은 공갈에는 이르지 않는 정도의 강요를 뜻하며, 그리고 단체는 공·사를 가리지 않고 정치·사회·노동·친목 등 모든 단체를 가리킨다.

⑭ 자연훼손(공원·명승지·유원지나 그 밖의 녹지구역 등에서 풀·꽃·나무·돌 등을 함부로 꺾거나 캔 사람 또는 바위·나무 등에 글씨를 새기거나 하여 자연을 훼손한 사람) : 자연환경과 경관을 보전하여 국민의 정서생활을 보호하고 공중도덕의 확립을 위해, 공원·명승지·유원지 등에서 풀·꽃·나무·돌 등을 함부로 꺾고 캐는 행위와 나무·바위 등에 글씨를 새기는 행위 등을 처벌하려는 것이다.

⑮ 타인의 가축·기계 등 무단조작(다른 사람 또는 단체의 소나 말, 그 밖의 짐승 또는 매어 놓은 배·뗏목 등을 함부로 풀어 놓거나 자동차 등의 기계를 조작한 사람) : 함부로 남의 가축 등을 풀어놓거나 자동차 등을 조작함은 재산상 손해를 끼치기 마련일 뿐더러 교통을 방해하거나 국민의 일상생활에 위험을 미치기 쉬우므로 이를 처벌하는 것이다.

⑯ 물길의 흐름 방해(개천· 도랑이나 그 밖의 물길의 흐름에 방해될 행위를 한 사람) : 개천·도랑 등의 수로는 많은 사람이 여러 용도로 이를 이용하는 것이므로, 함부로 그 흐름을 막거나 돌리는 행위를 금하여 홍수로 인한 전답의 침수 등을 예방하려는 것이다. 수문 등을 함부로 열거나 닫는 행위가 이에 해당한다.

⑰ 구걸행위 등(다른 사람에게 구걸하도록 시켜 올바르지 아니한 이익을 얻은 사람 또는 공공장소에서 구걸을 하여 다른 사람의 통행을 방해하거나 귀찮게 한 사람) : 어린이·

불구자·노약자 등을 앞세워 부당한 방법으로 구걸시켜 돈을 버는 악덕행위를 처벌하는 것이다. 이러한 행위는 시민생활에 불편·혐오감을 줄뿐더러 미아의 감금·학대, 어린이유괴 등 악질 범죄를 조장하기도 쉬우므로 철저한 단속을 요한다.

⑱ 불안감조성(정당한 이유 없이 길을 막거나 시비를 걸거나 주위에 모여들거나 뒤따르거나 몹시 거칠게 겁을 주는 말이나 행동으로 다른 사람을 불안하게 하거나 귀찮고 불쾌하게 한 사람 또는 여러 사람이 이용하거나 다니는 도로·공원 등 공공장소에서 고의로 험악한 문신(文身)을 드러내어 다른 사람에게 혐오감을 준 사람) : 함부로 다른 사람을 불안·불쾌하게 만드는 행위로서 형법상의 공갈·협박·폭행·업무방해 등에는 이르지 않는 경우를 처벌하는 것이다. 불량배의 부녀자희롱인 수가 많으나 범죄의 예비·착수단계이기 쉬우므로 엄격히 단속해야 한다.

⑲ 음주소란 등(공회당·극장·음식점 등 여러 사람이 모이거나 다니는 곳 또는 여러 사람이 타는 기차·자동차·배 등에서 몹시 거친 말이나 행동으로 주위를 시끄럽게 하거나 술에 취하여 이유 없이 다른 사람에게 주정한 사람) : 여러 사람이 모이는 공공의 장소에서 난폭한 언동이나 주정 등으로 여러 사람에게 불안·불쾌감을 주는 행위를 처벌하는 것으로써, 국민의 일상생활의 평온과 질서를 보호하려는 것이다.

⑳ 인근소란 등(악기·라디오·텔레비전·전축·종·확성기·전동기(電動機) 등의 소리를 지나치게 크게 내거나 큰소리로 떠들거나 노래를 불러 이웃을 시끄럽게 한 사람) : 국민의 평온한 생활환경을 보호하고 공중도덕 확립을 위한 것으로서, 공무원이 말리는데도 계속 시끄럽게 한 경우에 이 죄가 성립된다. 본죄는 여러 사람이 모이는 공공의 장소에서 뿐만 아니라 주택가에서도 성립한다.

㉑ 위험한 불씨 사용(충분한 주의를 하지 아니하고 건조물, 수풀, 그 밖에 불붙기 쉬운 물건 가까이에서 불을 피우거나 휘발유 또는 그 밖에 불이 옮아붙기 쉬운 물건 가까이에서 불씨를 사용한 사람) : 함부로 화기를 사용하는 행위는 대형의 재해발생 및 인명·재산 등에 위해를 발생시킬 우려가 있어 이를 예방하려는 것이다. 화재·폭발 등의 결과발생이 있으면 형법상의 실화죄·과실치사상죄로 처벌되나, 본죄는 결과발생 이전의 위험한 행위가 처벌대상이 된다. 야영하면서 함부로 불을 피우는 행위, 유류·폭발물 저장소 가까이에서의 불씨사용이 그 예라고 볼 수 있다.

㉒ 물건 던지기 등 위험행위(다른 사람의 신체나 다른 사람 또는 단체의 물건에 해를 끼

칠 우려가 있는 곳에 충분한 주의를 하지 아니하고 물건을 던지거나 붓거나 또는 쏜 사람) : 함부로 총·활을 쏘거나 돌·창 따위를 던지거나 더운물·독극물을 붓거나 하는 위험한 행위를 처벌하는 것이다. 그러한 행위로 사람이 다치거나 물건이 손괴되면 형법상의 상해·과실치사상·손괴 등의 죄로 처벌되는데, 실제의 피해가 없는 경우에도 위험·불안을 막기 위해 이를 처벌하는 것이다.

㉓ 인공구조물 등의 관리소홀(무너지거나 넘어지거나 떨어질 우려가 있는 인공구조물이나 그 밖의 물건에 대하여 관계 공무원으로부터 고칠 것을 요구받고도 필요한 조치를 게을리하여 여러 사람을 위험에 빠트릴 우려가 있게 한 사람) : 위험축대, 갈라진 담장, 허술해진 함정·우물 뚜껑 등을 관리하고 있는 사람이 보수하라는 공무원의 요구를 받고도 이를 그대로 방치하여 사고의 위험을 조장하는 행위를 처벌하는 것이다.

실지로 사고가 발생하면 과실치사상·손괴 등의 죄로 처벌된다.

㉔ 위험한 동물의 관리 소홀(사람이나 가축에 해를 끼치는 버릇이 있는 개나 그 밖의 동물을 함부로 풀어놓거나 제대로 살피지 아니하여 나다니게 한 사람) : 도사견 같은 사나운 개 등 사람·가축에 해를 끼칠 위험이 있는 동물을 관리하고 있는 사람이 함부로 나돌아 다니게 두는 행위를 처벌하는 것이다. 실제로 사람·가축에 해를 끼친 때는 형법상 과실치사상·손괴 등의 죄로 처벌된다.

㉕ 동물 등에 의한 행패 등(소나 말을 놀라게 하여 달아나게 하거나 개나 그 밖의 동물을 시켜 사람이나 가축에게 달려들게 한 사람) : 동물 등에 의한 사회공공의 위험을 방지하기 위해 소·말을 놀라 달아나게 하거나, 개·고양이 따위를 시켜 사람·가축에 위협·불안을 주는 행위를 처벌하는 것으로 교통의 방해, 일반의 생활환경에 미치는 불편을 막기 위한 것이다.

㉖ 무단소등(여러 사람이 다니거나 모이는 곳에 켜 놓은 등불이나 다른 사람 또는 단체가 표시를 하기 위하여 켜 놓은 등불을 함부로 끈 사람) : 경비업무 수행중 흔히 발생될 수 있는 방범등·표시등 등을 함부로 끄는 행위를 처벌하는 것이다. 이러한 행위는 일반의 교통 기타 일상생활의 안전을 침해할 뿐더러 절도 등 범죄의 수단일 수도 있기 때문이다. 투석 등으로 파괴·소등한 때는 형법상의 손괴죄 등으로 처벌된다.

㉗ 공중통로 안전관리소홀(여러 사람이 다니는 곳에서 위험한 사고가 발생하는 것을 막을 의무가 있으면서도 등불을 켜 놓지 아니하거나 그 밖의 예방조치를 게을리한 사람) :

위험한 사고의 발생을 막을 의무가 있는 사람, 예를 들면 방범등의 관리자가 밤인데도 점등하지 않거나, 공사 등으로 일반의 통행로 등을 파놓고도 위험표시등을 켜는 등의 예방조치를 취하지 않아 위험을 조장하는 행위를 처벌하는 것이다. 이러한 예방조치를 게을리 한 탓으로 사고가 발생한 때에는 형법상의 죄로서 처벌된다.

㉘ 공무원 원조불응(눈·비·바람·해일·지진 등으로 인한 재해 또는 화재·교통사고·범죄 그 밖의 급작스러운 사고가 발생한 때에 그곳에 있으면서도 정당한 이유 없이 관계 공무원 또는 이를 돕는 사람의 현장출입에 관한 지시에 따르지 아니하거나 공무원이 도움을 청하여도 이에 응하지 아니한 사람) : 공공의 안녕질서유지를 위해 자연재해, 돌발적인 사고 등이 발생한 때에는 누구나 피해의 확대방지, 진상의 규명 등을 위한 공무원의 원조 요청이나 출입제한 등의 지시에 응해야 하는데 함부로 이러한 요청·지시에 응하지 않는 행위를 처벌하는 것이다.

소방기본법 제20조의 규정에 따라 화재가 발생한 소방대상물의 관계인, 즉 청원경찰이나 경비원은 소방대가 화재현장에 도착할 때까지 사람을 구출하고 불을 끄거나 불이 번지지 아니하도록 필요한 조치를 하여야 하며, 그 화재현장에 있는 사람은 관계인을 도와서 사람을 구출하고 불을 끄거나 번지지 아니하도록 하여야 한다. 만약 이를 위반 시 100만원 이하의 벌금에 처한다.

그리고 119구조·구급에관한법률 제4조에서는 누구든지 119구조대원·119구급대원·119항공대원이 위급상황에서 구조·구급활동을 위하여 필요한 협조를 요청하는 경우에는 특별한 사유가 없으면 이에 협조하여야 하며, 누구든지 위급상황에 처한 요구조자를 발견한 때에는 이를 지체 없이 소방기관 또는 관계 행정기관에 알려야 하며, 119구조대·119구급대·119항공대가 도착할 때까지 요구조자를 구출하거나 부상 등이 악화되지 아니하도록 노력하여야 한다. 이를 위반할 시에는 500만원 이하의 과태료를 부과한다.

굴뚝 등 관리소홀(관계공무원으로부터 고칠 것을 문서로 요구받고도 사람의 통행에 불편을 주는 굴뚝·물받이·하수도·냉난방장치·환풍장치 등을 고치는 등 필요한 조치를 하지 아니한 사람) : 공해방지, 쾌적한 생활환경의 보존을 위해 통행에 불편을 주는 굴뚝, 도시 경관을 해치는 건물 밖으로 나온 환풍장치·냉난방장치 등을 규제하려는 것이다.

㉙ 거짓 인적사항 사용(성명, 주민등록번호, 등록기준지, 주소, 직업 등을 거짓으로 꾸며 대고 배나 비행기를 타거나 인적사항을 물을 권한이 있는 공무원이 적법한 절차를 거쳐 묻

는 경우 정당한 이유 없이 다른 사람의 인적사항을 자기의 것으로 거짓으로 꾸며댄 사람) : 배나 비행기에 탈 때 자신의 인적사항을 거짓으로 꾸며대는 행위를 처벌하는 것으로, 이는 사고시의 피해자 신원의 신속한 파악, 범죄자 도주방지 등을 위해 필요한 규제이다.

㉚ 미신요법(근거 없이 신기하고 용한 약방문인 것처럼 내세우거나 그 밖의 미신적인 방법으로 병을 진찰·치료·예방한다고 하여 사람들의 마음을 홀리게 한 사람) : 국민보건위생을 보호하기 위해 엉터리 치료법이나 굿·푸닥거리 등에 의한 미신요법을 내세워 사람을 현혹하는 행위를 처벌하는 것이다. 이러한 미신요법 등에 속아 치료시기를 놓치거나 병세의 악화 등 피해를 입는 사례가 아직도 드물지 않은데, 금품을 사취할 목적이었다면 사기죄로 처벌된다.

㉛ 야간통행제한 위반(전시·사변·천재지변, 그 밖에 사회에 위험이 생길 우려가 있을 경우에 경찰청장이나 해양경찰청장이 정하는 야간통행제한을 위반한 사람) : 국가안보상 작전수행, 재해의 예방, 신속한 피해복구, 치안의 확보 등을 위해 야간통행이 제한된 때에 이를 위반하는 행위를 처벌하는 것이다. 우리는 북한과의 준전시상태에 있어 지난날에는 전국에 걸쳐 야간통행금지가 실시되었으나 1982년 1월 1일을 기해 접적지구 등 일부지역에서만 야간통행이 제한되고 있다.

㉜ 과다노출(공개된 장소에서 공공연하게 성기·엉덩이 등 신체의 주요한 부위를 노출하여 다른 사람에게 부끄러운 느낌이나 불쾌감을 준 사람) : 여러 사람이 수치심·불쾌감을 느낄 정도로 알몸을 드러내는 행위를 처벌하는 것으로, 미풍양속을 지키고 풍기문란·성범죄 조장 등을 막기 위한 규제이다.

㉝ 지문채취불응(범죄 피의자로 입건된 사람의 신원을 지문조사 외의 다른 방법으로는 확인할 수 없어 경찰공무원이나 검사가 지문을 채취하려고 할 때에 정당한 이유 없이 이를 거부한 사람) : 지문채취불응죄의 대상을 종래에는 범죄의 혐의가 있다고 인정하여 경찰공무원이나 검사가 지문을 채취하려고 하는 경우에 정당한 이유 없이 이에 응하지 아니한 사람으로 하던 것을 피의자의 인격존중을 뒷받침하기 위하여 그 처벌이유·대상을 조정·축소한 것이다.

㉞ 자릿세 징수 등(여러 사람이 모이거나 쓸 수 있도록 개방된 시설 또는 장소에서 좌석이나 주차할 자리를 잡아 주기로 하거나 잡아주면서, 돈을 받거나 요구하거나 돈을 받으려고 다른 사람을 귀찮게 따라다니는 사람) : 공공의 장소를 무단 점유하여 부당한 이익을

취하거나 선량한 시민을 괴롭히는 행위를 단속, 공공질서를 확립하려는 것이다. 공원등지에서 자릿세 징수행위 등이 그 예이다.

㉟ 행렬방해(공공장소에서 승차·승선, 입장·매표 등을 위한 행렬에 끼어들거나 떠밀거나 하여 그 행렬의 질서를 어지럽힌 사람) : 공중질서를 확립하고 비문화적인 작태를 추방하기 위한 것인데, 여러 사람이 모이는 곳에서의 질서문란은 대형사고의 위험이 있고 소매치기 등 범죄발생의 요인이 있기 때문이다.

㊱ 무단출입(출입이 금지된 구역이나 시설 또는 장소에 정당한 이유 없이 들어간 사람) : 군사목적, 자연훼손의 방지 및 중요시설·문화재보호 등을 위해 일정한 구역이나 장소 등에 함부로 출입하는 것을 금지시키려는 것인데, 절도·실화·시설파괴방지, 자연보호 등이 그 목적이다.

㊲ 총포 등 조작 장난(여러 사람이 모이거나 다니는 곳에서 상당한 주의를 하지 아니하고 총포나 화약류 그 밖의 폭발의 우려가 있는 물건을 다루거나 이를 가지고 장난한 사람) : 공중의 생명·신체·재산 등에 위해를 미칠 우려가 있는 행위를 예방·처벌하려는 것이 목적이다. 고의가 없더라도 총포·화약류 등 위험한 물건을 가지고 장난하는 것은 여러 사람에게 피해를 줄 위험이 있기 때문이다. 뿐만 아니라 특수경비원은 총기 또는 폭발물을 가지고 대항하는 경우에 권총 또는 소총을 발사하는 등의 경비업무를 수행할 수 있으므로 이것에 대한 취급에 주의를 기울여야 할 것이다.

㊳ 무임승차 및 무전취식(영업용차 또는 배 등을 타거나 다른 사람이 파는 음식을 먹고 정당한 이유 없이 제값을 치르지 아니한 사람) : 무임승차·무전취식은 형법상 사기죄를 구성, 처벌할 수 있으나 경미하므로 본법으로 처벌하려는 것이다. 반사회적이고 비도덕적인 얌체행위를 단속, 건전한 사회질서를 유지하려는 데 그 목적이 있다.

㊴ 장난전화 등(정당한 이유 없이 다른 사람에게 전화·문자메시지·편지·전자우편·전자문서 등을 여러 차례 되풀이하여 괴롭힌 사람) : 형법상 업무방해에 이르지 않더라도 전화·편지 등으로 되풀이하여 괴롭히는 행위를 처벌하려는 것이다. 예를 들면 소위 행운의 편지를 보낸다거나 심야의 장난전화 등을 처벌하여 개인의 사생활과 생활의 평온을 유지하려는 것이다.

㊵ 지속적 괴롭힘(상대방의 명시적 의사에 반하여 지속적으로 접근을 시도하여 면회 또는 교제를 요구하거나 지켜보기, 따라다니기, 잠복하여 기다리기 등의 행위를 반복하여 하

는 사람) : 최근 스토킹범죄의 심각성이 사회적 문제로 대두되면서 그동안 경범죄처벌법에서 규율하였던 것을 스토킹범죄의처벌등에관한법률에서 좀 더 강하게 처벌할 필요성이 있음이 제기되고 있다.

'스토킹행위란' 상대방의 의사에 반해 정당한 이유 없이 상대방 또는 그의 동거인, 가족에 대한 '접근하거나 따라다니거나 진로를 막아서는 행위', '주거, 직장, 학교, 그 밖에 일상적으로 생활하는 장소 또는 그 부근에서 기다리거나 지켜보는 행위', '우편·전화·팩스 또는 정보통신망을 이용하여 물건이나 글·말·부호·음향·그림·영상·화상을 도달하게 하는 행위', '직접 또는 제3자를 통해 물건 등을 도달하게 하거나 주거 등 또는 그 부근에 물건 등을 두는 행위', '주거 등 또는 그 부근에 놓여져 있는 물건 등을 훼손하는 행위' 등을 하여 상대방에게 불안감 또는 공포심을 일으키는 것을 말한다. 또한 스토킹범죄란 지속적 또는 반복적으로 스토킹행위를 하는 것을 말한다.[211]

2) 20만원 이하의 벌금, 구류 또는 과료의 형

㊶ 출판물의 부당게재 등(올바르지 아니한 이익을 얻을 목적으로 다른 사람 또는 단체의 사업이나 사사로운 일에 관하여 신문, 잡지, 그 밖의 출판물에 어떤 사항을 싣거나 싣지 아니할 것을 약속하고 돈이나 물건을 받은 사람) : 사회적으로 큰 영향을 미치며 널리 사실을 유포시키는 기능을 가진 신문·잡지 등에 게재 또는 게재하지 아니할 조건으로 금품을 부당하게 요구하는 등의 사회적 악폐를 금지하려는 것으로써, 형법상 범죄를 구성하는 기망·협박의 수단에까지는 이르지 않고 상대방을 오신시키거나 어쩔 수 없는 약속으로 금품을 받는 행위를 처벌하는 데 그 목적이 있다. 기업체의 약점을 폭로하는 기사를 게재하지 않겠다는 조건으로 돈을 받는 행위 등이 이에 해당한다.

㊷ 거짓광고(여러 사람에게 물품을 팔거나 나누어 주거나 일을 해주면서 다른 사람을 속이거나 잘못 알게 할 만한 사실을 들어 광고한 사람) : 과대광고·허위광고 등으로 인하여 선량한 불특정다수인의 피해를 입는 것을 방지하려는 것으로써, 형법상 사기죄의 예비적 행위를 금지하고 경제관계 특별법이나 의료법·직업안정법을 보완하여, 이들 법의 위반까

---

211 [네이버 지식백과] 스토킹범죄의 처벌 등에 관한 법률 – 스토킹처벌법, 시사상식사전, https://terms.naver.com/entry.naver?docId=6234369&cid=43667&categoryId=43667.

지는 이르지 않은 행위를 규제하려는 데에 그 목적이 있다.

㊸ 업무방해(못된 장난 등으로 다른 사람, 단체 또는 공무수행 중인 자의 업무를 방해한 사람) : 다른 사람 또는 단체의 업무수행을 방해하는 행위를 금지시켜 다른 사람 또는 다른 단체로 하여금 아무런 방해를 받지 않고 자유로운 업무수행이 가능하도록 하려는 것으로 형법의 업무방해죄·공무집행방해죄에 대한 보충규정이다. 경비업무 수행중 흔히 발생될 수 있는 위반유형이라고 볼 수 있다.

㊹ 암표매매(흥행장, 경기장, 역, 나루터, 정류장, 그 밖에 정하여진 요금을 받고 입장시키거나 승차 또는 승선시키는 곳에서 웃돈을 받고 입장권·승차권 또는 승선권을 다른 사람에게 되판 사람) : 입장권·관람권·좌석권·승차권의 공시된 가격에 웃돈을 받고 타인에게 전매하는 행위를 단속하려는 것인데, 사회공공의 질서유지와 부당한 이익을 취하려는 행위를 처벌하려는 것이다. 부당한 이득을 취한 사실이 없으면 본죄는 성립하지 않는다. 암표매매행위 등이 그 예이다.

3) 60만원 이하의 벌금, 구류 또는 과료의 형

㊺ 관공서에서의 주취소란(술에 취한 채로 관공서에서 몹시 거친 말과 행동으로 주정하거나 시끄럽게 한 사람) : 파출소나 주민센터 등에 술에 취해 들어가 민원처리가 맘에 들지 않는다며 소리를 지르거나 공무원에게 폭행을 가하는 행위는 경범죄를 넘어 형법상 공무집행방해죄 또는 폭행죄로 처벌될 수 있다.

㊻ 거짓신고(있지 아니한 범죄나 재해 사실을 공무원에게 거짓으로 신고한 사람) : 택시기사로부터 성폭행당했다고 경찰에 허위로 신고한 자에게 벌금 600만원이 선고되었고,[212] 112에 장난전화를 900번 넘게 한 자에게 공무수행을 방해한 혐의로 징역8개월과 벌금 30만원이 선고되었다.[213] 이처럼 있지 아니한 범죄를 거짓으로 신고하면 무고죄로 처벌받거나 112에 여러 차례 허위 신고하여 경찰업무를 방해하면 공무집행방해죄로 처벌받을 수 있다.

---

212 장아름기자, "'택시기사가 성폭행했다' 허위신고 50대에 벌금 600만원", 연합뉴스, 2023. 2. 5. 보도 : https://www.yna.co.kr/view/AKR20230203133900054?input=1195m.

213 유영규 기자, "시민이 우습나...112에 장난전화 '936번'한 20대 실형", SBS뉴스, 2023. 1. 23. 보도 : https://news.sbs.co.kr/news/endPage.do?news_id=N1007053591&plink=ORI&cooper=NAVER.

3. 경범죄 통고처분과 범칙금 납부

1) 통고처분

경찰서장, 해양경찰서장, 제주특별자치도지사 또는 철도특별사법경찰대장은 범칙자로 인정되는 사람에 대하여 그 이유를 명백히 나타낸 서면으로 범칙금을 부과하고 이를 납부할 것을 통고할 수 있다. 다만 통고처분서 받기를 거부한 자, 주거 도는 신원이 확실하지 아니한 자, 그 밖에 통보처분을 하기가 매우 어려운 사람에게는 통고하지 아니한(동법 제7조 제1항), 그리고 제주특별자치도지사, 철도특별사법경찰대장은 제1항에 따라 통고처분을 한 경우에는 관할 경찰서장에게 그 사실을 통보하여야 한다(동법 제7조 제3항).

2) 범칙금의 납부

통고처분서를 받은 사람은 통고처분서를 받은 날부터 10일 이내에 경찰청장·해양경찰청장 또는 철도특별사법경찰대장이 지정한 은행, 그 지점이나 대리점, 우체국 또는 제주특별자치도지사가 지정하는 금융기관이나 그 지점, 범칙금 납부대행기관을 통하여 신용카드, 직불카드 등(동법 제8조의2)으로 범칙금을 납부하여야 한다(동법 제8조 제1항).

만약 통고처분서를 받은 사람이 납부기간에 범칙금을 납부하지 아니하면 납부기간의 마지막 날의 다음 날부터 20일 이내에 통고받은 범칙금에 그 금액의 100분의 20을 더한 금액을 납부하여야 한다(동법 제8조 제3항).

3) 통고처분 불이행자 등의 처리

경찰서장, 해양경찰서장 및 제주특별자치도지사는 통고처분서를 받기 거부하거나 범칙금 납부를 미행한 사람에 대하여는 지체 없이 즉결심판을 청구하여야 한다(동법 제9조 제1항). 다만, 즉결심판이 청구되기 전까지 통고받은 범칙금에 그 금액의 100분의 50을 더한 금액을 납부하고 그 증명서류를 즉결심판 선고 전까지 제출하였을 때에는 즉결심판 청구를 취소할 수 있다(동법 제9조 제2항).

제 5 절 테러관계법

I. 서설

테러관계법은 국내외 테러 예방 및 대응을 위하여 체계적인 대테러 활동 및 대응체계를 확립하고 이를 추진하기 위한 법원(法源)으로서 여러 가지이나 다른 법의 분야에 있어서와 같이 성문의 형식으로 된 성문법과 불문의 형식으로 된 불문법으로 크게 나눌 수 있다. 성문법으로는 헌법·법률·조약·명령 등을 들 수 있으며, 불문법으로는 대테러관습법·판례법 및 조리법이 해당된다.[214]

1990년대 공산진영이 붕괴된 이후 테러는 인권, 빈곤 문제 등과 함께 국제평화를 위협하는 주요 국제 이슈로서 주목을 받고 있다. 최근 들어서는 2001년 미국 9·11테러 이후 테러가 특정 지역적인 문제가 아닌 전 세계적인 공포의 대상으로 부상함에 따라 테러방지는 어느 한 국가만의 문제가 아닌 국제사회의 문제가 되었다. 이에 따라 UN을 비롯한 국제사회는 테러방지를 위한 국제협약을 체결하고, 각국으로 하여금 테러방지를 위한 법적·제도적 장치를 강구하도록 권고하고 있고 상당수의 나라가 이에 따르고 있다.[215]

일반적으로 대테러활동 내지 대테러 대응책은 좀 더 방어적인 Anti-terrorism과 좀 더 공격적인 Counter-terrorism으로 나눌 수 있다.[216] Anti-terrorism이라 함은 대테러방안 중에서 사전에 취해지는 예비책으로서 수동적(defensive) 의미에서의 테러대응책을 말한다. 그리고 Counter-terrorism은 일단 범행이 발생한 상황에서 어떻게 대처할 것인가를 다루는 것으로서 주로 구조작전의 측면에 관한 것으로서 능동적 의미에서의 대테러 정책이라 할 수 있다.

---

214 우리 헌법은 국민의 안전에 관한 규정으로 헌법 제10조 기본적 인권의 보장, 제12조 신체의 자유, 제23조 재산권의 보장, 제34조 사회보장 등이 직·간접적으로 대테러의 헌법적 법원에 해당된다고 볼 수 있을 것이다.

215 국회 법제처, 테러방지법의 제정방향, 2008, 1면.

216 이황우, 주요 선진국의 대테러정책 조명, 국가정보원, 대테러연구논총 제3호, 2006, 96면.

우리나라의 테러관계법은 국내법으로서 1982. 1. 22. 대통령 훈령으로 제47호로 최초 제정된 국가대테러활동지침이 있었으나, 2016. 6. 20. 국가안보, 공공안전 및 국민의 생명·신체·재산을 보호하기 위하여 테러방지를 위한 국가 등의 책무와 필요한 사항을 규정하는 내용으로 「국민보호와 공공안전을 위한 테러방지법」이 제정되고, 법률에서 위임된 바에 따라 국가테러대책위원회의 구성·운영, 테러 예방·대응을 위한 전담조직의 설치·운영 및 효율적 테러대응절차 등을 규정한 「국민보호와 공공안전을 위한 테러방지법 시행령」이 제정됨에 따라, 종전의 테러대책회의 등 테러대책기구의 설치·운영과 대테러활동 등에 관하여 규정하고 있던 훈령은 폐지되었다. 폐지된 국가대테러활동지침은 2016. 3. 3. 법률 제14071호로 제정된 「국민보호와 공공안전을 위한 테러방지법」(이하 '테러방지법'이라 함)으로 명맥을 이어나갔다.

테러방지법 외에 항공보안법, 국제항해선박 및 항만시설의 보안에 관한 법률, 원자력시설 등의 방호 및 방사능 방재 대책법, 선박 및 해상구조물에 대한 위해행위의 처벌 등에 관한 법률 등이 있다. 국제법으로는 항공기 테러, 외교관 및 인질 테러, 핵 및 폭탄 테러, 해상 테러, 테러자금 억제 등을 대상으로 항공기내에서 범한 범죄 및 기타행위에 관한 협약, 항공기 불법납치 억제 조약, 민간항공의 안전에 대한 불법적 행위의 억제를 위한 협약, 외교관 등 국제적 보호인물에 대한 범죄의 예방 및 처벌에 관한 협약 등 다수가 있다.

II. 국민보호와 공공안전을 위한 테러방지법

1. 개설

1) 테러방지법 제정배경

테러방지법의 모태라 할 수 있는 국가대테러활동지침은 대테러기구, 테러사건 대응조직, 예방·대비 및 대응활동, 관계기관별 임무 등 국가의 대테러 업무수행을 목적으로 제정된 대통령훈령이다.

이 지침은 1968년 1월 21일 북한 제124부대 소속 테러분자 31명의 청와대 기습기도사건을 기억하자는 취지에서 1982년 1월 21일 대통령훈령 제47호로 제정되었다.[217] 지침제정 이전의 국내 대테러 활동상황을 살펴보면 국가적 대테러 전담기구 및 종합대책의 부재로 조직적 대테러 대응태세가 확립되지 않았고, 각국 유관기관과의 국제적 대테러 협력체제가 미비 되어 있었으며, 국제테러사건 발생에 대비한 제도적 대응 및 처리 대책이 결여되는 등 문제점이 대두되고 있었다.

이 지침이 제정된 것은 당시 국제테러 빈발 및 북한의 테러위협이 증가하고 있는 가운데 한국의 1981년'88 올림픽대회의 서울 유치가 확정되는 등 국제테러의 표적으로 부상할 가능성이 있어 정부 차원의 효율적인 테러방지대책 필요성이 내재해 있었기 때문이었다. 따라서 국가대테러대책의 효율적 수립운영과 범국가적 대응능력의 배양을 위하여 국가대테러대책위원회 및 실무위원회 설치, 테러사건 진압처리를 위한 대응조직 편성, 정부 각 부처별 대테러 임무기능부여 등을 추진하도록 하는 내용으로 구성되었다.

2001년 9·11테러 이후 국제사회가 지속적으로 테러와의 전쟁을 치르고 있었고, 유엔은 9·11테러 이후 테러근절을 위해 국제공조를 결의하고 테러방지를 위한 국제협약 가입과 법령 제정 등을 권고해 OECD 34개 국가 대부분이 테러방지를 위한 법률을 제정하였음에도 불구하고 아직 우리나라에서는 국가 대테러활동 수행에 기본이 되는 법적 근거조차 마련하지 못하고 있는 상황이었다. 이러한 실정은 테러로부터 국민을 안전하게 보호하기 위해 모든 역량을 집중해야 하는 국가가 그 책임을 다하지 못하는 결과를 낳게 될 것이고, 국민은 테러의 위협으로부터 안전을 도모하기 어려운 상황을 맞이하게 될 수 있도 있기 때문에 국가는 이에 테러방지를 위한 국가 등의 책무와 필요한 사항을 명확히 규정하여 국가의 안보 및 공공의 안전은 물론 국민의 생명과 신체 및 재산을 보호하고자 훈령인 국가대테러활동지침을 폐지하고 법률인 테러방지법을 제정하게 되었다.

---

217 신경엽, 우리정부의 테러방지활동 및 대책에 관한 고찰, 경희대학교 행정대학원 석사학위논문, 1998, 44-45면; 주일엽, 국제스포츠대회 안전활동 발전방안에 관한 연구, 서울대학교 대학원 박사학위논문, 2006, 23-24면.

2) 주요국의 테러방지법

가. 미국

(1) 개요

미국은 1980년대부터 미국을 겨냥한 국제테러가 급격히 증가하자 1984년 국제테러대책법(Combat International Terrorism Act of 1984)을 제정한데 이어 1995년에는 종합테러대책법(Anti-Terrorism and Effective Death Penalty Act of 1996)을 제정하여 체계적인 대응을 해왔다. 2001년 9.11테러가 발생하자 기존의 대테러 관련법 보다 대응을 강화한 테러차단과 방지에 필요한 적절한 수단의 제공에 의한 미국의 통합 및 강화법(Uniting and Strengthening America by Providing Appropriate Tools Required to Intercept and Obstructing Terrorism Act of 2001, 일명 대테러법)을 제정하였으며, 2002년에는 테러방지업무의 통합조정과 관계기관 대테러업무의 총괄지휘를 위해 국토안보부(Department of Homeland Security) 설치를 규정한 국토안보부법(Homeland Security Act of 2002)를 제정하였다.

그리고 2004년에는 국가정보장(DNI) 직의 신설과 국가테러대응센터 설립 등을 주요내용으로 하는 정보개혁 및 테러예방법(Intelligence Reform and Terrorism Prevention Act of 2004)이 제정되었으며, 2006년에는 대테러법에 있는 16개 한시조항의 시효가 만료됨에 따라 16개 한시조항 중 14개 조항을 영구화하고 테러혐의자에 대한 포괄적 감청허용 등의 내용이 포함된 2개 조항 효력을 4년간 연장하는 것을 골자로 하는 반테러 보완 및 한시법조항 재승인에 관한 법률(USA Patriot Improvement and Reathorization Act of 2005, 일명 대테러 보완법)을 제정하여 테러예방 및 수사권을 강화하는 등 테러행위 규제를 위한 보다 종합적이고 체계적인 법률이 마련되었다.[218]

(2) 테러대응조직

미국은 국토안보부가 미국에 대한 테러 공격의 예방, 테러에 대한 미국의 대응능력 강화, 테러발생시 피해 최소화 및 재건 등의 테러대응업무를 총괄하고 있다. 국토안보부는 미국 행정부 내의 각 부처에 분산된 대테러 기능을 통합할 목적으로 2002년 제정된 국토안보부법에 따라 세관·이민국·국경순찰대 등 기존의 22개 정부부처를 흡수해 창설되었는데 독

---

218 정육상, 전게서, 289-295면.

자적인 정보 및 수사활동을 하겠다고 주장한 중앙정보국(CIA)과 연방수사국(FBI)은 통합에서 제외되었다.

국가대테러센터(NCTC)가 테러 및 테러대응과 관련하여 미국 정부가 수집하거나 보유한 모든 정보를 분석·통합하며(단, 미국 국내에만 국한되는 테러범 및 테러대응 관련 정보 제외), 외교·재정·군사·정보·국토안보·법집행 활동 등 미국 정부 내 모든 국가역량 수단을 통합하여 미국 정부의 대테러 활동을 위한 전략적 운영계획을 수립한다. 그리고 동 계획에 관계되는 주요 부처 또는 기관을 대상으로 대테러 활동의 역할과 책임을 적절하게 분대토록 하는 역할도 부여하였다. 또한 테러범이나 테러단체로 알려져 있거나 의심받고 있는 개인이나 단체의 목표·전략·능력·접촉 및 지원망에 대한 테러정보의 통합 및 공유센터의 역할을 수행한다(정보개혁 및 테러예방법 제1021조).

국가대테러센터장은 미국 정부 내에서 테러위협에 대한 최종 평가 책임을 지며, 미국 정부가 수행하는 대테러 활동을 위한 전략계획을 제공하기 위해 달성목표·수행해야할 업무·관계기관간 대테러활동조정·임무분담과 책임에 관한 사항을 논의하기 위한 정보활동전략기획회의를 설치·운영하는 한편 이러한 정보활동 전략의 이행사항 점검업무도 수행한다(동법 제1021조).

한편, 중앙정보국은 대테러센터를 설치하고 해외에서 테러관련 정보를 수집하고 있으며, 법무부 산하 연방수사국은 미국 내 테러관련 정보수집은 물론 테러범 및 테러단체에 대한 수사업무를 주도하고 있다.

(3) 테러방지 사전조치 강화

대테러법에서는 테러혐의자에 대해 전자 감시권 확대, 입국차단, 테러자금 통제 등을 통해 테러방지를 위한 사전조치를 강화하고 있다. 먼저, 테러가 의심될 경우 대테러기관은 유선·전자통신·대화에 대한 감청을 허용하고 감청대상자가 통신수단을 수시로 변경하여 감시활동이 곤란할 것으로 판단되면 특정 감청대상자가 사용하는 일반전화는 물론 이동전화, 인터넷 등 모든 통신수단에 대하여 포괄적 감청을 허용토록 하였으며(대테러법 제201조 및 제206조), 외국인에 대해서는 120일간 감청을 실시할 수 있고 필요할 경우 최장 1년까지 연장을 허용하는 등(동법 제207조) 테러혐의자에 대한 감시권을 강화하였다.

출입국 보안활동도 강화하였는데 비자발급임무를 수행하는 모든 영사와 외국인 조사 및 신원확인 임무를 맡고 있는 정보 및 수사기관 종사자들에게 출입국 심사 시에 외국인의 범죄기록 존재여부를 확인할 수 있도록 연방수사국이 관리하는 국가범죄정보파일에 대한 접근을 허용하였으며(동법 제403조), 테러활동을 지지하거나 테러조직과 관계되거나 테러행위에 대해 공개적으로 지지의사를 표명하는 표명하는 단체의 관계자 등에게는 비자발급이나 입국을 거부할 수 있도록 하였다(동법 제411조). 그리고 외국유학생 감시시스템을 구축하여 비이민 외국유학생 및 기타 교환프로그램 참가자에 대한 정보수집을 강화할 수 있는 프로그램을 확대·실행토록 하였다(동법 제416조).

또한, 테러자금의 세탁방지와 자금유입을 막기 위해 국제 자금세탁에 대한 추적감시를 강화하는 규정을 두는 것은 물론 테러를 준비하거나 계획하는데 사용된 자산이나 그로 인하여 발생한 수익을 몰수할 수 있도록 규정(동법 제806조)으로써 테러예방을 위한 조치를 강화하였다.

(4) 수사권 및 처벌 강화

테러혐의자 수사에 있어서는 영장주의의 예외를 인정하고 있는데 법무부 장관은 합리적인 근거에 의해 당해 외국인이 이민 및 국적법에서 규정하는 테러범죄 연루자이거나 미국의 안전에 위협을 주는 행위와 관련된 외국인이라고 인정하는 경우에는 영장 없이 구금할 수 있도록 하고 있다. 다만 7일 이내에 추방 또는 형사소추를 제기하지 않은 경우에는 석방하도록 하고 있다(동법 제412조). 그리고 법원은 영장발부 사실이 바로 통보될 시 사람의 생명을 위태롭게 하거나 증거인멸의 부작용이 예상되는 경우에 영장집행사실 통보를 지연할 수 있도록 허용하였다(동법 제213조, 대테러보완법 제114조).

대테러법은 테러범죄에 대한 형량의 상향규정 및 공소시효 연장 등을 통해 처벌을 강화하고 있는데 테러로 사람이 거주하는 건조물에 대하여 방화 또는 방화로 생명위협 행위를 한 자는 종전 20년 이하의 징역에서 무기 또는 종신형으로 가중처벌하고, 테러행위로 사람이 사망하거나 신체에 심각한 장애를 유발하거나 이러한 것을 야기할 위험이 있는 항공기 및 항공시설 폭파·핵물질 관련 범죄 등 대테러법 제808조에서 규정하고 있는 연방테러범죄의 경우에는 공소시효를 두지 않는 등 처벌을 강화하고 있다(대테러법 제810조).

나. 영국

⑴ 개요

영국에서는 정부 내 대테러기관들이 해당 부처의 장 책임 하에 대테러업무를 수행하고 있으며 테러정보통합업무를 보안정보부(SS) 산하에 부처 합동기구인 정부합동테러분석센터(JTAC)를 운영하고 있다.

1909년 창설된 보안정보부는 초창기에 주로 스파이 색출이나 감시활동을 수행해 왔으나 1970년대부터 테러문제가 부각되자 국내외에서 발생하는 테러대응활동을 하고 있는데 국가적인 대테러 정책제시 및 테러정보의 수집·분석·배포업무를 수행하고 있다. 그리고 비밀정보부(SIS)는 해외에서 테러정보를 수집, 관련 대테러 조직에 제공하고 있다.

런던 경찰 및 지역 경찰은 발생한 테러사건에 대해 사건 조사 및 범인체포 등의 업무를 수행하고 있는데 각급 경찰 조직 내 특별수사대(SB)가 주무부서이다. 런던 경찰청 특별수사대는 전국적인 단위에서 테러범 체포 및 정보수집 활동을 하고 있다.

한편 2003년 5월 설립된 정부합동테러분석센터(JTAC)에는 보안정보부, 비밀정보부, 경찰, 군, 외교부 등 10개 부처가 합동으로 국내외 테러관련 정보의 종합 및 분석, 테러경보 발령, 수집우선순위 지정 등의 기능을 수행하며 다른 정부부처와 기구들이 필요로 하는 위협이나 테러관련 주체도 평가하여 정보를 제공한다.

⑵ 테러방지 사전조치 강화

영국 역시 감청 및 검문검색 확대, 테러자금 통제 등을 통해 테러예방을 위한 조치를 강화하고 있다. 조사권법(The Regulation of Investigator Powers Act 2000)을 개정하여 테러혐의자에 대한 감청기간을 3개월에서 6개월로 수정하고 감청기간 연장이 최대 12개월까지 감청이 가능하도록 하였으며(신대테러법 제32조), 특정지역의 차량이나 해당차량의 탑승자를 검색할 수 있는데 이 때 테러와 관련된 물품이 있을 것으로 의심할만한 사유가 있는지 여부에 관계없이 사실상 광범위하게 검색할 수 있도록 하였다(동법 제45조).

그리고 테러와 관련될 것이라는 것을 알면서 자금이나 재산을 타인에게 제공하거나 타인에게 이들의 제공을 권유하거나 타인으로부터 이들의 제공을 받거나 이들을 은닉하거나 사법관할지역 외로 이전한 경우 등을 범죄로 규정하면서 이러한 범죄인 경우에는 법원이 유죄확정 판결이전에 관련재산의 몰수 명령을 내릴 수 있도록 함으로써(동법 제15조 내지

제18조) 테러를 예방할 수 있는 여건을 개선하였다.

(3) 수사권 및 처벌 강화

대테러법은 테러사건 수사를 위해 체포·검색 등에 대한 특칙을 두고 있다. 경찰관은 특정인이 테러범이라고 의심할 만한 합리적 이유가 있을 경우에 영장 없이 48시간 동안 체포할 수 있으며(대테러법 제41조), 테러혐의자에 대한 기소 전 구속기간은 기존의 14일에서 최장 28일로 확대하였다(동법 제23조). 또한, 압수·수색에 있어서도 테러사건 조사를 위한 영장발부시 영장에 직시된 물건·장소뿐만 아니라 영장에 적시된 테러혐의자가 점유·통제하는 모는 물건·장소에 대해서도 압수·수색을 허용하였다(동법 제26조).

그리고 테러범죄에 대한 처벌도 강화하고 있다. 스스로 테러단체 조직원임을 공개하거나(동법 제2조), 테러관련 훈련을 시키거나 받은 경우 또는 테러훈련 장소를 방문하는 경우에는 10년 이하의 징역으로 처벌토록 하고 있으며(신대테러법 제7조 및 제8조), 방사능 장치 또는 물품의 제조와 소지 및 방사능 장비·물질·시설과 관련한 테러위협의 경우에는 기존 14년 이하 징역에서 종신형으로 처벌할 수 있도록 하였다(동법 제9조 및 제11조).

3) 테러방지법의 구성

테러방지법은 다음과 같이 19조문과 부칙으로 구성되어 있다. 제1조(목적), 제2조(정의), 제3조(국가 및 지방자치단체의 책무), 제4조(다른 법률과의 관계), 제5조(국가테러대책위원회), 제6조(대테러센터), 제7조(대테러 인권보호관), 제8조(전담조직의 설치), 제9조(테러위험인물에 대한 정보 수집 등), 제10조(테러예방을 위한 안전관리대책의 수립), 제11조(테러취약요인 사전제거), 제12조(테러선동·선전물 긴급 삭제 등 요청), 제13조(외국인테러전투원에 대한 규제), 제14조(신고자 보호 및 포상금), 제15조(테러피해의 지원), 제16조(특별위로금), 제17조(테러단체 구성죄 등), 제18조(무고, 날조), 제19조(세계주의) 및 부칙이 있다.

2. 테러의 정의

1) 테러[219]

"테러"란 국가·지방자치단체 또는 외국 정부(외국 지방자치단체와 조약 또는 그 밖의 국제적인 협약에 따라 설립된 국제기구를 포함한다)의 권한행사를 방해하거나 의무 없는 일을 하게 할 목적 또는 공중을 협박할 목적으로 하는 행위로서 대상을 중심으로 유형을 나누면 다음과 같다.

모든 테러행위로 인하여 사람의 신체와 생명에 영향을 준다는 공통점이 있다. 직접적인 영향이 없더라도 기관이나 시설에 대한 테러 공격으로 인하여 삶에 지대한 영향을 줄 수도 있다. 우선 사람을 살해하거나 사람의 신체를 상해하여 생명에 대한 위험을 발생하게 하는 행위 또는 사람을 체포·감금·약취·유인하거나 인질로 삼는 행위는 테러행위의 가장 기본적인 내용이다.

다음으로 항공기에 대한 테러로서 ① 운항중인 항공기를 추락시키거나 전복·파괴하는 행위, 그 밖에 운항중인 항공기의 안전을 해칠 만한 손괴를 가하는 행위, ② 폭행이나 협박, 그 밖의 방법으로 운항중인 항공기를 강탈하거나 항공기의 운항을 강제하는 행위, ③ 항공기의 운항과 관련된 항공시설을 손괴하거나 조작을 방해하여 항공기의 안전운항에 위해를 가하는 행위 등이다.

선박에 대한 테러로는 운항중인 선박 또는 해상구조물을 파괴하거나, 그 안전을 위태롭게 할 만한 정도의 손상을 가하는 행위(운항 중인 선박이나 해상구조물에 실려 있는 화물에 손상을 가하는 행위를 포함한다), ② 폭행이나 협박, 그 밖의 방법으로 운항 중인 선박 또는 해상구조물을 강탈하거나 선박의 운항을 강제하는 행위, ③ 운항 중인 선박의 안전을 위태롭게 하기 위하여 그 선박 운항과 관련된 기기·시설을 파괴하거나 중대한 손상을 가하거나 기능장애 상태를 일으키는 행위 등이다.

항공기나 선박 외의 차량 또는 시설에 사망·중상해 또는 중대한 물적 손상을 유발하도록 제작되거나 그러한 위력을 가진 생화학·폭발성·소이성(燒夷性) 무기나 장치를 배치하거나 폭발시키거나 그 밖의 방법으로 이를 사용하는 행위는 테러로 정의된다. 여기에서 의미

---

219 테러에 대한 정의는 테러방지법 제2조에 규정된 내용을 정리함.

하는 차량과 시설은 ① 기차·전차·자동차 등 사람 또는 물건의 운송에 이용되는 차량으로서 공중이 이용하는 차량, ② 기차나 자동차 운행을 위하여 이용되는 시설 또는 도로, 공원, 역, 그 밖에 공중이 이용하는 시설, ③ 전기나 가스를 공급하기 위한 시설, 공중이 먹는 물을 공급하는 수도, 전기통신을 이용하기 위한 시설 및 그 밖의 시설로서 공용으로 제공되거나 공중이 이용하는 시설, ④ 석유, 가연성 가스, 석탄, 그 밖의 연료 등의 원료가 되는 물질을 제조 또는 정제하거나 연료로 만들기 위하여 처리·수송 또는 저장하는 시설, ⑤ 공중이 출입할 수 있는 건조물·항공기·선박내의 시설 등을 의미한다.

핵물질, 방사성물질 또는 원자력시설에 대한 테러행위로 ① 원자로를 파괴하여 사람의 생명·신체 또는 재산을 해하거나 그 밖에 공공의 안전을 위태롭게 하는 행위, ② 방사성물질 등과 원자로 및 관계 시설, 핵연료주기시설 또는 방사선발생장치를 부당하게 조작하여 사람의 생명이나 신체에 위험을 가하는 행위, ③ 핵물질을 수수(授受)·소지·소유·보관·사용·운반·개조·처분 또는 분산하는 행위, ④ 핵물질이나 원자력시설을 파괴·손상 또는 그 원인을 제공하거나 원자력시설의 정상적인 운전을 방해하여 방사성물질을 배출하거나 방사선을 노출하는 행위 등이 해당된다.

(2) 기타 용어[220]

우선"테러단체"란 국제연합(UN)이 지정한 테러단체를 말하고, "테러위험인물"이란 테러단체의 조직원이거나 테러단체 선전, 테러자금 모금·기부, 그 밖에 테러 예비·음모·선전·선동을 하였거나 하였다고 의심할 상당한 이유가 있는 사람을 말하며,"외국인테러전투원"이란 테러를 실행·계획·준비하거나 테러에 참가할 목적으로 국적국이 아닌 국가의 테러단체에 가입하거나 가입하기 위하여 이동 또는 이동을 시도하는 내국인·외국인을 말한다.

"테러자금"이란 「공중 등 협박목적 및 대량살상무기확산을 위한 자금조달행위의 금지에 관한 법률」 제2조제1호에 따른 공중 등 협박목적을 위한 자금을 의미하며, "대테러활동"이란 테러 관련 정보의 수집, 테러위험인물의 관리, 테러에 이용될 수 있는 위험물질 등 테러수단의 안전관리, 인원·시설·장비의 보호, 국제행사의 안전확보, 테러위협에의 대응 및 무력진압 등 테러 예방과 대응에 관한 제반 활동을 말한다.

"관계기관"이란 대테러활동을 수행하는 국가기관, 지방자치단체, 그 밖에 대통령령으로

---

220 테러방지법 제2조 2호-8호.

정하는 기관을 말하며, "대테러조사"란 대테러활동에 필요한 정보나 자료를 수집하기 위하여 현장조사·문서열람·시료채취 등을 하거나 조사대상자에게 자료제출 및 진술을 요구하는 활동을 말한다.

3. 테러방지 및 피해자를 위한 국가의 책무

1) 국가 및 지방자치단체의 책무(제3조)

국가 및 지방자치단체는 테러로부터 국민의 생명·신체 및 재산을 보호하기 위하여 테러의 예방과 대응에 필요한 제도와 여건을 조성하고 대책을 수립하여 이를 시행하여야 하고, 대책을 강구할 때 국민의 기본적 인권이 침해당하지 아니하도록 최선의 노력을 하여야 한다. 또한 이 법을 집행하는 공무원은 헌법상 기본권을 존중하여 이 법을 집행하여야 하며 헌법과 법률에서 정한 적법절차를 준수할 의무가 있다.

2) 국가테러대책위원회(제5조)

정부는 대테러활동에 관한 정책의 중요사항을 심의·의결하기 위하여 국가테러대책위원회를 두며, 대책위원회는 국무총리 및 기획재정부장관, 외교부장관, 통일부장관, 법무부장관, 국방부장관, 행정안전부장관, 산업통상자원부장관, 환경부장관, 국토교통부장관, 해양수산부장관, 국가정보원장, 국무조정실장, 금융위원회 위원장, 원자력안전위원회 위원장, 대통령경호처장, 관세청장, 경찰청장, 소방청장, 질병관리청장 및 해양경찰청장으로 구성하고 위원장은 국무총리로 한다.

대책위원회는 ① 대테러활동에 관한 국가의 정책 수립 및 평가, ② 국가 대테러 기본계획 등 중요 중장기 대책 추진사항, ③ 관계기관의 대테러활동 역할 분담·조정이 필요한 사항, ④ 그 밖에 위원장 또는 위원이 대책위원회에서 심의·의결할 필요가 있다고 제의하는 사항, ⑤ 그 밖에 대책위원회의 구성·운영 등에 필요한 사항을 심의·의결한다.

3) 테러예방을 위한 안전관리대책의 수립(제10조)

정부는 국가중요시설과 많은 사람이 이용하는 도시철도, 여객선, 건축물, 철도차량, 항공기 등의 시설 및 장비(테러대상시설)에 대한 테러예방대책과 테러의 수단으로 이용될 수 있는 폭발물·총기류·화생방물질 국가 중요행사에 대한 안전관리대책을 수립하여야 한다.

4) 대테러 인권보호관(제7조)

대테러활동으로 인한 국민의 기본권 침해 방지를 위하여 대책위원회 소속으로 대테러 인권보호관 1명을 두며, 변호사 자격이 있거나 인권 분야에 전문지식이 있는 자로서 10년 이상의 실무경력이 있는 사람 또는 3급 이상의 공무원으로 재직하였던 사람 중 인권 관련 업무 경험이 있는 사람 중에서 위원장이 위촉하며 임기는 2년으로 연임할 수 있다(동법시행령 제7조 제1항 및 제2항)

인권보호관은 ① 대책위원회에 상정되는 관계기관의 대테러정책·제도 관련 안건의 인권 보호에 관한 자문 및 개선 권고, ② 대테러활동에 따른 인권침해 관련 민원의 처리, ③ 그 밖에 관계기관 대상 인권 교육 등 인권 보호를 위한 활동 등의 직무를 수행한다(동법시행령 제8조 제1항)

5) 테러피해의 지원(제15조)

테러로 인하여 신체 또는 재산의 피해를 입은 국민은 관계기관에 즉시 신고하여야 하고, 다만, 인질 등 부득이한 사유로 신고할 수 없을 때에는 법률관계 또는 계약관계에 의하여 보호의무가 있는 사람이 이를 알게 된 때에 대신하여 즉시 신고하여야 한다.

국가 또는 지방자치단체는 테러로 인한 피해를 입은 사람에 대하여 신체적 부상 및 후유증에 대한 치료비와 정신적·심리적 피해에 대한 치료비 및 테러로 인한 재산 피해 복구 비용의 전부 또는 일부를 지원할 수 있다. 다만, 외교부장관의 허가를 받지 아니하고 방문 및 체류가 금지된 국가 또는 지역을 방문·체류한 사람에 대해서는 지원되지 않는다.

6) 특별위로금(제16조)

테러로 인하여 생명의 피해를 입은 사람의 유족 또는 신체상의 장애 및 장기치료가 필요한 피해를 입은 사람에 대해서는 그 피해의 정도에 따라 등급을 정하여 특별위로금을 지급할 수 있다. 테러피해지원금과 마찬가지로 외교부장관의 허가를 받지 아니하고 방문 및 체류가 금지된 국가 또는 지역을 방문·체류한 사람에 대해서는 지원되지 않는다.

4. 테러 대응조직 및 대응 활동

1) 대테러센터(제6조)

대테러센터는 국무총리 소속으로 관계기관 공무원으로 구성되며 ① 국가 대테러활동 관련 임무분담 및 협조사항 실무 조정, ② 장단기 국가대테러활동 지침 작성·배포, ③ 테러경보 발령, ④ 국가 중요행사 대테러안전대책 수립, ⑤ 대책위원회의 회의 및 운영에 필요한 사무의 처리, ⑥ 그 밖에 대책위원회에서 심의·의결한 사항 등의 업무를 수행한다. 대테러센터에는 센터장 1명, 대테러정책관 1명을 두며 센터에 과에 해당하는 하부조직 4개를 둘수 있다.

2) 전담조직의 설치(제8조)

테러 예방 및 대응을 위하여 필요한 전담조직으로 지역 테러대책협의회, 공항·항만 테러대책협의회, 테러사건대책본부, 현장지휘본부, 화생방테러대응지원본부, 테러복구지원본부, 대테러특공대, 테러대응구조대, 테러정보통합센터, 대테러합동조사팀을 구성할 수 있으며, 전담조직 외에 테러 예방 및 대응을 위하여 필요한 경우에는 대테러업무를 수행하는 하부조직을 전담조직으로 지정·운영할 수 있다(동법 시행령 제11조).

3) 테러 대응 활동

(1) 테러위험인물에 대한 정보 수집(제9조)

국가정보원장은 테러위험인물에 대하여 출입국·금융거래 및 통신이용 등 관련 정보를 수집할 수 있으며, 정보 수집 및 분석의 결과 테러에 이용되었거나 이용될 가능성이 있는 금융거래에 대하여 지급정지 등의 조치를 취하도록 금융위원회 위원장에게 요청할 수 있다.

국가정보원장은 테러위험인물에 대한 개인정보와 위치정보를 개인정보처리자와 사업자에게 요구할 수 있으며, 대테러활동에 필요한 정보나 자료를 수집하기 위하여 대테러조사 및 테러위험인물에 대한 추적을 할 수 있다. 다만 사전 또는 사후에 대책위원회 위원장에게 보고하여야 한다.

(2) 테러취약요인 사전제거(제11조)

관계기관의 장은 테러대상시설 및 테러이용수단의 소유자 또는 관리자는 보안장비를 설치하는 등 테러취약요인 제거를 위하여 노력하여야 하며, 국가는 테러대상시설 및 테러이용수단의 소유자 또는 관리자에게 필요한 경우 그 비용의 전부 또는 일부를 지원할 수 있다.

(3) 테러선동·선전물 긴급 삭제 등 요청(제12조)

관계기관의 장은 테러를 선동·선전하는 글 또는 그림, 상징적 표현물, 테러에 이용될 수 있는 폭발물 등 위험물 제조법 등이 인터넷이나 방송·신문, 게시판 등을 통해 유포될 경우 해당 기관의 장에게 긴급 삭제 또는 중단, 감독 등의 협조를 요청하고, 협조를 요청받은 해당 기관의 장은 필요한 조치를 취하고 그 결과를 관계기관의 장에게 통보하여야 한다.

(4) 외국인테러전투원에 대한 규제(제13조)

관계기관의 장은 외국인테러전투원으로 출국하려 한다고 의심할 만한 상당한 이유가 있는 내국인·외국인에 대하여 일시 출국금지를 법무부장관에게 요청할 수 있고,[221] 외국인테러전투원으로 가담한 사람에 대하여 여권의 효력정지 및 재발급 거부를 외교부장관에게 요청할 수 있다.

---

221 출국금지 기간은 90일.

(5) 신고자 보호 및 포상금(제14조)

국가는 「특정범죄신고자 등 보호법」에 따라 테러에 관한 신고자, 범인검거를 위하여 제보하거나 검거활동을 한 사람 또는 그 친족 등을 보호하여야 하고, 테러의 계획 또는 실행에 관한 사실을 관계기관에 신고하여 테러를 사전에 예방할 수 있게 하였거나, 테러에 가담 또는 지원한 사람을 신고하거나 체포한 사람에 대하여 1억원의 범위에서 포상금을 자 등 지급할 수 있다.

5. 테러행위에 대한 처벌

1) 테러단체 구성죄(제17조)

테러단체의 수괴(首魁)는 사형·무기 또는 10년 이상의 징역, 테러를 기획 또는 지휘하는 등 중요한 역할을 맡은 사람은 무기 또는 7년 이상의 징역, 타국의 외국인테러전투원으로 가입한 사람은 5년 이상의 징역, 그 밖의 사람은 3년 이상의 징역으로 처벌한다.

테러자금임을 알면서도 자금을 조달·알선·보관하거나 그 취득 및 발생원인에 관한 사실을 가장하는 등 테러단체를 지원한 사람은 10년 이하의 징역 또는 1억원 이하의 벌금에 처하고, 테러단체 가입을 지원하거나 타인에게 가입을 권유 또는 선동한 사람은 5년 이하의 징역에 처한다. 미수범에 대해서는 처벌하며, 예비 또는 음모한 사람 역시 3년 이하의 징역에 처한다.

무엇보다 테러단체 구성죄는 대한민국 영역 밖에서 저지른 외국인에게도 국내법을 적용한다는 점에서 세계주의를 따른다(동법 제19조).

2) 무고, 날조(제18조)

타인으로 하여금 형사처분을 받게 할 목적으로 테러단체 구성죄에 대하여 무고 또는 위증을 하거나 증거를 날조·인멸·은닉한 사람은 「형법」 제152조부터 제157조까지에서 정한 형에 2분의 1을 가중하여 처벌한다. 범죄수사 또는 정보의 직무에 종사하는 공무원이나 이를 보조하는 사람 또는 이를 지휘하는 사람이 직권을 남용하여 제1항의 행위를 한 때에도 제1항의 형과 같다. 다만, 그 법정형의 최저가 2년 미만일 때에는 이를 2년으로 한다.

III. 통합방위법

1. 개설

통합방위법은 적의 침투·도발이나 그 위협에 대응하기 위하여 국가 총력전의 개념을 바탕으로 국가방위요소를 통합·운용하기 위한 통합방위 대책을 수립·시행하기 위하여 필요한 사항을 규정함을 목적으로 한다.[222]

1997년 1월 13일 법률 제5264호로 적의 침투·도발이나 그 위협 또는 우발상황에 있어서 통합방위태세를 선포하고 국가총력전의 개념 하에 입각하여 민·관·군·경과 향토예비군 및 민방위대 등을 통합·운용하는 등 효율적으로 대응하기 위하여 제정하였다. 이후 2020년 12월 22일 법률 제17686호까지 통합방위대책을 효율적으로 시행하기 위하여 지금까지 21차례 개정하였다.

동법은 전문 7장, 24개조 및 부칙으로 되어 있으며 제1장(총칙), 제2장(통합방위기구 운용), 제3장(경계태세 및 통방밥위 사태), 제4장(통합방위작전 및 훈련), 제5장(국가중요시설 및 취약지역 관리), 제6장(보칙), 제7장(벌칙), 부칙 등이다. 이외에 통합방위법의 시행 등을 규정한 통합방위법시행령[223]이 있다.

---

222 통합방위법 제1조.
223 동법시행령은 1997년 5월 31일 대통령령 제15383호로 제정되어 시행되어 오다가 현재까지 22차에 걸쳐서 개정되어 2022년 11월 1일 대통령령 제32968호로 시행되고 있다.

2. 총칙

1) 정의(제2조)

'통합방위'란 적의 침투·도발이나 그 위협에 대응하기 위하여 각종 국가방위요소를 통합하고 지휘체계를 일원화하여 국가를 방위하는 것을 의미하며, '국가방위요소'란 통합방위작전의 수행에 필요한 국군조직법에 따른 국군, 경찰청·해양경찰청 및 그 소속 기관과 제주특별자치도 설치 및 국제자유도시 조성을 위한 특별법에 따른 자치경찰기구, 국가기관 및 지방자치단체, 향토예비군설치법에 따른 향토예비군, 민방위기본법에 따른 민방위대, 통합방위협의회를 두는 직장 등의 방위전력(防衛戰力) 또는 그 지원 요소를 말한다.

'통합방위사태'란 적의 침투·도발이나 그 위협에 대응하여 선포하는 단계별 사태를 의미하며, '통합방위작전'이란 통합방위사태가 선포된 지역에서 통합방위본부장, 지역군사령관, 함대사령관 또는 지방경찰청장이 국가방위요소를 통합하여 지휘·통제하는 방위작전을 말한다. '지역군사령관'이란 통합방위작전 관할구역에 있는 군부대의 여단장급(旅團長級) 이상 지휘관 중에서 통합방위본부장이 정하는 사람을 의미하며, '갑종사태'란 일정한 조직체계를 갖춘 적의 대규모 병력 침투 또는 대량살상무기(大量殺傷武器) 공격 등의 도발로 발생한 비상사태로서 통합방위본부장 또는 지역군사령관의 지휘·통제 하에 통합방위작전을 수행하여야 할 사태를, '을종사태'란 일부 또는 여러 지역에서 적이 침투·도발하여 단기간 내에 치안이 회복되기 어려워 지역군사령관의 지휘·통제 하에 통합방위작전을 수행하여야 할 사태를, '병종사태'란 적의 침투·도발 위협이 예상되거나 소규모의 적이 침투하였을 때에 지방경찰청장, 지역군사령관 또는 함대사령관의 지휘·통제 하에 통합방위작전을 수행하여 단기간 내에 치안이 회복될 수 있는 사태를 말한다.

'침투'란 적이 특정 임무를 수행하기 위하여 대한민국 영역을 침범한 상태를, '도발'이란 적이 특정 임무를 수행하기 위하여 대한민국 국민 또는 영역에 위해(危害)를 가하는 모든 행위를, '위협'이란 대한민국을 침투·도발할 것으로 예상되는 적의 침투·도발 능력과 기도(企圖)가 드러난 상태를, '방호'란 적의 각종 도발과 위협으로부터 인원·시설 및 장비의 피해를 방지하고 모든 기능을 정상적으로 유지할 수 있도록 보호하는 작전 활동을 말하며, '국가중요시설'이란 공공기관, 공항·항만, 주요 산업시설 등 적에 의하여 점령 또는 파괴되거나 기능이 마비될 경우 국가안보와 국민생활에 심각한 영향을 주게 되는 시설을 말한다.

2) 통합방위태세의 확립(제3조)

정부는 국가방위요소의 육성 및 통합방위태세의 확립을 위하여 필요한 시책을 마련하여야 하며, 각 지방자치단체의 장은 관할구역별 통합방위태세의 확립에 필요한 시책을 마련하여야 하고, 각급 행정기관 및 군부대의 장은 통합방위작전을 원활하게 수행하기 위하여 서로 지원하고 협조하여야 한다. 정부는 통합방위사태의 선포에 따른 통합방위작전에 동원된 예비군의 급식비, 그 밖에 중앙협의회에서 의결한 비용을 예산의 범위에서 해당 지방자치단체에 지원할 수 있다(동법시행령 제4조).

이에 따라 각 중앙관서의 장은 국가방위요소의 육성 및 통합방위태세의 확립을 위하여 소관업무와 대통령이 정하는 바에 따라 필요한 시책을 마련하여야 하며, 각 지방자치단체의 장은 관할구역별 통합방위태세의 확립을 위하여 지역군사령관 및 지방경찰청장 등 관련 기관과 협의하여 지역 통합방위에 필요한 예규를 작성하는 등 필요한 시책을 마련하도록 규정되어 있다.[224]

3. 통합방위기구 운용

1) 중앙 통합방위협의회(제4조)

국무총리 소속으로 중앙 통합방위협의회를 둔다. 동 협의회의 의장은 국무총리가 되고, 위원은 기획재정부장관, 교육부장관, 과학기술정보통신부장관, 외교부장관, 통일부장관, 법무부장관, 국방부장관, 행정안전부장관, 문화체육관광부장관, 농림축산식품부장관, 산업통상자원부장관, 보건복지부장관, 환경부장관, 고용노동부장관, 여성가족부장관, 국토교통부장관, 해양수산부장관, 중소벤처기업부장관, 국무조정실장, 국가보훈처장, 법제처장, 식품의약품안전처장, 국가정보원장 및 통합방위본부장과 그 밖에 지방자치단체의 장

224　동법시행령 제3조.

중에서 동 협의회 의장이 위촉하는 사람, 그 밖에 통합방위에 관한 식견과 경험이 풍부한 사람 중에서 동 협의회 의장이 임명하거나 위촉하는 사람이 되고(동법시행령 제5조), 동 협의회에 간사 1명을 두되 간사는 통합방위본부의 부본부장이 된다(동조 제3항).

그리고 동 협의회의 회의는 의장이 필요하다고 인정할 때에 소집하며, 재적위원 과반수의 출석과 출석위원 과반수의 찬성으로 의결하고, 동 협의회의 의장은 마련한 시책의 국가방위요소별 추진 실적을 평가하고 통합방위태세를 확립하기 위하여 중앙 통합방위회의를 연 1회 이상 개최하여야 한다. 참석 대상은 동 협의회의 의장 및 위원, 방송통신위원회위원장, 특별시·광역시·도·특별자치도 통합방위협의회의 의장, 국가정보원의 지부장, 경찰청장 및 시·도경찰청장, 소방청장 및 소방본부장, 해양경찰청장 및 지방해양경찰청장, 군단장급 이상의 군(軍) 지휘관, 지역군사령관 및 함대사령관, 그 밖에 통합방위본부의 본부장이 선정하는 사람이 된다(동법시행령 제3조 제2항). 통합방위본부장은 중앙 통합방위회의의 의제, 참석 대상, 개최일시, 장소 및 회의 주관자를 선정하고 회의를 준비하고, 시·도 협의회의 의장은 마련한 시책의 국가방위요소별 추진 실적을 평가하고 통합방위태세를 확립하기 위하여 지방 통합방위회의를 연 1회 이상 개최하며, 시·도 협의회의 의장은 지역군사령관, 지방경찰청장, 국가정보원의 지부장 등 관계 기관의 장과 협의하여 회의를 준비하고, 통합방위본부장은 지방 통합방위회의의 준비 및 개최에 필요한 지침을 하달한다(동법시행령 제3조 제3항~제6항).

또한 동 협의회의 심의사항은 ① 통합방위 정책, ② 통합방위작전·훈련 및 지침, ③ 통합방위사태의 선포 또는 해제, ④ 정부 각 부처 및 관계 기관 간의 통합방위와 관련된 업무의 조정, 동원 비용, 그 밖에 동 협의회 위원이 제출하는 안건에 관한 사항이다(동조 제4항). 끝으로 동 협의회의 회의는 의장이 필요하다고 인정할 때에 소집하며, 동 협의회의 회의는 동법시행령에 특별한 규정이 없으면 재적위원 과반수의 출석과 출석위원 과반수의 찬성으로 의결한다(동법시행령 제7조).

2) 지역 통합방위협의회(제5조)

특별시장·광역시장·도지사·특별자치도지사 소속으로 특별시·광역시·도·특별자치도 통합방위협의회(시·도 협의회)를 두고, 그 의장은 시·도지사가 되며, 시장·군수·구청장 소속으로 시·군·구 통합방위협의회를 두고, 그 의장은 시장·군수·구청장이 된다. 시·도 협의회와 시·군·구 통합방위협의회(지역협의회)는 적이 침투하거나 숨어서 활동하기 쉬운 지역(취약지역)의 선정 또는 해제, 통합방위 대비책, 을종사태 및 병종사태의 선포 또는 해제, 통합방위작전·훈련의 지원 대책, 국가방위요소의 효율적 육성·운용 및 지원 대책 등을 심의한다.

지역협의회의 구성은 해당 지역의 작전책임을 담당하는 군부대의 장, 해당 지역 국군 기무부대의 장 또는 그 부대원, 국가정보원의 관계자, 지방검찰청의 검사장·지청장 또는 검사, 지방경찰청장 또는 경찰서장, 해양경찰서장 또는 해양파출소장, 지방교정청장 또는 교정시설의 장, 지방병무관서의 장, 교육감 또는 교육장, 지방의회 의장, 지방소방관서의 장, 지역 재향군인회장, 그 밖에 통합방위에 관한 학식과 경험이 풍부한 사람으로서 지역협의회 의장이 위촉하는 사람 등으로 구성하며(동법시행령 제8조 제1항), 회의는 정기회의와 임시회의로 구분하되 정기회의는 분기마다 한 차례 소집하는 것을 원칙으로 하고 임시회의는 의장이 필요하다고 인정할 때에 소집하며, 의결정족수에 관하여는 중앙협의회에 관련사항을 준용한다(동법시행령 제8조 제2항).

지역협의회의 업무를 효율적으로 처리하기 위하여 지역협의회에 지역협의회의 회의에 부칠 안건의 사전 심의, 지역협의회 의장이 위임하는 사항의 심의, 관계 행정기관 간의 통합방위 업무에 관한 협조 및 조정 업무를 담당하는 지역 통합방위 실무위원회(지역실무위원회)를 두는데 지역실무위원회는 분기마다 한 차례 이상 소집하는 것을 원칙으로 하되, 그 구성 및 운영에 필요한 사항은 지역협의회의 심의를 거쳐 지역협의회 의장이 정한다(동법시행령 제8조 제4항 및 제5항).

3) 직장통합방위협의회(제6조)

직장에는 직장 통합방위협의회(직장협의회)를 두고 그 의장은 직장의 장이 되는데, 직장협의회를 두어야 하는 직장의 범위는 중대급 이상의 예비군 부대가 편성된 직장이며 소대급의 직장예비군 자원(資源)이 있는 직장도 원하는 경우에는 직장협의회를 둘 수 있고 국가중요시설인 직장이 해당된다(동법시행령 제9조).

직장협의회는 해당 직장예비군 부대의 장과 해당 직장의 간부 중에서 의장이 지명하는 사람으로 구성하며, 직장 단위 방위대책 및 그 지원계획의 수립·시행에 관한 사항, 직장예비군의 운영·육성 및 지원에 관한 사항을 심의하고, 회의는 정기회의와 임시회의로 구분하되 정기회의는 분기마다 한 차례 소집하는 것을 원칙으로 하고, 임시회의는 의장이 필요하다고 인정할 때에 소집하며, 회의는 재적위원 과반수의 출석과 출석위원 과반수의 찬성으로 의결한다(동법시행령 제10조).

기타 자유무역지역, 산업단지 내의 직장예비군 자원을 통합하여 예비군 부대를 편성하는 경우에는 해당 산업단지 내에 산업단지 통합방위협의회(산업단지협의회)를 둘 수 있다(동법시행령 제11조). 산업단지협의회는 산업단지 단위의 방위대책 및 그 지원계획에 관한 사항과 산업단지 예비군 부대의 육성·운용 및 경비에 관한 사항을 심의한다(동법시행령 제11조 제3항).

4) 통합방위본부(8조)

합동참모본부에 통합방위본부를 설치하며, 통합방위본부에는 본부장과 부본부장 1명씩을 두되, 통합방위본부장은 합동참모의장이 되고 부본부장은 합동참모본부 합동작전본부장이 된다. 통합방위본부는 통합방위 정책의 수립·조정, 통합방위 대비태세의 확인·감독, 통합방위작전 상황의 종합 분석 및 대비책의 수립, 통합방위작전, 훈련지침 및 계획의 수립과 그 시행의 조정·통제, 통합방위 관계기관 간의 업무 협조 및 사업 집행사항의 협의·조정 등의 사무를 분장한다.

통합방위본부는 통합방위 대비태세의 확인·감독을 효과적으로 수행하기 위하여 국가방위요소에 대한 정기검열 또는 지도방문을 매년 한 차례 정기적으로 실시하고, 필요할 때에는 수시검열 또는 지도방문을 실시한다(동법시행령 제12조 제1항).

통합방위본부에 통합방위에 관한 정부 내 업무 협조와 그 밖에 통합방위 업무의 원활한 수행을 위하여 통합방위 실무위원회(실무위원회)를 두는데 의장은 통합방위본부의 부본부장이 되고, 위원은 통합방위본부장이 지명하는 합동참모본부의 부장급 장교, 각 중앙협의회 위원이 지명하는 소속 국장급 공무원 각 1명, 각 관계 기관의 장이 지명하는 소속 국장급 공무원 각 1명이 되며, 통합방위 대비책, 정부 각 부처 간의 통합방위 업무에 대한 조정, 통합방위 관련 법규의 개정에 관한 사항, 포상 및 문책에 관한 사항 등을 심의하며, 회의는 정기회의와 임시회의로 구분하되, 정기회의는 분기마다 한 차례 소집하는 것을 원칙으로 하고, 임시회의는 의장이 필요하다고 인정할 때에 소집하며, 회의는 재적위원 과반수의 출석과 출석위원 과반수의 찬성으로 의결한다(동법시행령 제13조).

5) 통합방위 지원본부(제9조)

시·도지사 소속으로 시·도 통합방위 지원본부를 두고, 시장·군수·구청장·읍장·면장·동장 소속으로 시·군·구·읍·면·동 통합방위 지원본부를 두며, 각 통합방위 지원본부는 관할지역별로 통합방위작전 및 훈련에 대한 지원계획의 수립·시행, 통합방위 종합상황실의 설치·운영, 국가방요소의 육성·지원, 통합방위 취약지역을 대상으로 한 주민신고 체제의 확립, 그 밖에 통합방위작전과 관련된 동원 업무의 지원, 지역 합동보도본부 설치의 지원, 지역협의회에서 심의·의결한 사항의 시행 등의 사무(동법시행령 제17조)를 분장한다.

각 통합방위 지원본부는 상황실과 분야별 지원반으로 구성하며, 분야별 지원반은 총괄, 인력·재정 동원, 산업·수송·장비 동원, 의료·구호, 보급·급식, 통신·전산, 홍보 등의 분야로 구성하되, 각 지역별 특성에 적합하도록 조정할 수 있고, 각 통합방위 지원본부의 본부장은 특별시·광역시·도·특별자치도·시·군·자치구의 경우에는 부기관장이 되고, 읍·면·동의 경우에는 각각 읍장·면장·동장이 되며, 각 통합방위 지원본부는 특별시·광역시·도·특별자치도·시·군·자치구·읍·면·동의 주사무소에 둔다(동법시행령 제18조).

통합방위 종합상황실은 각 통합방위 지원본부의 상황실과 군·경합동상황실(합동상황실)로 구성하며, 합동상황실은 각 통합방위 지원본부에 설치하는 것을 원칙으로 하되, 분리하여 설치하는 경우에는 지휘, 통신 및 협조의 용이성과 지역의 특성 등을 고려하여 군부대 또는 국가경찰관서 중 가장 효과적인 장소에 설치하여야 하며, 인접한 둘 이상의 시·군 또는 자치구를 하나의 군부대나 경찰서가 관할하고 있는 경우에는 해당 시·군 또는 자치구의 합동상황실은 하나의 장소에 통합하여 설치할 수 있다(동법시행령 제15조).

통합방위 종합상황실은 통합방위사태가 선포된 때와 통합방위태세의 확립을 위한 주요 훈련을 실시할 때에 운영하며, 합동상황실은 해당 지역의 작전책임을 담당하는 군부대의 장 또는 해당 지역 국가경찰관서장의 책임하에 운영한다(동법시행령 제16조).

6) 합동보도본부(제10조)

작전지휘관은 언론기관의 취재 활동을 지원하여야 하고, 작전지휘관은 통합방위 진행 상황 및 대국민 협조사항 등을 알리기 위하여 필요하면 합동보도본부를 설치·운영할 수 있으며, 통합방위본부장은 통합방위사태 선포 시 통합방위본부에 중앙 합동보도본부를 설치하고(동법시행령 제20조 제1항), 지역군사령관, 함대사령관 또는 지방경찰청장은 통합방위사태 선포 구역의 작전지휘관으로 지정된 경우에는 지역 합동보도본부를 설치한다(동법시행령 제20조 제2항).

통합방위작전을 수행할 때에 병력 또는 장비의 이동·배치·성능이나 작전계획에 관련된 사항은 공개하지 아니한다. 다만, 통합방위작전의 수행에 지장을 주지 아니하는 범위에서 국민이나 지역 주민에게 알릴 필요가 있는 사항은 그러하지 아니하다(동조 제3항).

취재 활동을 지원하기 위하여 작전지휘관(통합방위본부장, 지역군사령관, 함대사령관 또는 지방경찰청장)은 1일 한 차례 이상 통합방위작전의 진행 상황을 합동보도본부를 통하여 취재기자단에 제공하여야 하며, 통합방위작전의 진행 상황에 대한 취재를 원하는 언론기관은 작전지휘관에게 취재기자의 명단을 통보하여야 하며, 작전지휘관은 특별한 사정이 없으면 통보된 취재기자에게 작전지휘관이 정한 식별표지를 제공하여야 한다(동법시행령 제19조 제1항 및 제2항).

작전지휘관은 식별표지를 착용한 취재기자에 대하여 작전지휘관이 정한 취재허용지역의 범위에서 자유로운 취재 활동을 보장하여야 하나 작전지휘관이 취재 활동이 통합방위작전에 지장을 준다고 인정되는 경우에는 취재 활동을 제한할 수 있으며(동법시행령 제19조 제3항), 통합방위작전의 상황 및 그 경과에 따라 작전지휘관은 통합방위작전의 효율적인 수행을 위하여 필요한 경우에는 적의 구체적인 침투·도발 행위의 내용과 아군(我軍)의 통합방위작전 상황 등의 내용을 필요한 기간 동안 공개하지 아니할 수 있다(동법시행령 제19조 제5항).

4. 경계태세 및 통합방위사태

1) 경계태세(제11조)

군부대의 장 및 경찰관서의 장(발령권자)은 적의 침투·도발이나 그 위협이 예상될 경우 통합방위작전을 준비하기 위하여 경계태세를 발령할 수 있으며, 경계태세는 적의 침투·도발 상황을 고려하여 경계태세 3급, 경계태세 2급, 경계태세 1급으로 구분하여 발령할 수 있다. 경계태세가 발령된 때에는 해당 지역의 국가방위요소는 적의 침투·도발이나 그 위협에 대응하기 위하여 필요한 지휘·협조체계를 구축하여야 하고, 발령권자는 경계태세 상황이 종료되거나 상급 지휘관의 지시가 있는 경우 경계태세를 해제하여야 하고, 통합방위사태가 선포된 때에는 경계태세는 해제된 것으로 본다.[225]

2) 통합방위사태의 선포(제12조)

통합방위사태는 갑종사태, 을종사태 또는 병종사태로 구분하여 선포하며, 대통령이 통합방위사태를 선포한 때에는 지체 없이 그 사실을 국회에 통고하고, 시·도지사가 통합방위사태를 선포한 때에는 지체 없이 그 사실을 시·도의회에 통고하며, 대통령 또는 시·도지사가 통고를 할 때에 국회 또는 시·도의회가 폐회 중이면 그 소집을 요구하여야 한다(동법 제13조).

통합방위사태를 선포하거나 해제하는 경우에는 중앙협의회 또는 시·도 협의회에서 재적 위원 과반수의 출석과 출석위원 3분의 2 이상의 찬성을 얻어야 하며, 통합방위사태의 선포권자 또는 해제권자는 통합방위사태를 선포하거나 해제하는 경우에는 관계 지방자치단체의 장에게 통합방위사태를 선포하거나 해제한 사실을 서면으로 통지하고, 그 사실을 해당 지역의 시·군·자치구·읍·면·동의 게시판을 통하여 공고하도록 하며, 각 신문·방송에 보도되도록 하여야 한다(동법시행령 제24조).

---

225 동법 제11조, 동법시행령 제22조.

5. 통합방위작전 및 훈련

1) 통합방위작전(15조)

통합방위작전의 관할구역은 지상 관할구역, 해상 관할구역, 공중 관할구역 등으로 구분하며, 갑종사태가 선포된 때는 통합방위본부장 또는 지역군사령관이 모든 국가방위요소를 작전통제하여 통합방위작전을 수행하고, 을종사태가 선포된 때에는 지역군사령관이 모든 국가방위요소를 작전통제하여 통합방위작전을 수행하고, 병종사태가 선포된 때는 경찰관할지역은 시·도경찰청장이 민방위대 자원 및 지역군사령관으로부터 위임받은 군 작전요소를 작전통제하여 통합방위작전을 수행하고, 특정경비지역 및 군관할지역은 지역군사령관이 관할지역 안의 모든 국가방위요소를 작전통제하여 통합방위작전을 수행하며, 특정경비해역 및 일반경비해역은 함대사령관이 관할지역 안의 모든 국가방위요소를 작전통제하여 통합방위작전을 수행한다(동법시행령 제25조 제1항).

이 때 통합방위작전을 수행하는 시·도경찰청장은 통합방위작전을 효율적으로 수행하기 위하여 필요한 경우 지역군사령관에게 작전지원을 요청할 수 있으며(동법시행령 제25조 제4항), 작전지원을 요청받은 지역군사령관은 군 작전지원반을 편성하여 지원할 수 있다(동법시행령 제25조 제5항).

국가중요시설의 관리자는 통합방위사태가 선포된 경우 자체 경비·보안 및 방호를 강화하고, 적의 침투에 대비하여 대비책을 수립·시행하며, 대대(大隊) 단위 지역책임 부대장 및 경찰서장과 협조하여 방호태세를 확립한다(동법시행령 제25조 제6항).

행정안전부장관, 국가정보원장, 경찰청장 및 해양경찰청장은 통합방위사태가 선포된 경우 국가방위요소 간 협조체제를 유지하기 위하여 5급 이상의 공무원을 연락관으로 임명하여 통합방위본부 군사상황실에 상주시키고, 그 밖의 관련 기관은 통합방위본부장이 요청하는 경우에 연락관을 파견한다(동법시행령 제25조 제7항).

2) 대피명령(제17조)

시·도지사 또는 시장·군수·구청장은 통합방위사태가 선포된 때에는 인명·신체에 대한 위해를 방지하기 위하여 필요한 통제구역을 설정하고(동법 제16조 재1항), 즉시 작전지역에 있는 주민이나 체류 중인 사람에게 대피할 것을 명할 수 있으며(동조 제1항), 대피명령은 방송·확성기·벽보, 텔레비전·라디오 또는 유선방송 등의 방송, 중앙 및 지방의 일간신문에의 게재, 해당 지방자치단체의 인터넷 홈페이지에 게시, 인터넷 홈페이지에 게시, 사회 관계망 서비스(Social Network Service)에 게시, 전단 살포, 비상연락망을 통한 구두전달, 타종(打鐘), 경적(警笛) 또는 신호기(信號旗)의 게양, 휴대전화 긴급 문자메시지의 방법에 따라 공고하여야 한다(동법시행령 제28조).

3) 통합방위훈련(제20조)

통합방위본부장은 효율적인 통합방위작전 수행 및 지원에 대한 절차를 숙달하기 위하여 대통령이 정하는 바에 따라 국가방위요소가 참여하는 통합방위훈련을 실시한다.

6. 국가중요시설 및 취약시설 관리

1) 국가중요시설의 경비·보안 및 방호(제21조)

국가중요시설의 관리자는 경비·보안 및 방호책임을 지며, 통합방위사태에 대비하여 자체방호계획을 수립하고, 자체방호계획을 수립하기 위하여 필요하면 시·도경찰청장 또는 지역군사령관에게 협조를 요청할 수 있으며 시·도경찰청장 또는 지역군사령관은 통합방위사태에 대비하여 국가중요시설에 대한 방호지원계획을 수립·시행하여야 한다(동조 제1항).

국가중요시설의 경비·보안 및 방호를 위하여 국가중요시설의 관리자, 시·도경찰청장, 지역군사령관 및 대대 단위 지역책임 부대장은 다음 각 호의 구분에 따른 업무를 수행하여야 한다(동법시행령 제32조). ① 관리자의 경우에는 청원경찰, 특수경비원, 직장예비군 및 직장민방위대 등 방호인력, 장애물 및 과학적인 감시 장비를 통합하는 것을 내용으로 하는 자체방호계획의 수립·시행. 이 경우 자체방호계획에는 관리자 및 특수경비업자의 책임하에 실시하는 통합방위법령과 시설의 경비·보안 및 방호 업무에 관한 직무교육과 개인화기

(個人火器)를 사용하는 실제의 사격훈련에 관한 사항이 포함되어야 하고, 국가중요시설의 자체방호를 위한 통합상황실과 지휘·통신망의 구성 등 필요한 대비책을 마련해야 한다. ② 시·도경찰청장 및 지역군사령관의 경우에는 관할 지역 안의 국가중요시설에 대하여 군·경찰·예비군 및 민방위대 등의 국가방위요소를 통합하는 것을 내용으로 하는 방호지원 계획의 수립·시행. 이 경우 경찰은 경찰서 단위의 방호지원계획을 수립·시행하고 군은 대대 단위의 방호지원계획을 수립·시행하여야 한다. ③ 관리자, 대대 단위 지역책임 부대장 및 경찰서장은 국가중요시설의 방호를 위한 역할분담 등에 관한 협정을 체결하고, 자체방호계획 또는 대대 단위나 경찰서 단위의 방호지원계획을 작성하거나 변경하는 때에는 그 사실을 서로 통보한다.

마지막으로 국가중요시설의 평시 경비·보안활동에 대한 지도·감독은 관계 행정기관의 장과 국가정보원장이 수행하며, 국가중요시설은 국방부장관이 관계 행정기관의 장 및 국가정보원장과 협의하여 지정한다(동조 제3항 및 제4항).

2) 취약지역의 선정 및 관리(제22조)

시·도지사는 ① 교통·통신시설이 낙후되어 즉각적인 통합방위작전이 어려운 오지(奧地) 또는 벽지(僻地), ② 간첩이나 무장공비가 침투한 사실이 있거나 이들이 숨어서 활동하기 쉬운 지역, ③ 적이 저공(低空) 침투하거나 저속 항공기가 착륙하기 쉬운 탁 트인 곳 또는 호수(폭 30미터 이상, 길이 250미터 이상 〈길이 방향으로 전·후에 장애물이 없는 경우에는 길이 200미터 이상을 말함〉의 규모, 탁 트인 곳의 경사도는 정방향으로 12도 이내, 좌·우측 방향으로 5도 이내, 호수는 수심 80센티미터 이상)(동법시행령 제33조), ④ 그 밖에 해역, 해안 및 섬 등의 지역 중 적이 침투하거나 숨어서 활동하기 쉬운 지역(동법시행령 제34조 제1항)을 매년 분석하여 시·도 협의회의 심의를 거쳐 취약지역으로 선정하거나 선정된 취약지역을 해제할 수 있으며, 선정하거나 해제한 결과를 통합방위본부장에게 통보하여야 한다(동조 제1항).

그리고 시·도지사는 앞의 규정에 따라 선정된 취약지역에 장애물을 설치하는 등 취약지역의 통합방위를 위하여 필요한 대비책을 마련하여야 하며, 지역군사령관은 취약지역 중 방호 활동이 필요하다고 인정되는 해안 또는 강안(江岸)에 철책 등 차단시설을 설치하고 다음과 같이 민간인의 출입을 제한할 수 있다(동조 제3항 및 제4항).

지역군사령관, 함대사령관 및 지방경찰청장은 매년 관할구역 중 상기에 해당하는 지역에 대하여 지형의 특성, 적의 침투에 취약한 요소 및 지역개발에 따른 통합방위환경의 변화 실태 등을 검토·분석하여 특별시장·광역시장·도지사·특별자치도지사에게 그 내용을 통보하여야 하고(동법시행령 제34조 제2항), 시·도지사는 취약지역을 선정하거나 선정된 취약지역을 해제하는 경우에는 상기에 따라 통보받은 내용 및 그 지역에 대한 자체분석 결과를 고려하고, 시·도 협의회의 심의를 거쳐야 한다(동법시행령 제34조 제3항).

지역군사령관이 취약지역에 차단시설을 설치하여 민간인의 출입을 제한하려면 미리 시·도지사에게 그 사실을 통보하여야 하고, 별표의 표지를 철책 등의 차단시설에 300미터 이내의 간격으로 부착하여야 하며, 지역군사령관은 차단시설이 설치된 취약지역에 출입하려는 민간인에 대해서는 인적사항, 출입목적 및 출입지역을 확인하여 출입제한 조치를 할 수 있다(동법시행령 제35조 제1항).

상기의 규정에 따른 취약지역의 통합방위 대비책에 관한 ① 일반적인 사항으로서 취약지역의 도로 개설에 대한 연차계획, 통합방위작전을 위한 통신망의 확보·유지, 취약지역 내 주민 신고망의 조직, 관계 기관과의 협조하에 적 침투전술 및 신고요령에 대한 계몽과 홍보 활동, 거동이 수상한 사람의 식별 및 신고를 위한 주기적 신고 훈련, 취약지역에 대한 대민 의료 활동 및 봉사 활동의 실시, ② 저속 항공기가 착륙하기 쉬운 탁 트인 곳에 대해서는 10년생 이상의 입목(立木), 모래벙커 또는 연못, 이동식 장애물(바리케이드, 철침, 1미터 50센티미터 이상 높이의 와이어로프 또는 장애물로서 효과가 있는 차량 등을 말함) 그 밖에 장애물로 활용할 수 있는 체육·문화시설 등의 구조물의 어느 하나에 해당하는 장애물의 설치(이 경우 장애물은 통합방위본부장이 정하는 규격에 따르되, 이동식 장애물은 평시에 제작·확보하고 그 설치 방법을 자세히 알도록 하여 유사시 바로 설치할 수 있도록 하며, 그 설치·운용을 위하여 필요할 때에는 지역군사령관의 통제를 받도록 하여야 함), ③ 호수에 대해서는 자체적으로 실시하는 수상 순찰활동 등 대비책의 시행사항이 포함되어야 한다(동법시행령 제36조).

IV. 항공보안법

1. 개설

항공보안법은 국제민간항공협약 등 국제협약에 따라 공항시설, 항행안전시설 및 항공기 내에서의 불법행위를 방지하고 민간항공의 보안을 확보하기 위한 기준·절차 및 의무사항 등을 규정함을 목적으로 한다.[226]

최초에는 '항공기운항안전법'이 1974년 12월 26일 법률 제2742호로 항공기에 대한 범죄 특히 운항 중 납치사건이 빈번하게 발생됨을 감안하여 국제적 노력의 결과 각국은 국제협약을 받아들여 국내입법하고 있는 추세에 비추어 대한민국에서도 이를 입법화함으로써 항공기의 안전운항기준과 대형화하는 항공기의 발달에 따른 범죄양태 구성요건과 형량을 규정하려는 목적으로 제정하였다.

2001년 미국 9·11 테러 발생 이후 항공기운항안전법의 운영과정에서 나타난 일부 미비점을 개선·보완하기 위하여 2002년 8월 26일 법률 제6734호로 개정하면서 동법의 명칭을 '항공안전 및 보안에 관한 법률'로 변경하였고, 2013년 4월 5일 법률 제11753호에서는 항공보안 업무에 관한 내용을 체계적으로 규율하기 위하여 법의 제명을 '항공보안법'으로 변경하여 현재 2021년 7월 21일 법률 제18354호까지 34회 개정하였다.

동법은 전문 8장 51조문과 부칙으로 되어 있으며 제1장(총칙), 제2장(항공보안협의회 등), 제3장(공항·항공기 등의 보안), 제4장(항공기 내의 보안), 제5장(항공보안장비 등), 제6장(항공보안 위협에 대한 대응), 제7장(보칙), 제8장(벌칙) 그리고 부칙 등으로 구성되어 있다.

이외에 항공보안법의 시행을 규정한 '항공보안법 시행령'[227]과 '항공보안법 시행규칙'이 있다.[228]

---

226 항공보안법 제1조.
227 동법 시행령은 2002년 11월 29일 대통령령 제17790호 '항공안전및보안에관한법률시행령'으로 제정되어 시행되어 오다가 현재 2022년 1월 25일 대통령령 제32369호로 31차에 걸쳐서 개정되었다.
228 동법 시행규칙은 2002년 8월 30일 건설교통부령 제326호 '항공기운항안전법시행규칙'으로 제정되어 시행되어 오다가 현재 2022년 1월 28일 국토교통부령 제1101호로 25차에 걸쳐서 개정되었다.

2. 총칙

1) 정의(제2조)

'운항중'은 승객이 탑승한 후 항공기의 모든 문이 닫힌 때부터 내리기 위하여 문을 열 때까지를 말하며, '공항운영자'는 인천국제공항공사와 한국공항공사를 말하고, '항공운송사업자'는 면허를 받은 국내항공운송사업자 및 국제항공운송사업자, 등록을 한 소형항공운송사업자 및 허가를 받은 외국인국제항공운송업자를 말한다.

'항공기취급업체'는 항공기 취급업을 등록한 업체를 말하며, '항공기정비업체'란 항공기정비업을 등록한 업체를 말하고, '공항상주업체'는 공항에서 영업을 행할 목적으로 공항운영자와 시설이용계약을 맺은 개인 또는 법인을 말하며, '항공기내보안요원'이라 함은 항공기 내의 불법방해행위를 방지하는 직무를 담당하는 사법경찰관리 또는 그 직무를 위하여 항공운송사업자가 지명하는 사람을 말한다.

'불법방해행위'는 항공기 안전운항을 저해할 우려가 있거나 운항을 불가능하게 하는 행위로서 ① 지상에 있거나 운항중인 항공기를 납치하거나 납치를 시도하는 행위, ② 항공기 또는 공항에서 사람을 인질로 삼는 행위, ③ 항공기, 공항 및 항행안전시설을 파괴하거나 손상시키는 행위, ④ 항공기, 항행안전시설 및 보호구역[229]에 무단 침입하거나 운영을 방해하는 행위, ⑤ 범죄의 목적으로 항공기 또는 보호구역 내로 무기 등 위해물품(危害物品)[230]을 반입하는 행위, ⑥ 지상에 있거나 운항중인 항공기의 안전을 위협하는 거짓 정보를 제공하는 행위 또는 공항 및 공항시설 내에 있는 승객, 승무원, 지상근무자의 안전을 위협하는 거짓 정보를 제공하는 행위, ⑦ 사람을 사상(死傷)에 이르게 하거나 재산 또는 환경에 심각한 손상을 입힐 목적으로 항공기를 이용하는 행위, ⑧ 그 밖에 동 법에 따라 처벌받는 행위 등을 의미한다.

"보안검색"이란 불법방해행위를 하는 데에 사용될 수 있는 무기 또는 폭발물 등 위험성이 있는 물건들을 탐지 및 수색하기 위한 행위를 말하고, "항공보안검색요원"이란 승객, 휴대물품, 위탁수하물, 항공화물 또는 보호구역에 출입하려고 하는 사람 등에 대하여 보안

---

229 보안검색이 완료된 구역, 활주로, 계류장 등.
230 무기류, 탄저균 또는 천여두균 등의 생화학무기, 도검류, 폭발물, 독극물, 연소성이 높은 물건 등.

검색을 하는 사람을 말하며, "장비운영자"란 보안검색을 실시하기 위하여 항공보안장비를 설치·운영하는 공항운영자, 항공운송사업자, 화물터미널운영자, 상용화주 및 그 밖에 국토교통부령으로 정하는 자를 말한다.

2) 국제협약(제3조)

민간항공의 안전 및 보안을 위하여 동 법 외에 항공기 내에서 범한 범죄 및 기타 행위에 관한 협약, 항공기의 불법납치 억제를 위한 협약, 민간항공의 안전에 대한 불법적 행위의 억제를 위한 협약, 민간항공의 안전에 대한 불법적 행위의 억제를 위한 협약을 보충하는 국제민간항공에 사용되는 공항에서의 불법적 폭력행위의 억제를 위한 의정서, 가소성 폭약의 탐지를 위한 식별조치에 관한 협약과 항공안전 및 보안에 관련된 다른 국제협약이 있는 경우에는 그 협약에 따른다.

3) 국가의 책무(제4조)와 공항운영자의 협조의무(제5조)

국토교통부장관은 민간항공의 보안에 관한 계획 수립, 관계 행정기관 간 업무 협조체제 유지, 공항운영자·항공운송사업자·항공기취급업체·항공기정비업체·공항상주업체 및 항공여객·화물터미널운영자 등의 자체 보안계획에 대한 승인 및 실행점검, 항공보안 교육훈련계획의 개발 등의 업무를 수행하며, 공항운영자, 항공운송사업자, 항공기취급업체, 항공기정비업체, 공항상주업체, 항공여객·화물터미널운영자, 공항이용자, 국토교통부장관의 허가를 받아 비행장 또는 항행안전시설을 설치한 자는 항공보안을 위한 국가의 시책에 협조하여야 한다.

3. 항공보안협의회

1) 항공보안협의회(제7조)

국토교통부에 항공보안에 관한 계획의 협의, 관계 행정기관 간 업무 협조, 자체보안계획의 승인을 위한 협의,[231] 그 밖에 항공보안을 위하여 항공보안협의회의 장이 필요하다고 인정하는 사항을 협의하기 위하여 항공보안협의회를 둔다.

항공보안협의회는 위원장 1명을 포함한 20명 이내의 위원으로 구성하며(동법 시행령 제2조 제1항), 보안협의회 위원장은 국토교통부 항공정책실장이 되고, 외교부·법무부·국방부·문화체육관광부·농림축산식품부·보건복지부·국토교통부·국가정보원·관세청·경찰청 및 해양경찰청의 고위공무원단 또는 이에 상당하는 직급의 공무원 중 소속 기관의 장이 지명하는 사람 각 1명과 항공보안에 관한 학식과 경험이 풍부한 사람·공항운영자 또는 항공운송사업자를 대표하는 사람 중 국토교통부장관이 위촉하는 사람[232]으로 구성한다(동조 제2항).

2) 지방항공보안협의회(제8조)

지방항공청장은 관할 공항별로 항공보안에 관한 사항을 협의하기 위하여 지방항공보안협의회를 두며, 지방항공보안협의회는 위원장 1명을 포함한 20명 이내의 위원으로 구성한다(동법시행령 제3조 제1항).

지방보안협의회의 위원장은 해당 공항을 관할하는 지방항공청장 또는 지방항공청장이 소속 공무원 중에서 지명하는 사람이 되며, 위원은 해당 공항에 상주(常住)하는 정부기관의 소속 직원 각 1명, 해당 공항운영자가 추천하는 소속 직원 1명, 해당 공항에 상주하는 항공운송사업자가 추천하는 소속 직원 각 1명, 항공보안을 위하여 위원장이 위촉하는 사람이 된다(동조 제2항), 다만 위촉위원의 임기는 2년으로 한다(동조 제4항).

지방보안협의회는 ① 자체 보안계획의 수립 및 변경에 관한 사항, ② 공항시설의 보안

---

231 보안협의회의 협의대상인 자체 보안계획은 공항운영자의 자체 보안계획의 수립 및 변경과 항공운송사업자(국내항공운송사업자 및 국제항공운송사업자만 해당한다)의 자체 보안계획의 수립 및 변경이다 (동법시행령 제2조 제8항).
232 위촉위원의 임기는 2년으로 한다 (동법시행령 제2조 제3항).

에 관한 사항, ③ 항공기의 보안에 관한 사항, ④ 자체 우발계획의 수립·시행에 관한 사항, ⑤ 공항 및 항공기의 보안에 관한 사항 등을 협의하고, 위원장은 위 사항들을 협의한 경우에는 국토교통부장관에게 보고하여야 한다(동법시행령 제4조).

3) 항공보안 기본계획(제9조)

국토교통부장관은 항공보안에 관한 기본계획을 5년마다 수립하고, 그 내용을 공항운영자, 항공운송사업자, 항공기취급업체, 항공기정비업체, 공항상주업체, 항공여객·화물터미널운영자, 그 밖에 공항운영자[233] 등에게 통보하여야 하며, 변경하는 경우에도 통보하여야 한다(동법 시행령 제5조 제3항)

기본계획에는 ① 국내외 항공보안 환경의 변화 및 전망, ② 국내 항공보안 현황 및 경쟁력 강화에 관한 사항, ③ 국가 항공보안정책의 목표, 추진방향 및 단계별 추진계획, ④ 항공보안 전문인력의 양성 및 항공보안 기술의 개발에 관한 사항, ⑤ 그 밖에 항공보안 발전을 위하여 필요한 사항 등 항공보안에 관한 종합적이고 장기적인 추진방향이 포함되어야 하고(동법시행령 제5조 제1항), 국토교통부장관은 기본계획에 따라 항공보안 업무를 수행하기 위하여 매년 항공보안에 관한 시행계획을 수립·시행하여야 한다.

국토교통부장관은 기본계획을 수립하거나 변경하고자 하는 때에는 관계 행정기관과 미리 협의하여야 하고, 기본계획 및 시행계획의 수립을 위하여 필요하다고 인정하는 경우에는 관계 기관, 단체 또는 전문가로부터 의견을 듣거나 필요한 자료의 제출을 요청할 수 있다.

4) 국가항공보안계획 등의 수립(제10조)

국토교통부장관은 항공보안 업무를 수행하기 위하여 국가항공보안계획을 수립·시행하여야 하고, 공항운영자등은 국가항공보안계획에 따라 자체 보안계획을 수립하거나 수립된 자체 보안계획을 변경하려는 경우에는 국토교통부장관의 승인을 받아야 한다.

다만, 기관 운영에 관한 일반현황의 변경, 기관 및 부서의 명칭 변경, 항공보안에 관한

---

[233] 공항운영자 등이란 도심공항터미널업자, 공항시설내에서 지정된 보호구역에 상주하는 교육기관·항공기사용사업을 하는 자·비행기나 헬리콥터를 소유하거나 임차해서 사용하는 자·항공종사자 전문교육기관, 검색장비, 항공보안검색요원 등을 갖춘 화주 도는 항공화물을 포장하여 보관 및 운송하는 자인 상용화주를 의미한다(동법시행령 제3조).

법령, 고시 및 지침 등의 변경사항 반영 등의 경미한 사항인 경우에는 국토교통부장관의 승인을 받지 않지만 국토교통부장관 또는 지방항공청장에게 그 사실을 즉시 통보하여야 한다(동법시행령 제3조의7).

국가항공보안계획에는 ① 공항운영자등의 항공보안에 대한 임무, ② 항공보안장비의 관리, ③ 항공보안에 관한 업무수행자의 교육훈련, ④ 민간항공에 대한 불법방해행위에 신속하게 대응하기 위한 국가항공보안 우발계획, ⑤ 항공보안 감독에 따른 점검업무, ⑥ 항공보안에 관한 국제협력, ⑦ 그 밖에 항공보안에 관한 필요사항 등이 포함되어야 한다(동법시행령 제3조의2 제1항).

공항운영자가 수립하는 자체 보안계획에는 ① 항공보안업무 담당 조직의 구성·세부업무 및 보안책임자의 지정, ② 항공보안에 관한 교육훈련, ③ 항공보안에 관한 정보의 전달 및 보고 절차, ④ 공항시설의 경비대책, ⑤ 보호구역 지정 및 출입통제, ⑥ 승객·휴대물품 및 위탁수하물에 대한 보안검색, ⑦ 통과 승객·환승 승객 및 그 휴대물품·위탁수하물에 대한 보안검색, ⑧ 승객의 일치여부 확인 절차, ⑨ 항공보안검색요원의 운영계획, ⑩ 법 제12조에 따른 보호구역 밖에 있는 공항상주업체의 항공보안관리 대책, ⑪ 항공보안장비의 관리 및 운용, ⑫ 보안검색 실패 등에 대한 대책 및 보고·전달체계, ⑬ 보안검색 기록의 작성·유지, ⑭ 공항별 특성에 따른 세부 보안기준 등의 사항을 포함시켜 자체 보안계획을 승인받고, 승인받은 경우에는 관련 기관, 항공운송사업자 등에게 관련 사항을 통보하여야 한다(동법시행령 제3조의4).

항공운송사업자가 수립하는 자체 보안계획에는 ① 항공보안업무 담당 조직의 구성·세부업무 및 보안책임자의 지정, ② 항공보안에 관한 교육훈련, ③ 항공보안에 관한 정보의 전달 및 보고 절차, ④ 항공기 정비시설 등 항공운송사업자가 관리·운영하는 시설에 대한 보안대책, ⑤ 항공기 보안에 관한 사항[234], ⑥ 기내식 및 저장품에 대한 보안대책, ⑦ 항공보안검색요원 운영계획, ⑧ 보안검색 실패 대책보고, ⑨ 항공화물 보안검색 방법, ⑩ 보안검색기록의 작성·유지, ⑪ 항공보안장비의 관리 및 운용, ⑫ 화물터미널 보안대책[235], ⑬ 운

---

[234] 항공기 보안에 관한 사항으로 항공기에 대한 경비대책, 비행 전·후 항공기에 대한 보안점검, 계류(繫留)항공기에 대한 탑승계단, 탑승교, 출입문, 경비요원 배치에 관한 보안 및 통제 절차, 항공기 운항중 보안대책, 승객의 협조의무를 위반한 사람에 대한 처리절차, 수감 중인 사람 등의 호송 절차, 범인의 인도·인수 절차, 항공기내보안요원의 운영 및 무기운용 절차, 국외취항 항공기에 대한 보안대책, 항공기에 대한 위협 증가 시 항공보안대책, 조종실 출입절차 및 조종실 출입문 보안강화대책, 기장의 권한 및 그 권한의 위임절차, 기내 보안장비 운용절차 등이다.
[235] 화물터미널을 관리 운영하는 항공운송사업자만 해당한다.

송정보의 제공 절차, ⑭ 위해물품 탑재 및 운송절차, ⑮ 보안검색이 완료된 위탁수하물에 대한 항공기에 탑재되기 전까지의 보호조치 절차, ⑯ 승객 및 위탁수하물에 대한 일치여부 확인 절차, ⑰ 승객 일치 확인을 위해 공항운영자에게 승객 정보제공, ⑱ 항공기 탑승 거절절차, ⑲ 항공기 이륙 전 항공기에서 내리는 탑승객 발생 시 처리절차, ⑳ 비행서류의 보안관리 대책, ㉑ 보호구역 출입증 관리대책, ㉒ 그 밖에 항공보안에 관하여 필요한 사항이 포함되어야 하고, 외국국적 항공운송사업자가 수립하는 자체 보안계획은 영문 및 국문으로 작성되어야 한다(동법시행령 제3조의5).

항공기취급업체·항공기정비업체·공항상주업체,[236] **항공여객·화물터미널 운영자 및 도심공항터미널을 경영하는 자가 수립하는 자체 보안계획**에는 ① 항공보안업무 담당 조직의 구성·세부업무 및 보안책임자의 지정, ② 항공보안에 관한 교육훈련, ③ 항공보안에 관한 정보의 전달 및 보고 절차, ④ 보호구역 출입증 관리 대책, ⑤ 해당 시설 경비보안 및 보안검색 대책, ⑥ 항공보안장비 관리 및 운용, ⑦ 그 밖에 항공보안에 관한 사항이 포함되어야 한다(동법시행령 제3조의6).

4. 공항·항공기 등의 보안

1) 공항시설 등의 보안(제11조)

공항운영자는 공항시설과 항행안전시설에 대하여 보안에 필요한 조치를 하여야 하고, 보안검색이 완료된 승객과 완료되지 못한 승객 간의 접촉을 방지하기 위한 대책을 수립·시행하여야 하고, 보안검색을 거부하거나 무기·폭발물 또는 그 밖에 항공보안에 위협이 되는 물건을 휴대한 승객 등이 보안검색이 완료된 구역으로 진입하는 것을 방지하기 위한 대책을 수립·시행하여야 한다.

공항운영자는 ① 보안검색이 완료된 구역, ② 출입국심사장, ③ 세관검사장, ④ 관제탑 등 관제시설, ⑤ 활주로 및 계류장,[237] ⑥ 항행안전시설 설치지역, ⑦ 화물청사, ⑧ 제4호부

---

236 보호구역 안에 있는 업체만 해당한다.
237 항공운송사업자가 관리·운영하는 정비시설에 부대하여 설치된 계류장은 제외한다.

터 제7호 지역의 부대지역을 국토교통부장관의 승인을 받아 보호구역으로 지정한다(동법시행령 제4조).

2) 승객의 안전 및 항공기의 보안(제14조)

항공운송사업자는 승객의 안전 및 항공기의 보안을 위하여 승객이 탑승한 항공기를 운항하는 경우 항공기내보안요원을 탑승시키고, 조종실 출입문의 보안을 강화하고 운항중에는 허가받지 아니한 사람의 조종실 출입을 통제하는 등 항공기에 대한 보안조치를 하여 매 비행 전에 항공기에 대한 보안점검을 하여야 한다.

항공운송사업자는 여객기의 보안강화 등을 위하여 ① 조종실 출입통제 절차를 마련, ② 객실에서 조종실 출입문을 임의로 열 수 없는 견고한 잠금장치 설치, ③ 조종실 출입문열쇠 보관방법 규정, ④ 운항중에는 조종실 출입문을 잠그는 등의 보안조치를 하여야 한다(동법시행규칙 제7조 제1항).

항공운송사업자는 항공기의 보안을 위하여 ① 항공기의 외부 점검, ② 객실, 좌석, 화장실, 조종실 및 승무원 휴게실 등에 대한 점검, ③ 항공기의 정비 및 서비스 업무 감독, ④ 항공기에 대한 출입 통제, ⑤ 위탁수하물, 화물 및 물품 등의 선적 감독, ⑥ 승무원 휴대물품에 대한 보안조치, ⑦ 특정 직무수행자 및 항공기내보안요원의 좌석 확인 및 보안조치, ⑧ 보안 통신신호 절차 및 방법, ⑨ 유효 탑승권의 확인 및 항공기 탑승까지의 탑승과정에 있는 승객에 대한 감독, ⑩ 기장의 객실승무원에 대한 통제, 명령 절차 및 확인 등의 보안점검을 매 비행 전에 하여야 한다(동법시행규칙 제7조 제2항).

항공운송사업자는 매 비행 전에 ① 탑승계단의 관리, ② 탑승교 출입통제, ③ 항공기 출입문 보안조치, ④ 경비요원의 배치 등 항공기에 대한 보안점검을 하여야 한다(동법시행규칙 제7조 제3항).

항공운송사업자 또는 항공기 소유자는 항공기의 보안을 위하여 필요한 경우에는 「청원경찰법」에 따른 청원경찰이나 「경비업법」에 따른 특수경비원으로 하여금 항공기의 경비를 담당하게 할 수 있고, 공항운영자 및 항공운송사업자는 액체, 겔(gel)류 등 국토교통부장관이 정하여 고시하는 항공기 내 반입금지 물질이 보안검색이 완료된 구역과 항공기 내에 반입되지 아니하도록 조치하여야 한다. 항공기내 휴대반입금지 물품은 〈표-1〉과 같다.

〈표-1〉 항공기내 휴대반입금지 LAGs 물품(2023. 3. 현재)

분류	반입금지 물질 예시
물 등 음료수 water and other drinks	생수, 과실음료(야채주스 등), 청량음료(콜라 · 사이다 등), 홍차음료, 커피, 유산균음료, 스포츠용 음료, 식초음료, 알코올음료(소주 · 청주 · 맥주 · 위스키 · 한방술 등), 유제품(탈지유 · 농축우유, 요구르트 등), 얼음류(아이스 크림, 빙과류) 등
국 종류(스프류) soups	곰탕, 설렁탕, 다시마국물 등
시럽류 syrups	꿀, 물엿, 시럽, 엑기스 등
잼류 jams	스프레드 류(잼, 땅콩버터, 초코스프레드 등), 버터류
스튜류(국물류) stews	통조림 등
소스류 sauces	각종 장류(된장, 고추장 등), 케찹, 마요네즈 등
반죽(풀)류 pastes	도우(dough) 등
소스 또는 액체가 포함된 음식류 foods in sauces or containing a high liquid content	김치류, 액체절임 고기류, 액젓류 등
크림류 creams	약용크림, 연고, 보습크림, 화장클렌징크림, 액체형 구두약, 구두크림 등
로션류 lotions	밀크로션, 스킨로션, 바디로션, 자외선차단로션, 화장수, 액체비누 등
화장품류 cosmetics	액상파운데이션, 매니큐어, 매니큐어제거제 등

분류	반입금지 물질 예시
오일류 oils	식용류, 올리브유, 쇼트닝 등
향수류 perfumes	샤워코롱, 향수 등
분무류 sprays	헤어스프레이, 페이셜미스트 등 스프레이류

겔류 gels including hair and shower gels	샴푸, 린스, 트리트먼트, 헤어젤, 샤워젤 등
압력용기품목 contents of pressurized containers, including shaving foam	면도크림(폼), 세안폼 등
탈취제류 other foam and deodorants	신체냄새제거제, 액상제균제 등
치약류 pastes including toothpaste	구강세정제, 구강청정제 등
액체혼합 물질 liquid–solid mixtures	한방건강식품류(십전대보탕 등), 먹물, 물감, 물감, 만년필잉크 등
마스카라 mascara	액체 마스카라, 액상 아이라이너 등
립글로스/립밤 lip gloss/lip balm	액상 립글로스, 액상 립밤, 젤타입 립스틱 등
실내온도에서 액체류 상태를 유지하는 모든 물질 any item of similar consistency at room temperatures	반입금지 LAGs로 의심되는 모든 물질 포함

※ 비고

1. 목록별 통제물품예시는 대표물품만을 수록하였으므로 유사한 물품 및 의심되는 물품은 통제 대상물품에
   포함될 수 있음

2. 다음의 경우 항공보안검색감독자가 판단하여 반입을 제한할 수 있다.

   1) 용기에 담겨있지 아니하며 형태를 유지하기 곤란한 물질
   2) 내용물 또는 용량을 확인할 수 없는 물질
   3) 휴대 반입금지 LAGs 물질과 유사한 특성을 보이는 물질
   4) 위해(危害) 가능성이 있는 것으로 의심되는 물질

3) 승객 등의 검색(제15조)

항공기에 탑승하는 사람은 신체, 휴대물품 및 위탁수하물에 대한 보안검색을 받아야 하며, 공항운영자는 항공기에 탑승하는 사람, 휴대물품 및 위탁수하물에 대한 보안검색을 하고, 항공운송사업자는 화물에 대한 보안검색을 하여야 한다. 다만, 관할 국가경찰관서의 장은 범죄의 수사 및 공공의 위험예방을 위하여 필요한 경우 보안검색에 대하여 필요한 조치를 요구할 수 있고, 공항운영자나 항공운송사업자는 정당한 사유 없이 그 요구를 거절할 수 없다.

공항운영자는 항공기 탑승 전에 모든 승객 및 휴대물품에 대하여 엑스선검색장비, 금속탐지장비, 폭발물탐지장비 등 검색장비를 사용하여 보안검색을 하여야 한다. 이 경우 승객에 대해서는 문형금속탐지기 또는 원형검색장비를, 휴대물품에 대해서는 엑스선 검색장비를 사용하여 보안검색을 하여야 하며, 폭발물이나 위해물품이 있다고 의심되는 경우에는 폭발물 탐지장비 등 필요한 검색장비등을 추가하여 보안검색을 하여야 한다(동법시행령 제10조 제1항).

공항운영자는 ① 검색장비등이 정상적으로 작동하지 아니하는 경우, ② 검색장비등의 경보음이 울리는 경우, ③ 무기류나 위해(危害)물품을 휴대(携帶)하거나 숨기고 있다고 의심되는 경우, ④ 엑스선 검색장비에 의한 검색결과 그 내용물을 판독할 수 없는 경우, ⑤ 엑스선 검색장비로 보안검색을 할 수 없는 크기의 단일 휴대물품인 경우에는 승객의 동의를 받아 직접 신체에 대한 검색을 하거나 개봉검색을 하여야 한다(동법시행령 제10조 제3항).

항공운송사업자는 공항 및 항공기의 보안을 위하여 항공기에 탑승하는 승객의 성명, 국적 및 여권번호, 승객의 탑승 항공편명 및 운항 일시 등의 운송정보를 공항운영자에게 제공하여야 한다.

4) 승객의 신분증명서 확인 등(제15조의2)

항공기에 탑승하는 사람은 주민등록증, 여권 등 대통령령으로 정하는 신분증명서[238]를

---

238 주민등록증, 여권, 운전면허증, 국제운전면허증, 장애인등록증, 외국인등록증, 공무원등록증, 구내거소신고증, 선원수첩, 사진이 붙어 있고 생년월일 등이 포함된 학생증 또는 재학증명서 또는 청소년증 등 (동법시행령 제15조의2).

지니고 있어야 하며, 항공기에 탑승하는 사람은 공항운영자 및 항공운송사업자가 본인 일치 여부 확인을 위하여 신분증명서 제시를 요구하는 경우 이를 보여주어야 한다. 다만, 생체정보를 통하여 본인 일치 여부가 확인되는 등 대통령령으로 정하는 경우에는 그러하지 아니하다.

공항운영자는 항공기에 탑승하기 위해 보호구역으로 진입하는 사람에 대해서 탑승권과 신분증명서를 대조하는 방법으로 본인 일치 여부를 확인하고, 항공운송사업자는 탑승권을 발권하는 사람에 대해서 신분증명서를 확인하거나 탑승권 예약 정보와 신분증명서를 대조하는 방법으로 본인 일치를 확인하고, 수하물을 위탁하거나 국제선 항공기에 탑승하는 사람에 대해서는 탑승권과 신분증명서를 대조하는 방법으로 본인 일치 여부를 확인한다(동법시행령 제15조의3 제1항). 공항운영자 및 항공운송사업자는 탑승권과 신분증명서 확인 외에 본인 일치 여부 확인을 위하여 생체정보[239] 또는 정보통신기기를 이용하여 본인 일치 여부를 확인할 수 있다(동법 제14조의2 및 제15조의2 제2항).

5) 통과 승객 또는 환승 승객에 대한 보안검색 등(제17조)

항공운송사업자는 항공기가 공항에 도착하면 통과 승객이나 환승 승객으로 하여금 휴대물품을 가지고 내리도록 하여야 하고, 공항운영자는 항공기에서 내린 통과 승객, 환승 승객, 휴대물품 및 위탁수하물에 대하여 보안검색을 하여야 한다.

항공운송사업자는 공항 및 항공기의 보안을 위하여 통과 승객 또는 환승 승객의 성명, 국적 및 여권번호 등의 운송정보를 공항운영자에게 제공하여야 한다.

5. 항공기 내의 보안

1) 위해물품 휴대 금지 및 검색시스템 구축·운영(제21조)

누구든지 항공기에 탄저균(炭疽菌), 천연두균 등의 생화학무기를 포함한 무기, 도검류

---

239 생체정보란 행정기관이 보유하고 있는 얼굴·지문·홍채 및 손바닥 정맥 등 개인을 식별할 수 있는 신체적 특징에 관한 개인정보를 의미한다.

(刀劍類), 폭발물, 독극물 또는 연소성이 높은 물건 등의 위해물품을 갖고 탑승할 수 없지만, 경호업무, 범죄인 호송업무 등의 특정한 직무를 수행하기 위하여 필요한 권총, 분사기, 전자충격기 등의 무기인 경우에는 국토교통부장관의 허가를 받아 항공기에 가지고 들어갈 수 있으며 탑승 전에 항공기의 기장에게 보관하게 하고 목적지에 도착한 후 반환받을 수 있다. 그리고 국토교통부장관은 위해물품을 쉽게 확인하기 위하여 위해물품 검색시스템을 구축·운영할 수 있다.

항공기 내에 무기를 가지고 들어가려는 사람은 항공기 탑승 최소 3일 전에 ① 무기 반입자의 성명, ② 무기 반입자의 생년월일, ③ 무기 반입자의 여권번호,[240] ④ 항공기의 탑승일자 및 편명, ⑤ 무기 반입 사유, ⑥ 무기의 종류 및 수량, ⑦ 그 밖에 기내 무기반입에 필요한 사항을 지방항공청장에게 신청하여야 한다. 다만, 긴급한 경호 업무 및 범죄인 호송업무는 탑승 전까지 그 사실을 유선 등으로 미리 통보하여야 하고, 항공기 탑승 후 3일 이내에 서면으로 제출하여야 한다(동법시행령 제12조의2 제1항).

2) 기장 등의 권한(제22조)

기장이나 기장으로부터 권한을 위임받은 승무원 또는 승객의 항공기 탑승 관련 업무를 지원하는 항공운송사업자 소속 직원 중 기장의 지원요청을 받은 사람은 ① 항공기의 보안을 해치는 행위, ② 인명이나 재산에 위해를 주는 행위, ③ 항공기 내의 질서를 어지럽히거나 규율을 위반하는 행위를 하려는 사람에 대하여 그 행위를 저지하기 위한 필요한 조치를 할 수 있고, 기장등의 요청이 있으면 항공기 내에 있는 사람은 협조하여야 한다.

기장등은 항공기의 보안규칙이나 질서를 위반한 사람을 체포한 경우에 항공기가 착륙하였을 때에는 체포된 사람이 그 상태로 계속 탑승하는 것에 동의하거나 체포된 사람을 항공기에서 내리게 할 수 없는 사유가 있는 경우를 제외하고는 체포한 상태로 이륙하여서는 아니 된다.

---

240 외국인만 해당한다.

3) 승객의 협조의무(제23조)

항공기 내에 있는 승객은 항공기와 승객의 안전한 운항과 여행을 위하여 ① 폭언, 고성방가 등 소란행위, ② 흡연, ③ 술을 마시거나 약물을 복용하고 다른 사람에게 위해를 주는 행위, ④ 다른 사람에게 성적(性的) 수치심을 일으키는 행위, ⑤ 운항 중인 항공기의 항행 및 통신장비에 대한 전자파 간섭 등의 영향을 주는 전자기기를 사용하는 행위, ⑥ 기장의 승낙 없이 조종실 출입을 기도하는 행위, ⑦ 기장등의 업무를 위계 또는 위력으로써 방해하는 행위를 하여서는 아니 된다.

또한 승객은 항공기 내에서 다른 사람을 폭행하거나 항공기의 보안이나 운항을 저해하는 폭행·협박·위계행위(危計行爲) 또는 출입문·탈출구·기기의 조작을 하여서는 아니 되며, 항공기가 착륙한 후 항공기에서 내리지 아니하고 항공기를 점거하거나 항공기 내에서 농성하여서는 아니 된다.

항공운송사업자는 ① 보안검색을 거부하는 사람, ② 본인 일치 여부 확인을 거부하는 사람, ③ 음주로 인하여 소란행위를 하거나 할 우려가 있는 사람, ④ 항공보안에 관한 업무를 담당하는 국내외 국가기관 또는 국제기구 등으로부터 항공기 안전운항을 해칠 우려가 있어 탑승을 거절할 것을 요청받거나 통보받은 사람, ⑤ 항공운송사업자의 승객의 안전 및 항공기의 보안을 위하여 필요한 조치를 거부한 사람, ⑥ 승객 및 승무원 등에게 위해를 가할 우려가 있는 사람, ⑦ 승객의 협조의무를 위반한 사람, ⑧ 기장 등의 정당한 직무상 지시를 따르지 아니한 사람, ⑨ 탑승권 발권 등 탑승수속 시 위협적인 행동, 공격적인 행동, 욕설 또는 모욕을 주는 행위 등을 하는 사람으로서 다른 승객의 안전 및 항공기의 안전운항을 해칠 우려가 있는 사람에 대하여 탑승을 거절할 수 있으며 ⑤~⑨항에 따라 탑승을 거절하는 경우에는 그 사유를 탑승이 거절되는 사람에게 고지하여야 한다(동법시행규칙 제13조).

4) 수감 중인 사람 등의 호송(제24조)

사법경찰관리 또는 법 집행 권한이 있는 공무원은 항공기를 이용하여 피의자, 피고인, 수형자(受刑者), 그 밖에 기내 보안에 위해를 일으킬 우려가 있는 호송대상자를 호송할 경우에는 미리 해당 항공운송사업자에게 호송대상자의 인적사항, 호송 이유, 호송방법 및 호송 안전조치 등에 관한 사항을 통보하고, 통보를 받은 항공운송사업자는 호송대상자가 항공기, 승무원 및 승객의 안전에 위협이 된다고 판단되는 경우에는 사법경찰관리 등 호송공무원에게 적절한 안전조치를 요구할 수 있다.

통보를 받은 항공운송사업자는 호송대상자가 탑승하는 항공기의 기장에게는 호송사실을, 호송대상자를 호송하는 사법경찰관리 또는 법 집행 권한이 있는 공무원에게는 호송대상자의 좌석 및 안전조치 요구사항 등을 각각 통보하여야 한다.

항공운송사업자는 호송대상자가 항공기에 탑승하는 경우 승객의 안전을 위하여 ① 호송대상자의 탑승절차를 별도로 마련할 것, ② 호송대상자의 좌석은 승객의 안전에 위협이 되지 아니하도록 배치할 것, ③ 호송대상자에게 술을 제공하지 아니할 것, ④ 호송대상자에게 철제 식기류를 제공하지 아니할 것 등의 필요한 조치를 하여야 한다(동법 시행규칙 제14조).

5) 범인의 인도·인수(제25조)

기장등은 항공기 내에서 죄를 범한 범인을 직접 또는 해당 관계 기관 공무원을 통하여 해당 공항을 관할하는 국가경찰관서에 통보한 후 인도하여야 하고, 다른 항공기 내에서 죄를 범한 범인을 인수한 경우에 그 항공기 내에서 구금을 계속할 수 없을 때에는 직접 또는 해당 관계 기관 공무원을 통하여 해당 공항을 관할하는 국가경찰관서에 지체 없이 인도하여야 한다.

국가경찰관서의 장은 기장등으로부터 범인을 인도받은 경우에는 범행에 대한 범인의 조사, 증거물의 제출요구 또는 증인에 대한 진술확보 등 예비조사를 할 수 있으며 범인에 대한 처리 결과를 지체없이 해당 항공운송사업자에게 통보하여야 한다. 단 국가경찰관서의 장은 예비조사를 하는 경우에 해당 항공기의 운항을 부당하게 지연시켜서는 아니된다(동법 제26조).

6. 항공보안장비 등

1) 항공보안장비 성능 인증 등(제27조)

항공보안장비를 설치·운영하는 공항운영자, 항공운송사업자, 화물터미널운영자, 상용화주는 국토교통부장관으로부터 성능 인증을 받은 항공보안장비를 사용하여야 하며, 국토교통부장관은 성능 인증을 받은 항공보안장비가 계속하여 성능을 유지하고 있는지를 확인하기 위하여 국토교통부령으로 정하는 바에 따라 정기적으로 또는 수시로 점검을 실시하여야 한다.

성능 인증 기준으로 항공보안장비의 기능과 성능 기준에 적합한 보안장비이면서 항공보안장비의 활용 편의성, 안전성 및 내구성 등을 갖춘 보안장비일 것을 요한다. 그리고 성능 인증 절차로는 시험기관이 실시하는 항공보안장비의 성능평가시험을 받고, 시험기관의 성능평가시험서와 성능 인증 신청자가 제출한 성능 제원표 등을 비교·검토하여 성능 인증 품질시스템을 확인한다. 인증기관은 제출받은 서류에 흠이 없고 성능 인증 기준 및 성능 인증 절차에 따라 적합하다고 인정하는 경우에는 항공보안장비 성능 인증서를 발급한다(동법시행규칙 제14조의3).

우리나라와 항공보안장비 성능 상호인증 협약이 체결된 국가로부터 그 성능을 인증받은 항공보안장비는 우리나라의 항공보안장비 성능 인증을 받은 것으로 보며, 국토교통부장관은 상호인증 협약을 체결하였을 때에는 그 내용을 고시하여야 한다.

국토교통부장관은 인증업무의 전문성과 신뢰성을 확보하기 위하여 항공보안장비의 성능 인증 및 점검 업무를 항공안전기술원에 위탁할 수 있다(동법시행령 제19조의2).

2) 항공보안장비 성능 인증의 취소(제27조의2)

국토교통부장관은 성능 인증을 받은 항공보안장비가 ① 거짓이나 그 밖의 부정한 방법으로 인증을 받은 경우, ② 항공보안장비가 성능 기준에 적합하지 아니하게 된 경우, ③ 정기점검 또는 수시점검을 정당한 사유 없이 받지 아니한 경우, ④ 정기점검 또는 수시점검을 실시한 결과 중대한 결함이 있다고 판단될 경우에는 그 인증을 취소할 수 있으며, 다만, 거짓이나 그 밖의 부정한 방법으로 인증을 받은 경우에는 그 인증을 취소하여야 한다.

3) 교육훈련 등(제28조)

국토교통부장관은 항공보안에 관한 업무수행자의 교육에 필요한 사항을 정하여야 하고, 보안검색 업무를 감독하거나 수행하는 사람은 국토교통부장관이 지정한 교육기관에서 검색방법, 검색절차, 검색장비의 운용, 그 밖에 보안검색에 필요한 교육훈련을 이수하여야 한다.

보안검색교육기관으로 지정받으려는 자는 보안검색교육기관 지정신청서에 ① 교육과정 및 교육내용, ② 교관의 자격·경력 및 정원 등의 현황, ③ 교육시설 및 교육장비의 현황, ④ 교육평가방법, ⑤ 연간 교육계획, ⑥ 교육규정 등의 사항이 포함된 교육계획서를 첨부하여 국토교통부장관에게 제출하여야 한다(동법시행규칙 제15조 제1항).

국토교통부장관은 제출된 신청서류를 심사하여 그 내용이 지정기준에 적합한 경우에는 보안검색교육기관으로 지정하고, 보안검색교육기관 지정서를 발급하여야 하며, 보안검색교육기관은 교육계획서의 사항에 변경이 있는 경우에는 그 변경내용을 국토교통부장관에게 보고하여야 한다(동법시행규칙 제15조 제3항 및 제4항)

국토교통부장관은 교육기관으로 지정받은 자가 ① 거짓이나 그 밖의 부정한 방법으로 교육기관의 지정을 받은 경우, ② 지정기준에 미달하게 된 경우,[241] ③ 교육의 전 과정을 2년 이상 운영하지 아니한 경우에는 그 지정을 취소할 수 있다. 다만, 거짓이나 그 밖의 부정한 방법으로 교육기관의 지정을 받은 경우에 해당하면 지정을 취소하여야 한다.

7. 항공보안 위협에 대한 대응

1) 항공보안을 위협하는 정보의 제공(제30조)

국토교통부장관은 항공보안을 해치는 정보를 알게 되었을 때에는 관련 행정기관, 국제

---

241 다만, 일시적으로 지정기준에 미달하게 되어 3개월 내에 지정기준을 다시 갖춘 경우에는 그러하지 아니하다.

민간항공기구, 해당 항공기 등록국가의 관련 기관 및 항공기 소유자 등에 그 정보를 제공하여야 한다.

국토교통부장관은 ① 외교부·법무부·국방부·문화체육관광부·농림축산식품부·보건복지부·국토교통부·국가정보원·관세청·경찰청 및 해양경찰청, ② 해당 항공기 등록국가 및 운영국가의 관련 기관, ③ 항공기 승객이 외국인인 경우 해당 국가의 관련 기관, ④ 국제민간항공기구(ICAO) 등의 대상기관에 해당 정보를 제공하여야 한다.

2) 국가항공보안 우발계획 등의 수립(제31조)

국토교통부장관은 민간항공에 대한 불법방해행위에 신속하게 대응하기 위하여 국가항공보안 우발계획을 수립·시행하여야 하고, 수립하는 우발계획에는 ① 외교부·법무부·국방부·문화체육관광부·농림축산식품부·보건복지부·국토교통부·국가정보원·관세청·경찰청 및 해양경찰청의 역할, ② 항공보안등급 발령 및 등급별 조치사항, ③ 불법방해행위 대응에 관한 기본대책, ④ 불법방해행위 유형별 대응대책, ⑤ 위협평가 및 위험관리에 관한 사항, ⑥ 그 밖에 항공보안에 관하여 필요한 사항이 포함되어야 한다(동법시행규칙 제18조 제1항).

공항운영자등은 국가항공보안 우발계획에 따라 자체 우발계획을 수립·시행하여야 하고, 수립하는 자체 우발계획은 공항운영자, 항공운송사업자, 항공기취급업체·항공기정비업체·공항상주업체(보호구역 안에 있는 업체만 해당한다), 항공여객·화물터미널 운영자, 도심공항터미널을 경영하는 자에 따라 각각 자체 우발계획을 수립한다(동법시행규칙 제18조 제2항).

우선 공항운영자는 ① 외교부·법무부·국방부·문화체육관광부·농림축산식품부·보건복지부·국토교통부·국가정보원·관세청·경찰청 및 해양경찰청의 역할, ② 공항시설 위협시의 대응대책, ③ 항공기 납치시의 대응대책, ④ 폭발물 또는 생화학무기 위협시의 대응대책 등의 사항이 포함된 자체 우발계획을 수립한다.

다음으로 항공운송사업자는 ① 공항시설 위협시의 대응대책, ② 항공기납치 방지대책, ③ 폭발물 또는 생화학무기 위협시의 대응대책 등이 포함된 자체 우발계획을 수립하고, 항공기취급업체·항공기정비업체·공항상주업체, 항공여객·화물터미널 운영자, 도심공항터미널을 경영하는 자는 공항시설 위협시의 대응대책과 폭발물 또는 생화학무기 위협시의 대응대책이 포함된 자체 우발계획을 수립한다.

3) 항공보안 감독(제33조)

국토교통부장관은 소속 공무원을 항공보안 감독관으로 지정하여 항공보안에 관한 점검 업무를 수행하게 하여야 하고, ① 국가원수 또는 국제기구의 대표 등 국내외 중요인사가 참석하는 국제회의가 개최되는 경우, ② 올림픽경기대회·아시아경기대회 또는 국제박람회 등 국제행사가 개최되는 경우, ③ 국내외 정보수사기관으로부터 구체적 테러 첩보 또는 보안위협 정보를 알게 된 경우, ④ 공항시설 및 항공기의 보안 유지를 위하여 국토교통부장관이 필요하다고 인정하는 경우에는 관계 행정기관과 합동으로 공항 및 항공기의 보안실태에 대하여 현장점검을 할 수 있다(동법시행령 제19조의3 제1항).

국토교통부장관은 점검업무 또는 관계 행정기관과의 합동점검 시 점검 업무의 수행에 필요하다고 인정하는 경우에는 공항운영자등에게 필요한 서류 및 자료를 제출하게 하거나, 항공보안에 관한 점검업무 수행을 위하여 필요한 경우에는 항공기 및 공항시설에 출입하여 검사할 수 있으며, 점검 결과 그 개선이나 보완이 필요하다고 인정하는 경우에는 공항운영자등에게 시정조치 또는 그 밖의 보안대책 수립을 명할 수 있다

점검을 하는 경우에는 점검 7일 전까지 점검일시, 점검이유 및 점검내용 등에 대한 점검계획을 점검 대상자에게 통지하여야 한다. 다만, 긴급한 경우 또는 사전에 통지하면 증거인멸 등으로 점검 목적을 달성할 수 없다고 인정하는 경우에는 그러하지 아니하다.

8. 보칙

1) 재정지원 및 감독(제34조 및 제35조)

국가는 예산의 범위에서 항공보안 업무 수행에 필요한 비용을 지원할 수 있으며, 국토교통부장관은 이 법 또는 이 법에 따른 명령이나 처분을 위반하는 행위에 대하여는 시정명령 등 필요한 조치를 할 수 있고, 항공보안장비의 안전 및 적합성을 확보하기 위하여 인증기관 및 시험기관에 대하여 필요한 범위에서 지도·감독을 할 수 있다.

국토교통부장관은 감독상 필요하다고 인정되는 경우에는 인증기관 및 시험기관의 운영

과 업무의 처리에 관한 명령을 할 수 있으며, 소속 공무원으로 하여금 그 장부와 전표, 서류, 시설 등을 검사하게 할 수 있다. 이 경우 검사를 하는 공무원은 그 권한을 표시하는 증표를 지니고 이를 관계인에게 내보여야 한다.

2) 항공보안정보체계의 구축(제35조의2)

국토교통부장관은 항공보안정보의 체계적인 관리 및 정보공유를 위하여 항공보안정보체계를 구축·운영할 수 있고, 항공보안정보체계의 구축·운영에 필요한 자료의 제출 또는 정보의 제공을 공항운영자등에게 요청할 수 있다. 이 경우 자료의 제출이나 정보의 제공을 요구받은 자는 정당한 사유가 없으면 이에 따라야 한다.

3) 권한의 위임·위탁(제38조)

국토교통부장관은 ① 승인 또는 변경승인, ② 특별 보안검색 대상의 인정·허가·증명서의 인증, ③ 보 안검색 위탁업체의 지정 및 지정취소, ④ 사용화주의 지정 및 지정취소, ⑤ 보안검색 실패 등의 보고 접수, ⑥ 항공보안을 위한 필요한 조치, ⑦ 보안검색 등 보안조치, ⑧ 항공기내 무기 반입의 허가, ⑨ 자체 우발계획의 승인 또는 변경승인, ⑩ 항공보안 감독관을 통한 점검업무 수행, ⑪ 점검업무에 따른 서류 및 자료 제출 요구, ⑫ 점검결과에 따른 시정조치 또는 보안대책 수립 명령, ⑬ 청문의 실시, ⑭ 과태료의 부과·징수 등의 권한을 지방항공청장에게 위임할 수 있다.

국토교통부장관은 항공보안장비의 성능 인증 및 점검 업무를 항공안전기술원에 위탁하고, 항공보안 자율신고의 접수·분석·전파에 관한 업무를 한국교통안전공단에 위탁할 수 있다.

4) 벌칙 적용에서의 공무원 의제(제38조의2)

항공보안장비 성능 인증 및 성능평가시험에 관한 업무에 종사하는 인증기관 및 시험기관의 임직원은 「형법」 제129조(수뢰, 사전수뢰), 제130조(제3자뇌물제공), 제131조(수뢰후부정처사, 사후수뢰), 제132조(알선수뢰)의 규정에 따른 벌칙을 적용할 때에는 공무원으로 본다.

9. 벌칙

1) 항공기 파손죄(제39조)

운항중인 항공기의 안전을 해칠 정도로 항공기를 파손한 사람(「항공안전법」 제138조제1항에 해당하는 사람은 제외한다)은 사형, 무기징역 또는 5년 이상의 징역에 처하고, 계류중인 항공기의 안전을 해칠 정도로 항공기를 파손한 사람은 7년 이하의 징역에 처한다(동법 제39조).

2) 항공기 납치죄(제40조)

폭행, 협박 또는 그 밖의 방법으로 항공기를 강탈하거나 그 운항을 강제한 사람은 무기또는 7년 이상의 징역에 처하고, 사람을 사상(死傷)에 이르게 한 사람은 사형 또는 무기징역, 미수범은 처벌, 예비 또는 음모한 사람은 5년 이하의 징역에 처한다. 다만, 그 목적한죄를 실행에 옮기기 전에 자수한 사람에 대하여는 그 형을 감경하거나 면제할 수 있다(동법 제40조).

3) 항공시설 파손죄(제41조)

항공기 운항과 관련된 항공시설을 파손하거나 조작을 방해함으로써 항공기의 안전운항을 해친 사람(「항공안전법」 제140조에 해당하는 사람은 제외한다)은 10년 이하의 징역에 처하고, 사람을 사상에 이르게 한 사람은 사형, 무기징역 또는 7년 이상의 징역에 처한다.

4) 항공기 항로 변경죄(제42조)

위계 또는 위력으로써 운항중인 항공기의 항로를 변경하게 하여 정상 운항을 방해한 사람은 1년 이상 10년 이하의 징역에 처한다.

5) 직무집행방해죄(제43조)

폭행·협박 또는 위계로써 기장등의 정당한 직무집행을 방해하여 항공기와 승객의 안전을 해친 사람은 10년 이하의 징역에 처한다.

6) 항공기 위험물건 탑재죄(제44조)

위해물품 휴대 금지 규정을 위반하여 휴대 또는 탑재가 금지된 물건을 항공기에 휴대 또는 탑재하거나 다른 사람으로 하여금 휴대 또는 탑재하게 한 사람은 2년 이상 5년 이하의 징역 또는 2천만원 이상 5천만원 이하의 벌금에 처한다.

7) 공항운영 방해죄(제45조)

거짓된 사실의 유포, 폭행, 협박 및 위계로써 공항운영을 방해한 사람은 5년 이하의 징역 또는 5천만원 이하의 벌금에 처한다.

8) 항공기 내 폭행죄(제46조)

항공기의 보안이나 운항을 저해하는 폭행·협박·위계행위 또는 출입문·탈출구·기기의 조작을 한 사람은 10년 이하의 징역에 처하고, 항공기 내에서 다른 사람을 폭행한 사람은 5년 이하의 징역에 처한다.

9) 항공기 점거 및 농성죄(제47조)

항공기를 점거하거나 항공기 내에서 농성한 사람은 3년 이하의 징역 또는 3천만원 이하의 벌금에 처한다.

10) 운항 방해정보 제공죄(제48조)

항공운항을 방해할 목적으로 거짓된 정보를 제공한 사람은 3년 이하의 징역 또는 3천만원 이하의 벌금에 처한다.

11) 벌칙(제49조)

기장등의 업무를 위계 또는 위력으로써 방해한 사람은 10년 이하의 징역 또는 1억원 이하의 벌금에 처하고, 조종실 출입을 기도하거나 기장등의 지시에 따르지 아니한 사람은 3년 이하의 징역 또는 3천만원 이하의 벌금에 처한다.

12) 벌칙(제50조)

신분증명서 제시를 요구받은 경우 위조 또는 변조된 신분증명서를 제시하여 본인 일치 여부 확인을 받으려 한 사람은 10년 이하의 징역에 처하며, 이 경우 3천만원 이하의 벌금을 병과할 수 있다(제1항).

공항에서 보안검색 업무를 수행 중인 항공보안검색요원 또는 보호구역에의 출입을 통제하는 사람에 대하여 업무를 방해하는 행위 또는 폭행 등 신체에 위해를 주는 행위를 한 사람은 5년 이하의 징역 또는 5천만원 이하의 벌금에 처한다(제2항).

신분증명서 제시를 요구받은 경우 다른 사람의 신분증명서를 부정하게 사용하여 본인 일치 여부 확인을 받으려 한 사람, 운항 중인 항공기 내에서 폭언, 고성방가 등 소란행위를 한 사람 또는 술을 마시거나 약물을 복용하고 다른 사람에게 위해를 주는 행위를 한 사람은 3년 이하의 징역 또는 3천만원 이하의 벌금에 처한다(제3항).

자체 보안계획을 수립하지 아니한 자, 보안검색 업무를 하지 아니하거나 소홀히 한 사람, 자체 우발계획을 수립하지 아니한 자는 5천만원 이하의 벌금에 처하고(제4항), 자체 보안계획의 승인을 받지 아니한 자, 보안검색 업무를 하지 아니하거나 소홀히 한 사람, 우발계획의 승인을 받지 아니한 자는 3천만원 이하의 벌금에 처한다(제5항).

계류 중인 항공기 내에서 폭언, 고성방가 등 소란행위를 한 사람 또는 술을 마시거나 약물을 복용하고 다른 사람에게 위해를 주는 행위를 한 사람은 2천만원 이하의 벌금에 처하고(제6항), 운항 중인 항공기 내에서 흡연을 한 사람, 다른 사람에게 성적(性的) 수치심을 일으키는 행위를 한 사람, 전자기기를 사용한 사람은 1천만원 이하의 벌금에 처한다(제7항).

계류 중인 항공기 내에서 흡연을 한 사람, 다른 사람에게 성적(性的) 수치심을 일으키는 행위를 한 사람, 전자기기를 사용한 사람은 5백만원 이하의 벌금에 처하고(제8항), 공항운영자의 허가를 받지 아니하고 보호구역에 출입한 사람은 100만원 이하의 벌금에 처한다(제9항).

13) 과태료(제51조)

① 승인받은 자체 보안계획을 이행하지 아니한 자, ② 항공기내보안요원을 탑승시키지 아니한 항공운송사업자, ③ 항공기에 대한 보안점검을 실시하지 아니한 항공운송사업자, ④ 본인 일치 여부가 확인된 사람의 생체정보를 파기하지 아니한 자, ⑤ 통과 승객이나 환승 승객에게 휴대물품을 가지고 내리도록 조치하지 아니한 항공운송사업자, ⑥ 보안검색 실패 등을 국토교통부장관에게 보고하지 아니한 자, ⑦ 항공기 내에서 죄를 범한 범인을 관할 국가경찰관서에 인도하지 아니한 기장등이 소속된 항공운송사업자, ⑧ 국토교통부장관의 성능 인증을 받은 항공보안장비를 사용하지 아니한 자, ⑨ 항공보안장비 성능 인증을 위한 기준과 절차 등을 위반한 인증기관 및 시험기관, ⑩ 승인받은 자체 우발계획을 이행하지 아니한 자(국가항공보안 우발계획과 관련되는 부분만 해당한다), ⑪ 국토교통부장관의 보안조치를 이행하지 아니한 자, ⑫ 항공보안 자율신고를 위반하여 불이익한 조치를 한 자, ⑬ 점검 결과에 대한 시정명령 등 필요한 조치를 이행하지 아니한 자에게는 1천만원 이하의 과태료를 부과한다(제1항).

① 승객의 협조의무를 영상물 상영 또는 방송 등을 통하여 안내를 하지 아니한 항공운송사업자, ② 보안검색에 관한 기록을 작성·유지하지 아니한 자, ③ 항공보안 감독에 따른 점검업무의 수행에 필요한 서류 및 자료를 제출하지 아니하거나 거짓의 자료를 제출한 자에게는 500만원 이하의 과태료를 부과한다(제2항).

항공기가 공항에 도착하여 통과 승객이나 환승 승객에게 휴대물품을 가지고 내리도록 하는 항공운송사업자의 지시에도 불구하고 휴대물품을 가지고 내리지 아니한 사람에게는

100만원 이하의 과태료를 부과하며(제3항), 동법에서 규정한 과태료는 국토교통부장관이 부과·징수한다(제4항).

V. 선박 및 해상구조물에 대한 위해행위의 처벌 등에 관한 법률

1. 개설

선박 및 해상구조물에 대한 위해행위의 처벌 등에 관한 법률(이하 "선박위해처벌법"이라 함)은 운항중인 선박 및 해상구조물에 대한 위해행위를 방지함으로써 선박의 안전한 운항과 해상구조물의 안전을 보호함을 목적(동법 제1조)으로 2003년 5월 27일 법률 제6880호로 제정되었으며 2021년 3월 16일 법률 제17930호까지 5회 개정하였다.

동법은 전문 13개조문과 부칙으로 되어 있으며 제1조(목적), 제2조(정의), 제3조(외국인에 대한 적용범위), 제4조(범죄인의 인도), 제5조(폭행·협박·상해·살인죄), 제6조(선박납치죄), 제7조(선박 등 손괴죄), 제8조(선박운항관련 기기·시설의 손괴죄 등), 제9조(위험물건설치·탑재죄), 제10조(거짓정보전달죄), 제11조(미수범), 제12조(선박납치등살인·치사죄, 상해·치사죄), 제13조(협박죄), 부칙 등으로 구성되어 있다.

2. 정의(제2조)

'선박'은 기선, 범선, 부선 및 잠수선 등 해저에 상시 고착되어 있지 아니한 모든 형태의 배를 말하며, 군함 및 국가가 소유 또는 운영하는 해군보조함, 세관·경찰용 선박은 이를 제외한다. '대한민국 선박'은 선박법 및 어선법 등 관계법령에 의하여 대한민국에 등록된 선박을 말하며, '외국선박'은 외국에 등록된 선박을 말한다.

'운항'은 항해·정박·계류(계류)·대기 등 해양에서의 선박의 모든 사용 상태를 말하고, '해상구조물'은 자원의 탐사·개발, 해양과학조사 그 밖의 경제적 목적 등을 위하여 「해양법에 관한국제연합협약」에 의한 대륙붕에 항상 고착된 인공섬·시설 또는 구조물을 말하고, '외국인'은 대한민국의 국적을 가지지 아니한 자를 말한다.

3. 범죄인의 인도(제4조)

대한민국 선박의 선장은 운항 중에 제5조(폭행·협박·상해·살인죄), 제6조(선박납치죄), 제7조(선박 등 손괴죄), 제8조(선박운항관련 기기·시설의 손괴죄 등), 제9조(위험물건설치·탑재죄), 제10조(거짓정보전달죄), 제11조(미수범), 제12조(선박납치등살인·치사죄, 상해·치사죄), 제13조(협박죄)의 죄를 범한 것으로 의심할 만한 상당한 이유가 있다고 인정되는 자(범죄인)를 「항해의안전에대한불법행위의억제를위한협약」(항해안전협약)의 당사국인 외국의 정부기관에 인도할 수 있다. 이 경우 선장은 긴급을 요하는 부득이한 사유가 있는 경우를 제외하고 인도하기 전에 인도대상자·인도사유·인도예정일시 및 인도대상국 등에 관한 사항을 미리 법무부장관에게 보고하고 승인을 얻어야 한다.

대한민국 선박의 선장은 범죄인을 인도하고자 하는 경우에는 특별한 사정이 있는 경우를 제외하고 외국의 영해에 진입하기 전에 인도대상자·인도의사 및 인도사유를 그 정부기관에 통보하여야 하고, 인도하는 경우에는 관련 증거를 함께 제공하여야 하며, 범죄인을 인도한 선장은 즉시 법무부장관에게 인도대상자·인도일시·인도장소 및 인수기관 등에 관한 사항을 보고하여야 한다.

항해안전협약의 당사국인 외국선박의 선장이 범죄인을 대한민국에 인도하고자 하는 때에는 검사 또는 사법경찰관은 특별한 사정이 있는 경우를 제외하고 이를 인수하여야 하며 이 경우 사법경찰관이 인수하는 때에는 긴급히 처리하여야 할 부득이한 사유가 있는 경우를 제외하고 검사의 지휘를 받으며, 그 결과를 즉시 검사에게 보고하여야 한다.

검사 또는 사법경찰관이 범죄인을 인수할 때에는 범행의 조사에 필요한 증거물의 제시·제출, 선박안에 있는 자의 출석 등을 선장에게 요구 할 수 있으며 이 경우 그 조사를 위하여 당해 선박의 운항을 부당하게 지연시켜서는 아니된다. 법무부장관은 인수한 범죄인을 그가 승선하고 있던 외국선박이 등록된 국가에 인수하도록 요청할 수 있으며, 인수요청 대상국가로부터 인수수락의 통보를 받은 경우 검사는 범죄인이 구속되어 있는 교도소·구치소 그 밖의 구금장소의 장에게 그 범죄인을 인도할 것을 지휘하여야 한다.

4. 처벌

1) 폭행·협박·상해·살인죄(제5조)

운항 중인 선박 또는 해상구조물의 안전을 위험하게 할 목적으로 그 선박 또는 해상구조물에 있는 사람을 살해한 사람은 사형, 무기 또는 7년 이상의 징역에 처하며, 사람의 신체를 상해(傷害) 또는 폭행하거나 사람을 협박한 사람은 3년 이상의 유기징역에 처한다.

운항 중인 선박 또는 해상구조물의 안전을 위험하게 할 목적으로 그 선박 또는 해상구조물에 있는 사람을 살해·상해·폭행·협박을 범할 목적으로 예비하거나 음모한 사람은 10년 이하의 징역에 처한다. 다만, 그 목적한 죄의 실행에 착수(着手)하기 전에 자수한 사람은 그 형을 감경하거나 면제한다.

2) 선박 납치죄(제6조)

폭행이나 협박 또는 그 밖의 방법으로 운항 중인 선박 또는 해상구조물을 강탈하거나 선박을 강제로 운항하게 한 사람은 무기 또는 5년 이상의 징역에 처하며, 선박 납치죄를 범할 목적으로 예비하거나 음모한 사람은 5년 이하의 징역에 처한다. 다만, 그 목적한 죄의 실행에 착수하기 전에 자수한 사람은 그 형을 감경하거나 면제한다.

3) 선박 등의 손괴죄(제7조)

운항 중인 선박 또는 해상구조물을 파괴하거나, 운항 중인 선박이나 해상구조물 또는 그에 적재된 화물에 그 안전을 위험하게 할 만한 손상을 입힌 사람은 3년 이상의 유기징역에 처한다.

4) 선박 운항 관련 기기·시설의 손뢰죄(제8조)

운항 중인 선박의 안전을 위험하게 할 목적으로 그 선박 운항과 관련된 기기·시설을 파괴하거나 중대한 손상을 가하거나 기능장애 상태를 발생시킨 사람은 10년 이하의 징역에 처한다.

5) 위험 물건 설치·탑재죄(제9조)

운항 중인 선박 또는 해상구조물의 안전을 위험하게 할 만한 물건을 그 선박 또는 해상구조물에 설치하거나 탑재한 사람은 7년 이하의 징역에 처한다.

6) 거짓 정보 전달죄(제10조)

거짓된 정보를 전달하여 선박의 안전운항을 위험하게 한 사람은 7년 이하의 징역 또는 5천만원 이하의 벌금에 처한다.

7) 미수범(제11조)

운항 중인 선박 또는 해상구조물의 안전을 위험하게 할 목적으로 그 선박 또는 해상구조물에 있는 사람을 살해·상해·협박 또는 폭행이나 협박 또는 그 밖의 방법으로 운항 중인 선박 또는 해상구조물을 강탈하거나 선박을 강제로 운항하게 하려다 미수에 그치더라도 처벌한다. 그리고 선박 등의 손괴죄, 선박 운항 관련 기기·시설의 손괴죄, 위험 물건 설치·탑재죄, 거짓 정보 전달죄의 미수범 역시 처벌한다.

8) 선박 납치 등 살인·치사죄, 상해·치상죄(제12조)

폭행이나 협박 또는 그 밖의 방법으로 운항 중인 선박 또는 해상구조물을 강탈하거나 선박을 강제로 운항하게 하고 그 선박 또는 해상구조물에 있는 사람을 살해하거나 사망에 이르게 한 사람은 사형, 무기 또는 10년 이상의 징역에 처하고, 사람의 신체를 상해하거나 상해에 이르게 한 사람은 무기 또는 7년 이상의 징역에 처한다.

운항 중인 선박 또는 해상구조물의 안전을 위험하게 할 목적으로 그 선박 또는 해상구조물에 있는 사람을 살해·상해·협박하여 사람을 살해하거나 사망에 이르게 한 사람은 사형, 무기 또는 7년 이상의 징역에 처하고, 사람의 신체를 상해하거나 상해에 이르게 한 사람은 무기 또는 5년 이상의 징역에 처한다.

선박 운항 관련 기기·시설의 손괴죄, 위험 물건 설치·탑재죄, 거짓 정보 전달죄를 범하여 사람을 살해하거나 사망에 이르게 한 사람은 사형, 무기 또는 5년 이상의 징역에 처하고, 사람의 신체를 상해하거나 상해에 이르게 한 사람은 무기 또는 3년 이상의 징역에 처하며, 동조에서 규정된 죄의 미수범은 모두 처벌한다.

9) 협박죄(제13조)

다른 사람의 권리행사를 방해하거나 의무가 없는 일을 하게 할 목적으로 그 선박 또는 해상구조물에 있는 사람을 살해·상해·폭행·협박, 선박 등의 손괴, 선박 운항 관련 기기·시설의 손괴의 죄를 범하여 운항 중인 선박 또는 해상구조물의 안전을 위험하게 할 것이라고 고지함으로써 다른 사람을 협박한 사람은 5년 이하의 징역 또는 3천만원 이하의 벌금에 처한다.

VI. 국제항해선박 및 항만시설의 보안에 관한 법률

1. 개설

국제항해선박 및 항만시설의 보안에 관한 법률은 국제항해에 이용되는 선박과 그 선박이 이용하는 항만시설의 보안에 관한 사항을 정함으로써 국제항해와 관련한 보안상의 위협을 효과적으로 방지하여 국민의 생명과 재산을 보호하는데 이바지함을 목적[242]으로 2007년 8월 3일 법률 제8618호로 제정되어 최근까지 2020년 12월 8일 15차에 걸쳐서 개정되었다. 동법은 제1장 총칙, 제2장 국제항해선박의 보안확보를 위한 조치, 제3장 항만시설의 보안확보를 위한 조치, 제4장 보칙, 제5장 벌칙 그리고 부칙으로 구성되어 있다.

그리고 동법시행령은 2008년 1월 31일 대통령령 제20586호로 제정되어 17차에 걸쳐서 개정되어 현재 2021년 11월 23일 대통령령 제32151호로 시행되어 오고 있다. 동법시행규칙은 2008년 2월 15일 해안수산부령 제411호로 제정되어 28차례 개정되어 현재 2021년 2월 19일 해양수산부령 제463호로 시행되어 오고 있다.

2. 총칙

1) 정의(제2조)

"국제항해선박"이란 「선박안전법」 제2조 제1호에 따른 선박으로서 국제항해에 이용되는 선박을 말하며, "항만시설"이란 국제항해선박과 선박항만연계활동이 가능하도록 갖추어진 시설로서 「항만법」 제2조 제5호에 따른 항만시설 및 항만시설 외의 시설로서 국제항해선박이 이용하는 ① 선박을 수리하거나 건조하는 조선소의 선박계류시설, ② 석유 비축기지, 액화천연가스 생산기지 또는 화력발전소의 선박계류시설, ③ 해양수산부장관의 허가를 받아 외국 국적선박이 기항하는 불개항장의 선박계류시설의 시설 중 지방해양항만청장이 지정하는 시설을 말한다(동법시행규칙 제2조).

그리고 "선박항만연계활동"이란 국제항해선박과 항만시설 사이에 승선·하선 또는 선적·하역과 같이 사람 또는 물건의 이동을 수반하는 상호작용으로서 그 활동의 결과 국제항해선박이 직접적으로 영향을 받게 되는 것을 말하며, "선박상호활동"이란 국제항해선박과 국제항해선박 또는 국제항해선박과 그 밖의 선박 사이에 승선·하선 또는 선적·하역과 같이 사람 또는 물건의 이동을 수반하는 상호작용을 말한다.

또한 "보안사건"이란 국제항해선박이나 항만시설을 손괴하는 행위 또는 국제항해선박이

---

242 국제항해선박 및 항만시설의 보안에 관한 법률 제1조.

나 항만시설에 위법하게 폭발물 또는 무기류 등을 반입·은닉하는 행위 등 국제항해선박·항만시설·선박항만연계활동 또는 선박상호활동의 보안을 위협하는 행위 또는 그 행위와 관련된 상황을 말한다.

"보안등급"이란 보안사건이 발생할 수 있는 위험의 정도를 단계적으로 표시한 것으로서 「1974년 해상에서의 인명안전을 위한 국제협약」에 따른 등급구분 방식을 반영한 것을 말하며, "국제항해선박소유자"란 국제항해선박의 소유자·관리자 또는 국제항해선박의 소유자·관리자로부터 선박의 운영을 위탁받은 법인·단체 또는 개인을 말한다.

그리고 "항만시설소유자"란 항만시설의 소유자·관리자 또는 항만시설의 소유자·관리자로부터 그 운영을 위탁받은 법인·단체 또는 개인을 말하며, "국가보안기관"이란 국가정보원·국방부·관세청·경찰청 및 해양경찰청 등 보안업무를 수행하는 국가기관을 말한다.

2) 적용범위(제3조)

이 법은 모든 여객선, 총톤수 500톤 이상의 화물선, 이동식 해상구조물(천연가스 등 해저자원의 탐사·발굴 또는 채취 등에 사용되는 것을 말함)의 어느 하나에 해당하는 대한민국 국적 또는 외국 국적의 국제항해선박 및 항만시설에 대하여 적용한다.

이와 같은 규정에도 불구하고 비상업용 목적으로 사용되는 선박으로서 국가 또는 지방자치단체가 소유하는 국제항해선박에 대하여는 이 법을 적용하지 아니한다.

3) 국제협약과의 관계(제4조)

국제항해선박과 항만시설의 보안에 관하여 국제적으로 발효된 국제협약의 보안기준과 이 법의 규정내용이 다른 때에는 국제협약의 효력을 우선한다. 다만, 이 법의 규정내용이 국제협약의 보안기준보다 강화된 기준을 포함하는 때에는 그러하지 아니하다.

4) 국가항만보안계획 등(제5조)

해양수산부장관은 국제항해선박 및 항만시설의 보안에 관한 업무를 효율적으로 수행하기 위하여 10년마다 항만의 보안에 관한 종합계획(이하 "국가항만보안계획"이라 한다)을 수립·시행하여야 한다. 이 경우 해양수산부장관은 관계 행정기관의 장과 미리 협의하여야 한다.

보안위원회는 국가항만보안계획을 심의할 때 ① 항만의 보안에 관한 기본방침, ② 항만의 보안에 관한 중·장기 정책방향, ③ 항만의 보안에 관한 행정기관의 역할, ④ 항만의 보안에 관한 항만시설소유자의 역할, ⑤ 항만에서의 보안시설·장비의 설치 및 경비·검색인력의 배치, ⑥ 항만시설보안책임자 등에 대한 교육·훈련계획, ⑦ 보안사건에 대한 대비·대응조치, ⑧ 항만보안에 관한 국제협력, ⑨ 그 밖에 항만의 보안을 확보하기 위하여 필요한 사항 등을 포함시켜야 한다.

해양수산부장관은 국가항만보안계획이 수립된 때에는 이를 관계 행정기관의 장과 항만에 관한 업무를 관장하는 해양수산부 소속 기관의 장(이하 "지방청장"이라 한다)에게 통보하여야 하며, 국가항만보안계획을 통보받은 관계 행정기관의 장 및 지방청장은 그 시행을 위하여 필요한 조치를 하여야 한다.

국가항만보안계획을 통보받은 지방청장은 국가항만보안계획에 따른 관할 구역의 항만에 대한 보안계획(이하 "지역항만보안계획"이라 한다)을 수립·시행하여야 하고, 지역항만보안계획을 수립하려는 때에는 해양수산부장관의 승인을 받아야 한다. 이 경우 관계 국가보안기관의 장과 미리 협의하여야 한다.

지역항만보안계획의 세부내용에는 ① 관할 구역 항만의 보안에 관한 기본방침, ② 관할 구역 항만의 보안에 관한 중·장기 추진방향, ③ 관할 구역 항만의 항만시설보안에 관한 관련 행정기관의 역할, ④ 관할 구역 항만의 보안에 관한 항만시설소유자의 역할, ⑤ 관할 구역 항만에서의 보안시설·장비의 설치 및 경비·검색인력의 배치, ⑥ 관할 구역 항만의 항만시설보안책임자 등에 대한 교육·훈련계획, ⑦ 관할 구역 항만에서의 보안사건에 대한 대비·대응조치, ⑧ 그 밖에 관할 구역 항만의 보안을 확보하기 위하여 필요한 사항 등의 포함되어야 한다(동법시행령 제3조).

해양수산부장관과 지방청장은 국가항만보안계획과 지역항만보안계획이 수립된 후 5년이 경과한 때에는 그 내용을 검토하여 변경 여부를 결정하여야 한다. 다만, 국내외 보안여건을 시급히 반영하여야 하는 등 긴급한 필요성이 인정되는 경우에는 해양수산부장관이 국가항만보안계획과 지역항만보안계획의 변경 여부를 결정할 수 있다.

5) 보안등급의 설정·조정 등(제6조)

해양수산부장관은 보안위원회의 심의를 거쳐 국제항해선박 및 항만시설에 대하여 보안사건을 일으킬 수 있는 위험에 관한 정보의 구체성, 긴급성 및 신뢰성 그리고 보안사건이 일어날 때 예상되는 피해 정도를 고려하여 보안등급을 설정하거나 조정한다(동법시행령 제4조 제1항).

우선 보안 1등급은 국제항해선박과 항만시설이 정상적으로 운영되는 상황으로 일상적인 최소한의 보안조치가 유지되어야 하는 평상수준이고, 보안 2등급은 국제항해선박과 항만시설에 보안사건이 일어날 가능성이 증대되어 일정기간 강화된 보안조치가 유지되어야 하는 경계수준이며, 보안 3등급은 국제항해선박과 항만시설에 보안사건이 일어날 가능성이 뚜렷하거나 임박한 상황이어서 일정기간 최상의 보안조치가 유지되어야 하는 비상수준이다(동법시행령 제4조 제2항).

해양수산부장관은 국제항해선박에 대하여는 선박의 종류·항로 또는 해역별로 그 운항 특성을 고려하여 보안등급을 설정하거나 조정할 수 있으며, 항만시설에 대하여는 항만별 또는 항만시설 단위별로 그 기능별 특성을 고려하여 보안등급을 설정하거나 조정할 수 있다(동법시행령 제4조 제3항).

해양수산부장관은 설정·조정된 보안등급을 지방해양수산청장을 거쳐서 국제항해선박 소유자 또는 항만시설소유자에게 즉시 통보하되, 서면(전자문서를 포함한다)·전화·전자우편·팩스 등을 이용하여 통보하거나 인터넷 홈페이지 등에 게시할 수 있고(동법시행규칙 제3조 제1항), 통보를 받은 국제항해선박소유자 또는 항만시설소유자는 총괄보안책임자, 선박보안책임자, 항만시설보안책임자로 하여금 설정·조정된 보안등급을 국제항해선박이나 항만시설에 대한 보안업무의 수행에 반영하도록 하여야 한다.

그리고 보안등급별로 국제항해선박 또는 항만시설에서 국제항해선박소유자와 항만시설소유자가 지켜야 하는 보안등급별 세부 보안조치 사항은 다음 〈표-2〉와 같다.

〈표-2〉 국제항해선박소유자 및 항만시설소유자의 보안등급별 세부 보안조치사항〈개정 2013. 6. 24〉

구분		조치사항
국제 항해 선박 소유자 조치 사항	보안 1등급	1. 국제항해선박에 승선할 수 있는 출입구별로 당직지를 배치히기나 폐쇄히여 무단출입을 방지할 것 2. 국제항해선박에 승선하려는 자의 신원을 확인할 것 3. 국제항해선박에 승선하려는 자의 소지품을 검색하고 무기류는 선내 반입을 금지할 것 4. 국제항해선박 내 보안이 필요한 구역은 제한구역으로 지정하여 선박보안책임자의 허락 없이 출입할 수 없도록 할 것 5. 국제항해선박 주위와 선박 내의 제한구역을 주기적으로 감시할 것 6. 국제항해선박에 선적되는 화물과 선용품을 검색할 것 7. 그 밖에 법 제4조에 따른 국제협약에서 국제항해선박에 대하여 보안 1등급에서 취하도록 정한 보안조치를 할 것
	보안 2등급	1. 국제항해선박에 대한 보안 1등급 시의 조치사항을 이행할 것 2. 국제항해선박에 승선할 수 있는 출입구를 2분의 1 이상 폐쇄할 것 3. 해상을 통하여 국제항해선박에 접근하는 행위를 감시하고 접근하는 자나 선박 등에 경고 등의 조치를 할 것 4. 국제항해선박에 승선하려는 자에 대하여 검색대를 설치하여 검색할 것 5. 제한구역에 근무자를 배치하여 상시 순찰할 것 6. 국제항해선박에 선적되는 화물 및 선용품에 대하여 금속탐지기 등으로 정밀검색을 할 것 7. 그 밖에 법 제4조에 따른 국제협약에서 국제항해선박에 대하여 보안 2등급에서 취하도록 정한 보안조치를 할 것
	보안 3등급	1. 국제항해선박에 대한 보안 2등급 시의 조치사항을 이행할 것 2. 선박출입구를 하나로 제한하고 보안상 필요한 자에게만 승선을 허락할 것 3. 국제항해선박에 화물이나 선용품 선적을 중단할 것 4. 국제항해선박 전체를 수색할 것 5. 국제항해선박의 모든 조명장치를 점등할 것 6. 국제항해선박(여객선에 한정한다)에 위탁 수하물의 선적을 금지할 것 7. 그 밖에 법 제4조에 따른 국제협약에서 국제항해선박에 대하여 보안 3등급에서 취하도록 정한 보안조치를 할 것

구분		조치사항
항만 시설 소유자 조치 사항	보안 1등급	1. 항만시설을 출입하는 인원이나 차량에 대한 일상적인 보안검색, 경계 및 무단출입 방지 업무를 수행할 것 2. 허락받지 아니한 인원과 무기류의 항만시설 반입을 금지할 것 3. 항만시설 내에 보안상 필요에 따라 제한구역을 설정하고, 제한구역은 허가받은 인원만이 출입할 수 있도록 할 것 4. 화물과 선용품의 반입·반출, 항만시설 내 이동, 보관 및 처리과정에서의 보안상 위협을 초래하는 불법행위가 발생하지 아니하도록 감시할 것 5. 항만시설 보안업무 담당자 간 통신수단을 확보하고 통신보안에 대한 조치를 마련할 것 6. 국제여객터미널에서 탑승하는 여객의 위탁 수하물에 대한 검색을 할 것 7. 그 밖에 법 제4조에 따른 국제협약에서 항만시설에 대하여 보안 1등급에서 취하도록 정한 보안조치를 할 것
	보안 2등급	1. 항만시설에 대한 보안 1등급 시의 조치사항을 이행할 것 2. 항만시설을 순찰하는 인원을 평상시보다 늘려 배치할 것 3. 항만시설 출입구 2분의 1 이상을 폐쇄할 것 4. 출입자, 출입차량 및 출입자 소지품의 검색 비율을 높여 검색할 것 5. 해상에서의 보안강화를 위하여 순찰선을 운항시킬 것 6. 항만시설에 대한 감시 장비를 계속적으로 운용하고 운용기록은 상시 유지할 것 7. 항만시설 출입구에 철제차단기 등 접근 차단시설을 설치할 것 8. 정박한 선박 주위에 차량의 주차를 통제할 것 9. 국제여객터미널에서 탑승하는 여객의 위탁수하물을 금속탐지기 등으로 정밀검색할 것 10. 그 밖에 법 제4조에 따른 국제협약에서 항만시설에 대하여 보안 2등급에서 취하도록 정한 보안조치를 할 것
	보안 3등급	1. 항만시설에 대한 보안 2등급 시의 조치사항을 이행할 것 2. 항만시설보안계획으로 지정한 항만시설에 대한 접근금지 조치를 할 것 3. 항만시설보안계획으로 지정한 항만시설에서 화물이동 및 차량이동을 중지시킬 것 4. 항만시설보안계획으로 지정한 항만시설의 운영을 중지할 것 5. 항만시설보안계획으로 지정한 항만시설에서 대피 조치를 할 것 6. 항만시설 내 제한구역에 대한 검색을 할 것 7. 항만시설 내 위험물질의 보호 조치 및 통제를 할 것 8. 항만시설 내 선용품의 인도를 중지할 것 9. 위탁 수하물의 취급을 금지할 것 10. 그 밖에 법 제4조에 따른 국제협약에서 항만시설에 대하여 보안 3등급에서 취하도록 정한 보안조치를 할 것

해양수산부장관은 보안등급을 설정하거나 조정하는 경우 보안위원회의 심의를 거쳐야 하지만, 해양수산부장관은 긴급한 필요가 있는 경우 관계 국가보안기관의 장과 미리 협의할 수 있고, 정하여진 세부적인 보안조치사항에도 불구하고 예상하지 못한 보안사고의 발생 등 필요하다고 인정되는 때에는 준수하여야 하는 보안조치를 별도로 지시할 수 있다.

3. 국제항해선박의 보안확보를 위한 조치

1) 총괄보안책임자(제7조)

국제항해선박소유자는 그가 소유하거나 관리·운영하는 전체 국제항해선박의 보안업무를 총괄적으로 수행하게 하기 위하여 소속 선원 외의 자 중에서 다음 표에서 정하는 전문지식 등 자격요건을 갖춘 자를 총괄보안책임자로 지정하여야 한다. 이 경우 선박의 종류 또는 선박의 척수에 따라 필요하다고 인정되는 때에는 2인 이상의 총괄보안책임자를 지정할 수 있으며, 국제항해선박소유자가 1척의 국제항해선박을 소유하거나 관리·운영하는 때에는 그 국제항해선박소유자 자신을 총괄보안책임자로 지정할 수 있다.

〈표-3〉 총괄보안책임자·선박보안책임자 및 항만시설보안책임자의 자격요건〈2013. 3. 24. 개정〉

구분	선박		항만시설
	총괄보안책임자	선박보안책임자	항만시설보안책임자
경력 요건	다음 각 호의 어느 하나에 해당하는 경력이 있거나 국제항해선박 승무경력, 보안업무에 종사한 경력 또는 국토해양업 관련 단체에서 근무한 경력을 합산한 경력이 5년 이상인 자 1. 국제항해선박 승선경력이 3년 이상인 자 2. 보안업무에 종사한 경력이 3년 이상인 자 3. 해양수산업 관련 단체에 근무한 경력이 3년 이상인 자	「선박직원법」에 따른 선박직원으로서의 승무한 경력이 3년 이상인 자	항만시설 운영에 종사한 경력 또는 보안업무에 종사한 경력이 3년 이상인 자

전문지식요건	법 제40조에 따른 보안교육기관에서 제50조제6항 각 호(제3호 · 제4호 및 제6호는 선박에 관련된 내용만 해당됨)의 내용이 포함된 보안교육을 18시간 이상 받은 자	법 제40조에 따른 보안교육기관에서 제50조제6항 각 호(제3호 · 제4호 및 제6호는 선박에 관련된 내용만 해당됨)의 내용이 포함된 보안교육을 12시간 이상 받은 자	법 제40조에 따른 보안교육기관에서 제50조제6항 각 호(제3호 · 제4호 및 제6호는 항만시설에 관련된 내용만 해당됨)의 내용이 포함된 보안교육을 20시간 이상 받은 자

총괄보안책임자를 지정 또는 변경한 때에는 7일 이내에 해양수산부령으로 정하는 바에 따라 그 사실을 해양수산부장관에게 통보하여야 하고, 총괄보안책임자는 ① 선박보안평가, ② 선박보안계획서의 작성 및 승인신청, ③ 내부보안심사의 사무를 기본으로 수행하고, 그 밖에 해양수산부령으로 정하는 ④ 선박에서 발생할 수 있는 보안사건 등 보안상 위협의 종류별 대응방안 등에 대한 정보의 제공, ⑤ 선박보안계획서의 시행 및 보완, ⑥ 내부보안심사 시 발견된 보안상 결함의 시정, ⑦ 국제항해선박 소속 회사의 선박보안에 관한 관심 제고 및 선박보안 강화를 위한 조치, ⑧ 보안등급이 설정·조정된 경우의 해당 보안등급과 관련한 정보의 선박보안책임자에 대한 전파, ⑨ 국제항해선박의 선장에 대한 선원 고용, 운항일정 및 용선계약에 관한 정보의 제공, ⑩ 선박보안계획서에 선장의 권한과 책임의 규정에 관한 사항,[243] ⑪ 외국 항만의 보안등급 조정, 보안사건 및 국제항해선박·선원에 대한 보안상 위협 등과 관련한 주요 정보의 해양수산부장관에 대한 보고, ⑫ 그 밖에 국제항해선박과 소속 회사의 보안에 관한 업무를 수행한다(동법시행규칙 제4조 제3항). 만약 총괄보안책임자가 상기의 사무를 게을리하거나 이를 이행하지 아니할 때에는 해양수산부장관은 국제항해선박소유자에 대하여 그 변경을 명할 수 있다.

2) 선박보안책임자(제8조)

국제항해선박소유자는 그가 소유하거나 관리·운영하는 개별 국제항해선박의 보안업무를 효율적으로 수행하게 하기 위하여 소속 선박의 선원 중에서 위 〈표-3〉에서 정하는 전문지식 등 자격요건을 갖춘 자를 선박보안책임자로 지정하여야 한다.

선박보안책임자는 ① 선박보안계획서의 변경 및 그 시행에 대한 감독, ② 보안상의 부적

---

243 국제항해선박의 안전과 보안에 관한 의사결정 및 대응조치 및 국제항해선박의 보안을 유지하기 위하여 필요한 인적·물적 자원의 확보

정한 사항에 대한 총괄보안책임자에의 보고, ③ 해당 국제항해선박에 대한 보안점검을 기본으로 수행하고, 그 밖에 해양수산부령으로 정하는 ④ 화물이나 선용품의 하역에 관한 항만시설보안책임자와의 협의·조정, ⑤ 선원에 대한 보안교육 등 국제항해선박 내 보안활동의 시행, ⑥ 총괄보안책임자 및 관련 항만시설보안책임자와의 선박보안계획서의 시행에 관한 협의·조정, ⑦ 선박보안계획서의 이행·보완·관리·보안 유지 및 법 제15조제1항에 따른 선박보안기록부의 작성·관리, ⑧ 보안장비의 운용·관리, ⑨ 선박보안계획서, 국제선박보안증서, 선박이력기록부 등 서류의 비치·관리, ⑩ 입항하려는 외국 항만의 항만당국에 대한 국제항해선박 보안등급 정보의 제공, 국제항해선박과 해당 항만의 보안등급이 다른 경우 이를 일치시키기 위한 보안등급의 조정 및 입항하려는 해당 항만의 보안등급에 관한 정보의 해양수산부장관 또는 총괄보안책임자에 대한 보고, ⑪ 그 밖에 해당 국제항해선박의 보안에 관한 업무를 수행한다(동법시행규칙 제5조)

3) 선박보안평가(제9조)

국제항해선박소유자는 그가 소유하거나 관리·운영하는 개별 국제항해선박에 대하여 보안과 관련한 시설·장비·인력 등에 대한 선박보안평가를 실시하여야 하고, 선박보안평가를 실시한 때에는 그 결과를 문서로 작성하여 주된 사무소(국제항해선박소유자가 개인인 경우 그의 주소지를 말한다)에 보관하여야 하며, 그 내용을 선박보안계획서에 반영하여야 한다.

선박보안평가에는 ① 출입제한구역의 설정 및 제한구역에 대한 일반인의 출입 통제, ② 국제항해선박에 승선하려는 자에 대한 신원확인 절차 마련 여부, ③ 선박의 갑판구역과 선박 주변 육상구역에 대한 감시 대책, ④ 국제항해선박에 근무하는 자와 승선하는 자가 휴대하거나 위탁하는 수하물에 대한 통제 방법, ⑤ 화물의 하역절차 및 선용품(船用品)의 인수절차, ⑥ 국제항해선박의 통신·보안장비와 정보의 관리, ⑦ 선박보안계획서에 따른 조치 등 보안활동, ⑧ 국제항해선박에서의 보안상 위협의 확인과 이에 대응하기 위한 절차 및 조치, ⑨ 국제항해선박의 보안시설·장비·인력 및 보안의 취약요인 확인과 대응절차의 수립·시행에 대한 평가 등의 내용이 포함되어야 하고(동법시행규칙 제6조 제2항), 선박보안평가는 국제항해선박과 관련된 문서를 확인하는 문서보안평가와 국제항해선박에서의 보안활동을 확인하는 현장보안평가로 할 수 있다(동법시행규칙 게6조 제3항).

4) 선박보안계획서(제10조)

국제항해선박소유자는 선박보안평가의 결과를 반영하여 보안취약요소에 대한 개선방안과 보안등급별 조치사항 등을 정한 보안계획서를 작성하여 해당 선박에 비치하고 동 계획서에 따른 조치 등을 시행하여야 한다. 동 계획서에는 보안사고와 같은 보안상의 위협으로부터 선원·승객·화물·선용품 및 선박 등을 보호하는 데 필요한 보안조치사항이 포함되어야 한다.

그 세부 보안조치사항의 이행에 필요한 첫 번째 사항으로 ① 선박의 기관실 중 주기관, 발전기 및 보일러 등 주요 기관설비가 있는 구역과 그 기관설비에 대한 제어시스템이 설치되어 있는 구역, ② 보안장비와 운항·조명을 제어하기 위한 시스템이 설치되어 있는 구역, ③ 통풍이나 공기조화장치가 설치된 구역, ④ 식수탱크, 펌프 또는 매니폴드(여러 개의 가지관)의 출입구가 있는 구역, ⑤ 위험물과 유해물질을 보관·관리하는 구역, ⑥ 화물펌프와 화물펌프 제어장치가 있는 구역(액체 화물을 운반하는 국제항해선박만 해당한다), ⑦ 화물과 선용품이 보관된 구역, ⑧ 승무원이 거주하는 구역, ⑨ 그 밖에 국제항해선박의 보안을 위하여 총괄보안책임자가 지정한 구역에 대한 제한구역의 설정, 허가받지 않은 사람의 통제 및 무단출입 금지의 표시 등 제한구역의 관리 사항 또는 계획이 포함되어야 한다.

그 다음으로 선박항만연계활동 또는 선박상호활동을 해칠 수 있는 보안상의 위협이나 침해에 대한 대응절차와 대피절차, 보안 3등급에서 정부의 지시를 이행하기 위한 절차, 내부보안심사 절차, 선박보안계획서의 시행을 위한 교육·훈련, 선박보안책임자와 총괄보안책임자의 성명과 연락처, 선박보안경보장치 작동설비의 위치 및 관리, 보안장비의 유지·관리, 보안합의서의 작성·시행, 그 밖에 국제항해선박의 보안에 관한 법령과 국제협약의 이행에 관한 사항 또는 계획이 포함되어야 한다(동법시행규칙 제7조)

선박보안계획서를 작성 또는 중요한 사항을 변경하는 때에는 해양수산부장관의 승인을 받아야 하고, 선박보안계획서를 승인함에 있어서 국가보호장비로 지정된 선박, 국제항해선박 중 여객선, 폭발물 또는 무기류 등 국가안보상 필요한 물품을 운송하는 선박으로서 국가보안기관의 장이 협의를 요청한 선박, 국가보안기관의 장과 협의가 필요하다고 인정한 선박 등(동법시행령 제5조)에 대하여 선박보안계획서를 승인하는 경우에는 관계 국가보안기관과 미리 협의하여야 한다.

5) 선박보안심사(제11조)

국제항해선박소유자는 그가 소유하거나 관리·운영하는 개별 국제항해선박에 대하여 선박보안계획서에 따른 조치 등을 적정하게 시행하고 있는지 여부를 확인받기 위하여 해양수산부장관에게 선박보안심사를 받아야 한다. 선박보안심사의 내용은 아래 〈표-4〉와 같고, 그 세부내용은 세부내용은 아래 〈표-5〉와 같다.

〈표-4〉 선박보안심사 내용

구분	내용
최초보안심사	국제선박보안증서를 처음으로 교부받으려는 때에 행하는 심사
갱신보안심사	국제선박보안증서등의 유효기간이 만료되기 전에 국제선박보안증서의 유효기간 만료일 3개월 전부터 유효기간 만료일까지 행하는 심사
중간보안심사	최초보안심사와 갱신보안심사 사이 또는 갱신보안심사와 갱신보안심사 사이에 국제선박보안증서의 유효기간이 시작된 후 2년이 지난 날부터 1년간 행하는 심사

〈표-5〉 선박보안심사의 세부내용

보안심사 종류	보안심사 세부내용
최초보안심사 · 중간보안심사 및 갱신보안심사	1. 승인된 선박보안계획서의 비치 여부 2. 선박보안계획서에 따른 선박 보안활동의 기록 여부 3. 보안관리체제와 선박보안경보장치 등 보안장비의 정상운용 여부
임시선박보안심사	1. 선박보안평가의 실시 및 선박보안평가 결과를 선박보안계획서에 반영하였는지 여부 2. 선박보안계획서의 승인절차 이행 및 시행 여부 3. 선박보안경보장치의 설치 및 작동 여부 4. 총괄보안책임자 및 선박보안책임자의 사무 수행 및 보안관리체제에 대한 숙지 여부 5. 내부보안심사를 포함하여 최초보안심사를 받기 위한 준비상태
특별선박보안심사	법 제11조제3항에 따른 특별보안심사의 원인이 된 사유

국제항해선박소유자는 최초보안심사를 받기 전에 임시로 국제항해선박을 항해에 사용하려는 경우로서 해양수산부령으로 정하는 ① 새로 건조된 선박을 국제선박보안증서가 교부되기 전에 국제항해에 이용하려는 때, ② 국제선박보안증서의 유효기간이 지난 국제항해선박을 국제선박보안증서가 교부되기 전에 국제항해에 이용하려는 때, ③ 외국 국제항해선박의 국적이 대한민국으로 변경된 때, ④ 국제항해선박소유자가 변경된 때(동법시행규칙 제10조 제2항)에는 해양수산부장관에게 선박보안평가의 실시, 선박보안계획서의 작성·시행 등에 관한 이행 여부를 확인하는 임시선박보안심사를 받아야 한다.

해양수산부장관은 국제항해선박에서 보안사건이 발생하는 등 해양수산부령으로 정하는 ① 국제항해선박이 보안사건으로 외국의 항만당국에 의하여 출항정지 또는 입항거부를 당하거나 외국의 항만으로부터 추방된 때, ② 외국의 항만당국이 보안관리체제의 중대한 결함을 지적하여 통보한 때, ③ 그 밖에 국제항해선박 보안관리체제의 중대한 결함에 대한 신뢰할 만한 신고가 있는 등 해양수산부장관이 국제항해선박의 보안관리체제에 대하여 보안심사가 필요하다고 인정하는 때사유가 있는 때(동법시행규칙 제10조 제3항)에는 그 국제항해선박에 대하여 선박보안계획서의 작성·시행 등에 관한 이행 여부를 확인하는 특별선박보안심사를 실시할 수 있다.

6) 국제선박보안증서의 교부 등(제12조)

해양수산부장관은 최초보안심사 또는 갱신보안심사에 합격한 선박에 대하여 국제선박보안증서를 교부하여야 하고, 중간보안심사 또는 특별선박보안심사에 합격한 선박에 대하여는 국제선박보안증서에 심사자 서명, 심사장소, 합격일자, 심사기관의 직인을 표기하여야 한다(동법시행규칙 제12조 제2항).

해양수산부장관은 임시선박보안심사에 합격한 선박에 대하여 임시국제선박보안증서를 교부하여야 하고, 국제항해선박소유자는 국제선박보안증서 또는 임시국제선박보안증서의 원본을 해당 선박에 비치하여야 한다.

7) 선박보안기록부의 작성·비치(제15조)

국제항해선박소유자는 그가 소유하거나 관리·운영하는 개별 국제항해선박에 대하여 보안에 관한 위협 및 조치사항 등을 기록한 선박보안기록부를 작성하고, 이를 해당 선박에 비치하여야 한다.

선박보안기록부에는 ① 보안교육·훈련, ② 국제항해선박을 운항하는 과정에서 발생한 보안사건이나 보안침해, ③ 국제항해선박의 보안등급, ④ 국제항해선박의 보안과 직접 관련되는 통신기록, ⑤ 내부보안심사 결과와 조치, ⑥ 선박보안평가서와 선박보안계획서의 검토 및 보완, ⑦ 선박보안경보장치 등 보안장비의 유지, 교정 및 시험 등의 내용을 기재하도록 하고(동법시행규칙 제15조 제1항), 선박보안기록부는 그 선박에서 사용하는 언어로 작성하는 것이 원칙이지만, 사용언어가 영어·불어 또는 스페인어가 아닌 경우에는 영어·불어 또는 스페인어 중 하나의 언어로 병기하여야 한다(동법시행규칙 제15조 제2항). 그리고 선박보안기록부는 전자문서로 작성할 수 있다(동법시행규칙 제15조 제3항).

8) 선박보안경보장치 등(제17조)

국제항해선박소유자는 그가 소유하거나 관리·운영하는 개별 국제항해선박에 대하여 선박에서의 보안이 침해되었거나 침해될 위험에 처한 경우 그 상황을 표시하는 선박보안경보장치, 선박보안평가의 결과 선박의 보안을 유지하는데 필요하다고 인정되는 시설 또는 장비를 설치하거나 구비하여야 한다.

해양수산부장관이 갖추어야 하는 선박보안경보장치에서 발신하는 신호(이하 "보안경보신호"라 한다)를 수신할 수 있는 시설 또는 장비는 ① 보안신호를 수신하기 위한 전용 인터넷 서버, ② 수신되는 보안경보신호의 종류와 발신자에 따라 경보를 실제경보, 훈련경보 및 오류경보를 구분하여 처리할 수 있는 시스템, ③ 실제경보를 수신한 경우 해당 보안경보신호를 국가보안기관에 전달할 수 있는 보안경보신호전파시스템 등이다(동법시행규칙 제17조 제1항).

또한 선박보안경보장치의 성능은 ① 국제항해선박의 위치를 식별할 수 있을 것, ② 국제항해선박의 보안의 위협이나 침해 상황을 나타내는 보안경보신호를 발신하여 해양수산부장관이 설치·운영하는 수신국에 전송할 수 있을 것, ③ 다른 선박에 보안경보신호가 송신되지 아니하도록 하고, 발신한 국제항해선박에서는 경보음이 울리지 아니하도록 할 것, ④ 작동해제 또는 재설정 시까지 선박보안경보장치의 작동이 중지되지 아니할 것, ⑤ 선박보안경보장치에서 송신되는 보안경보신호는 국제해사기구 선박식별번호·해상이동업무 식별번호·국제항해선박명·보안경보신호 발신 일시·보안경보신호 발신 당시의 국제항해선박의 위치·국제항해선박의 침로(針路: 선수 방향)·국제항해선박의 속력·보안경보신호의 종류 등의 정보를 포함하고 있어야 하며, 다른 항해 장비로 성능에 지장을 받지 아니하는 장소나 작동 위치는 항해 선교(船橋)와 그 밖의 1개 이상의 장소에 설치할 것을 요한다(동법시행규칙 제17조 제2항).

해양수산부장관은 국제항해선박으로부터 보안경보신호를 수신한 때에는 지체 없이 관계 국가보안기관의 장에게 그 사실을 통보하여야 하며, 국제항해선박이 해외에 있는 경우로서 그 선박으로부터 보안경보신호를 수신한 때에는 그 선박이 항행하고 있는 해역을 관할하는 국가의 해운관청에도 이를 통보하여야 하고, 보안경보신호의 수신을 통보 받은 국가보안기관의 장은 해당 선박의 보안확보에 필요한 조치를 하여야 한다.

4. 항만시설의 보안확보를 위한 조치

1) 항만시설보안책임자(제23조)

항만시설소유자는 그가 소유하거나 관리·운영하는 항만시설의 보안업무를 효율적으로 수행하게 하기 위하여 〈표-3〉에서 정하는 전문지식 등 자격요건을 갖춘 자를 항만시설보안책임자로 지정하여야 하고, 항만시설의 구조 및 기능에 따라 필요하다고 인정되는 때에는 2개 이상의 항만시설에 대하여 1인의 항만시설보안책임자를 지정하거나 1개의 항만시설에 대하여 2인 이상의 항만시설보안책임자를 지정할 수 있다.

항만시설소유자가 항만시설보안책임자를 지정 또는 변경한 때에는 7일 이내에 해양수산부령으로 정하는 바에 따라 그 사실을 해양수산부장관에게 통보하여야 하고, 항만시설보안책임자는 ① 항만시설보안계획서의 작성 및 승인신청, ② 항만시설의 보안점검, ③ 항만시설 보안장비의 유지 및 관리, ④ 그 밖에 해양수산부령으로 정하는 사무를 수행하며, 해양수산부장관은 항만시설보안책임자가 위 사무를 게을리하거나 이를 이행하지 아니할 때에는 항만시설소유자에 대하여 그 변경을 명할 수 있다.

2) 항만시설보안평가(제24조)

해양수산부장관은 국가보안기관의 장과 함께 협의하여 항만시설에 대하여 보안과 관련한 시설·장비·인력 등에 대한 항만시설보안평가를 실시하여야 하고, 항만시설보안평가의 결과를 문서로 작성하여 해당 항만시설소유자에게 통보하여야 한다.

해양수산부장관은 항만시설보안평가에 대하여 5년마다 재평가를 실시하여야 한다. 다만, 해당 항만시설에서 보안사건이 발생하는 등 항만시설의 보안에 관하여 중요한 변화가 있는 때에는 즉시 재평가를 실시하여야 한다.

항만시설보안평가의 평가항목 및 평가방법 등에는 ① 보안사건 또는 보안상의 위협으로부터 보호되어야 하는 사람·시설 및 장비의 확인과 보안상의 위협에 대한 분석, ② 보안상 위협 또는 결함을 줄이기 위하여 필요한 보안조치 및 그 우선순위 결정, 보안조치의 실효성, ③ 항만시설의 보안상 결함의 보완과 수립된 보안절차의 검증 등이 필요 사항으로 들어간다(동법시행규칙 제28조 제1항).

3) 항만시설보안계획서(제25조)

항만시설소유자는 항만시설보안평가의 결과를 반영하여 보안취약요소에 대한 개선방안과 보안등급별 조치사항 등을 정한 항만시설보안계획서를 작성하여 주된 사무소에 비치하고 동 계획서에 따른 조치 등을 시행하여야 하고, 항만시설보안계획서에는 보안사고와 같은 보안상의 위협으로부터 항만시설(항만운영과 관련된 정보와 전산·통신시스템을 포함한다)·선박·화물·선용품 및 사람 등을 보호하는데 필요한 보안조치사항이 포함되어야 한다.

항만시설보안계획서에는 〈표-2〉국제항해선박소유자 및 항만시설소유자의 보안등급별 세부 보안조치사항의 이행에 필요한 사항과 ① 폭발물 또는 무기류 등 허용되지 아니한 물품이나 장비를 항만시설 또는 선박으로 반입하거나, 항만시설 또는 선박에서 반출하는 것을 막기 위하여 필요한 조치, ② 항만시설에 계류 중인 국제항해선박이나 항만시설 내 지역을 정당한 출입절차 없이 무단으로 출입하는 것을 방지하기 위한 조치, ③ 항만시설과 선박항만연계활동에 대한 보안상의 위협 또는 보안상의 침해에 대한 대응절차, ④ 보안 3등급에서 정부의 지시를 이행하기 위한 절차, ⑤ 항만시설보안책임자와 보안담당자의 임무, ⑥ 항만시설보안계획서의 보완절차, ⑦ 보안사건의 보고절차, ⑧ 내부보안심사 절차, ⑨ 항만시설보안책임자의 성명과 연락처, ⑩ 항만시설에 있는 국제항선박에서 선박보안경보장치가 작동되는 경우의 조치, ⑪ 항만시설과 국제항해선박에 대한 선원 및 방문자의 출입 절차, ⑫ 보안합의서의 작성·시행에 관한 사항, ⑬ 항만시설 내 폐쇄회로 텔레비전(CCTV)의 설치 간격, 기종, 감시방향 등을 나타내는 평면도, ⑭ 그 밖에 항만시설의 보안에 관한 법령과 국제협약의 이행에 필요한 사항 등 세부적인 내용이 포함되어야 한다(동법시행규칙 제29조 제1항).

항만시설보안계획서를 작성한 때에는 해양수산부장관의 승인을 받아야 하며, 항만시설보안계획서의 내용 중 ① 대상 항만시설의 규모를 변경하는 때, ② 해당 항만시설에서 중대한 보안사건이 발생하여 항만시설의 보안관리체제 등 보안조치사항을 변경하는 때, ③ 해당 항만시설의 경비·검색인력 및 보안시설·장비를 변경하는 때(동법시행규칙 제30조)에도 해양수산부장관의 승인을 받아야 한다. 이때 해양수산부장관은 항만시설보안계획서를 승인하는 경우에는 미리 관계 국가보안기관의 장과 미리 협의하여야 한다.

항만시설보안계획서의 승인 또는 변경승인을 받으려는 자는 항만시설보안계획서 승인·변경승인 신청서에 승인 또는 변경승인을 받으려는 항만시설보안계획서 2부와 변경사유서 1부(변경승인신청의 경우만 해당한다)를 첨부하여 지방해양수산청장에게 제출하여야 한다(동법시행규칙 제31조 제1항).

4) 항만시설보안심사 등(제26조)

항만시설소유자는 그가 소유하거나 관리·운영하고 있는 항만시설에 대하여 항만시설보안계획서에 따른 조치 등을 적정하게 시행하고 있는지 여부를 확인받기 위하여 해양수산부장관에게 〈표-6〉의 구분에 따른 항만시설보안심사를 받아야 한다.

〈표-6〉 항만시설보안심사

구분	내용
최초보안심사	항만시설적합확인서를 처음으로 교부받으려는 때에 실시하는 것으로서 항만시설 운영개시일 3개월 전부터 운영개시일 전날까지 행하는 심사
갱신보안심사	항만시설적합확인서의 유효기간이 만료되기 전에 항만시설적합확인서의 유효기간 만료일 3개월 전부터 유효기간 만료일까지 행하는 심사
중간보안심사	최초보안심사와 갱신보안심사 사이 또는 갱신보안심사와 갱신보안심사 사이에 항만시설적합확인서 유효기간 개시일부터 매 1년이 되는 날을 기준일로 하여 그 기준일 3개월 전부터 그 기준일 이후 3개월이 되는 날까지 행하는 심사

항만시설소유자는 최초보안심사를 받기 전에 임시로 항만시설을 운영하는 경우로서 해양수산부령으로 정하는 때에는 해양수산부장관에게 항만시설보안계획서의 작성·시행 등에 관한 이행 여부를 확인하는 임시항만시설보안심사를 받아야 한다.

해양수산부장관은 항만시설에서 보안사건이 발생하는 등 해양수산부령으로 정하는 사유가 있는 때에는 그 항만시설에 대하여 항만시설보안계획서의 작성·시행 등에 관한 이행 여부를 확인하는 특별항만시설보안심사를 실시할 수 있으며, 이 경우 관계 국가보안기관의 장과 미리 협의하여야 한다.

지방해양수산청장은 항만시설보안심사를 하려면 항만시설 현장조사 등을 통하여 ① 승인받은 항만시설보안계획서의 비치 여부, ② 항만시설보안계획서에 따른 항만시설 보안활동의 기록 여부, ③ 항만시설의 보안관리체제와 보안시설·장비의 정상운용 여부 등을 확인하여야 한다(동법시행규칙 제33조 제2항).

지방해양수산청장은 임시항만시설보안심사를 하는 경우 현장조사 등을 통해 ① 승인받은 항만시설보안계획서의 비치 및 시행 여부, ② 임시운영 기간 동안의 항만시설의 출입통제를 위한 경비·검색인력의 확보 여부, ③ 주된 출입구와 그 밖에 차량이 상시 출입하는 출입구의 금속탐지기 및 차단기 설치 여부, ④ 울타리, 울타리의 상단 장애물 및 조명등(보안등)의 설치 여부 등을 확인해야 한다(동법시행규칙 제33조 제3항).

지방해양수산청장은 특별항만시설보안심사를 하려면 항만시설소유자에게 특별항만시설보안심사의 사유·방법·일시 등을 기재한 문서(전자문서를 포함한다)로 미리 통보해야 한다. 다만, 긴급히 심사해야 하거나 사전에 통지하면 증거인멸 등으로 특별항만시설보안심사의 목적을 달성할 수 없다고 인정되는 경우에는 사후에 통보할 수 있다(동법시행규칙 제33조 제4항).

5) 항만시설적합확인서 또는 임시항만시설적합확인서의 교부 등(제27조)

해양수산부장관은 최초보안심사 또는 갱신보안심사에 합격한 항만시설에 대하여 해양수산부령으로 정하는 항만시설적합확인서를 교부하고, 중간보안심사 또는 특별항만시설보안심사에 합격한 항만시설에 대해서는 항만시설적합확인서에 심사자 서명, 심사장소, 합격일자, 지방해양수산청장의 관인을 표기하여야 한다.

해양수산부장관은 임시항만시설보안심사에 합격한 항만시설에 대하여 임시항만시설적합확인서를 교부하여야 하고, 항만시설소유자는 항만시설적합확인서 또는 임시항만시설적합확인서의 원본을 주된 사무소에 비치하여야 한다.

6) 항만시설보안기록부의 작성·비치(제30조)

항만시설소유자는 그가 소유하거나 관리·운영하는 항만시설에 대하여 보안에 관한 위협 및 조치사항 등을 기록한 항만시설보안기록부를 작성하고, 이를 해당 항만시설에 위치한 사무소에 비치하여야 한다.

항만시설보안기록부에 ① 보안교육·훈련의 내용, ② 항만시설을 운영하는 과정에서 발생한 보안사건이나 보안침해의 내용, ③ 항만시설의 보안등급, ④ 내부보안심사 결과와 조치 내용, ⑤ 항만시설보안평가서와 항만시설보안계획서의 검토 및 보완에 관한 사항 등을 기록하여야 하며, 전자문서로도 작성할 수 있다(동법시행규칙 제37조 제1항 및 제2항).

7) 국제항해여객선 승객 등의 보안검색(제30조의2)

여객선으로 사용되는 대한민국 국적 또는 외국 국적의 국제항해선박에 승선하는 자는 신체·휴대물품 및 위탁수하물에 대한 보안검색을 받아야 하고, 이에 따른 보안검색은 해당 국제여객터미널을 운영하는 항만시설소유자가 실시한다. 다만, 파업 등으로 항만시설소유자가 보안검색을 실시할 수 없는 경우에는 신체 및 휴대물품의 보안검색의 업무에 대하여는 관할 경찰관서의 장이 지도·감독하고, 위탁수하물의 보안검색에 대하여는 관할 세관장이 지도·감독한다.

국제여객터미널을 운영하는 항만시설소유자는 여객선으로 사용되는 대한민국 국적 또는 외국 국적의 국제항해선박에 승선하는 자의 신체·휴대물품 및 위탁수하물에 대하여 성능 인증을 받은 보안검색장비를 사용하여 보안검색을 하여야 한다(동법시행규칙 제37조의2 제1항).

항만시설소유자는 ① 보안검색장비가 정상적으로 작동되지 않는 경우, ② 보안검색장비의 경보음이 울리는 경우, ③ 폭발물이나 무기류 등을 휴대하거나 은닉하고 있다고 의심되는 경우, ④ 보안검색장비를 통한 검색 결과 그 내용물을 판독할 수 없는 경우, ⑤ 항만시설의 보안등급이 상향되거나 보안상 위협에 관한 정보의 입수 등에 따라 개봉검색이 필요하다고 인정되는 경우에 승선하는 자의 동의를 받아 직접 신체의 검색을 하거나 휴대물품의 개봉검색을 하여야 한다동법시행규칙 제37조의2 제3항).

8) 보안검색장비 성능 인증 등(제30조의3)

항만시설소유자가 이 법에 따른 보안검색을 하는 경우에는 해양수산부장관으로부터 성능 인증을 받은 보안검색장비를 사용하여야 한다. 다만, 「항공보안법」 제27조제1항[244] 또는 「철도안전법」 제48조의3제1항[245]에 따른 성능 인증을 받은 보안검색장비 중 해양수산부장관이 이 법에 따른 성능 인증 기준을 충족하였다고 인정하는 경우에는 성능 인증을 받은 것으로 본다.

성능 인증의 대상이 되는 보안검색장비는 위해물품을 검색하기 위한 장비(엑스선 검색장비, 신발검색장비, 원형(原形)검색장비 등)와 위해물품을 탐지하기 위한 장비(금속탐지장비, 폭발물 탐지장비, 폭발물 흔적탐지장비, 액체폭발물탐지장비 등)이며(동법시행규칙 제

---

244 제27조(항공보안장비 성능 인증 등) ① 장비운영자가 이 법에 따른 보안검색을 하는 경우에는 국토교통부장관으로부터 성능 인증을 받은 항공보안장비를 사용하여야 한다.

245 제48조의3(보안검색장비의 성능인증 등) ① 제48조의2제1항에 따른 보안검색을 하는 경우에는 국토교통부장관으로부터 성능인증을 받은 보안검색장비를 사용하여야 한다.

37조의3), 항만보안검색장비의 성능인증 및 성능점검 업무에 필요한 사항을 2022년 2월 22일 해양수산부고시 제2022-26호 「항만보안검색장비 성능인증 및 성능점검에 관한 규정」으로 제정하였다.

해양수산부장관은 성능 인증을 받은 보안검색장비가 운영 중에 계속하여 성능을 유지하고 있는지를 확인하기 위하여 정기적으로 또는 수시로 점검을 실시하여야 한다. 점검에는 보안검색장비가 성능 인증 기준에 맞게 제작되었는지 여부, 보안검색장비에 대한 품질관리체계를 적절하게 유지하고 있는지 여부 등을 매년 점검하는 정기점검과 해양수산부장관의 요청이나 특별 점검계획에 따라 실시하는 수시점검이 있다(동법시행규칙 제37조의6).

해양수산부장관은 성능 인증을 받은 보안검색장비가 ① 거짓이나 그 밖의 부정한 방법으로 인증을 받은 경우, ② 성능 기준에 적합하지 아니하게 된 경우, ③ 점검을 정당한 사유 없이 받지 아니한 경우, ④ 점검을 실시한 결과 중대한 결함이 있다고 판단될 경우에는 그 인증을 취소할 수 있지만, 거짓이나 그 밖의 부정한 방법으로 인증을 받은 경우에는 그 인증을 취소해야 한다(동법 제30조의4).

9) 경비·검색인력 및 보안시설·장비의 확보 등(제31조)

항만시설소유자는 그가 소유하거나 관리·운영하는 항만시설에 대하여 보안을 확보·유지하고 국제항해여객선 승객 등의 보안검색을 하는 데 필요한 경비·검색인력을 확보하고 필요한 시설과 장비를 신축·증축·개축하거나 설치하고 이를 유지·보수하여야 한다.

항만시설소유자는 「청원경찰법」에 따른 청원경찰을 고용하거나, 「경비업법」 제2조제1호마목[246]에 따른 특수경비업무의 허가를 받은 경비업자 중 제3항[247]에 따라 지정받은 업체에

---

246 제2조(정의) 이 법에서 사용하는 용어의 정의는 다음과 같다.
　　1. "경비업"이라 함은 다음 각목의 1에 해당하는 업무(이하 "경비업무"라 한다)의 전부 또는 일부를 도급받아 행하는 영업을 말한다.
　　마. 특수경비업무 : 공항(항공기를 포함한다) 등 대통령령이 정하는 국가중요시설(이하 "국가중요시설"이라 한다)의 경비 및 도난·화재 그 밖의 위험발생을 방지하는 업무
247 제31조(경비·검색인력 및 보안시설·장비의 확보 등) ③해양수산부장관은 항만시설소유자의 추천을 받은 업체로서 자본금 등 해양수산부령으로 정하는 지정 요건을 갖춘 자를 해당 항만시설의 경비·검색업무의 수탁업체로 지정하여야 한다.
　　동법시행규칙 제38조(경비·검색업무 수탁업체 지정 요건) 법 제31조제3항에서 "자본금 등 해양수산부령으로 정하는 지정 요건"이란 다음 각 호의 요건을 말한다.
　　1. 「경비업법」 제2조제1호마목에 따른 특수경비업무의 허가를 받은 경비업자일 것
　　2. 다음 각 목의 구분에 따른 자본금을 갖출 것
　　　가. 부산항의 경우: 10억원 이상일 것
　　　나. 그 밖의 「항만법」 제3조제1항제1호에 따른 무역항의 경우: 5억원 이상일 것
　　3. 다음 각 목의 구분에 따른 인력을 갖출 것

대한 경비·검색업무의 위탁하여 경비·검색인력을 확보하여야 하고, 해양수산부장관은 지정받은 업체가 ① 거짓이나 그 밖의 부정한 방법으로 지정을 받은 경우, ② 경비업법에 따른 경비업의 허가가 취소되거나 영업이 정지된 경우, ③ 지정 요건에 미달하게 된 경우,[248] ④ 해당 항만시설의 경비·검색업무의 수행 중 고의 또는 중대한 과실로 인명 피해가 발생하거나 경비·검색에 실패한 경우에는 지정을 취소할 수 있다. 다만, 해양수산부장관은 지정업체가 거짓이나 그 밖의 부정한 방법으로 지정을 받거나 경비업의 허가가 취소 또는 영업이 정지된 경우에는 지정을 취소하여야 한다. 경비·검색인력 및 보안시설·장비의 세부기준은 아래 〈표-7〉과 같다.

〈표-7〉 경비·검색인력 및 보안시설·장비의 세부기준〈개정 2021. 6. 30.〉

구분	세부기준
경비·검색 인력	1. 다음 각 목에 따른 부두 출입구에는 경비·검색인력으로 「청원경찰법」에 따른 청원경찰 또는 「경비업법」 제2조제3호나목에 따른 특수경비원을 2명 이상을 상시 배치한다. 　가. 부두의 주된 출입구 　나. 주된 출입구 외에 사람과 차량이 상시 출입하는 그 밖의 출입구 2. 제1호에도 불구하고 수리만을 목적으로 하는 조선소의 부두 출입구의 경우에는 제1호에 따른 경비·검색인력을 1명 이상 상시 배치할 수 있다. 다만, 최근 2년간 3회 이상 보안사건이 발생한 경우에는 해양수산부장관이 지정한 날부터 2년간 제1호에 따른 경비·검색인력을 2명 이상 상시 배치한다. 3. 「보안업무규정」 제32조제1항에 따른 국가보안시설 외의 항만시설에는 제1호에도 불구하고 다음 각 목의 기준에 따른다. 　가. 야간에 국제항해선박의 이용이 없고 폐쇄회로 텔레비전(CCTV)에 의한 감시·녹화가 가능한 경우에는 주간에만 배치 　나. 국제항해선박의 이용이 연 90일 미만인 경우에는 경비·검색 인력을 상시 배치하지 아니하고 선박이 계류 중일 때에만 배치 4. 국제항해여객선이 취항하는 국제여객터미널 또는 국제크루즈터미널에는 제1호 및 제2호의 기준에 따른 경비·검색인력 외에 그 국제여객터미널 또는 국제크루즈터미널에서 출항 수속을 시작할 때부터 끝날 때까지 3명 이상의 보안검색인력을 추가로 배치한다.

가. 부산항 및 인천항의 경우: 「경비업법 시행규칙」 제15조제2항에 따른 특수경비원 신임교육이수증(이하 "특수경비원 신임교육이수증"이라 한다)을 교부받은 특수경비원이 100명 이상일 것

나. 울산항, 광양항, 포항항, 평택·당진항 및 대산항의 경우: 특수경비원 신임교육이수증을 교부받은 특수경비원이 50명 이상일 것

다. 그 밖의 「항만법」 제3조제1항제1호에 따른 무역항의 경우: 특수경비원 신임교육이수증을 교부받은 특수경비원이 20명 이상일 것

248　다만, 일시적으로 지정 요건에 미달하게 되어 3개월 이내에 지정 요건을 다시 갖춘 경우는 제외한다.

보안시설 (외곽 울타리 · 담 또는 장벽)	1. 법 제33조제1항제3호에 따른 지역의 항만시설소유자는 그 지역을 보호하기 위하여 울타리, 담 또는 장벽(이하 이 표에서 "울타리등"이라 한다)을 다음 각 목의 기준에 따라 설치한다. 　가. 울타리등의 높이[윤형(輪形)철조망 등 장애물의 높이를 제외한다]는 지면에서부터 울타리등의 상단까지 2.7m 이상으로 할 것 　나. 울타리등의 하단과 지면의 간격은 5cm(배수시설의 설치 등으로 불가피한 경우에는 20cm로 한다) 이하로 할 것 　다. 울타리등의 상단에는 윤형철조망 등 장애물을 설치할 것 　라. 울타리등의 기둥은 지하 60cm 이상 깊이로 묻을 것(지하 시설 또는 암반 등으로 불가피한 경우에는 40cm 이상의 깊이로 묻고 콘크리트 등으로 보강한다) 　마. 울타리는 절단 및 훼손 등에 강한 재질을 사용하고, 강도는 사람이 통과할 수 있는 크기(62cm×62cm)로서 절단하는 시간이 25초 이상 소요되도록 설치할 것 2. 제1호에도 불구하고 낭떠러지 등 자연의 방어벽, 안벽(岸壁) 등 계류시설 또는 다른 항만시설과 인접하여 울타리등을 설치할 필요가 없는 경우에는 설치하지 아니한다. 3. 항만친수시설, 도심과 인접한 지역 및 관광지 등의 경우 항만보안을 유지할 수 있는 범위에서 제1호다목에 따른 윤형철조망 등 장애물을 설치하지 아니할 수 있다. 다만, 높이는 2.7m 이상을 유지하고, 폐쇄회로 텔레비전과 감지기 등 침입탐지장비를 중복하여 설치하여야 한다.
보안시설 (조명시설)	1. 항만시설(육상구역에만 해당한다)의 출입구, 선박계류지역, 야적장 및 울타리등에는 지면과 같은 높이에서 2럭스(Lux) 이상의 조도(밝기)가 유지되도록 조명등(보안등)을 설치한다. 2. 조명등(보안등)은 해가 질 때부터 해가 뜰 때까지 상시 조명되도록 하되, 야간 출입을 금지하는 경우에는 조명등을 켜지 아니할 수 있다.
보안장비 (폐쇄회로 텔레비전, 감지기 등 침입탐지 장비)	1. 다음 각 목의 지역에는 폐쇄회로 텔레비전을 설치한다. 　가. 국제여객터미널의 여객 대기지역 　나. 법 제33조제1항제3호에 따른 지역에 설치하는 울타리등 2. 제1호에 따라 폐쇄회로 텔레비전을 설치할 때에는 감시사각지대가 발생하지 아니하도록 감시구역이 10m 이상 중첩되도록 설치하고, 모든 폐쇄회로 텔레비전의 영상 및 침입탐지장비 알람 등 보안장비의 각종 기록은 90일 이상 보관한다. 3. 폐쇄회로 텔레비전의 성능은 확대 등의 수단으로 사람의 얼굴 또는 30cm 크기의 물체를 식별할 수 있는 정도의 해상도를 유지하여야 하고, 감지기 등 종류가 다른 1개 이상의 침입탐지장비를 중복하여 설치하여야 한다.
보안장비 (금속 탐지기, 검색경)	1. 부두의 주된 출입구와 그 밖에 상시 출입이 이루어지는 출입구에는 대인(對人) 검색용 문형 또는 휴대용 금속탐지기를 1대 이상 갖추어 둔다. 2. 부두의 차량 출입구에는 검색경(檢索鏡) 등 차량 하부 검색장비를 1대 이상 갖추어 두거나 설치한다.

보안장비 (철침판, 방지턱, 차단기)	1. 부두의 주된 출입구에는 차량의 무단 진입을 차단하기 위하여 다음 각 목 중 어느 하나에 해당하는 장애물을 설치 · 운영한다. 　가. 철침판 또는 차량돌진 방지턱 1개 이상 　나. 차량 통과를 차단할 수 있는 철제차단기(Barricade) 1개 이상. 이 경우 차량이 시속 30km 이하로 진입할 수 있도록 설치하여야 한다. 　다. 그 밖에 모래, 화분대 등 미관을 고려한 장애물 1개 이상 2. 대형화물 적재차량의 출입을 위한 출입구에는 개폐형(開閉型) 차단기를 설치한다. 이 경우 그 설치 기준은 울타리등의 기준을 준용한다.
보안장비 (통신장비)	근무 중 경비 · 검색인력 간 또는 항만시설소유자 또는 항만시설보안책임자 간에 비상 연락할 수 있는 통신장비를 보유한다.

10) 폐쇄회로 텔레비전의 설치·운영(제31조의2)

항만시설소유자는 범죄 예방 및 보안을 확보하기 위하여 그가 소유하거나 관리·운영하는 항만시설에 대하여 범죄 예방 및 보안에 필요한 상황을 파악할 수 있는 수준의 해상도를 가진 폐쇄회로 텔레비전을 설치하여야 하고, 폐쇄회로 텔레비전 운영으로 얻은 영상기록이 분실·도난·유출·변조 또는 훼손되지 아니하도록 폐쇄회로 텔레비전의 운영·관리 지침을 마련하여야 한다.

폐쇄회로 텔레비전의 설치·관리 기준 및 해상도 기준은 〈표-7〉 "보안장비(폐쇄회로 텔레비전, 감지기 등 침입탐지 장비)" 내용과 같이 국제여객터미널의 여객 대기지역 및 울타리 동에 설치하고, 폐쇄회로 텔레비전을 설치할 때에는 감시사각지대가 발생하지 아니하도록 감시구역이 10m 이상 중첩되도록 설치하고, 모든 폐쇄회로 텔레비전의 영상 및 침입탐지장비 알람 등 보안장비의 각종 기록은 90일 이상 보관한다. 폐쇄회로 텔레비전의 성능은 확대 등의 수단으로 사람의 얼굴 또는 30cm 크기의 물체를 식별할 수 있는 정도의 해상도를 유지하여야 하고, 감지기 등 종류가 다른 1개 이상의 침입탐지장비를 중복하여 설치하여야 한다(동법시행규칙 제38조의4 제1항).

항만시설소유자는 ① 폐쇄회로 텔레비전의 설치 근거 및 목적, ② 폐쇄회로 텔레비전의 설치 수, 촬영범위, 촬영시간 및 촬영방법, ③ 폐쇄회로 텔레비전 운영으로 얻은 영상기록의 보관기간, 보관장소 및 보관방법, ④ 폐쇄회로 텔레비전의 설치 및 작동 상태에 대한 주기적 점검 및 관련 기록 유지를 위한 점검기록부의 작성, ⑤ 폐쇄회로 텔레비전의 관리부서, 관리책임자 및 그 권한, 관리책임자가 영상기록을 확인하는 방법과 비밀 유지에 관한 사항, ⑥ 영상기록의 열람·제공·이용·파기에 관한 사항 및 관련 기록 유지를 위한 영상기록 관리대장의 작성, ⑦ 영상기록의 수집 목적 외의 열람·제공·이용의 제한, ⑧ 영상기록의 분실·도난·유출·변조 또는 훼손을 방지하기 위한 조치사항을 포함하는 폐쇄회로 텔레비전의 운영·관리 지침을 마련하여야 한다(동법시행규칙 제38조의4 제2항).

11) 항만시설보안정보의 제공 등 (제32조)

항만시설소유자는 그가 소유 하거나 관리·운영하고 있는 항만시설에서 보안사건이 발생한 때에는 해당 항만시설에서 발생한 보안사건과 보안사건에 대한 조치결과 또는 대응계획(동법시행규칙 제39조 제1항)을 해양수산부장관 및 국가보안기관의 장에게 즉시 보고하여야 한다.

항만시설소유자는 해양수산부장관 또는 국가보안기관의 장으로부터 그가 소유하거나 관리·운영하고 있는 항만시설의 보안에 관한 정보의 제공을 요청받은 때에는 ① 항만시설을 이용하는 선박으로부터 입수된 보안상 위협에 관한 정보, ② 항만시설보다 높은 보안등급으로 입항하는 선박과 그 선박의 여객 또는 화물 등에 대한 정보, ③ 그 밖의 입수된 보안상 위협에 관한 정보(동법시행규칙 제39조 제2항)를 즉시 제공하여야 한다.

12) 항만시설 이용자의 의무(제33조)

항만시설을 이용하는 자는 보안사건이 발생하는 것을 예방하기 위하여 ① 항만시설이나 항만 내의 선박에 위법하게 무기[탄저균(炭疽菌), 천연두균 등의 생화학무기를 포함한다], 도검류(刀劍類), 폭발물, 독극물 또는 연소성이 높은 물건 등 위해물품을 반입·은닉하는 행위,[249] ② 보안사건의 발생을 예방하기 위한 검문검색 및 지시 등에 정당한 사유 없이 불응하는 행위, ③ 항만시설 내 항만시설 이용자의 출입을 제한하는 지역을 정당한 출입절차

---

[249] 항만시설의 경비·검색업무, 경호업무 등 대통령령으로 정하는 업무를 수행하기 위하여 필요한 경우에는 해양수산부장관의 허가를 받아 대통령령으로 정하는 무기를 반입하거나 소지할 수 있다(동법 제33조 제2항).

없이 무단으로 출입하는 행위, ④ 항만시설 내 항만시설 이용자의 출입을 제한하는 구역에서 항만시설보안책임자의 허가 없이 촬영을 하는 행위를 하여서는 아니 된다.

항만시설 내 항만시설 이용자의 출입을 제한하는 지역을 출입하려는 사람은 항만시설소유자가 발급하는 출입증을 발급받아야 하고, 출입하려는 자는 ① 출입증을 다른 사람에게 대여하거나 발급받은 용도 외의 용도로 사용하지 아니할 것, ② 출입증은 해당 지역 출입 시 경비·검색 업무를 담당하는 직원이나 다른 사람이 볼 수 있도록 가슴에 달 것, ③ 출입증을 분실한 경우에는 지체 없이 출입증을 발급한 자에게 신고하고 분실 경위를 밝힐 것, ④ 출입증 발급 시 허용한 지역에만 출입할 것, ⑤ 출입증은 전출·퇴직 또는 발급받은 목적의 달성 등으로 필요가 없게 되었을 때에는 지체 없이 발급한 자에게 반납할 것, ⑥ 보안업무를 담당하는 직원의 검문·검색 등 통제에 따를 것 등의 사항을 준수하여야 한다(동법 시행령 제11조)

5. 보칙

1) 보안위원회(제34조)

국제항해선박 및 항만시설의 보안에 관한 주요사항을 심의·의결하기 위하여 해양수산부장관 소속으로 국제항해선박및항만시설보안위원회(이하 "보안위원회"라 한다)를 두고, 보안위원회는 ① 국가항만보안계획의 수립에 관한 사항, ② 보안등급의 설정·조정에 관한 사항, ③ 보안등급의 설정·조정에 관한 사항, ④ 선박 및 항만시설의 보안과 관련된 국제협력에 관한 사항, 그 밖에 선박 및 항만시설의 보안에 관련된 사항으로서 해양수산부령(동법 시행규칙 제41조)으로 정하는 ⑥ 국가안보와 관련된 보안사건 또는 보안상 위협에 대응하기 위하여 국가보안기관 간 협의가 필요한 사항, ⑦ 국제항해선박 및 항만시설의 보안등급별 세부 조치사항의 일시조정에 관한 사항, ⑧ 그 밖에 국가보안기관이나 보안위원회 위원의 3분의 1 이상이 심의를 요청하는 사항 등을 심의한다.

보안위원회는 위원장 1인과 부위원장 2인을 포함하여 10인 이내의 위원으로 구성하며, 보안위원회의 위원장은 해양수산부차관이 되고, 부위원장은 해양수산부의 해운물류국장·

해사안전국장으로 하고, 위원은 법무부, 국방부, 보건복지부, 국가정보원, 국무조정실, 관세청, 경찰청 및 해양경찰청 소속의 고위공무원단에 속하는 공무원과 이에 상당하는 공무원 중 해당 기관의 장이 추천한 사람 1명으로 한다(동법시행령 제12조 제1항).

2) 보안심사관(제37조)

해양수산부장관은 소속 공무원 중에서 선박보안심사관으로 임명하여 ① 선박보안계획서의 승인, ② 선박보안심사·임시선박보안심사 및 특별선박보안심사, ③ 국제선박보안증서 등의 교부 등, ④ 선박이력기록부의 교부·재교부, ⑤ 항만국통제에 관한 업무를 수행하게 할 수 있으며, 소속 공무원 중에서 항만시설보안심사관으로 임명하여 항만시설보안심사·임시항만시설보안심사 및 특별항만시설보안심사 업무를 수행하게 할 수 있다

3) 보안교육 및 훈련(제39조)

국제항해선박소유자 및 항만시설소유자는 총괄보안책임자·선박보안책임자 및 항만시설보안책임자와 보안책임자 외의 자로서 항만시설에서 보안업무를 담당하는 자에 대한 보안교육 및 훈련에 관한 계획을 수립·시행하여야 한다.

국제항해선박소유자와 항만시설소유자는 각자의 소속 보안책임자로 하여금 해당 선박의 승무원과 항만시설의 경비·검색인력을 포함한 보안업무 종사자에 대하여 3개월 이내의 기간을 주기로 보안훈련을 실시하게 하여야 한다.

국제항해선박소유자와 항만시설소유자는 보안책임자 및 보안담당자 등이 공동으로 참여하는 합동보안훈련을 매년 1회 이상 실시하고 보안훈련의 간격은 18개월을 초과하여서는 아니 된다. 합동보안훈련에는 ① 파괴행위로부터 항만시설이나 국제항해선박을 보호하기 위한 훈련, ② 국제항해선박 또는 승선자의 납치 또는 강탈을 방지하기 위한 훈련, ③ 국제항해선박과 국제항해선박의 설비, 화물 또는 선용품을 이용한 보안사건에 대응하기 위한 훈련, ④ 대량살상무기를 포함한 폭발물 또는 무기류의 밀수나 밀항을 방지하기 위한 훈련, ⑤ 항만 출입구, 갑문 또는 진입수로 등의 봉쇄에 관한 훈련, ⑥ 핵무기나 생화학 공격에 대비한 훈련 등의 내용이 표함되어야 한다(동법시행규칙 제50조 제1항). 그리고 합동보

안훈련은 모의훈련 또는 세미나 그 밖의 지방해양수산청장이 실시하는 다른 훈련·연습과의 병행으로 실시할 수 있다(동법시행규칙 제50조 제2항).

국제항해선박소유자는 그가 소유하거나 관리·운영하고 있는 국제항해선박이 외국의 정부 등이 주관하는 국제적인 합동보안훈련에 참여한 경우 합동훈련의 일시, 장소, 개요 및 참여 선박, 합동훈련의 결과 등의 내용을 팩스, 전자우편 또는 서면으로 해양수산부장관에게 보고하여야 한다(동법시행규칙 제50조 제4항).

국제항해선박소유자 및 항만시설소유자는 보안책임자 및 보안담당자에 대한 보안교육·훈련계획을 수립·시행할 때는 ① 국제항해선박과 항만시설의 보안에 관하여 국제적으로 발효된 국제협약에 관한 사항, ② 국제항해선박과 항만시설의 보안에 관한 국가보안기관의 책임과 기능에 관한 사항, ③ 선박보안평가 및 항만시설보안평가에 관한 사항, ④ 선박보안계획서 또는 항만시설보안계획서에 관한 사항, ⑤ 보안장비의 종류 및 기능에 관한 사항, ⑥ 국제항해선박 또는 항만시설에 대한 보안상 위협의 유형, 대응방법 및 보안조치에 관한 사항, ⑦ 보안사건에 대한 준비 및 대응계획에 관한 사항, ⑧ 보안 관련 정보의 취급 및 통신 요령에 관한 사항, ⑨ 보안 행정 및 훈련에 관한 사항, ⑩ 무기 등 위험물질의 탐지에 관한 사항이 포함되어야 하고, 항만시설소유자는 항만시설보안책임자 및 보안담당자가 매년 위 사항들이 포함된 보안교육·훈련을 6시간 이상 받을 수 있도록 계획을 수립·시행하여야 한다. 이 경우 제3호, 제4호 및 제6호는 항만시설에 관련된 내용만 해당한다(동법시행규칙 제6항 및 제7항).

4) 보안교육기관(제40조)

해양수산부장관은 보안책임자와 보안담당자에 대한 보안교육 및 보안심사관의 자격유지에 필요한 보안교육을 실시하기 위하여 보안교육기관을 지정할 수 있으며, 보안교육기관의 시설 기준·교수 인원 등 지정요건은 〈표-8〉과 같다.

〈표-8〉 보안교육기관의 지정요건

구분	지정요건
시설 기준	가. 해당 교육기관의 주된 강의실이나 실습실이 60제곱미터 이상일 것 나. 학급당 정원은 60명 이내일 것
교수 자격 및 인원	가. 교수요원은 법 제37조에 따른 보안심사관의 자격요건을 갖추고 있을 것 나. 교육기관당 가목의 요건을 갖춘 교수요원을 2명 이상 확보할 것

해양수산부장관은 보안교육기관이 ① 거짓이나 그 밖의 부정한 방법으로 지정받은 경우, ② 보안교육기관의 지정요건에 미달하게 된 경우, ③ 보고 또는 자료 제출을 거부한 경우, ④ 출입 또는 점검을 거부하거나 방해 또는 기피하는 경우, ⑤ 개선명령 또는 시정 등의 조치를 이행하지 아니하는 경우에는 그 지정을 취소하거나 6개월 이내의 기간을 정하여 그 업무를 정지할 수 있다. 다만, 거짓이나 그 밖의 부정한 방법으로 지정받은 경우에는 그 지정을 취소하여야 한다.

5) 보안감독(제41조)

해양수산부장관은 보안사건의 발생을 예방하고 국제항해선박 및 항만시설의 보안에 관한 업무를 효율적으로 수행하기 위하여 소속 공무원을 보안감독관으로 지정하여 국제항해선박 및 항만시설의 보안에 관한 점검업무를 수행하게 하여야 하고, 점검업무 수행을 위하여 필요하다고 인정되는 경우에는 국제항해선박소유자, 항만시설소유자, 대행기관 및 보안교육기관 등 관계인에 대하여 필요한 보고를 명하거나 자료를 제출하게 할 수 있다.

해양수산부장관은 보고내용 및 제출된 자료의 내용을 검토한 결과 그 목적달성이 어렵다고 인정되는 때에는 보안감독관으로 하여금 직접 해당 선박·항만시설 또는 사업장에 출입하여 선박과 항만시설의 보안에 관한 사항 등을 점검하게 할 수 있고, 해양수산부장관은 필요하다고 인정되거나 관계 국가보안기관의 장의 요청이 있는 때에는 ① 합동점검 목적, 대상 및 점검사항, ② 합동점검 일정, ③ 합동점검자 인적사항을 포함한 합동점검계획을 수립(동법시행규칙 제54조 제4항)하여 국가보안기관과 합동으로 실시할 수 있다.

점검을 하는 경우에는 점검 7일전까지 점검자, 점검 일시·이유 및 내용 등이 포함된 점검계획을 국제항해선박소유자, 항만시설소유자, 대행기관 및 보안교육기관 등에게 통보하여야 한다. 다만, 선박의 항해일정 등에 따라 긴급을 요하거나 사전통보를 하는 경우 증거인멸 등으로 인하여 점검의 목적달성이 어렵다고 인정되는 경우에는 통보절차를 생략할 수 있다.

선박등을 점검한 결과 이 법 또는 이 법에 따른 명령을 위반하거나 보안을 유지하는 데 장애가 있다고 인정되는 때에는 해당 선박등에 대하여 개선명령 또는 시정 등의 조치를 명할 수 있다.

6) 벌칙 적요에서의 공무원 의제(제46조)

① 보안검색장비 성능 인증 및 점검에 관한 업무에 종사하는 인증기관의 임직원, ② 보안검색장비 성능시험에 관한 업무에 종사하는 시험기관의 임직원, ③ 경비·검색업무를 위탁받은 업체의 임직원, ④ 보안심사 업무 등을 대행하는 대행기관의 임직원은 「형법」 제129조(수뢰, 사전수뢰), 제130조(제3자뇌물제공), 제131조(수뢰후부정처사, 사후수뢰), 제132조(알선수뢰)에 따른 벌칙을 적용할 때에는 공무원으로 본다.

6. 벌칙

1) 벌칙(제47조)

항만시설이나 항만 내의 선박에 위법하게 위해물품을 반입·은닉하는 행위를 한 자는 **3년 이하의 징역 또는 3천만원 이하의 벌금**에 처한다.

2) 벌칙(제48조)

① 거짓이나 또는 그 밖의 부정한 방법으로 국제선박보안증서 또는 임시국제선박보안증서를 교부받은 자, ② 국제선박보안증서등을 비치하지 아니하거나 그 효력이 정지되거나 상

실된 국제선박보안증서등을 비치한 선박을 항해에 사용한 자, ③ 거짓이나 그 밖의 부정한 방법으로 항만시설적합확인서등을 교부받은 자, ④ 항만시설적합확인서등을 비치하지 아니하거나 그 효력이 정지되거나 상실된 항만시설적합확인서등을 비치한 항만시설을 운영한 자, ⑤ 거짓이나 그 밖의 부정한 방법으로 항만시설 보안업체로 지정을 받은 자, ⑥ 거짓이나 그 밖의 부정한 방법으로 보안심사업무 대행기관으로 지정을 받은 자, ⑦ 거짓이나 그 밖의 부정한 방법으로 보안교육기관으로 지정을 받은 자, ⑧ 보안감독에 따른 개선명령 또는 시정 등의 명령에 따르지 아니한 자는 **1년 이하의 징역 또는 1천만원 이하의 벌금**에 처한다.

3) 벌칙(제49조)

① 보안등급별로 국제항해선박 또는 항만시설에서 준수하여야 하는 세부적인 보안조치 사항을 위반하거나 보안조치의 지시에 따르지 아니한 자, ② 국제항해여객선 승객 등의 보안검색을 실시하지 아니한 자, ③ 항만시설에 대한 경비·검색인력 및 보안시설·장비의 확보 등을 이행하지 아니한 자, ④ 범죄 예방 및 보안을 확보하기 위하여 항만시설에 폐쇄회로 텔레비전을 설치하지 아니하거나 같은 항 후단을 위반하여 해상도 기준을 유지하지 아니한 자, ⑤ 보안사건의 발생을 예방하기 위한 검문검색 및 지시 등에 정당한 사유 없이 검문검색 및 지시에 불응한 자, ⑥ 보안감독에 따른 보고나 자료를 거짓으로 제출한 자, ⑦ 보안감독에 따른 점검을 거부·방해 또는 기피한 자, ⑧ 항만시설보안료의 징수요율(변경된 요율을 포함한다)에 대한 승인을 받지 아니하고 항만시설보안료를 징수한 자는 **500만원 이하의 벌금**에 처한다.

4) 벌칙의 적용(제50조)

이 법과 이 법에 따른 명령을 위반한 항만시설소유자에게 적용할 벌칙은 그 항만시설소유자가 국가 또는 지방자치단체인 때에는 적용하지 않고, 벌칙의 적용에 있어서 이 법과 이 법에 따른 명령 중 국제항해선박소유자에 관한 규정은 국제항해선박의 소유자가 관리자를 둔 때에는 이를 관리자에게, 국제항해선박의 운영자가 그 소유자·관리자로부터 운영을 위탁받은 때에는 이를 운영자에게 각각 적용한다.

벌칙의 적용에 있어서 이 법과 이 법에 따른 명령 중 항만시설소유자에 관한 규정은 항만시설의 소유자가 관리자를 둔 때에는 이를 관리자에게, 항만시설의 운영자가 그 소유자·관리자로부터 운영을 위탁받은 때에는 이를 운영자에게 각각 적용한다.

5) 과태료(제52조)

해양수산부장관의 성능 인증을 받은 보안검색장비를 사용하지 아니한 자와 보안검색장비 성능 인증을 위한 기준과 절차 등을 위반한 인증기관 및 시험기관에게는 **1천만원 이하의 과태료**를 부과한다.

① 자격요건을 갖추지 못한 자를 총괄보안책임자로 지정한 자, ② 통보의무를 이행하지 아니한 자, ③ 총괄보안책임자의 변경명령을 이행하지 아니한 자, ④ 자격요건을 갖추지 못한 자를 선박보안책임자로 임명한 자, ⑤ 보안평가를 실시하지 아니하거나 선박보안평가의 결과를 주된 사무소에 보관하지 아니한 자, ⑥ 선박보안계획서를 비치하지 아니한 자, ⑦ 국제선박보안증서등의 원본을 선박에 비치하지 아니한 자, ⑧ 선박보안기록부를 작성하지 아니하거나 비치하지 아니한 자, ⑨ 선박이력기록부를 선박에 비치하지 아니한 자, ⑩ 선박이력기록부를 다시 교부받지 아니하거나 선박에 비치하지 아니한 자, ⑪ 선박국적 변경의 사실을 통보하지 아니한 자, ⑫ 선박보안경보장치 등을 설치하거나 구비하지 아니한 자, ⑬ 선박식별번호를 표시하지 아니한 자, ⑭ 자격요건을 갖추지 못한 자를 항만시설보안책임자로 지정한 자, ⑮ 통보의무를 이행하지 아니한 자, ⑯ 항만시설보안계획서를 비치하지 아니한 자, ⑰ 항만시설적합확인서등의 원본을 사무소에 비치하지 아니한 자, ⑱항만시설보안기록부를 작성하지 아니하거나 보관하지 아니한 자, ⑲ 폐쇄회로 텔레비전의 운영·관리 지침을 마련하지 아니한 자, ⑳ 보안사건을 보고하지 아니하거나 항만시설보안정보를 제공하지 아니한 자, ㉑ 정당한 출입절차 없이 무단으로 출입한 자, ㉒ 항만시설 내 촬영이 제한되는 구역에서 항만시설보안책임자의 허가 없이 촬영을 한 자, ㉓ 부적격한 자를 내부보안심사자로 지정하거나 내부보안심사를 실시하지 아니한 자, ㉔ 보안교육 및 훈련에 관한 계획을 수립하지 아니하거나 시행하지 아니한 자, ㉕ 보안훈련을 실시하지 아니한 자, ㉖ 국제적인 합동보안훈련에 참여한 사실을 보고하지 아니한 자, ㉗ 보안감독에 따른 관계 서류의 제출이나 보고를 하지 아니한 자에게는 **1천만원 이하의 과태료**를 부과한다.

VII. 테러관련 국제협약

1. 개설

우리나라가 비준한 테러관련 국제협약은 2006년 기준 12개로 구체적으로 살펴보면 다음과 같다.[250]

항공기내에서 범한 범죄 및 기타행위에 관한 협약은 1963년 체결하고 1969년 비준하였으며, 항공기 불법납치 억제 조약은 1970년 체결하고 1971년 비준하였고, 민간항공의 안전에 대한 불법적 행위의 억제를 위한 협약은 1971년 체결하고 1973년 비준하였다.

그리고 외교관 등 국제적 보호인물에 대한 범죄의 예방 및 처벌에 관한 협약은 1973년 체결하고 1977년 비준하였으며, 인질억류방지에 관한 국제협약은 1979년 체결하고 1983년 비준하였다.

또한 핵물질의 방호에 관한 협약은 1980년 체결하고 1987년 비준하였으며, 국제민간항공에서 사용되는 공항에서의 불법적 폭력행위의 억제를 위한 의정서는 1988년 체결하고 1989년 비준하였으며, 항해의 안전에 대한 불법행위의 억제를 위한 협약은 1988년 체결하고 1992년 비준하였으며, 대륙붕상에 고정된 플랫폼의 안전에 대한 불법적 행위의 억제를 위한 의정서는 1988년 체결하고 1992년 비준하였다.

끝으로 가소성 폭약의 탐지를 위한 식별조치에 관한 협약은 1991년 체결하고 1998년 비준하였으며, 폭탄테러의 억제를 위한 국제협약은 1998년 체결하고 2001년 비준하였으며, 테러자금조달의 억제를 위한 국제협약은 1999년 체결하고 2002년 비준하였다.

우리나라가 가입한 국제협약에 따른 주요 국내입법조치는 다음과 같다.[251]

1974년 12월 26일에 제정된 항공기운항안전법(2002년 8월 26일 항공안전 및 보안에 관한 법률로 전문 개정), 2003년 5월 27일 법률 제6880호로 제정된 선박 및 해상구조물에 대한 위해행위의 처벌에 관한 법률, 2003년 5월 15일 법률 제6873호로 제정된 원자력 시설 등의 방호 및 방사능 방재 대책법, 1996년 8월 16일 법률 제5162호로 제정된 화학무기의 금지

---

250 김태준, 전게서, 452면.
251 국회 법제처, 전게서, 2008, 14–17면.

를 위한 특정화학물질의 제조 수출입규제등에 관한 법률(2006년 4월 28일 화학·생물무기의 금지 및 특정화학물질·생물작용제 등의 제조·수출입규제 등에 관한 법률로 전문개정하여 협약의 내용을 추가 반영한 후 2008년 2월 29일 법률 제8852호로 일부개정), 1988년 8월 5일에 제정된 범죄인 인도법, 1991년 3월 8일에 제정된 국제형사사법공조법 등이 있다.

2004년 2월 9일 국회가 서명·비준(2004년 3월 18일 발효)한 테러자금 조달의 억제를 위한 국제협약의 이행을 위한 법률로는 공중 등 협박목적을 위한 자금조달행위의 금지에 관한 법률이 제정되고, 특정 금융정보거래의 보고 및 이용 등에 관한 법률이 일부 개정되었다(양 법률 모두 2007년 12월 21일 공포, 공포 후 1년이 경과한 날부터 시행). 공중 등 협박목적을 위한 자금조달행위의 금지에 관한 법률은 당초 정부에서 마련한 테러자금조달의 금지를 위한 법률안을 폐기하고 이의 대안으로 제정한 것이다. 특정 금융정보거래의 보고 및 이용 등에 관한 법률 중 개정 내용은 공중 등 협박목적을 위한 자금조달행위의 금지에 관한 법률의 제정에 따라 이전의 "자금세탁행위"와 구별되는 "테러자금조달행위"에 대해서도 동일한 규제를 하는 것을 주 내용으로 하고 있다. 테러자금조달금지 관련 입법은 FATF(Financial Action Task Force on Money Laundering) 회원국이 되기 위한 전제조건으로서, 에그몽 그룹[252] 총회에서 2007년 상반기 중에 관련 입법을 완료하기로 합의한 데 따른 것이다. 그 밖에도 전염병예방법, 검역법 등에서 테러 관련 법조항을 반영하고 있다.

제16대 국회의 경우와 같이 제17대 국회의 테러방지법 제정도 시민단체 등의 반대로 무산되었으므로 적어도 국제협약이 요구하는 입법조치만이라도 시급히 이루어져야 할 것이다. 먼저 우리나라도 이미 가입한 「폭탄테러의 억제를 위한 국제협약」의 요구사항에 맞추어 관련 법률을 정비하여야 할 것이다. 이를 위해서는 형법 제119조(폭발물 사용), 제172조(폭발성 물건파열)에 관하여 보완입법을 하여야 할 것이고, 「위험물안전관리법」, 「유해화학물질관리법」, 「총포·도검·화약류 등 단속법」 등에 걸쳐 있는 관련 법조항을 손질하거나 보완하여야 할 것이다.

---

252 에그몽 그룹(Egmont Group)은 1995년 6월 전세계 금융정보분석원(FIU)간 협력증진을 목적으로 출범한 각국 FIU간의 협의체로서 미국 등 101개국이 가입하였고 우리나라는 2002년 6월 가입하였다. 이 명칭은 첫 회의가 개최된 브뤼셀의 건물 이름(Egmont-Arenberg Palace)에서 따온 것이다.

2. 외교관 등 국제적 보호인물에 대한 범죄의 예방 및 처벌에 관한 협약

외교관 등 국제적 보호인물에 대한 범죄의 예방 및 처벌에 관한 협약은 1973년 12월 14일 체결되었으며 전문 20조로 구성되어 있다. 동 협약은 국제평화의 유지와 국가 간의 우호관계 및 협력의 증진에 관한 국제연합헌장의 제목적과 원칙을 유념하고 외교관 및 기타 국제적 보호인물에 대하여 그들의 안전을 위태롭게 하는 범죄가 국가간의 협력에 필요한 정상적 국제관계의 유지에 심각한 위협을 야기함을 고려한 것이다. 동 범죄의 범행이 국제사회에 대한 중대한 우려 사항임을 믿고, 동 범죄의 방지와 처벌을 위하여 적절하고 효과적인 조치를 취할 긴급한 필요성에 따라 제정된 것이다(동 협약 서문).

동 협약에서 규정하고 있는 '국제적 보호인물'은 관계국의 헌법상 국가원수의 직능을 수행하는 집단의 구성원을 포함하는 국가원수, 정부수반 또는 외무부장관으로서 그들이 외국에서 체류할 모든 경우 및 그들과 동행하는 가족의 구성원, 일국의 대표나 공무원 또는 정부간 성격을 지닌 국제기구의 직원 또는 기타대리인으로서 범죄가 이들 본인, 그의 공관, 그의 사저, 또는 그의 교통수단에 대하여 행해진 시기와 장소에서 국제법에 따라 그의 신체, 자유 또는 존엄에 대한 공격으로부터 특별한 보호를 받을 자격이 있는 자 및 그의 세대의 일부를 구성하는 가족의 구성원을 의미하며, '피의자'란 제2조에 규정된 범죄중의 하나 또는 그 이상을 범하였거나 이에 가담하였다고 일견 판단할 수 있는 충분한 증거가 있는 자를 의미한다(동 협약 제1조).[253]

국제적 보호인물에 대한 범죄는 국제적 보호인물의 살해, 납치 또는 그의 신체나 자유에 대한 기타 가해행위, 국제적 보호인물의 신체나 자유를 위태롭게 할 수 있는 그의 공관, 사저 또는 교통수단에 대한 폭력적 가해행위, 그러한 행위의 범행 위협, 동 가해행위의 미수 또한 동 가해행위에 공범으로서의 가담을 구성하는 행위 등이며 각 당사국은 이들 범죄의 중대성을 감안하여 국내법상의 범죄로 규정하여 적절한 형벌로 동 범죄가 처벌되도록 하여야 한다(동 협약 제2조).

동 협약에서 규정하고 있는 범죄의 관할권은 범죄가 자국의 영토 내에서 또는 자국에 등록된 선박이나 항공기내에서 범하여지는 경우, 피의자가 자국민인 경우, 범죄가 자국을 대표하여 행사하는 직능에 의하여, 동 협약 제1조에 정의된 국제적 보호인물로서의 지위를

---

253 동 조항은 대통령실 경호처 등이 외국 국빈 등에 대한 경호조치의 법적근거 중 하나이다.

여사히 향유하는 그러한 자에 대하여 범하여지는 경우 등에 대하여 행사하며, 각 당사국은 이들 범죄에 대한 관할권을 확립하기 위하여 필요한 제반 조치를 취하여야 한다(동 협약 제3조).

동 협약의 당사국은 규정된 범죄의 방지에 대하여 자국영역 내 또는 영역 외에서 그와 같은 범죄를 범하기 위한 준비를 자국영역 내에서 할 경우 이를 방지하기 위한 모든 실제적 조치를 취하고, 정보의 교환 및 범행방지에 적합한 행정적 및 기타 제반조치의 조정 등의 협력조치를 시행해야 한다(동 협약 제4조).

규정된 범죄가 자국 내에서 범하여진 당사국은, 피의자가 그 영역을 도주하였다고 믿을 만한 사유가 있는 경우, 직접으로 또는 국제연합 사무총장을 통하여 범행에 관한 모든 관련사실과 피의자의 신원에 관한 입수 가능한 모든 정보를 다른 모든 관련국에 통고하고, 국제적 보호인물에 대하여 규정된 범죄가 범하여진 모든 경우에는 피해자 및 범행상황에 관한 정보를 보유하고 있는 여하한 당사국도 국내법에 규정된 조건에 따라 완전하게 그리고 신속하게 동인이, 대표로서 직능을 수행하던 당사국에 이를 전달하도록 노력하여야 한다(동 협약 제5조).

피의자 소재지국은 동인을 소추 또는 인도하기 위한 목적으로 동인의 소재를 확보할 수 있도록 국내법에 따른 적절한 조치를 취하여야 하며, 동 조치는 범행지국, 피의자의 국적국 또는 복수의 국적국 또는 무국적자일 경우 그의 상주 영역국, 관련 국제적 보호인물의 국적국 또는 복수의 국적국 또는 그가 대표로서 직능을 수행하던 국가 또는 복수의 국가, 기타 모든 관계국, 관련 국제적 보호인물이 직원 또는 대리인으로 있는 국제기구 등에 지체없이 통고되어야 한다(동 협약 제6조).

그 영토 내에 피의자가 소재하고 있는 당사국은 동인을 인도하지 아니할 경우, 소추할 목적으로 예외없이 그리고 부당한 지연없이 동 국가의 법률에 따른 절차를 통하여 동 건을 권한있는 당국에 지출하여야 하며, 당사국간에 현존하는 범죄인 인도 조약상의 인도범죄로 등재되어 있지 아니한 범죄도 동 협약에 규정된 범죄는 인도범죄에 포함되는 것으로 간주된다(동 협약 제7조, 제8조).

동 협약에 규정된 어느 범죄와 관련하여 진행되고 있는 소송의 대상이 된 어떤 자에 대하여도 동 소송절차의 모든 과정에서 공정한 대우가 보장되어야 하며, 당사국은 규정된 범죄로 인한 형사소송과 관련하여 소송에 필요한 모든 이용 가능한 증거의 제공을 포함한 최대한의 지원을 상호 제공하여야 하며, 피의자를 소추한 당사국은 소송의 최종 결과를 국제연합 사무총장에게 통고하여야 하며 동인은 동 정보를 타 당사국에 전달하여야 한다(동 협약 제9조~제11조).

3. 인질 억류방지에 관한 국제협약

인질 억류방지에 관한 국제협약은 1979년 12월 19일 체결되었으며 전문 20조로 구성되어 있어 있다. 동 협약은 국제평화와 안전의 유지 및 제국 간 우호관계와 협력의 증진에 관한 국제연합 헌장의 목적과 원칙에 유념하고, 특히 세계인권선언 및 시민적, 정치적 권리에 관한 국제규약에 규정된 바와 같이 만인은 생명, 자유 및 신체안전의 권리를 가지고 있음을 인정하고, 국제연합헌장과 국제연합헌장에 의거한 제국간 우호관계와 협력에 관한 국제법 원칙에 선언 및 총회의 기타 관련 건의안에 규정된 바와 같이 국민의 평등권 및 자결의 원칙을 재확인하고, 인질억류가 국제사회에 대한 중대한 우려가 되는 범행이며 인질억류행위를 범하는 자는 누구나 본 협약의 규정에 의거하여 기소되거나 또는 인도되어야 함을 고려하고, 국제테러리즘의 표현으로서의 일체의 인질억류행위를 방지, 기소 및 처벌하기 위한 실효적 조치를 강구하고 채택함에 있어 제국간의 국제협력의 발전이 절실히 필요성에 따라 제정된 것이다(동 협약 서문).

'인질 억류범죄'란 제3자 즉 국가, 정부간 국제기구, 자연인, 법인 또는 집단에 대해 인질 석방을 위한 명시적 또는 묵시적 조건으로서 어떠한 작위 또는 부작위를 강요할 목적으로 타인을 억류 또는 감금하여 살해, 상해 또는 계속 감금하겠다고 협박하는 자는 본 협약상의 의미에서 인질 억류범죄를 행하는 것이며, 인질억류행위를 기도하는 자 또는 인질억류행위를 하거나 또는 이를 기도하는 자의 공범으로서 가담하는 자도 범죄를 행하는 것이다(동 협약 제1조).

각 당사국은 규정된 범죄가 동 범죄의 중대성을 고려한 적절한 형벌에 의해 처벌될 수 있도록 하여야 한다(동 협약 제2조).

인질범에 의해 인질이 자국 영토 내에 억류되어 있는 당사국은 인질이 처한 곤경을 경감하고 특히 인질의 석방을 확보하며 필요에 따라 석방 후의 출국을 용이하게 하기 위하여 적절하다고 간주하는 모든 조치를 취하여야 하며, 인질범이 인질억류의 결과로 취득한 물건이 어느 당사국의 관리 하에 들어올 경우 동 당사국은 인질 또는 제1조에 언급된 제3자 또는 경우에 따라 그들의 적절한 관계당국에 가능한 한 조속히 이를 반환하여야 한다(동 협약 제3조).

당사국은 규정된 범죄의 방지를 위하여 자국 영토내에서 인질억류행위를 조장, 사주, 조직 또는 자행하는 개인, 집단 및 단체의 불법적 활동을 금지하기 위한 조치를 포함하여 자국 영토내 또는 외에서 인질억류범죄를 행하기 위하여 자국 영토 내에서 준비하는 것을 방지하기 위한 가능한 모든 조치의 강구, 정보교환 그리고 인질억류범죄를 방지하기 위하여 취해야할 적절한 행정적 조치 및 기타 조치의 조정 등을 시행해야 한다(동 협약 제4조).

각 당사국은 자국 영토내 또는 자국에 등록된 선박 또는 항공기상에서 행해진 인질억류범죄, 자국민 또는 적절하다고 간주하는 경우 자국에 상주하는 무국적자가 행한 인질억류범죄, 자국에 대해 일정한 작위 또는 부작위를 강요하기 위해 행해진 인질억류범죄, 적절하다고 간주하는 경우 자국민에 대해 행해진 인질억류범죄 등에 대하여 관할권 확립을 위한 필요한 조치를 취하여야 한다(동 협약 제5조).

어느 당사국이나 인질억류 범죄혐의자가 자국 내에 있는 경우 충분한 근거가 있다고 확신되면 형사 또는 인도소송절차의 제기를 위해 필요한 기간 동안 국내법에 의거하여 동 인질억류 범죄혐의자를 구류하거나 또는 신병확보를 위해 필요한 기타 조치를 취하여야 한다. 동 당사국은 즉시 사실 예비조사를 행하여야 하며, 구류 또는 기타 조치는 지체 없이 직접 또는 국제연합사무총장을 통해 인질억류 범죄가 행해진 국가, 강요행위 또는 강요행위 기도의 대상국, 강요행위 또는 강요행위 기도의 대상이 된 자연인 또는 법인의 국적국, 인질의 국적국 또는 상주국, 인질억류 범죄혐의자의 국적국 또는 동인이 무국적자인 경우 동인의 상주국, 강요행위 또는 강요행위 기도대상이 된 정부간 국제기구, 기타 모든 관계국에 통보되어야 한다(동 협약 제6조).

인질억류 범죄혐의자를 기소한 당사국은 국내법에 의거한 소송절차의 최종 결과를 국제연합사무총장에서 통보하고, 사무총장은 동 결과를 여타 관계국과 관련 정부간 국제기구에 전달하여야 하고, 자국의 영토 내에서 인질억류 범죄혐의자를 적발한 당사국은 동 혐의자를 인도하지 않는 경우 예외 없이 그리고 동 인질억류 범죄가 자국 영토내에서 행해졌는가의 여부를 불문하고 국내법상 절차를 통한 기소를 위하여 자국의 권한 있는 당국에 사건을 회부하여야 하며, 소송이 진행 중인 혐의자는 동인이 소재하고 있는 당사국의 법에 규정된 모든 권리 및 보장의 향유를 포함하여 소송절차의 모든 단계에서 공정한 대우를 보장받아야 한다(동 협약 제7조, 제8조).

인질억류 범죄혐의자의 인도요청은 피요청 당사국이 인질억류 범죄에 대한 인도요청이 동인의 인종, 종교, 국적, 민족적 기원 또는 정치적 견해를 이유로 동인을 기소 또는 처벌하기 위해 행해졌다는 사실, 나. 동인의 입장이 보호권 행사의 권리가 있는 국가의 관계당국이 동인과 연락을 취할 수 없다는 이유로 손상을 입을 수 있다는 사실 등 믿을만한 확실한 근거를 갖고 있을 경우에는 허락되지 아니한다(동 협약 제9조).

규정된 범죄는 당사국간의 기존범죄인 인도조약상의 인도대상 범죄에 포함되는 것으로 간주되며 당사국은 인질억류 범죄를 당사국간에 체결될 모든 범죄인 인도조약상의 인도대상 범죄로 포함시킬 것을 약속하고, 당사국은 자국이 보유하고 있는 소송절차를 위해 필요한 일체의 증거제공을 포함하여 규정된 범죄에 관해 제기된 형사소송 절차와 관련하여 당사국 상호간 최대한의 협조를 제공하여야 한다(동 협약 제10조, 제11조).

전쟁희생자 보호를 위한 1949년 제네바 제 협약 또는 동 협약 추가의정서가 특정인질억류행위에 적용될 수 있고 또한 본 협약의 당사국이 상기 협약상 인질 억류범을 기소 또는 인계해야 할 의무가 있고 범위내에서는 국제연합헌장 및 국제연합헌장에 의거한 제국간 우호관계와 협력에 관한 국제법 원칙의 선언에 규정된 바와 같이 민족자결권 행사로서 식민지배, 외국점령 및 인종주의적 정권에 대항하여 항쟁하는 1977년 추가의정서 제1조 제4항에 언급된 무력충돌을 포함하여 1949년 제네바 제 협약 및 동 의정서에 정의된 무력충돌 과정에서 행해진 인질억류행위에 대해서는 본 협약이 적용되지 아니하며, 인질억류 범죄가 일국 내에서 행해지고 인질 및 인질억류 범죄혐의자가 동국 국민이며 동 혐의자가 동국 영토내에 있는 경우에는 적용되지 아니한다(동 협약 제12조, 제13조).

동 협약의 어떠한 규정도 국제연합헌장에 반하여 일국의 영토보전 또는 정치적 독립의 침해를 정당화하는 것으로 해석되어서는 아니 된다(동 협약 제14조).

4. 폭탄테러행위의 억제를 위한 국제협약

폭탄테러행위의 억제를 위한 국제협약은 1998년 1월 12일 체결되었으며 전문 24조로 구성되어 있어 있다. 동 협약은 국제평화와 안전의 유지 그리고 국가 간의 선린, 우호관계 및 협력의 증진에 관한 국제연합헌장의 목적과 원칙을 유념하고, 모든 형태와 양상의 테러행위가 전 세계적으로 증가하고 있음에 깊이 우려하며, 1995년 10월 24일 국제연합 제50주년 기념행사에 관한 선언을 상기하고, 1994년 12월 9일 총회결의 49/60에 부속된 국제테러활동의 근절을 위한 조치에 관한 선언이다. 특히 이 선언에서 "국제연합 회원국은 국가 및 국민간의 우호관계를 위태롭게 하고 국가의 영토보전과 안전을 위협하는 것을 포함하여, 행위장소와 행위주체를 불문하고 모든 테러 행위·방법 및 관행을 범죄로서 그리고 정당화될 수 없는 것으로 명백히 규탄함을 엄숙히 재확인한다"라고 하였음을 상기하고자 한 것이다. 테러 문제의 모든 측면을 포함하는 포괄적 법적 체계의 보장을 위하여, 이 선언이 국가들로 하여금 모든 형태와 양상의 테러행위의 방지·억제 및 근절에 관한 기존 국제법 규정의 범위를 긴급히 검토하도록 또한 장려하고 있음에 주목하고, 1996년 12월 17일 총회결의 51/210 및 그에 부속된 1994년 국제테러근절을 위한 선언을 보충하는 선언을 더욱 상기하며, 또한 폭발성장치나 기타 치명적 장치를 사용한 테러공격이 점차 확산되어왔음을 주목하고, 기존의 다자간 법적 규범이 그러한 공격에 적절히 대처하지 못함을 더욱 주목하며, 그러한 테러행위를 방지하고 범죄행위자를 기소·처벌하기 위한 효과적이고 실행가능한 조치를 고안·채택하는데 있어서 국가간 국제협력을 제고할 긴급한 필요성이 있음을 확신하고자 한 것이다. 그러한 행위의 발생이 국제공동체 전체의 중대한 관심사임을 고려하며, 국가의 군대에 의한 활동은 이 협약체제 밖의 국제법 규범에 의하여 규율되고 일정한 행위를 이 협약의 적용으로부터 제외시키는 것은 위법한 행위를 용서하거나 적법화하거나 다른 법규에 의한 기소를 배제하지 않음을 주목하면서, 다음과 같이 합의하였다(동 협약 서문).

동 협약에서 규정하고 있는 주요용어에 대한 정의는 다음과 같다.

'국가 또는 정부시설'은 국가의 대표, 행정부·입법부·사법부의 구성원, 국가 및 그 밖의 공공기관이나 단체의 관리 및 피고용인, 정부간 기구의 피고용인이나 관리들이 그들의 공적임무와 관련하여 사용·점유하는 모든 영구적·임시적인 시설이나 수송수단을 포함하며, '기간시설'은 상수, 하수, 에너지, 연료 또는 통신과 같은 공공의 이익을 위한 서비스를 제공하거나 배분하는 공적·사적 소유의 모든 시설을 말한다.

그리고 '폭발성 장치 또는 기타 치명적 장치'는 사망·중상해 또는 상당한 물적 손상을 야기하도록 고안되거나 그러한 위력을 가진 폭발성 또는 소이성 무기나 장치, 독성화학제·생물제·독소 또는 이와 유사한 물질, 방사선 또는 방사능 물질의 유출·살포 또는 충격을 의하여 사망·중상해 또는 상당한 물적 손상을 야기하도록 고안되거나 그러한 위력을 가진 무기 또는 장치를 의미하며, '국가의 군대'는 국가방위 또는 안전이라는 기본 목적을 위하여 국가의 국내법에 의해 조직·훈련되고 군장을 한 그 국가의 무장병력 및 이러한 무장병력의 공식적인 지휘·통제 및 책임 하에서 그 무장병력에 대한 지원활동을 하는 자를 말한다.

또한 '공공장소'라 함은 계속적·주기적 또는 간헐적으로 공중이 접근할 수 있거나 출입할 수 있는 모든 건물·토지·거리·수로 및 그 밖의 장소의 부분을 말하며, 그리고 계속적·주기적 또는 간헐적으로 공중이 접근할 수 있거나 출입할 수 있는 모든 상업·사업·문화·역사·교육·종교·정부·연예·휴양을 위한 장소 또는 유사한 장소를 포함하며, '공공교통시설'이라 함은 사람 또는 화물의 운송을 위하여 공중이 이용할 수 있는 서비스에 사용하거나 이를 위하여 사용하는 모든 공적 또는 사적 시설·수송수단 및 장비를 말한다(동 협약 제1조).

아울러 공공장소, 국가 또는 정부시설, 공공교통시설 또는 기간시설에서나 그 내로 또는 그에 대하여 폭발성 장치 또는 그 밖의 치명적 장치를 위법하고 고의적으로 전달·배치·방출·폭발시킨 자는 사망 혹은 중상을 야기하려는 의도, 중대한 경제적 손실의 결과를 가져오거나 가져올 수 있는 경우로서 그러한 장소·시설 또는 체계에 대한 대규모의 파괴를 야기하려는 의도를 가졌거나 전항의 미수에 해당할 경우 범죄를 행하는 것이며, 범죄에 공범으로 참가하는 경우, 규정된 범죄를 행하도록 조직화하거나 다른 자에게 지시하는 경우, 규정된 범죄행위에 대하여 기타의 방법으로 기여하는 경우는 범죄를 행하는 것이다(동 협약 제2조).

그리고 단일국가 안에서 행하여지는 범죄로서 그 범죄의 피의자와 피해자가 그 국가의 국민이며, 피의자가 그 영역에 소재하며, 다른 어떤 국가도 관할권을 행사할 근거를 갖고 있지 아니한 경우에는 이 협약이 적용되지 아니한다(동 협약 제3조).

또한 각 당사국은 규정된 범죄를 국내법상의 범죄로 규정하고, 범죄의 중대성을 고려하여 적절한 형벌에 의하여 처벌할 수 있도록 필요한 조치를 취해야 하며, 규정된 범죄행위가, 특히 일반대중, 집단 또는 특정인에게 테러상태를 야기하도록 의도되거나 계산된 경우에는, 정치적·철학적·이념적·인종적·민족적·종교적 또는 그 밖의 유사한 성질에 관한 고려에 의하여 정당화되지 못하고 그 중대성에 상응하는 형벌에 의해 처벌되는 것을 보장하기 위하여 적절한 경우에 국내입법을 포함하여 필요한 조치를 채택한다(동 협약 제4조, 제5조).

각 당사국은 규정된 범죄가 자국의 영역에서 행하여진 경우, 범죄가 행하여질 당시 동 범죄가 자국기를 게양한 선박 또는 자국법하에서 등록된 항공기내에서 행하여진 경우, 범죄가 자국민에 의하여 행하여진 경우에는 규정된 범죄에 대한 관할권을 확립하기 위하여 필요한 조치를 취하여야 하며, 당사국은 자국민에 대하여 범죄가 행하여진 경우, 자국의 대사관 또는 기타 외교·영사관사를 포함하는 해외의 국가 또는 정부시설에 대하여 범죄가 행하여진 경우, 범죄가 자국의 영역에 통상적으로 거주하는 무국적자에 의하여 행하여진 경우, 범죄가 자국으로 하여금 어떤 행위를 하도록 또는 하지 않도록 강제하기 위한 시도로서 행하여진 경우, 범죄가 자국 정부에 의해 운영되는 항공기내에서 행하여진 경우는 규정된 범죄에 대한 관할권을 확립할 수 있다.

각 당사국은 동 협약의 비준·수락·승인 또는 가입시 자국법상 확립한 관할권을 국제연합사무총장에게 통고한다. 변경이 있는 경우 관련 당사국은 동 사무총장에게 즉시 통고해야 하며, 각 당사국은 피의자가 자국 영역에 체재하고 있음에도 불구하고, 관할권을 확립한 국가에 인도하지 아니하는 경우에는, 제조에 규정된 범죄에 대하여 자국의 관할권을 확립하는데 필요한 조치를 해야 한다(동 협약 제6조).[254]

규정된 범죄행위를 실행하였거나 그러한 혐의를 받는 사람이 자국의 영역에 소재한다는 정보를 입수한 당사국은 그 정보에 포함된 사실을 조사하기 위하여 국내법에 따라 필요한

---

254 우리 법원은 테러관련 국제협약 미가입국에 대한 범죄인 인도를 거부한 바 있다. 지난 2006년 7월 27일 서울고법 형사10부(구욱서 부장판사)는 미국에서 망명정부를 결성해 베트남 반정부 인사로 활동해 온 우엔 후 창(55)씨에 대한 베트남 정부의 범죄인 인도 심사청구사건에서 인도 거부 결정을 했다. 범죄인 인도에 관한 결정은 대법원에 항고할 수 없는 확정 결정이기 때문에 우엔씨는 이날 수감돼 있던 서울구치소에서 석방돼 본인의 의사에 따라 제3국으로 출국할 수 있게 됐다. 이번 결정은 우리나라 법원이 범죄인 인도 요청에 대해 범죄인을 정치범으로 판단해 거절한 첫 사례로, 국제법의 기본 원칙을 중시한 인도적 결정을 내렸다는 점에서 주목된다. 재판부는 결정문에서 "우엔씨는 베트남에서 폭발 테러를 기도하는 등 13건의 범죄를 저질러 베트남과 우리나라 사이에 맺은 범죄인 인도조약에 따라 인도 대상에 해당한다"며 "그러나 우엔씨의 범죄사실 성격과 우엔씨가 속해 있는 (망명 정부인) 자유민주주의 베트남 정부의 성립 배경 등을 고려할 때 이는 정치적 범죄이므로 인도거절 사유에 해당해 인도를 허용하지 않는다"고 밝혔다. 재판부는 "베트남은 '폭탄테러 행위의 억제를 위한 국제협약'에 가입돼 있지 않고, '유엔 안보리 결의'는 구체적인 범죄인 인도 의무를 부과하는 협정이 아니라는 검찰의 주장은 받아들이지 않는다"고 덧붙였다. '폭탄테러행위의 억제를 위한 국제협약'은 1998년 1월 유엔에서 폭탄테러행위 방지를 위해 체결된 다자간 조약으로, 우리나라는 2004년 2월 가입했고, '유엔 안보리 결의'는 미국 9·11 테러 이후 국제사회의 테러방지 공조를 위해 테러행위자 처벌을 강화할 것을 촉구한 결의다(세계일보, 2006년 7월 28일자).

조치를 하고, 범죄자 또는 피의자가 자국의 영역에 소재하는 있는 당사국은, 사정이 허락하는 한, 기소나 인도를 목적으로 동 범죄자 또는 피의자의 신병을 확보하기 위하여 국내법에 따라 적절한 조치를 하며, 규정된 조치가 자신에 대하여 취하여지고 있는 자는 가장 인근에 있는 자국의 적절한 대표나 다른 방식으로 자신의 권리를 보호할 권한이 있는 국가의 대표(무국적자인 경우에는 자신의 통상 거주하는 영역의 국가의 대표를 말함)와 지체 없이 통신할 권리, 그 국가의 대표로부터 방문을 받을 권리, 자신의 권리를 통지받을 권리 등의 권리를 행사할 수 있다(동 협약 제7조).

피의자가 자국의 영역에 소재하는 당사국은, 그 자를 인도하지 아니하는 때에는 그 범죄가 자국의 영역에서 행해졌는지의 여부를 불문하고 예외 없이 자국의 법에 의한 절차에 따라 부당한 지체 없이 자국의 권한 있는 당국에 기소를 위하여 사건을 회부한다. 그 당국은 자국법상 다른 모든 중대범죄의 경우와 동일한 방식으로 결정하며, 당사국이 자국민의 인도를 요구한 재판 또는 사법절차의 결과로 내려진 형벌의 집행을 위하여 자국으로 송환될 것이라는 조건하에서만 자국민을 인도할 수 있도록 그 국내법상 허용되어 있고, 동 당사국과 자국민의 인도를 요구하는 국가가 위의 조건 및 적절하다고 인정되는 그 밖의 조건에 합의하는 경우에는 그 조건부 인도는 제1항에 규정된 의무의 이행을 충족하는 것으로 본다(동 협약 제8조).

규정된 범죄는 동 협약의 발효 이전에 당사국간에 존재하는 모든 범죄인 인도조약상의 인도대상범죄에 포함되는 것으로 간주된다. 당사국은 향후 그들 사이에 체결될 모든 범죄인 인도조약의 인도대상범죄에 동 범죄를 포함시켜야 하며, 범죄인 인도조약의 존재를 범죄인인도의 조건으로 하는 당사국이 범죄인 인도조약을 체결하지 아니한 타방당사국으로부터 인도요청을 받은 경우에는, 요청받은 당사국은 그 선택에 따라 동 협약을 규정된 범죄에 관한 인도의 법적 근거로 간주할 수 있다. 인도는 요청받은 국가의 법에 의해 규정된 제반 조건에 따르고, 범죄인 인도조약의 존재를 범죄인 인도의 조건으로 하지 아니하는 당사국은 요청받은 국가의 법에 의하여 규정된 조건에 따라 규정된 범죄를 이들 국가 상호간의 인도대상범죄로 인정하며, 당사국간의 범죄인 인도를 위하여 필요한 경우, 규정된 범죄는 동 범죄가 발생한 장소뿐만 아니라 관할권을 확립한 국가의 영역에서도 행하여진 것으로 취급되고, 규정된 범죄에 관한 당사국간의 모든 범죄인 인도조약 및 약정상의 규정은 이 협약과 양립할 수 없는 범위에서 수정된 것으로 간주된다(동 협약 제9조).

당사국들은 규정된 범죄에 관한 수사나 형사절차 또는 범죄인인도절차와 관련하여, 자신들이 보유하고 있는 이러한 절차에 필요한 증거의 획득지원을 포함하여 최대의 협조를 상호 제공하며, 당사국들은 그들 사이에 존재하는 사법공조에 관한 조약 또는 그 밖의 약정에 부합하도록 의무를 이행하고, 이러한 조약 또는 약정이 없을 경우 당사국은 자국의 국내법에 따라 상호 지원을 제공한다(동 협약 제10조).

범죄인 인도 또는 사법공조를 위하여 규정된 모든 범죄는 정치적 범죄, 정치적 범죄와 관련되는 범죄, 또는 정치적 동기에 의하여 발생한 범죄로 간주되지 아니하므로 그러한 범죄에 근거한 범죄인인도 또는 사법공조요청은 정치적 범죄, 정치적 범죄와 관련되는 범죄 또는 정치적 동기에 의하여 발생한 범죄와 관련이 있다는 이유만으로 거부될 수 없다(동 협약 제11조).

규정된 범죄에 대한 범죄인인도 또는 사법공조의 요청이 요청대상이 되는 자의 인종·종교·국적, 민족적 기원이나 정치적 견해를 이유로 그 자를 기소·처벌하기 위하여 행하여졌거나 그 요청에 응함으로써 위의 이유로 그 자의 지위가 침해받게 될 것이라고 요청받은 당사국이 인정할 만한 상당한 근거가 있는 경우에는, 이 협약의 어떠한 규정도 범죄인 인도 또는 사법공조의 의무를 부여하는 것으로 해석되지 아니한다(동 협약 제12조).

신원확인·증언 또는 동 협약 상 범죄의 수사·기소를 위한 증거획득에 있어서의 협조 제공을 위하여 한 당사국의 영역에 구금되어 있거나 복역 중인 자의 다른 당사국에의 출두를 요청받은 당사국은 구금 또는 복역중인 자가 자유롭게 자신의 동의를 표명하는 경우, 양 당사국이 적절하다고 간주하는 조건에 따라 양 당사국의 권한 있는 당국이 동의하는 경우에는 그 자를 이송할 수 있으며, 구금 또는 복역 중인 자를 이송 받은 국가는 이송한 국가로부터 달리 요청받거나 권한을 위임받지 않는 한 이송된 사람을 구금할 권한 및 의무를 가지며, 구금 또는 복역 중인 자를 이송 받은 국가는 양국의 권한 있는 당국에 의해 사전에 합의된 바에 따라 혹은 달리 합의된 바가 있을 때에는 그에 따라 그 자를 이송한 국가의 구금상태로 환원시킬 의무를 지체없이 이행하고, 구금 또는 복역 중인 자를 이송 받은 국가는 이송한 국가에게 그 자의 귀환을 위한 범죄인 인도절차를 개시하도록 요청하지 않으며, 이송대상자는 자신을 이송받은 국가의 구금상태에서 소요한 기간에 대해 자신을 이송한 국가에서 복역한 것으로 인정받는다. 특히 동 조에 의하여 이송대상자를 이송하는 국가가 동의하지 아니하는 한, 그 자는 국적을 불문하고 자신을 이송한 국가의 영역으로부터 출발하기전의 행위나 유죄판결과 관련하여 자신을 이송 받은 국가의 영역에서 기소·구금되거나 그밖에 자신의 개인적 자유를 제약받지 아니한다(동 협약 제13조).

동 협약에 따라 구금되거나 그 밖의 조치가 행하여지거나 사법절차의 대상이 되는 자는 그 자가 소재하는 국가의 국내법과 국제인권법을 포함하여 적용가능한 국제법의 규정에 부합되게 모든 권리 및 보증의 향유를 포함한 공정한 대우를 보장받는다(동 협약 제14조).

당사국들은 규정된 범죄의 방지를 위하여 규정된 범죄의 실행을 교사·선동·조직하거나 범죄라는 사실을 알면서 자금을 제공하거나 범행에 가담하는 개인·집단 및 조직의 불법적 활동을 자국영역에서 금지하는 조치를 포함하여 자국 영역안 또는 밖에서 그러한 범죄를 실행하기 위한 자국영역내의 준비활동을 방지하고 이에 대응하기 위하여 필요하다면 국내법의 개정을 포함한 모든 실행가능한 조치를 실행하는 것, 자국법에 따라 정확하고 검증된 정보를 교환하고, 제2조에 규정된 범죄의 실행을 방지하기 위하여 적절한 것으로 행하여진 행정적 조치 및 그 밖의 조치들을 조정하는 것, 적절한 경우, 사망 또는 상해를 야기할 수 있는 폭발물 또는 그 밖의 유해물질의 탐지방법에 관한 연구 및 개발, 폭발후 조사시 그 출처를 확인하기 위한 폭발물의 식별을 위한 표준개발에 관한 협의, 예방적 조치에 관한 정보의 교환, 협력 그리고 기술·장비 및 관련물질의 이전 등의 조치를 포함하여 협력한다(동 협약 제15조).

피의자를 기소한 당사국은 자국의 국내법이나 적용가능한 절차에 따라 사법절차의 최종결과를 국제연합사무총장에게 통고하여야 하며, 동 사무총장은 그 정보를 다른 당사국들에게 전달한다(동 협약 제16조).

당사국은 국가의 주권평등 및 영토보전과 타국의 국내문제불간섭의 원칙에 합치하는 방식으로 이 협약상의 의무를 이행하며, 동 협약의 어떤 규정도 타방당사국의 영역에서 그 타방당사국의 국내법에 의하여 그 당국이 배타적으로 보유하고 있는 관할권 및 권한을 행사하는 권리를 일방당사국에게 부여하지 아니하고, 동 협약의 어떠한 규정도 국제법 특히, 국제연합헌장 및 국제인도법상의 목적과 원칙상 국가 및 개인의 권리·의무 및 책임에 영향을 미치지 아니한다(동 협약 제17조~제19조).

동 협약의 해석 또는 적용과 관련하여 2 이상의 당사국간 분쟁이 합리적인 시한 내에 협상을 통하여 해결될 수 없는 경우에는, 이들 당사국 중 1 당사국의 요청에 의하여 중재에 회부된다. 중재의 요청일로부터 6월 이내에 당사국이 중재재판부의 구성에 합의하지 못하는 경우에는 당사국 중 어느 국가라도 국제사법재판소의 규정에 따라 그 분쟁을 국제사법재판소에 의뢰할 수 있다(동 협약 제21조).

5. 항공기의 불법납치 억제를 위한 협약

항공기의 불법납치 억제를 위한 협약은 1970년 12월 16일 체결되었으며 전문 14조로 구성되어 있어 있다.

동 협약은 비행 중에 있는 항공기의 불법적인 납치 또는 점거행위가 인명 및 재산의 안전에 위해를 가하고 항공업무의 수행에 중대한 영향을 미치며 또한 민간항공의 안전에 대한 세계 인민의 신뢰를 저해하는 것과 그와 같은 행위의 발생이 중대한 관심사임을 고려하고, 이와 같은 행위를 방지하기 위하여 범인들의 처벌에 관한 적절한 조치들을 규정하기 위한 긴박한 필요성에 따라 제정되었다(동 협약 서문).

비행 중에 있는 항공기에 탑승한 여하한 자가 폭력 또는 그 위협에 의하여 또는 그 밖의 어떠한 다른 형태의 협박에 의하여 불법적으로 항공기를 납치 또는 점거하거나 또는 그와 같은 행위를 하고자 시도하는 경우, 또는 그와 같은 행위를 하거나 하고자 시도하는 자의 공범자인 경우에는 죄를 범한 것으로 한다(동 협약 제1조).

각 체약국은 범죄를 엄중한 형벌로 처벌할 수 있도록 할 의무를 진다(동 협약 제2조).

동 협약의 목적을 위하여 항공기는 탑승 후 모든 외부의 문이 닫힌 순간으로부터 하기를 위하여 그와 같은 문이 열려지는 순간까지의 어떠한 시간에도 비행 중에 있는 것으로 보고, 강제착륙의 경우에는 비행은 관계당국이 항공기와 기상의 인원 및 재산에 대한 책임을 인수할 때까지 계속하는 것으로 본다. 군사, 세관 또는 경찰업무에 사용되는 항공기에는 적용하지 아니하고, 기상에서 범죄가 행하여지고 있는 항공기의 이륙장소 또는 실제의 착륙장소가 그 항공기의 등록국가의 영토 외에 위치한 경우에만 적용되며, 그 항공기가 국제 혹은 국내 항행에 종사하는 지 여부는 가리지 아니한다(동 협약 제3조).

각 체약국은 범죄 및 범죄와 관련하여 승객 또는 승무원에 대하여 범죄혐의자가 행한 기타 폭력행위에 관하여 범죄가 당해국에 등록된 항공기 기상에서 행하여진 경우, 기상에서 범죄가 행하여진 항공기가 아직 기상에 있는 범죄혐의자를 싣고 그 영토 내에 착륙한 경우, 범죄가 주된 사업장소 또는 그와 같은 사업장소를 가지지 않은 경우에는 주소를 그 국가에 가진 임차인에게 승무원 없이 임대된 항공기 기상에서 행하여진 경우관할권을 확립하기 위하여 필요한 제반 조치를 취하여야 한다. 공동 또는 국제등록에 따라 항공기를 운영하는 공동 항공운수 운영기구 또는 국제운영기관을 설치한 체약국들은 적절한 방법에 따라 각 항공기에 대하여 관할권을 행사하고, 국제민간항공기구에 그에 관한 통고를 하여야 하며, 동 기구는 본 협약의 전 체약국에 동 통고를 전달하여야 한다(동 협약 제4조, 제5조).

범인 및 범죄혐의자가 그 영토내에 존재하고 있는 체약국은 그를 구치하거나 그의 신병확보를 위한 기타 조치를 취하여야 하며, 동 구치 및 기타 조치는 그 국가의 국내법에 규정된 바에 따라야 하나, 형사 또는 인도절차를 취함에 필요한 시간 동안만 계속될 수 있고, 항공기의 등록국가, 피구치자가 국적을 가진 국가, 기타 관계국가에 대하여 그와 같은 자가 구치되어 있다는 사실과 그의 구치를 정당화하는 사정을 즉시 통고하여야 한다(동 협약 제6조).

그 영토 내에서 범죄혐의자가 발견된 체약국은 만약 동인을 인도하지 않을 경우에는, 예외 없이, 또한 그 영토 내에서 범죄가 행하여진 것인지 여부를 불문하고 소추를 하기 위하여 권한 있는 당국에 동 사건을 회부하여야 하며 그러한 당국은 그 국가의 법률상 중대한 성질의 일반적인 범죄의 경우에 있어서와 같은 방법으로 결정을 내려야 한다(동 협약 제7조).

범죄는 체약국들 간에 현존하는 인도조약상의 인도범죄에 포함되는 것으로 간주되며, 체약국들은 범죄를 그들 사이에 체결될 모든 인도조약에 인도범죄로서 포함할 의무를 진다. 인도에 관하여 조약의 존재를 조건으로 하는 체약국이 상호 인도조약을 체결하지 않은 타 체약국으로부터 인도 요청을 받은 경우에는 그 선택에 따라 동 협약을 범죄에 관한 인도를 위한 법적인 근거로서 간주할 수 있다. 인도는 피요청국의 법률에 규정된 기타 제조건에 따라야 한다. 인도에 관하여 조약의 존재를 조건으로 하지 않는 체약국들은 피요청국의 법률에 규정된 제 조건에 따를 것을 조건으로 범죄를 동 국가들간의 인도범죄로 인정하여야 한다(동 협약 제8조).

규정된 범죄가 발생하였거나 또는 발생하려고 하는 경우 체약국은 항공기에 대한 통제를 적법한 기장에게 회복시키거나 또는 그의 항공기에 대한 통제를 보전시키기 위하여 적절한 모든 조치를 취하여야 하며, 항공기, 그 승객 또는 승무원이 자국 내에 소재하고 있는 어떠한 체약국도 실행이 가능한 한 조속히 승객 및 승무원의 여행의 계속을 용이하게 하여야 하고, 항공기 및 그 화물을 정당한 점유권자에게 지체 없이 반환하여야 한다(동 협약 제9조).

체약국들은 규정된 범죄와 관련하여 제기된 형사소송절차에 관하여 상호간 최대의 협조를 제공하여야 하며, 피요청국의 법률은 모든 경우에 있어서 적용된다(동 협약 제10조).

각 체약국은 그 국내법에 의거하여 국제민간항공기구이사회에 그 국가가 소유하고 있는 범죄의 상황, 취하여진 조치, 범인 또는 범죄혐의자에 대하여 취하여진 조치, 또한 특히 인도절차 또는 기타 법적절차의 결과 등 관계정보를 가능한 한 조속히 보고하여야 한다(동 협약 제11조).

협상을 통하여 해결될 수 없는 동 협약의 해석 또는 적용에 관한 2개국 또는 그 이상의 체약국들 간의 어떠한 분쟁도 그들 중 일 국가의 요청에 의하여 중재에 회부되며, 중재 요청일로부터 6개월 이내에 체약국들이 중재 구성에 합의하지 못할 경우에는 그들 당사국중의 어느 일국가가 국제사법재판소에 동 재판소규정에 따라 분쟁을 부탁할 수 있다(동 협약 제12조).

6. 민간항공의 안전에 대한 불법적 행위의 억제를 위한 협약

민간항공의 안전에 대한 불법적 행위의 억제를 위한 협약은 1971년 9월 23일 체결되었으며 전문 16조로 구성되어 있어 있다. 동 협약은 민간항공의 안전에 대한 불법적 행위가 인명 및 재산의 안전에 위해를 가하고, 항공업무의 수행에 중대한 영향을 미치며, 또한 민간항공의 안전에 대한 세계인민의 신뢰를 저해하는 것임을 고려하고, 그러한 행위의 발생이 중대한 관심사임을 고려하고: 그러한 행위를 방지하기 위하여 범인들의 처벌에 관한 적절한 조치를 규정할 긴박한 필요성에 따라 제정되었다(동 협약 서문).

비행중인 항공기에 탑승한자에 대하여 폭력 행위를 행하고 그 행위가 그 항공기의 안전에 위해를 가할 가능성이 있는 경우, 운항중인 항공기를 파괴하는 경우 또는 그러한 비행기를 훼손하여 비행을 불가능하게 하거나 또는 비행의 안전에 위해를 줄 가능성이 있는 경우, 여하한 방법에 의하여서라도, 운항중인 항공기상에 그 항공기를 파괴할 가능성이 있거나 또는 그 항공기를 훼손하여 비행을 불가능하게 할 가능성이 있거나 또는 그 항공기를 훼손하여 비행의 안전에 위해를 줄 가능성이 있는 장치나 물질을 설치하거나 또는 설치되도록 하는 경우, 항공시설을 파괴 혹은 손상하거나 또는 그 운용을 방해하고 그러한 행위가 비행중인 항공기의 안전에 위해를 줄 가능성이 있는 경우, 그가 허위임을 아는 정보를 교신하여, 그에 의하여 비행중인 항공기의 안전에 위해를 주는 경우에는 여하한 자도 범죄를 범한 것으로 한다(동 협약 제1조).

항공기는 탑승 후 모든 외부의 문이 닫힌 순간으로부터 하기를 위하여 그러한 문이 열려지는 순간까지의 어떠한 시간에도 비행 중에 있는 것으로 보며 강제착륙의 경우, 비행은 관계당국이 항공기와 기상의 인원 및 재산에 대한 책임을 인수할 때까지 계속하는 것으로 보고, 항공기는 일정 비행을 위하여 지상원 혹은 승무원에 의하여 항공기의 비행 전 준비가 시작된 때부터 착륙 후 24시간까지 운항 중에 있는 것으로 본다. 운항의 기간은, 어떠한 경우에도, 항공기가 비행 중에 있는 전 기간 동안 계속된다(동 협약 제2조).

각 체약국은 규정된 범죄를 엄중한 형벌로 처벌할 수 있도록 할 의무를 진다(동 협약 제3조).

각 체약국은 범죄가 그 국가의 영토 내에서 범하여진 경우. 범죄가 그 국가에 등록된 항공기에 대하여 또는 기상에서 범하여진 경우, 범죄가 기상에서 범하여지고 있는 항공기가 아직 기상에 있는 범죄 혐의자와 함께 그 영토 내에 착륙한 경우, 범죄가 주된 사업장소 또는 그러한 사업장소를 가지지 않은 경우에는 영구 주소를 그 국가 내에 가진 임차인에게 승무원 없이 임대된 항공기에 대하여 또는 기상에서 범하여진 경우는 범죄에 대한 관할권을 확립하기 위하여 필요한 제반 조치를 취하여야 하며, 그 관할권을 확립하기 위하여 필요한 제반조치를 또한 취하여야 한다(동 협약 제5조).

범인 및 범죄혐의자가 그 영토 내에 소재하고 있는 체약국은 그를 구치하거나 그의 신병 확보를 위한 기타 조치를 취하여야 하며, 동 구치 및 기타 조치는 그 국가의 국내법에 규정된 바에 따라야 하나, 형사 또는 인도 절차를 취함에 필요한 시간 동안만 계속될 수 있고, 구치 중에 있는 어떠한 자도 최근거리에 있는 그 본국의 적절한 대표와 즉시 연락을 취하는데 도움을 받아야 한다(동 협약 제6조).

그 영토 내에서 범죄 혐의자가 발견된 체약국은 만약 동인을 인도하지 않은 경우, 예외

없이 또한 그 영토 내에서 범죄가 범하여진 것인지 여부를 불문하고, 소추를 하기 위하여 권한 있는 당국에 동 사건을 회부하여야 한다. 그러한 당국은 그 국가의 법률상 중대한 성질의 일반 범죄의 경우에 있어서와 같은 방법으로 그 결정을 내려야 한다(동 협약 제7조).

범죄는 체약국간에 현존하는 인도 조약상의 인도 범죄에 포함되는 것으로 간주되며 체약국은 범죄를 그들 사이에 체결될 모든 인도 조약에 인도 범죄로 포함할 의무를 지고, 인도에 관하여 조약의 존재를 조건으로 하는 체약국이 상호 인도조약을 체결하지 않은 타 체약국으로부터 인도 요청을 받은 경우에는, 그 선택에 따라 동 협약을 범죄에 관한 인도를 위한 법적인 근거로서 간주할 수 있다(동 협약 제8조).

공동 또는 국제 등록에 따라 항공기를 운영하는 공동 항공운수 운영기구 또는 국제운영기관을 설치한 체약국들은 적절한 방법에 따라 각 항공기에 대하여 관할권을 행사하고 동 협약의 목적을 위하여 등록국가의 자격을 가지는 국가는 당해국 중에서 지명하여야 하며 또한 국제민간항공기구에 그에 관한 통고를 하여야 하며, 동 기구는 본 협약의 전 체약국에 동 통고를 전달하여야 한다(동 협약 제9조).

체약국은, 국제법 및 국내법에 따라 규정된 범죄를 방지하기 위한 모든 실행 가능한 조치를 취하도록 노력하여야 하며, 규정된 범죄의 하나를 범함으로써, 비행이 지연되거나 또는 중단된 경우, 항공기, 승객 또는 승무원이 자국 내에 소재하고 있는 어떠한 체약국도 실행이 가능한 한 조속히 승객 및 승무원의 여행의 계속을 용이하게 하여야 하며, 항공기 및 그 화물을 정당한 점유권자에게 지체없이 반환하여야 한다(동 협약 제10조).

체약국들은 범죄와 관련하여 제기된 형사 소송절차에 관하여 상호간 최대의 협조를 제공하여야 하며 피요청국의 법률은 모든 경우에 있어서 적용된다(동 협약 제11조).

각 체약국은 그 국내법에 의거하여 국제민간항공기구 이사회에 그 국가가 소유하고 있는 범죄의 상황, 취하여진 조치, 범인 또는 범죄 혐의자에 대하여 취하여진 조치, 또한 특히 인도절차 기타 법적 절차의 결과 등 관계 정보를 가능한 한 조속히 보고하여야 한다(동 협약 제13조).

협상을 통하여 해결될 수 없는 동 협약의 해석 또는 적용에 관한 2개국 또는 그 이상의 체약국들 간의 어떠한 분쟁도 그들 중 일국가의 요청에 의하여 중재에 회부된다. 중재 요청일로부터 6개월 이내에 체약국들이 중재구성에 합의하지 못할 경우에는, 그들 당사국 중의 어느 일국가가 국제사법재판소에 동 재판소 규정에 따라 분쟁을 부탁할 수 있다(동 협약 제14조).

7. 국제민간항공에 사용되는 공항에서의 불법적 폭력행위의 억제를 위한 의정서

국제민간항공에 사용되는 공항에서의 불법적 폭력행위의 억제를 위한 의정서(1971년9월 23일몬트리올에서채택된민간항공의안전에대한불법적행위의억제를위한협약을보충하는국제 민간항공에사용되는공항에서의불법적폭력행위의억제를위한의정서)는 1989년 2월 24일 체 결되었으며 전문 9조로 구성되어 있다.

동 의정서는 국제민간항공에 사용되는 공항에서 인명을 위태롭게 하거나 위태롭게 할 가능성이 있는 불법적 폭력행위 또는 그러한 공항의 안전한 운영을 위협하는 불법적 폭력 행위가 공항의 안전에 대한 전 세계 사람들의 신뢰를 저해하며, 모든 국가를 위한 민간항 공의 안전하고 질서있는 운영을 방해하는 것임을 고려하고, 그러한 행위의 발생이 국제사회 의 중대한 관심사이며, 그러한 행위를 억제하기 위하여 범인들의 처벌을 위한 적절한 조치 를 마련할 긴박한 필요성이 있음을 고려하고, 국제민간항공에 사용되는 공항에서의 불법 적인 폭력행위에 대처하기 위하여 1971년 9월 23일 몬트리올에서 채택된 민간항공의 안전 에 대한 불법적 행위의 억제를 위한 협약의 규정을 보충하는 규정을 채택하는 것이 필요하 다는 것을 고려하여 제정되었다(동 의정서 서문).

동 의정서는 1971년 9월 23일 몬트리올에서 채택된 민간항공의 안전에 대한 불법적 행위 의 억제를 위한 협약을 보충하며, 동 의정서의 당사국간에는 협약과 동 의정서는 함께 단 일문서로 취급되고 해석된다(동 협약 제1조).

여하한 장치, 물질 또는 무기를 사용하여 불법적으로 그리고 고의적으로 국제민간항공 에 사용되는 공항에 소재한 자에 대하여 중대한 상해나 사망을 야기하거나 야기할 가능성 이 있는 폭력행위를 행한 경우, 국제민간항공에 사용되는 공항의 시설 또는 그러한 공항에 소재하고 있는 취항중에 있지 아니한 항공기를 파괴하거나 중대한 손상을 입히는 경우 또 는 공항의 업무를 방해하는 경우에는 여하한 자도 범죄를 행한 것으로 간주된다(동 협약 제2조).

각 체약당사국은 범죄혐의자가 그 영토 내에 소재하고 있으며, 규정된 국가에 인도하지 아니하는 경우에는 범죄에 대한 관할권을 확립하기 위하여 필요한 제반조치를 마찬가지로 취하여야 한다(동 협약 제3조).

8. 항해의 안전에 대한 불법행위의 억제를 위한 협약

항해의 안전에 대한 불법행위의 억제를 위한 협약은 1989년 3월 10일 체결되었으며 전문 22조로 구성되어 있어 있다.

동 협약은 국제평화와 안보의 유지 그리고 국가간의 우호관계와 협력의 증진에 관한 국제연합헌장의 목적과 원칙을 유념하고, 특히 세계인권선언 및 시민적 정치적 권리에 관한 국제규약에 규정된 바와 같이 모든 사람은 생명, 자유 및 신체안전에 대한 권리를 가지고 있음을 인정하고, 무고한 인명을 위험에 빠뜨리거나 앗아가고, 기본적 자유를 위험하게 하며 인간의 존엄성에 심각한 위해를 가하는, 모든 형태의 테러행위가 전 세계에 걸쳐 심화되어 가는데 대하여 깊이 우려하며, 항해의 안전에 대한 불법적 행위가 신체와 재산의 안전을 위험하게 하고, 해무의 수행에 심각한 영향을 미치며, 또한 항해의 안전에 대한 세계인의 신뢰를 약화시키는 것임을 고려하였다. 그러한 행위의 발생이 국제공동체 전체에 대한 중대한 우려가 되는 문제임을 고려하며, 항해의 안전에 대한 모든 불법적 행위를 방지하고 그러한 행위를 저지른 자들을 기소·처벌하기 위한 효과적이고 실행가능한 조치를 강구, 채택하는데 있어서 국가 간의 국제적 협력을 발전시킬 긴급한 필요성이 있음을 확신하며, 1985년 12월 1일 국제연합 총회결의안 40/61이 특히 "모든 국가들이 단독으로 그리고 국제연합 유관기관 뿐만 아니라 다른 국가와 공동으로 국제테러리즘의 기초가 되는 원인의 점진적 제거에 기여하고 국제테러리즘을 유발할 수 있고 국제평화와 안전을 위험에 빠뜨릴 수 있는 식민주의, 인종차별주의, 대규모적이고 극악 무도한 인권 및 기본적 자유 위반 그리고 외국의 점령 등 모든 상황에 대하여 특별한 주의를 기울일 것을 촉구하고 있음"을 상기한 것이다. 더욱이 결의안 40/61이 "범죄행위의 장소 및 주체와 관계없이 국가 간의 우호관계 및 안보를 위험하게 하는 것을 포함하는 모든 테러행위, 수단 및 관행을 범죄행위로 명백히 비난함"을 상기하며, 또한 결의안 40/61이 "국제해사기구에 적절한 조치에 관한 권고를 하기 위하여 선박상에서 또는 선박에 대하여 이루어지는 테러리즘 문제를 연구할 것을 요청하였음"을 상기하며, 1985년 11월 20일 국제해사기구 총회 결의안 A584(14)가 선박의 안전과 그 여객 및 선원의 신체안전을 위협하는 불법적 행위를 방지하기 위한 조치를 발전시킬 것을 요청하였음을 유념하고, 통상적인 선박상의 규율에 복종할 것이 요구되는 선원의 행위는 이 협약의 적용대상이 아님을 주목하고, 필요시 이 규칙과 기준을 개정하기 위해 선박 및 선박상의 사람에 대한 불법적 행위의 방지와 통제에 관한 규칙과 기준을 감시하는 것이 바람직함을 확인하고, 그러한 측면에서 국제해사기구 항해안전위원회가 권고한 선박상의여객 및 선원에 대한 불법적 행위의 방지를 위한 조치를 만족스럽게 평가하여 주목하며, 더욱이 이 협약에 의해 규정되지 않는 문제에 대해서는 계속해서 일반국제법의 규칙 및 원칙이 적용됨을 확인하고, 항해의 안전에 대한 불법적 행위를 감소시키기 위해 노력하는데 있어 모든 국가가 엄격하게 일반국제법의 규칙 및 원칙을 준수할 필요가 있음을 인정에 따라 제정하였다(동 협약 서문).

여기에서'선박'이란 동적지지선, 잠수선, 또는 기타 부양선 등 해저에 영구적으로 고정, 설치되지 않은 모든 형태의 배를 의미한다(동 협약제1조).

동 협약은 군함 또는 해군보조, 관세, 경찰 목적으로 사용되는 경우, 국가가 소유, 운영하는 선박, 항해로부터 퇴역하거나 운용되지 않고 있는 선박에는 적용하지 아니한다(동 협약 제2조).

불법적으로 그리고 고의적으로 무력 또는 무력의 위협 또는 기타 형태의 협박에 의해 선박을 억류하거나 선박에 대한 통제를 행사하는 행위, 선박상의 사람에 대하여 그 선박의 안전운항을 위험에 빠뜨릴 가능성이 있는 폭력행위를 실행하는 행위, 선박을 파괴하거나 선박 또는 그 화물을 훼손하는 행위로서 그 선박의 안전운항을 위험에 빠뜨릴 가능성이 있는 행위, 선박을 파괴할 가능성이 있는 장치나 물질을 어떻게 해서라도 선박에 설치하거나 설치되도록 하거나 또는 그 선박 또는 그 선박의 화물을 훼손하는 행위로서 그 선박의 안전운항을 위험에 빠뜨리거나 위험에 빠뜨릴 가능성이 있는 행위, 항해시설을 파괴하거나 혹은 심각하게 손상시키거나 그 운용을 심각하게 방해하는 행위로서 선박의 안전운항을 위험에 빠뜨릴 가능성이 있는 행위, 자신이 허위임을 아는 정보를 교신함으로써 선박의 안전운항을 위험에 빠뜨리는 행위, 그 미수와 관련하여 사람에 상해를 입히거나 살인하는 행위, 또는 범죄의 미수행위, 교사행위, 공범행위, 위협행위 등은 범죄를 범한 것으로 한다(동 협약 제3조).

동 협약은 선박이 한 국가의 영해의 바깥한계 또는 인접국에 대한 동 국가의 영해의 횡적한계의 밖에 위치한 수역안으로, 동 수역을 통과하여, 또는 동 수역으로부터 항해중이거나 항해할 예정인 경우와 협약이 적용되지 않는 경우에도 범죄자 또는 범죄혐의자가 당사국의 영토에서 발견될 때 적용된다(동 협약 제4조).

각 당사국은 제3조에 규정된 범죄가 그 범죄의 중대성을 고려한 적절한 형벌에 의해 처벌될 수 있도록 한다(동 협약 제5조).

각 당사국은 규정된 범죄가 범죄 발생 시 자국의 국기를 게양한 선박에 대하여 또는 동 선박상에서, 영해 등 자국의 영토에서, 자국의 국민에 의하여 발생한 경우 그 범죄에 대한 관할권 확립을 위해 필요한 조치를 취할 수 있으며, 당사국은 자국이 통상적 거주지인 무국적자가 그 범죄를 범한 경우, 범죄 실행시 자국의 국민이 억류되거나, 위협받거나, 상해를 입거나 살해된 경우, 범죄가 자국으로 하여금 어떠한 행위를 하거나 삼가하도록 강요하기 위한 시도로서 행하여진 경우는 그러한 범죄에 대한 관할권을 확립할 수 있고, 관할권을 확립한 당사국은, 국제해사기구의 사무총장에게 통고한다(동 협약 제6조).

범죄자 또는 범죄혐의자가 자국 영토 안에 체재하고 있는 당사국은 자국법에 따라 형사 또는 인도절차를 취하는데 있어 필요한 시간 동안 그를 구금하거나 그의 신병확보를 위한 기타 조치를 취하며, 그러한 국가는 자국의 입법에 따라 사실에 대한 예비조사를 즉시 행하고, 범죄자 또는 범죄혐의자는 자신의 국적국 또는 달리 통신을 확립할 권리가 있는 국가의 가장 인근에 있는 대표, 또는 무국적인 경우에는 당해국가의 영토에 자신의 통상적 거주지가 있는 국가의 가장 인근에 있는 적절한 대표와 지체 없이 통신할 권리, 그 국가의 대표로부터 방문을 받을 권리를 가진다(동 협약 제7조).

당사국(기국) 선박의 선장은 규정된 범죄중의 하나를 행하였다고 자신이 믿을만한 합리적 근거를 가지고 있는 자를 타방당사국(접수국)의 당국에 인도할 수 있으며, 기국은 자국 선박의 선장이 인도할 의사가 있는 자를 수송하면서, 접수국의 영해로 진입하기 전에 실행 가능할 경우 언제든지 그리고 가능할 경우, 그 자를 인도할 의사 및 그 사유를 접수국 당국에 통고하도록 할 것임을 보장하고, 접수국은 동 협약이 인도를 유발한 행위에 적용되지 않는다고 자국이 판단할 근거를 가지고 있는 경우 외에, 인도를 수락하고 인도의 수락을 거절할 경우 거절사유에 대한 설명을 덧붙이며, 기국은 자국 선박의 선장이 자신이 가지고 있는 범죄혐의와 관련된 증거를 접수국 당국에 제공하도록 할 것을 보장하고, 사람을 인도

받은 접수국은 다시 그 기국에 동인의 인도를 수락할 것을 요청할 수 있다(동 협약 제8조).

동 협약의 어떠한 규정도 자국의 국기를 게양하지 않는 선박의 선상에서 조사·집행관할권을 행사할 각국의 관할권에 관한 국제법 규칙에 어떠한 방식으로도 영향을 미치지 아니한다(동 협약 제9조).

자국의 영토 안에서 범죄자 또는 범죄혐의자를 발견한 당사국은 동인을 인도하지 않는 경우 예외 없이 그리고 동 범죄가 자국 영토 안에서 행해졌는가 여부와 관계없이 자국법상 절차를 통한 기소를 위하여 자국의 권한 있는 당국에 지체 없이 사건을 회부하며, 자신에 대하여 규정된 범죄와 관련하여 소송절차가 진행 중인 자는 당해국가의 영토 안에 동인이 체재하고 있는 당사국의 법이 그러한 소송절차를 위해 부여하는 모든 권리 및 보장의 향유를 포함하여 소송절차의 모든 단계에서 공정한 대우를 보장받는다(동 협약 제10조).

규정된 범죄는 당사국간의 기존 범죄인 인도조약상의 인도대상 범죄로 포함되는 것으로 간주된다. 당사국은 그러한 범죄를 당사국간에 체결될 모든 범죄인 인도 조약상의 인도대상 범죄로 포함시킬 것을 약속하며, 범죄인 인도를 위해 조약상의 근거를 요하는 당사국이 자국과 범죄인 인도조약을 체결치 않은 타방당사국으로부터 범죄인 인도 요청을 접수할 경우, 피요청당사국은 임의적으로 이 협약을 상기 제3조에 규정된 범죄에 관한 범죄인 인도의 법적 근거로 간주할 수 있다. 범죄인 인도는 피요청당사국의 법이 규정한 여타 조건에 따르고, 범죄인 인도를 위해 조약상의 근거를 요하지 않는 당사국은, 피요청국의 법이 규정한 조건에 따라, 제3조에 규정된 범죄를 당사국 상호간에 인도대상범죄로 인정하며, 당사국간의 범죄인 인도를 위해 필요한 경우 규정된 범죄는, 동 범죄가 실제로 발생한 지역에서 뿐만 아니라 범죄인 인도를 요청한 당사국의 관할권안의 지역에서도 발생한 것처럼 취급되며, 범죄자 또는 범죄혐의자를 인도받게 될 국가를 선정할 경우, 재판관할권을 확립한 국가들로부터 하나 이상의 범죄인 인도 요청을 접수받고 기소하지 않기로 결정한 당사국은, 범죄실행시 선박의 기국인 당사국의 이해관계와 책임을 정당하게 감안한다(동 협약 제11조).

당사국은 자국이 보유하고 있는 소송절차를 위해 필요한 증거 획득에 있어서의 지원을 포함, 제3조에 규정된 범죄에 관해 제기된 형사소송절차와 관련하여 당사국 상호간에 최대한의 협조를 제공하며, 당사국은 상호간에 존재할 수 있는 사법공조에 관한 조약과 합치하는 범위 안에서 의무를 수행하고, 이러한 조약이 없을 경우에는, 당사국은 자국의 국내법에 따라 서로 협조를 제공한다(동 협약 제12조).

당사국은 각각의 자국 영토 안 또는 밖에서 그 범죄를 실행할 목적으로 자국 영역 안에서 행해지는 준비활동을 방지하기 위한 모든 실행 가능한 조치의 실행, 자국의 국내법에 따른 정보의 교환과 규정된 범죄의 실행을 방지하기 위하여 취해진 적절한 행정조치 및 기타 조치의 조정규정된 범죄의 방지에 있어 협력하고, 규정된 범죄의 실행으로 인하여 선박의 통항이 지체되었거나 방해를 받았을 경우, 자국 영토안에 선박이나 여객 또는 선원이 체재하고 있는 당사국은 선박, 동 선박의 여객, 선원 또는 화물이 부당하게 억류 또는 지체되지 않도록 모든 가능한 노력을 다할 의무가 있다(동 협약 제13조).

규정된 범죄가 실행될 것이라고 믿을만한 이유를 가지고 있는 당사국은 자국의 국내법에 따라 가능한 한 신속하게 자국이 보유하고 있는 관련 정보를 자국의 판단에 따라 재판관할권을 확립한 국가에 제공한다(동 협약 제14조).

각 당사국은 자국의 국내법에 따라 가능한 한 신속하게 범죄의 상황, 취해진 조치, 범죄자 또는 범죄혐의자에 대하여 취해진 조치 및 범죄인 인도절차 또는 기타 법적 절차의 결과 등 자국이 보유하고 있는 관련정보를 사무총장에게 제공하며, 자국 안에서 범죄혐의자가 기소된 당사국은 자국의 국내법에 따라 소송절차의 최종결과를 사무총장에게 통보하고, 전달된 정보는, 사무총장에 의해 모든 당사국, 국제해사기구의 회원국, 기타 관련국 및 적절한 국제정부간기구에 전달된다(동 협약 제15조).

동 협약의 해석 또는 적용에 관한 2개 또는 그 이상의 당사국간의 분쟁으로서 합리적 시간 내에 교섭에 의해 해결될 수 없는 분쟁은, 일방당사국의 요청에 따라 중재재판에 회부된다. 중재재판의 요청일로부터 6개월 이내에 동 분쟁당사국이 중재재판부 구성에 관해 합의에 이르지 못하면, 어느 일방당사국도 국제사법재판소 규정에 따라 동 분쟁을 동 재판소에 제소할 수 있다(동 협약 제16조).

9. 대륙붕상에 소재한 고정된 플랫폼의 안전에 대한 불법적 행위의 억제를 위한 의정서

대륙붕상에 소재한 고정된 플랫폼의 안전에 대한 불법적 행위의 억제를 위한 의정서는

1988년 3월 10일에 체결되었으며 전문 10조로 구성되어 있어 있다.

　동 의정서는 항해의 안전에 대한 불법적 행위의 억제를 위한 협약의 당사국으로서, 협약을 고심해서 만든 이유가 대륙붕상에 소재한 고정된 플랫폼에도 적용됨을 인식하고 협약의 규정을 고려하고, 동 의정서가 규율하지 아니하는 사항은 계속해서 일반국제법의 규칙과 원칙에 의해 규율됨을 확인하여 제정된 것이다(동 의정서 서문).

　'고정된 플랫폼'은 자원의 탐사 또는 개발목적 또는 기타 경제적 목적을 위하여 해저에 영구적으로 부착된 인공섬, 시설 또는 구조물을 말한다.

　불법적으로 그리고 고의적으로 무력 또는 무력의 위협 또는 기타 형태의 협박에 의해 고정된 플랫폼을 억류하거나 고정된 플랫폼에 대한 통제를 행사하는 행위, 고정된 플랫폼상의 사람에 대하여 그 고정된 플랫폼의 안전을 위험에 빠뜨릴 가능성이 있는 폭력행위를 실행하는 행위, 고정된 플랫폼을 파괴하거나 고정된 플랫폼을 훼손하는 행위로서 그 고정된 플랫폼의 안전을 위험에 빠뜨릴 가능성이 있는 행위, 고정된 플랫폼을 파괴할 가능성이 있거나 그 고정된 플랫폼의 안전을 위험에 빠뜨릴 가능성이 있는 장치나 물질을 어떻게 해서라도 그 고정된 플랫폼에 설치하거나 설치되도록 하는 행위, 미수행위, 교사행위, 공범행위, 위협행위는 범죄를 행한 것으로 보며, 고정된 플랫폼이 자국의 내수 또는 영해에 위치하는 국가 이외의 당사국의 영토에서 범죄자 또는 범죄혐의자가 발견될 때에는 이 의정서가 적용된다(동 협약 제1조, 제2조).

　각 당사국은 규정된 범죄가 고정된 플랫폼이 자국의 대륙붕 상에 위치하는 동안, 그 고정된 플랫폼에 대하여 또는 동 플랫폼 상에서 자국의 국민에 의하여 발생한 경우 그 범죄에 대한 관할권 확립을 위해 필요한 조치를 취하며, 당사국은 자국이 통상적 거주지인 무국적자가 그 범죄를 범한 경우, 범죄 실행시 자국의 국민이 억류되거나, 위협받거나, 상해를 입거나 살해된 경우, 범죄가 자국으로 하여금 어떠한 행위를 하거나 삼가하도록 강요하기 위한 시도로서 행하여진 경우에는 그러한 범죄에 대한 관할권을 확립할 수 있고, 관할권을 확립한 당사국은, 국제해사기구의 사무총장에게 통고한다(동 협약 제3조).

10. 핵물질의 방호에 관한 협약

핵물질의 방호에 관한 협약은 1980년 3월 10일에 체결되었으며 전문 23조로 구성되어 있어 있다.

동 협약은 평화적 목적을 위하여 원자력을 개발하고 응용할 모든 국가의 권리와 원자력의 평화적 응용으로 부터 파생되는 잠재적 혜택에 대한 그들의 정당한 이익을 인정하고, 원자력의 평화적 응용에 있어 국제적인 협력을 촉진함이 필요함을 확신하며, 핵물질의 불법적 취득 및 사용에 의해 직면할 잠재적 위험을 방지할 것을 희망하며, 핵물질에 관한 범죄는 중대한 관심사이며 그러한 범죄의 예방, 탐지 및 처벌을 확보하기 위한 적절하고 효과적인 조치를 취할 긴급한 필요성이 있음을 확신하며, 핵물질의 방호를 위하여 각 당사국의 국내법과 이 협약에 따라서 효과적인 조치를 확립하기 위한 국제적 협력이 필요함을 인식하며, 동 협약은 핵물질의 안전한 이전을 촉진해야 함을 확신하며, 국내적 사용, 저장 및 운송중에 있는 핵물질의 방호의 중요성을 또한 강조하며, 군사적 목적에 사용되는 핵물질의 효과적인 방호의 중요성을 인정하고, 그러한 물질은 현재 및 앞으로도 계속 엄격한 방호가 베풀어질 것임을 이해하여, 체결하였다(동 협약 서문).

'핵 물질'은 동위원소 농축도 80%이상인 플루토늄 238을 제외한 플루토늄, 우라늄 233, 동위원소 235 또는 233의 농축 우라늄, 원광 또는 원광 찌꺼기의 형태가 아닌 천연상태에서 동위원소 혼합물을 함유하고 있는 우라늄, 전술한 것의 하나 또는 그 이상을 함유하는 기타 물질을 말하며, '동위원소 235 또는 233의 농축 우라늄'이라 함은 동위원소 235 또는 233 또는 그 두 가지를 함유하는 우라늄으로서, 그 양에 있어서 이들 동위원소의 합계의 동위원소 238에 대한 함유비율이 천연 동위원소 235가 천연 상태에서 존재하는 동위원소 238에 대한 비율보다 큰 것을 말한다.

그리고 '국제 핵 운송'이라 함은 선적이 그 국가 내에 선적자의 시설에서 출발함으로 시작되어 최종 목적지 국가내의 인수자의 시설에 도착함으로써 완료되는 국가의 영역을 월경할 의도인 운송수단에 의한 핵 물질의 적송운반을 말한다(동 협약 제1조).

동 협약은 국제 핵 운송 중에 있는 평화적 목적에 사용되는 핵 물질에 대하여 적용되며, 국내사용, 저장 및 운송 중에 있는 평화적 목적에 사용되는 핵 물질에 또한 적용된다(동 협약 제2조).

각 당사국은 국제 핵운송 중 그 영역 내에 있는 또는 그의 관할 하에 있는 선박 또는 항공기가 그 국가로 또는 그 국가로부터의 운송에 종사하고 있는 한에 있어서 그러한 선박 또는 항공기에 선적되어 있는 핵물질이 부표 1에 기술된 수준으로 보호된다는 것을 실제적으로 보장하기 위하여 그 국내법의 범위 내에서 또한 국제법에 따라서 적절한 조치를 취하여야 한다(동 협약 제3조).

각 당사국은 핵 물질이 국제 핵 운송 중 부표 1에 기술된 수준에서 방호될 것이라는 보장을 받지 못할 경우, 핵물질을 수출하거나 또는 수출을 인가하지 아니하고, 핵 물질이 국제 핵 운송 중 본 협약(부표 1)에 기술된 수준에서 방호될 것이라는 보장을 받지 못할 경우 동 협약의 비당사국으로부터 핵 물질을 수입하거나 또는 수입을 인가하지 아니하고, 핵 물질이 국제 핵 운송 중 상기 부표에 기술된 수준에서 방호될 것이라는 보장을 실제적으로 받지 못할 경우 당사국은 동 협약의 비당사국 사이에 핵 물질이 육로, 내륙 수로 또는 자국의 공항 또는 항구를 통하여 그 영역을 통과하는 것을 허용하지 아니하며, 국제수로 또는 영공을 통하여 그 국가의 한 지점에서 동 국가의 다른 지점으로 운송되는 핵 물질에 대하여 상기 부표에 기술된 방호의 수준을 국내법의 범위 내에서 적용하고, 핵 물질이 부표 1에 기술된 수준에서 방호될 것이라는 보장을 받을 책임이 있는 당사국은 핵 물질이 육로 또는 내륙 수로를 통과할 것으로 예상되거나 그의 공항 또는 항구에 입항할 것으로 예상되는 국가를 사전에 확인하여 통고하여야 한다(동 협약 제4조).

당사국은 핵 물질의 방호에 대하여 또한 핵 물질의 무단반출, 사용, 개조의 경우 또는 이에 관한 확실한 위협이 있을 경우의 회복 및 대응책을 조정하는데 대하여 책임을 질 수 있는 그들의 중앙당국 및 연락처를 직접 또는 국제원자력기구를 통하여 상호 확인하며 통고하며, 핵 물질의 절도, 강탈 또는 기타 불법적 취득 또는 이에 관한 확실한 위협이 있을 경우 그러한 물질의 회복 및 방호를 요청하는 어떠한 국가에 대하여도 그들의 국내법에 따라 가능한 최대한도의 협력과 지원을 제공하여야 하고, 핵 물질의 절도, 강탈 또는 기타 불법적 취득 또는 이에 관한 확실한 위협에 대하여 이에 관련된 것으로 보이는 타 국가에 가능한 속히 통보하기 위한, 그리고 적절한 경우 국제기구에 통보하기 위한 적절한 조치를 취하여야 한다. 적절한 경우, 관련 당사국은 위협받고 있는 핵 물질을 방호하고, 선적용기의 완전성을 검증하거나 또는 불법적으로 취득된 핵 물질을 회복하기 위하여 상호 또는 국제기구와 정보를 교환하며, 외교 및 기타 합의된 경로를 통해 그들의 노력을 조정하며, 요청을 받을 경우, 지원을 제공하며, 상기 사건의 결과로서 도난 또는 분실된 핵 물질의 반환을 보장하여야 한다. 이러한 협력의 이행수단은 관련 당사국에 의하여 결정되어야 한다. 당사국은 국제 운송 중에 있는 핵 물질의 방호체제의 기획, 유지 및 개선에 관한 지침을 얻기 위하여 직접 또는 국제기구를 통하여 상호 적절히 협력하고 협의하여야 한다(동 협약 제5조).

당사국은 동 협약의 규정에 의해 다른 당사국으로부터 또는 이 협약의 이행을 위해 수행된 활동에의 참가를 통해 비밀로 접수한 정보의 비밀성을 보호하기 위하여 그들의 국내법에 따라 적절한 조치를 취하여야 하며, 국내법에 따라 통보가 허용되지 않거나 또는 관련국가의 안보 또는 핵물질의 방호를 위협할 어떠한 정보의 제공도 이 협약에 의해 요구받지 아니한다(동 협약 제6조).

핵 물질의 수령, 소유, 사용, 이전, 개조, 처분 또는 분산을 구성하며 또한 사망 또는 인명에 대한 중대한 상해 또는 재산에 대한 본질적 손해를 야기하거나 야기할 우려가 있는 합법적 권원이 없는 행위, 핵 물질의 절도 또는 강탈, 핵 물질의 유용 또는 사취, 위협 또는 는 무력의 사용 또는 기타 형태의 협박에 의해 핵 물질에 대한 요구를 구성하는 행위, 사망 또는 인명에 대한 중대한 상해 또는 재산에 본질적 손해를 야기하기 위해 핵 물질을 사용하고자 하거나, 또는 자연인 또는 법인, 국제기구 또는 국가로 하여금 어떠한 행위의 작위 또는 부작위를 강요하기 위하여 범죄를 범하고자 하는 것 등의 고의적 범행은 각 당사국에 의해 그 국내법에 따라 처벌되어야 할 범죄를 구성한다(동 협약 제7조).

각 당사국은 규정된 범죄가 그 국가의 영토 내에서 또는 그 국가에 등록된 선박이나 항공기내에서 범하여진 경우, 피의자가 그 국가의 국민인 경우에는 관할권을 확립하기 위하여 필요한 조치를 취하여야 하며, 피의자가 그 영토 내에 있고 어느 국가로 그를 인도하지 않는 경우, 이러한 범죄에 대한 그의 관할권을 확립하기 위하여 필요한 조치를 취하여야 한다(동 협약 제8조).

상황에 충분한 근거가 있음이 충족되면, 피의자가 그 영토내에 있는 당사국은 기소 또는 인도의 목적으로 그의 존재를 확보하기 위하여 그 국내법에 따라 억류를 포함한 적절한 조치를 취하여야 하며, 취해진 조치는 관할권을 확립할 것이 요구되는 국가 및 적절할 경우, 모든 관계당사국에 지체 없이 통고되어야 한다(동 협약 제9조).

피의자가 그 영역 내에 있는 당사국은 그를 인도하지 않을 경우, 어떠한 예외도 없이 그리고 부당한 지체 없이 그 국가의 법에 따른 절차를 통해 기소의 목적을 위하여 권한 있는 당국에 그 사건을 기탁하여야 한다(동 협약 제10조).

규정된 범죄는 당사국간에 존재하는 범죄인 인도 조약상 인도 가능한 범죄로 포함되는 것으로 간주되며, 당사국은 그러한 범죄를 그들 간에 체결될 장래의 모든 범죄인 인도조약에서 인도 가능한 범죄로 포함할 책임을 진다. 조약의 존재를 조건으로 범죄인 인도를 하는 당사국이 범죄인 인도조약을 체결하고 있지 아니한 다른 당사국으로부터 범죄인 인도 요청을 받을 경우, 그 국가의 선택에 따라 이 협약을 그러한 범죄에 관한 범죄인 인도의 법적근거로 간주할 수 있다. 범죄인 인도는 인도국의 법에 의하여 규정된 기타 조건에 따라야 하며, 범죄인 인도를 조약의 존재를 조건으로 하지 않는 당사국은 인도국의 법에 규정된 조건에 따를 것으로 하여 그러한 범죄를 그들 간에 인도 가능한 범죄로 인정하여야 한다. 당사국간의 범죄인 인도의 목적상, 각 범죄는 그것이 발생한 장소에서 뿐만 아니라 그들의 관할권을 확립하도록 요구되는 당사국의 영토 내에서 범하여진 것처럼 취급되어야 한다(동 협약 제11조).

규정된 범죄와 관련하여 그에 대하여 소송절차가 진행되고 있는 자는 소송절차의 모든 단계에서 공정한 처우가 보장되어야 한다(동 협약 제12조).

당사국은 규정된 범죄에 관하여 제기된 형사소송절차와 관련하여, 그들의 재량 하에 있는 소송절차에 필요한 증거의 제공을 포함하여 상호 최대의 지원조치를 제공하여야 한다(동 협약 제13조).

각 당사국은 이 협약을 실시할 국내법규를 수탁자에게 통보하여야 한다. 수탁자는 그러한 정보를 모든 당사국에 정기적으로 통보하여야 하며, 피의자를 기소한 당사국은, 실제적으로 가능한 한, 최종 소송결과를 직접 관련국에 제일 먼저 통보하여야 하고, 당사국은 최종 결과를 수탁자에게 또한 통보하며, 수탁자는 모든 국가에 통보하여야 한다(동 협약 제14조).

김두현

- 조선대학교 법정대학 법학과 졸업(법학사)
- 연세대학교 행정대학원 사법행정 전공(행정학 석사)
- 명지대학교 대학원 법학과 공법 전공(법학박사)
- 보병 제12사단 헌병대 근무(ROTC, 헌병중위 전역)
- 대통령경호실 4급 공무원(경호연구발선담낭관, 법무담당관, 감사담당 등)
- 국립 한국체육대학교 노인체육복지학과, 안전관리학과 교수
  (안전관리학과장, 인력개발원소장, 산학협력단장, 생활체육대학장 등)
- 교육부 연수원 강사(행정법 강의)
- 청소년폭력예방재단 이사 및 감사
- 행정안전부산하 사단법인 한국시민자원봉사회 이사 및
  여성 가족부 산하 한국대학생 파이오니어봉사단 회장
- 한국경호경비학회 회장
- 대통령실 경호처 경호자문위원, 대통령실 행정심판위원,
  G20정상회의 및 핵안보정상회의 경호안전자문위원
- 한국대학사회봉사협의회 전문위원 및 해외봉사단장
  (중국·몽골·인도·라오스·필리핀·일본·태국·케냐·베트남)
- 사단법인 한국청소년지도학회 회장
- 한국스포츠엔터테인먼트법학회 이사
- 한국경찰학회 및 공안행정학회 이사
- 한국비서학회 회장
- 국무총리실 청소년보호위원회 청소년비행 및 폭력분과 위원장
- 서울지방경찰청 대테러협상위원
- 대한민간조사학회 회장

- 효를 실천하는 사람들의 모임 회장
- 충효예실천운동본부 공동총재, 한국효운동단체 총연합회 부회장
- 국민생활체육 전국특공무술연합회장

- 경호학개론(엑스퍼트출판사, 1995 ~ 2022)
- 소방행정법(반출판사, 1997)
- 안전관리론(백산출판사, 2002)
- 경호경비법(엑스퍼트출판사, 1996 ~ 2010)
- 경호의전비서학(한울출판사, 2002, 2009)
- 민간경비론(경호출판사, 2002, 2009)
- 신민간경비론(솔과학출판사, 2018)
- 현대테러리즘론(백산출판사, 2004, 2009)
- 특공무술 이해(경호출판사, 2005)
- 법학개론(엑스퍼트출판사, 2005, 2008)
- 현대사회문제와 안전관리(엑스퍼트출판사, 2007)
- 현대스포츠법학(대한미디어출판사, 2011~ 2019)
- 현대자원봉사이론과 실제(대한미디어출판사, 2011~ 2012)
- Introduction to Security Science(엑스퍼트출판사, 2011)
- 특공무술과 건강생활(엑스퍼트출판사, 2012)
- 사회복지법제이야기(엑스퍼트출판사, 2017)
- 사회복지의 아름다운 길(엑스퍼트출판사, 2019) 외 다수

박영만

- 한국체육대학교 안전관리학과 졸업
- 한국체육대학교 사회체육대학원 안전관리석사
- 경기대학교 경호안전학 박사
- 여주대학교 경찰경호학과 겸임교수(前)
- 중원대학교 경호학과 조교수(前)
- 한국체육대학교 체육학과 조교수(現)
- 한국융합과학회 상임이사(現)
- 미래융합통섭학회 상임이사(現)
- 한국체육정책학회 상임이사(現)
- 국기원 미래전략위원회 부위원장(現)
- 경호호신술(진영사, 2010)
- 청원경찰 훈련교범(진영사, 2010)
- 이벤트 안전관리 봉사자의 참여 만족도 인식에 관한 연구
  (한국민간경비학회, 2020)
- 포스트 코로나 시대의 스포츠 시설 운영과 안전
  (한국민간경비학회, 2020)
- 공연예술 서비스업의 코로나-19 환경 대응 안전관리 전략
  (한국융합과학회, 2020)
- 태권도장 지도자의 안전관리 인식에 대한 현상학적 연구
  (미래융합통섭학회, 2020)
- 메가스포츠이벤트 안전관리를 위한 민간경비 활용방안
  (한국민간경비학회, 2021)
- 유아체육 지도자의 안전관리 인식에 대한 연구
  (한국융합과학회, 2021)
- 태권도장의 시설안전 확보를 위한 지도자의 전문성 강화정략
  (미래융합통섭학회, 2021)
- 팬데믹 환경에서의 1인 태권도장 안전과리와 경여환경 탐색
  (한국스포츠학회, 2022)
- 메가스포츠이벤트 선수단 안전관리에 대한 신변보호 개선방안
  (한국융합과학회, 2022)
- 태권도장 경영 활성화를 위한 안전관리 역량 강화 방안의 탐색
  (한국융합과학회, 2022) 외 다수

강구민

- 성균관대학교 법과대학 법학박사(형사법)
- University of Washington School of Law Researcher
  (Post-Doctoral Fellow)
- 주시애틀 총영사관 법률자문위원
- 수사기관 디지털포렌식 수사전문위원
- 특검 디지털포렌식 수사팀장(수사관, 3급)
- 성균관대학교 법학전문대학원 초빙교수
- 성남시 감사관실 조사팀장
- 『디지털포렌식』, 안북스, 2020.
- 『산업보안조사론』, 박영사, 2020.
- 『개인정보보호법 100문 100답』, 안북스, 2020.
- 『산업보안학』, 박영사, 2022.
- 『디지털포렌식 전문가 2급(국가공인) 기출문제 -실기편-』, 안북스, 2019.
- "보이스피싱 범죄에 대한 쟁점과 대책", 2010.
- "현행 국민참여재판제도의 쟁점", 2014.
- "압수·수색영장 집행에 있어 참여권자에 관한 소고
  (RO사건 관련하여)", 2015.
- "대공사건에 있어 전자적 증거의 증거능력", 2016.
- "전자적 증거와 관련한 미국의 전문법칙", 2016.
- "실무적 관점에서 본 원격지 서버에 대한 압수·수색 절차 제언", 2019.
- "디지털포렌식 분석을 통한 음란물 최초 유포자 확인 연구", 2019.
- "불법촬영 범죄 대응을 위한 현장용 모바일포렌식
  도구 개발에 관한 연구", 2020.
- "드루킹의 인터넷상 불법댓글 사건을 통해 본 디지털포렌식
  수사절차의 적법성 연구", 2021.
- "금융감독원의 디지털포렌식 개선방안 연구", 2021.
- "현행 산업보안조사의 한계와 문제점에 관한 연구", 2022.
- "기밀자료 유출 사고에 대한 산업보안조사 규정의 한계와
  입법 개선방안", 2022.